EIOLO und INARDA
INFORMATIONEN II
Der Dialog

Impressum:

Herausgeber: Gerhard Praher
Umschlaggestaltung: Gerhard Praher
Fotos im Buch: Gerhard Praher
Bilder Buchrückseite: Gerhard Praher
Sandra und Theresa Praher
Coverfoto: Bob Star - M45 Carranza Field
https://commons.wikimedia.org/w/index.php?curid=3762433

Druck und Vertrieb im Auftrag des Autors:
Buchschmiede von Dataform Media GmbH, Wien
www.buchschmiede.at- Folge deinem Buchgefühl!

ISBN:
978-3-99152-189-1 (Paperback)
978-3-99152-176-1 (Hardcover)
978-3-99152-188-4 (E-Book)

PRINTED IN AUSTRIA

Verfasser:
Gerhard Praher
Röckendorferholz 10
4730 Waizenkirchen
Österreich

Telefon: +43 (0) 664 / 4501302
E-Mail (Buch): eioloundinarda@cosmic-society.net
E-Mail (Autor): gerhard@cosmic-society.net
Webseite: www.cosmic-society.net

.

EIOLO und INARDA INFORMATIONEN II

Der Dialog

Zwei Wesen vom Sternensystem der Plejaden

im Gespräch mit

Gerhard Praher

„Wenn das Herz JA oder NEIN sagt,
hat der Verstand nichts zu melden.
Wenn der Verstand nach dem Weg fragt,
wird die Seele zum Helden.
Darum geh den Weg, der dir bestimmt,
ohne rechts und links zu schauen.
Denn wer sich diese Freiheit nimmt,
wird immer die Wege selber bauen."

Gerhard Praher, Jänner 2023

Vorwort von Steffi Steinecker

Seit Äonen begleiten uns friedvolle außerirdische Zivilisationen und die Geschwister der inneren Erde auf unserem Weg des spirituellen Erwachens. Sie tun es sehr respektvoll, mit viel Liebe und Geduld.

Auch du bist umgeben von liebenswerten Wesenheiten. Vielleicht hast du sie noch nicht wahrgenommen, obwohl sie dich immer wieder behutsam kontaktieren. Gerhards Gespräche mit Eiolo und Inarda möchten dich ermutigen, auf deine eigene Erkundungsreise zu gehen. Erkenne das Großartige in dir. Hab Vertrauen!

Wir alle befinden uns auf einer Expedition zu uns selbst. Es ist die Zeit des Erinnerns, wer wir wirklich sind und woher wir kommen. Wir sind die, auf die wir gewartet haben.

In Liebe und Dankbarkeit.

Steffi Steinecker
Cosmic Society

Vorwort von Gerhard Praher

Ich begrüße dich sehr herzlich, liebe Leserin und lieber Leser dieses Buches. Es ist mir eine große Freude, dass dich diese ‚Informationen' von ‚Eiolo und Inarda' gefunden haben. Ich bin überzeugt davon, dass nicht der Leser das Buch findet, sondern das Buch seinen Leser. Was du hier findest, ist der zweite Teil dieser Gespräche mit meinen Freunden von den Plejaden. Mehr noch. Sie sind Teil meiner Familie. Sie sind ein Teil jener Familie, zu der ich vor meiner Inkarnation hier auf der Erde gehörte. Und ja. Ich fühle mich nach wie vor dieser Familie zugehörig – genauso, wie ich mich auch zu meiner irdischen Familie zugehörig fühle.

Warum habe ich geschrieben, dass dies der zweite Teil ist? Nun. Der erste Teil dieser Informationen wurde mir im Herbst 2015 in der Nacht als ein Paket, wie auf ein Diktiergerät, übermittelt. Damals habe ich es auch veröffentlicht. Da du nun bereits beim zweiten Teil bist, hast du den ersten Teil vermutlich bereits gelesen. Wenn nicht, dann macht das auch nichts. Dieser zweite Teil ist anders. Es ist ein Dialog, der zwischen Eiolo, Inarda und mir stattfand. Dieser dauerte von April 2022 bis März 2023. Sieben Monate Unterbrechung waren jedoch auch dabei. Es ist ein Dialog, der uns an viele Themen wieder erinnert. Ja wirklich. Es werden Erinnerungen in uns wieder wachgerufen, die tief verborgen in uns schlummern oder schlummerten. Jede und jeder von uns hat das gesamte Wissen in sich. Es braucht nur immer wieder einen Anstoß, einen Trigger, der dieses Wissen hervorholt und es uns wieder ins Bewusstsein bringt. Doch damit nicht genug. Immer wieder ist auch von physikalischen und kosmologischen Aspekten die Rede, von denen ich selbst keine oder nur wenig Ahnung hatte. Da war es für mich spannend zu erleben, dass diese von profunden Kennern der Materie und von Wissenschaftlern, die sich mit diesen Gebieten befassen, immer wieder bald darauf bestätigt wurden. Es ist ja nicht so, dass ich an den Aussagen meiner Freunde zweifeln würde. Im Gegenteil. Ich vertraue ihnen voll und ganz. Es ist jedoch auch immer wieder eine Bestätigung für mich, dass dieser Dialog nicht einfach so in meinem Kopf stattgefunden hat, dass ich mir das alles nicht einfach in blühender Fantasie zusammengereimt habe, sondern tatsächlich auf telepathischem Wege stattgefunden hat. Ich bin kein Schreibmedium, wie manche vielleicht vermuten. Denn vor dem Aufschreiben höre ich das, was mir gesagt wird. Das ist ungefähr so, als würde ich mit jemandem telefonieren. Steffi Steinecker, die ebenfalls ein Vorwort verfasst hat und mit der ich das Netzwerk ‚Cosmic Society' leite, und ich geben selbst Telepathie-Seminare und zeigen den Menschen, wie sie diese Fähigkeit in sich wiedererwecken können. Ich weiß, dass ich diese telepathischen Fähigkeiten habe und ich weiß auch, dass alle Menschen sie haben. Somit können auch alle Menschen mit der sogenannten ‚Geistigen Welt' kommunizieren. Doch nicht alle wissen dies oder sie trauen es sich nicht zu. Dieses Buch möchte euch auch dazu ermuntern, dass ihr hinhört – wirklich und wahrhaftig hinhört. Es möchte dich, ja genau dich, aber auch aufrufen, den angesprochenen Themen selbst, in dir, nachzugehen und nachzuforschen. Denn nur in dir findest du die Antworten, die für dich passend sind. Und genau das ist das Ziel: Finde wieder zu deiner eigenen Individualität.

Der Dialog ist in der Du-Form verfasst. Ich finde es persönlicher und mit Eiolo und Inarda bin ich sowieso per Du. Mit jemandem aus der ‚Geistigen Welt' per Sie zu sein, könnte ich mir gar nicht vorstellen. Ich möchte auch darauf aufmerksam machen, dass dieser Dialog fast zur Gänze auf das Gendern verzichtet. Dies habe ich ganz bewusst so gehalten und bin nur wenige Male davon abgewichen. Nämlich dann, wenn es inhaltlich oder grammatikalisch sinnvoll war.

Ich möchte in diesem Vorwort auch einigen Menschen von Herzen für ihre Unterstützung danken. In erster Linie möchte ich diesen Dank an meine Familie und an Steffi richten, die mich immer unterstützt haben und mir die Kraft gegeben haben, dieses Buch zu verfassen. Bedanken möchte ich mich auch bei einer Gruppe von Menschen, die ich über Telegram kennenlernen durfte und mit denen ich mich sehr verbunden fühle. Ich schreibe hier bewusst den Namen dieser Gruppe nicht herein. Sie wissen auch so, dass sie gemeint sind, wenn sie das lesen. Ein herzliches Dankeschön möchte ich auch an all jene richten, die mir geholfen haben, dieses Buch herauszubringen. Und ich möchte mich bei DIR bedanken, die oder der du dieses Buch nun lesen wirst. Ich wünsche dir jene Erlebnisse und Erkenntnisse, die ich beim Schreiben hatte. Vielleicht ist es auch sinnvoll, den einen oder anderen Teil mehrmals zu lesen. Wenn du dieses

Gefühl hast, dann mach es bitte. Gehe bitte so vor, wie es für dich selbst passend und stimmig ist. Und ich bedanke mich bei Eiolo und Inarda, dass sie mich wieder kontaktiert haben und mir diese wunderbaren Informationen gegeben haben. Dieser Dialog findet in einer leicht verständlichen, oft umgangssprachlichen Form statt. Dies ist deshalb der Fall, weil sie so mit mir reden, wie ich es leicht verstehe. Wenn du das Gefühl hast, dass es thematisch manchmal etwas durcheinander ist, dann bedenke bitte, dass es sich um ein Gespräch handelt, das durchaus mit einer lockeren Runde im Freundeskreis vergleichbar ist.

Und so wünsche ich dir viel Freude beim Lesen dieses Buches und ich danke dir ganz herzlich dafür.

Gerhard Praher
Waizenkirchen, Österreich

Die Themen

Der Beginn des Dialogs

26.4.2022 / 22:48 Uhr

„Wo warst du?"

„Wie bitte?"

„Wo warst du all die Jahre seit unseren letzten Informationen, die wir dir gegeben haben?"

„Ich war immer hier."

„Und doch warst du nicht da. Inarda und ich haben dich immer wieder gerufen, aber du hast nie geantwortet. Umso schöner, dass du jetzt unseren Ruf erhört hast."

„Es tut mir leid, lieber Eiolo. Ich war wohl zu beschäftigt, um euch zu hören und, wie dir sicher nicht entgangen ist, ging es mir auch nicht gut."

„Ja. Das ist uns bekannt und wir sagen dir nun: Es ist vorbei. Du wirst zwar auf körperlicher Ebene noch eine Zeitlang brauchen, bis du dich vollständig erholt hast. Doch auch das ist nur ein vorübergehender Zustand."

Mit diesem Dialog zwischen Eiolo und mir beginnt also jetzt der zweite Teil der ‚Informationen'. Im Gegensatz zum ersten Teil findet dieser ganz bewusst statt. Der erste Teil wurde mir ja im Schlaf durchgegeben und ich konnte ihn wie von einem Diktiergerät abhören. Nun, in diesem Teil schlafe ich nicht.

Die ersten Zeilen zeigen mir bereits, dass es sich vielmehr um einen Dialog handeln wird. Ich habe keine Ahnung, was dieses Mal auf mich zukommt. Noch ist mir der Umfang bewusst, den dies annehmen wird. Werden es wieder so viele Seiten? Wird es kürzer oder sogar länger? Ich habe keine Ahnung. Selbst die Zeiten – also wann ich etwas hereinbekomme – kann ich nicht sagen. Und auch über welche Zeitspanne es sich hinziehen wird, ist mir nicht bekannt.

„Das kommt auf deine Bereitschaft zuzuhören an."

„Ja. Ich weiß, liebe Inarda. Aber lass mich euch beide zuerst mal ganz, ganz herzlich begrüßen und euch von Herzen danken, dass ihr immer wieder versucht habt mich zu kontaktieren."

„Bitte gerne. Lass dir ebenso danken – dafür, dass du uns nun erhört oder gehört hast."

„Ach Eiolo... Du bringst mich gerade zum Weinen vor Freude. Aber bitte lass uns, bevor wir den Dialog fortsetzen, noch klären, wie ich niederschreiben soll, wer von euch beiden gerade spricht."

Inarda: „So, wie du es gerade begonnen hast, ist es in Ordnung für uns."

„Danke. Dann mache ich es so, dass ich bei euch beiden jeweils den Namen dazuschreibe und bei mir nicht. Dann sollte es eindeutig erkennbar sein, von wem welcher Textabschnitt ist."

Eiolo: „Das ist eine gute Entscheidung."

„Gut. Dann lasst uns den Dialog beginnen. Womit wollt ihr anfangen?"

Zeitlinien und Zeitfelder

Eiolo: „Ich schlage vor, dass wir uns als Erstes die Zeitlinien ansehen, mit denen ihr es gerade auf der Erde zu tun habt. Da gibt es einiges dazu zu sagen."

„OK. Dann soll es so sein. Was ist mit den Zeitlinien?"

Eiolo: „Nun. Sie treffen sich."

„Sie treffen sich? Mir ist ja durchaus bekannt und bewusst, dass sie immer weiter zusammenrücken. Aber, dass sie sich schon treffen..."

Eiolo: „Ja. Das tun sie. So wie im ersten Teil, werde ich auch hier immer wieder Beispiele einfließen lassen, die ein Verstehen oft erleichtern. Manchmal als konkretes Beispiel und manchmal als Metapher. Wir werden dies immer dazusagen, sodass du das eine vom anderen unterscheiden kannst."

„In Ordnung."

Eiolo: „Du hast am Anfang geschrieben, dass du dich in den letzten Jahren nicht immer wohlgefühlt hast. Nehmen wir dies – wenn du damit einverstanden bist – gleich als Beispiel her. Ich frage dich auch deshalb, weil es durchaus sein kann, dass persönliche Aspekte von dir darin einfließen können und auch werden. Bist du damit einverstanden?"

„Ja. Das bin ich."

Eiolo: „Gut. Wir danken dir dafür. Dass sich die Zeitlinien treffen, lässt sich sehr gut an deinen Gesundheitszuständen erklären. Ich spreche hier absichtlich nicht vom ‚Zustand', sondern von den ‚Zuständen'. Du kennst jenen Zustand, in dem du dich gut und vital fühlst. Aber auch jenen, wo plötzlich wieder alles anders ist und du dich – um es mit einem bei euch gebräuchlichen Wort auszudrücken – miserabel fühlst. Dies kann von einer Sekunde auf die andere passieren. Gehen wir also gedanklich genau zu diesem Punkt des Wechsels von einem Zustand in den anderen. Genau an diesem Schnittpunkt begegnen sich zwei Zeitlinien. Oder besser gesagt: Sie überkreuzen sich. Genau in diesem Moment hast du die Wahl in der für dich aktuellen Zeitlinie zu bleiben oder diese zu wechseln. Dies entscheidest du jeweils selbst."

„Willst du damit sagen, dass es meine Wahl ist, ob es mir so oder so geht?"

Eiolo: „Genau das will ich damit ausdrücken."

„Ich entscheide mich doch nicht bewusst, dass es mir schlecht geht!"

Eiolo: „Das stimmt. Bewusst nicht."

„Also unbewusst."

Eiolo: „Richtig. Unbewusst. Du springst sozusagen auf den fahrenden Zug auf, der auf dieser Zeitschiene unterwegs ist. Die Gründe dafür sind vielfältig und spielen auch keine Rolle, um das Phänomen der Zeitlinien zu erläutern. Viel wesentlicher ist das Wie, als das Warum. Stelle dir nun nochmals genau diesen Kreuzungspunkt, diesen Schnittpunkt der beiden Zeitlinien, der beiden Zeitschienen, vor. Du kannst dir das durchaus wie eine Weiche bei euren Schienennetzen vorstellen. Nun kannst du entscheiden, ob du den rechten oder den linken Schienenstrang wählst."

„Warum wähle ich dann nicht jenen, bei dem es mir gut geht?"

Eiolo: „Weil du diesen nicht bewusst wählst. Du machst dies immer wieder vom Außen abhängig, von äußeren Umständen, Einflüssen und Bedingungen. Du machst es sozusagen vom Weichensteller abhängig. Stellt er die Weiche nach rechts, dann fährt dein innerer Zug nach rechts. Stellt er sie nach links, dann links. Somit erfährst du von außen gesteuert, ob es dir gut oder schlecht geht. Oder um es allgemeiner zu sagen: Ihr wählt meistens nicht selbst die Umstände, mit denen ihr konfrontiert werdet, sondern lasst euch von außen in eine bestimmte Richtung dirigieren. Doch das ist ein ziemlich fataler Trugschluss, dem ihr da unterliegt. Denn selbst wenn es auf der bewussten Ebene, auf der Verstandesebene so aussieht, als würde dies von außen kommen, von irgendjemanden von euch Getrenntem entschieden, so ist dies genau dieser Trugschluss, den ich meine."

„Wird es nicht? Dann erkläre mir bitte den Prozess der Entscheidungsfindung."

Eiolo: „Es gibt nicht nur einen Ablauf dafür, sondern so viele unterschiedliche Abläufe, wie es Entscheidungen gibt. Jeder Entscheidungsprozess läuft anders ab. Ich nehme nun jene Wahl her, die ihr am Unbewusstesten trefft. Jene, wo ihr sagt: ‚Ich kann ja nichts für die Umstände'. Ich sage dir, du triffst die Wahl immer selbst. Immer. Auch wenn etwas scheinbar von außen induziert ist. Immer trefft ihr die Wahl selbst. Ihr bekommt diesen Entscheidungsprozess oft gar nicht mit. Denn er scheint ja eine von euch getrennte Ursache zu haben. Also beachtet ihr genau diesen Prozess erst gar nicht. Der Großteil der Menschheit glaubt, Entscheidungen auf der Verstandesebene zu treffen. Ich kann dir sagen, dass dies nie der Fall ist. Auch wenn es so aussieht."

„Wer oder was trifft die Entscheidung dann?"

Eiolo: „Eure Seele, die sich über das – von euch so bezeichnetes – Bauchgefühl ausdrückt. Aber lass uns diesen Prozess an anderer Stelle vertiefen. Denn sonst könnte es passieren, dass wir uns zu weit vom Thema der Zeitlinien entfernen. Obwohl natürlich alles damit zu tun hat."

„Gut. Zurück zu den Zeitlinien. Wie bekommen wir nun den Bogen wieder hin?"

Eiolo: „Gar nicht."

„Gar nicht?"

Eiolo: „Wir müssen ihn gar nicht hinbekommen, denn wir haben ihn nie verlassen."

„Nun gut. Dann fahre bitte fort."

Eiolo: „Sehr gerne. Also: Wir waren bei den Weichenstellungen. Mit jeder Entscheidung trefft ihr die Wahl, welche Zeitlinie ihr beschreitet. Nicht nur das. Ihr erschafft auch die Zeitlinien dadurch selbst, und auch die Knotenpunkte, an denen sie sich überschneiden. Um es genauer auszuführen: Jede Entscheidung kreiert eine neue Zeitlinie. Mit dem

Zeitpunkt der Entscheidung erschafft ihr diese Knotenpunkte. Es gibt nichts, was ihr nicht selbst kreiert, beziehungsweise erschafft. Denn ihr seid Schöpfer. Ihr seid die Schöpfer von allem, was euch scheinbar widerfährt. Somit seid ihr auch selbst für alles verantwortlich, das euch begegnet. Wenn also eine Entscheidung getroffen wird, so springt ihr auf eben diese Zeitlinie, die der Entscheidung entspricht. Die andere läuft trotzdem weiter. Sie endet nicht. Es ist jedoch für die meisten Menschen so, dass nur jene Zeitlinie wahrnehmbar ist, die ihr gewählt habt. Darauf, wo ihr den Fokus hinlenkt, wird für euch Realität. Dennoch läuft, wie gesagt, auch die andere Zeitlinie weiter. Wann sie sich das nächste Mal kreuzen, entscheidet ihr selbst. Es ist eure Entscheidung, wann ihr die Zeitlinie wieder wechseln wollt. So erschafft ihr die Weiche selbst. Ihr kreiert den Knotenpunkt, an dem sie sich wieder kreuzen. Manche von euch können auch die jeweils andere Zeitlinie wahrnehmen. Genauer gesagt, tut das jeder von euch. Allerdings spielt sich das meist unbewusst ab. Denn es passiert in euren Träumen."

„Kann es bei einem solchen Überkreuzen auch dazu kommen, dass man nichts mehr von der Zeitlinie weiß, von der man gekommen ist?"

Eiolo: „Das ist meistens der Fall. Ja. Manche haben noch blasse Erinnerungen davon. Nur Wenigen ist sie wirklich bewusst. Dies ist dann der Fall, wenn auch die Zeitlinie selbst bewusst gewechselt wird."

„Macht ihr das auch so, dass ihr die Zeitlinien wechselt?"

Eiolo: „Natürlich. Doch alle höher entwickelten Wesen machen dies in absoluter Bewusstheit. Nun. Nicht ganz alle. Denn es gibt auch noch höher entwickelte Wesen, die für sich die perfekte Zeitlinie bereits gefunden haben. Diese sprechen allerdings dann von einem Zeitfeld. Dies hat jedoch nichts mit der Zeit zu tun, wie ihr sie mit euren Uhren messt, sondern vielmehr mit dem Raum, innerhalb dessen sich das ganze abspielt. Dies ist übrigens derselbe Raum, in dem sich die Zeitlinien befinden – die im Grunde auch nur ein gedankliches Konstrukt sind, das von euch selbst erschaffen wird."

„Darauf sollten wir noch näher eingehen. Inwiefern ist es ein gedankliches Konstrukt und wie kreieren wir es?"

Eiolo: „Gerne. Ihr kreiert es durch jede Entscheidung, die ihr trefft oder auch nicht trefft. Denn auch eine Entscheidung nicht zu treffen, ist eine Entscheidung. Ein Gedankenkonstrukt ist es aus mehrerer Hinsicht. Zum einen dadurch, weil es keine irdische Sprache gibt, die ein Wort dafür beinhaltet, was es wirklich ist. Deshalb habt ihr euch kollektiv auf diesen Ausdruck geeignet. Der wesentlichste Aspekt ist jedoch euer lineares Denken. Die Bezeichnung ‚Zeitlinie' entspringt und entspricht eurer Denkweise. Und so ist es für euch am leichtesten verständlich. Nochmals zur Erinnerung: Es hat nichts mit tatsächlich vorhandenen Linien zu tun. Am ehesten kommt der Begriff ‚Zeitfeld' dem Tatsächlichen am nächsten. Im Grunde ist es die Summe der zur Verfügung stehenden Potenziale, der Möglichkeiten. Diese stehen nur scheinbar in linearer Abfolge zur Verfügung. Für euch sieht es so aus, als ob sich eine bestimmte Möglichkeit nur dadurch eröffnet, weil ihr oder jemand anderes die Voraussetzungen für eine bestimmte Entscheidung geschaffen hat. Tatsächlich stehen immer alle Möglichkeiten gleichzeitig zur Verfügung. Bevor ich es vergesse: So etwas wie ‚Zeit' gibt es auch nicht. Denn, wie das Vorherige schon zeigt, findet immer alles gleichzeitig statt und steht für eine Entscheidung zur Verfügung."

„Ja. Davon habe ich bereits gehört. Unter anderem ist in den Büchern von Neale Donald Walsch ‚Gespräche mit Gott' davon zu lesen."

Eiolo: „Das ist richtig. Dort werden die Zusammenhänge und was es mit dem Konstrukt ‚Zeit' tatsächlich auf sich hat, sehr gut und ausführlich beschrieben. Nun. Ich bin geneigt zu sagen: ‚Wie könnte es auch anders sein? Kommen sie doch von höchster Stelle.'"

„Normalerweise würde ich jetzt sagen: Ja, eh."

Eiolo: „Wenn ich sage, dass ihr diese Zeitlinien erschafft, dann gilt das natürlich auch für uns und alle anderen Spezies, die noch in der Phase von ‚Entscheidungen treffen' drinnen sind."

„Wie meinst du das?"

Eiolo: „Es betrifft alle Wesen, die im Bereich der Wahlmöglichkeiten angesiedelt sind. Höher entwickelte Wesen brauchen diese Möglichkeit nicht mehr. Sie sind so sehr in dem Bewusstsein des Alles-Eins, dass sie diese Form der Entscheidungen für sich längst abgelegt haben. In dem Bewusstsein, dass sowieso alles Eins ist, braucht man auch keine Entscheidungen mehr zu treffen. Das Leben ist dort so im Fluss, dass es dies unnötig macht."

Aufmerksamkeit und Achtsamkeit

„Vielen Dank für deine Ausführungen, lieber Eiolo. Ich möchte nun zu einem Thema kommen, dass du im Grunde schon angesprochen, kurz angeschnitten, hast. Und zwar zum Thema Aufmerksamkeit – Achtsamkeit."

Inarda: „Zuallererst möchte ich dich, lieber Gerhard, herzlich willkommen heißen. Ich freue mich sehr, dass du wieder bereit bist zuzuhören und für die Bereitschaft unser Gespräch mit dir aufzuschreiben."

„Liebe Inarda. Ich freue mich ebenso darüber. Es ist mir eine große Ehre, dies tun zu dürfen."

Inarda: „Ebenso begrüße ich alle, die dies hier lesen und ich danke euch für euer Interesse an diesen Informationen. Nun. Es ist, wie wir immer wieder erfahren, keine Selbstverständlichkeit, dass so eine Mitschrift gemacht wird. Weder von dir, lieber Gerhard, noch von anderen Menschen auf eurem Planeten. Oftmals erleben wir, dass wir gar nicht wahrgenommen werden. Oftmals auch, dass wir zwar wahrgenommen werden, jedoch die von uns Kontaktierten nicht bereit sind dies alles zu notieren. Und damit sind wir schon mitten im von dir angesprochene Thema der Aufmerksamkeit und Achtsamkeit. Diese beiden Begriffe sind zwar eng miteinander verwandt, um es mal so auszudrücken. Sie bedingen förmlich einander. Aufmerksamkeit meint die Wahrnehmungsfähigkeit. Achtsamkeit den Umgang mit der Aufmerksamkeit."

„Kannst du das bitte näher ausführen?"

Inarda: „Sehr gerne. Ich möchte dies anhand eines Beispiels erläutern. Angenommen, du gehst durch einen Wald und hast den Kopf voller Gedanken aller Art. Dann wirst du den Wald bestenfalls am Rande wahrnehmen. Die Aufmerksamkeit wird durch deine Gedanken völlig oder fast zur Gänze vereinnahmt. Du siehst die Bäume nicht, die Sträucher, die ganzen anderen Pflanzen und Tiere nicht, die sich in diesem Wald befinden. Bestenfalls nimmst du den Weg wahr, den du gehst. Aber auch nur insofern, das du gerade nicht über eine Wurzel stolperst. Und jetzt stelle dir vor, dein Kopf ist frei. Was nimmst du wahr?"

„Die Bäume, die Sträucher, alles, was sich im Wald befindet und sich zeigt."

Inarda: „Genau. Du nimmst ein wesentlich größeres und breiteres Spektrum dessen wahr, das sich in diesem Wald befindet. Und nicht nur das. Du nimmst vielleicht auch die Luft wahr, den Himmel und die Wolken über dir, den Boden, auf dem du dich bewegst und so weiter. Ein Forstarbeiter, der mit einer Motorsäge unterwegs ist, nimmt dies alles auch wahr. Jedoch aus einem ganz anderen Gesichtspunkt heraus. Er sucht vielleicht einen Baum aus, der einen Käferbefall aufweist, um ihn umzuschneiden. Oder er sucht Bäume aus mit ökonomischem Hintergrund. Er wird also gesunde Bäume fällen. Somit haben wir bereits vier verschiedene Szenarien. Jeder richtet seine Aufmerksamkeit aufgrund seiner Absicht aus. Der eine hat vielleicht die Absicht schnell durch den Wald zu kommen, von dem er sowieso nichts oder nur wenig mitbekommt. Der zweite durchquert den Wald, um zu entspannen und die Schönheit des Waldes zu genießen. Der dritte wiederum sucht ganz gezielt nach kranken Bäumen, um den Wald an sich gesund und lebensfähig zu erhalten. Und der vierte sieht die Bäume nur aus kommerzieller Sicht und hat keinen Blick auf die Schönheit des Waldes. Er nimmt auch die frische Luft nicht wahr. Dazwischen, also zwischen diesen vier Szenarien, gibt es natürlich unzählige Abstufungen. Aber diese vier sollten als Beispiel reichen. Wir sehen hier schon das Wesen der Aufmerksamkeit. Sie ist immer absichtsbezogen und richtet sich nach der Wahrnehmungsfähigkeit jedes Einzelnen. Wo der Fokus hingelenkt wird, dies wird auch wahrgenommen. Das sagt noch nichts darüber aus, wie etwas wahrgenommen wird und auch nicht, wie mit dieser Wahrnehmung umgegangen wird. Es sagt lediglich etwas über das Was aus. Und hier kommt die Achtsamkeit ins Spiel. Was bedeutet es, mit etwas achtsam umzugehen? Noch etwas vorweg: Keines der angeführten Szenarien ist gut oder schlecht. Es ist, wie es ist. Wie gesagt. Bei der Achtsamkeit geht es um das WIE. Wie gehe ich mit etwas um, das ich wahrgenommen habe und somit meine Aufmerksamkeit erhalten hat? Das ist eine sehr wesentliche Frage. Aber ich würde sie nicht als die Wichtigste sehen. Denn die Frage nach dem Was ist genauso wichtig. Man kann nur dem in Achtsamkeit begegnen, das man vorher wahrgenommen hat. Natürlich gibt es auch eine grundsätzliche Achtsamkeit. Aber dazu später mehr. Hier soll es mal um die spezifische

Achtsamkeit gehen – also jener, worauf der Fokus gerichtet ist. Kehren wir wieder zu unseren Beispielen zurück. Welche Form der Achtsamkeit werden die vier oben beschriebenen Menschen wählen? Der erste richtet seine Aufmerksamkeit auf seine Gedanken. Er achtet vielleicht darauf, wie er diese Gedanken auf die Reihe bekommt, auf die Kopfschmerzen, die sie ihm verursachen. Sein Blick ist dabei mit großer Wahrscheinlichkeit nach unten gerichtet. Er achtet nur darauf, dass er nicht stolpert. Ansonsten ist er voll in seinen Gedanken gefangen. Das Einzige, worauf er achtet, sind seine Gedanken. Wobei es auch hier wieder mehrere Möglichkeiten gibt, wie diese Achtsamkeit ausgeübt wird. Ob ängstlich oder strukturiert, verworren oder klar, wütend oder liebevoll usw. Achtsamkeit ist sozusagen der Sammelbegriff für den Umgang mit dem Wahrgenommenen, dessen die Aufmerksamkeit geschenkt wird. Ich denke, die anderen Beispiele brauche ich nicht weiter ausführen, oder?“

„Aus meiner Sicht genügt dieses eine. Die Szenarien sind jeweils so vielfältig, dass es bald mal dem einen zu viel Beschreibung wird. Oder dem anderen zu wenig. Zur Veranschaulichung sollte dieses eine wirklich reichen. Alles andere kann davon abgeleitet werden. Du hast vorhin von der ‚grundsätzlichen Achtsamkeit' gesprochen. Kannst du bitte näher darauf eingehen?“

Inarda: „Mit grundsätzlicher Achtsamkeit meine ich den bewussten Umgang mit allem und jedem. Wie behandle ich grundsätzlich alles und alle, das oder die mir begegnen. Ob Pflanzen, Tiere, Menschen oder Gott. Gehe ich immer liebevoll damit um? Und wie gehe ich mit mir selbst um? Achtsamkeit bedeutet aber auch – oder vor allem – Selbstliebe. Dies hat nichts mit Egoismus zu tun. Zumindest nicht in der Form, wie ich es meine. Egoismus ist oft eine Selbstverliebtheit und keine Selbstliebe. Diese bedeutet, sich selbst so anzunehmen, wie man ist. Und zwar nicht vom Verstand, sondern vom Gefühl. Ein mit sich selbst im Einklang sein. Ein Spüren, dass man selbst Teil des All-Einen ist und gleichzeitig das All-Eine selbst ist.“

„Du meinst Gott, den Schöpfer, die Quelle – oder welchen Begriff man immer auch für sich wählen mag?“

Inarda: „Ja genau. Den oder das meine ich. Ihr tätet gut daran, dies zu erkennen und danach zu handeln. Wenn ihr erkennen würdet, wer und was ihr seid, dann wäret ihr automatisch vollständig aufmerksam und achtsam. Denn ihr wäret euch jedem Gefühl, jedem Gedanken und jeder Tat bewusst. Ihr wäret All-Eins in euch selbst."

An dieser Stelle möchte ich anmerken, dass es für mich ein tiefes inneres Wissen darstellt, was Inarda gerade beschrieben hat. Dies zu wissen, ist das eine. Es umzusetzen, das andere. Und ja. Es gelingt mir bei Weitem nicht immer. Wenn ich das hier mitschreibe oder auf etwas anderes voll fokussiert bin, dann ist es für mich am leichtesten dieses ‚All-Eins in mir selbst' zu spüren. Genauer gesagt ist es eigentlich kein Spüren im herkömmlichen Sinne. Es ist vielmehr ein Nichtspüren – etwas, das in diesem Moment eine solche Selbstverständlichkeit darstellt, dass es kein Nachdenken darüber und kein Hineinfühlen mehr braucht. Es IST einfach.

Inarda: „Richtig. Das braucht es dann nicht mehr. Man kann dieser Zustand auch als vollständiges Gewahrsein bezeichnen. Doch auch das ist nur eine Umschreibung für etwas, für das es keine Worte in euren vielen Sprachen gibt. Aber lass uns nochmals zu der vorhin angesprochenen Achtsamkeit zurückkehren. Wie du weißt, ist es nicht immer einfach diesen Zustand herbeizuführen. Oder besser gesagt in diesen Zustand zu kommen. Am einfachsten ist es, wenn ihr nicht darüber nachdenkt, wenn ihr – wie ihr es bezeichnet – in einem ‚entspannten Zustand' seid. Wobei auf etwas voll fokussiert zu sein und trotzdem sich in einem entspannten Zustand zu befinden keinen Widerspruch darstellen muss. Man kann fokussiert und entspannt zur gleichen Zeit sein. Fokussiert und nicht entspannt bedeutet, dass ihr euch in einer Stresssituation wiederfindet. Und Stress ist weit entfernt vom All-Eins-Sein."

„Was hältst du von Meditationen, um in einen entspannten Zustand zu kommen?"

Inarda: „Falls du jetzt erwartest, dass ich jetzt sage, die eine oder die andere Methode wäre besser geeignet um in diesen Zustand zu kommen, dann irrst du dich. Ich werde mich dazu nicht äußern. Denn dies ist individuell so verschieden, wie es Menschen auf der Erde gibt. Jeder wird irgendwann die für sich selbst am geeignetsten erscheinende Methode herausfinden – und diese dann gegebenenfalls auch wechseln, wenn sie eben nicht mehr als passend erscheint. Doch viele brauchen gar keine spezielle Methode. Sie erreichen diesen entspannten Zustand bei ihrer täglichen Arbeit, beim Kochen, beim Fensterputzen... Du weißt, warum ich das hier erwähne..."

„Ja. Ich weiß es."

Inarda: „Ich denke, damit können wir dieses Thema abschließen."

Gesundheit und Krankheit

„Ja und nein. Wie ihr wisst, habe ich in den letzten Monaten dem Thema Krankheit viel Beachtung zukommen lassen. Ich war darauf ausgerichtet und mein Körper führte mich immer wieder darauf hin. Was kann man tun, um sein eigenes Denken auf Gesundheit auszurichten und was bewirkt es dies zu tun? Wer von euch beiden möchte mir diese Frage beantworten?"

Eiolo: „Das übernehme ich. Natürlich hat deine Frage sehr viel mit dem Thema Aufmerksamkeit und auch mit Achtsamkeit zu tun. Du weißt ja, dass Gedanken die Realität kreieren. Darum kann eine gedankliche Ausrichtung auf Krankheit auch nur genau dazu führen. Eine Ausrichtung auf Gesundheit führt eben zu dieser. Mir ist durchaus bewusst, dass dies nicht einfach ist, wenn der Körper sagt, dass es ihm nicht gut geht, sich auf Gesundheit zu fokussieren. Gerade Schmerzen fordern sozusagen die Aufmerksamkeit regelrecht ein. Dies soll auch nicht ignoriert werden. Denn Schmerzen sind oft ein Hilferuf der Seele. Wird dieser Ruf ignoriert, dann meldet sie sich bald lauter zu Wort. Was bedeutet, dass die Schmerzen mehr werden oder andere Symptome dazukommen. Körperliche Symptome sind immer ein Ausdruck dessen, dass irgendetwas mit deinen Lebensumständen nicht in Ordnung ist. Sei es, dass ihr eine Entscheidung nicht trefft, die längst ansteht, oder von liebgewonnenen Gewohnheiten Abstand nehmen sollt oder was auch immer. Die Seele verlangt förmlich eine Veränderung und bringt dies entsprechend zum Ausdruck. Um es noch präziser zu sagen: Die Seele macht dies stellvertretend. Sie fordert das ein, was ein Organ oder eine Körperstelle ihr als Mangel meldet. Ihr seid dreieinige Wesen. Ihr besteht aus Körper, Geist und Seele. Euer Geist reagiert auf die Seele und fordert dann eine Handlung von eurem Körper ein. Der Geist hat aber nichts mit eurem Verstand zu tun. Er befindet sich in jeder eurer Zellen und nicht nur in eurem Gehirn. Dieses ist lediglich die Steuerzentrale für euren Körper. Wenn nun in irgendeinem Bereich eures physischen Körpers ein Mangel auftritt, dann meldet diese Stelle dies, wie gesagt, eurer Seele. Diese wiederum bringt euren Geist dazu, euch auf diesen Umstand aufmerksam zu machen. Euer Verstand hat nun die Möglichkeit, dies zu ignorieren oder zu verdrängen – oder eben darauf zu reagieren."

„Interessante Beschreibung, die du da lieferst. Das heißt also, dass eine schmerzende Stelle – um mal bei diesem Beispiel zu bleiben – diesen Schmerz gar nicht direkt an unseren Verstand meldet?“

Eiolo: „So ist es. Sonst würde ja eure Frequenz- oder Informationsmedizin unwirksam sein. Denn, wie du weißt, wirkt diese ja nicht über euren Verstand. Sie wirkt direkt auf den Geist ein, der sich, wie eben ausgeführt, in jeder eurer Zellen befindet. Dadurch wird die Information, die ja nichts anderes als eine Frequenz ist, direkt zu euren Zellen geleitet. Das ist auch der Grund dafür, warum diese Form der Heilung auch im Schlaf funktioniert – also auch dann, wenn euer Verstand gar nicht aktiv ist. Künstliche Präparate, wie sie von eurer Schulmedizin propagiert werden, können nur eine Linderung insofern hervorrufen, als dass sie auf körperlicher Ebene die Wahrnehmung des Mangels ausschalten oder reduzieren. Wirklich heilen können sie jedoch nicht. Heil-Sein bedeutet Ganz-Sein. Wie soll dieses Ganz-Sein gehen, wenn etwas lediglich auf der physischen, körperlichen Ebene wirkt? Eure Schulmedizin sieht nur euren Körper. Sie sieht die anderen Teile eures Seins nicht. Noch dazu sieht sie oft nicht mal die Zusammenhänge in eurem Körper. Ihr habt Spezialisten für viele einzelne Organe und nennt jene mit dem größten Detailwissen über ein Organ Koryphäen. Das sind dann meistens jene, die am wenigsten Ahnung von den Zusammenhängen und dem Zusammenwirken aller Zellen in eurem Körper haben.“

„Ups. Das werden aber manche nicht gerne hören.“

Eiolo: „Sie werden dies auch gar nicht lesen. Und wenn, dann sind sie so weit aufgeschlossen, dass sie diese – für sie vielleicht neue – Informationen als Anregung nehmen werden, sich das durch den Kopf gehen zu lassen – wie ihr es ausdrückt.“

„Gibt es bei euch Krankheiten?“

Eiolo: „Das kann ich jetzt nicht mit einem eindeutigen Ja oder Nein beantworten. Was es nicht gibt, ist das ‚Konzept Krankheit'.“

„Krankheit ist ein Konzept?“

Eiolo: „Oh ja. Und was für eines! Vor Jahrtausenden eurer linearen Zeitrechnung wurde dieses Konzept zum einen erfunden und zum anderen in euch verankert. Dies war eine Zeit, in der die damaligen Priester begannen, die Menschen für ihre Zwecke zu manipulieren. Sie stellten sich über die sonstige Bevölkerung und schufen so gleichzeitig die Grundlage dafür, dass die Menschen zu Dienern der Priester wurden. Es war sozusagen die Grundlage der Sklaverei, die hier gelegt wurde. Diese Priester hatten großen Einfluss und große Macht. Sie erfanden Krankheiten, die sie dann, Dank ihrer ‚göttlichen Gabe', zu heilen versprachen. Dafür ließen sie sich fürstlich belohnen. Sie erreichten damit, dass ihre Macht und ihr Reichtum ins Unermessliche stiegen. Doch auch das war ihnen noch zu wenig. Sie belegten einzelne Menschen – und dann immer mehr – mit diesem Konzept: ‚Wenn du nicht machst, was ich dir sage, so wirst du dieses oder jenes erleiden.' Es kam also dazu, dass nicht nur das Konzept Krankheit damit eingeführt wurde, sondern auch gleich das ‚Konzept Schuld' mit dazu. Krankheiten wurden als Strafe Gottes bezeichnet. Und nur die Priester hatten die Macht, die Menschen von dem Übel zu befreien. Sie zu heilen. Dies wurde den Menschen so eingebläut, bis sie es letztendlich glaubten. Diese Form der Machtergreifung über den Menschen fand mehrfach statt. Sowohl in Lemurien, als auch in Atlantis – um nur die beiden bekanntesten zu nennen – wurde dieses Prinzip angewandt. Wenn auch nicht in der gleichen Absicht, jedoch mit dem gleichen Ende. Beide gingen unter."

„Spannend. So hat mir das noch niemand mitgeteilt. Nun aber zurück zu meiner Frage. Es gibt also bei euch das Konzept Krankheit nicht. Was gibt es dann?"

Inarda: „Stark vereinfacht könnte ich nun sagen, dass es nur das Konzept Gesundheit gibt. Doch das würde implizieren, dass es auch Krankheit gibt. Gesundheit kann nur erfahren werden, wenn auch das Nichtvorhandensein dessen existiert. Somit gibt es bei uns beides nicht. Wir wissen zwar, was mit Gesundheit und Krankheit gemeint ist, wenden jedoch beides nicht für uns an. Um dies zu erklären, muss ich den Bogen etwas weiter spannen. Denn für uns gibt es auch den Tod nicht. Warum also soll sich jemand um so etwas wie Krankheit Gedanken machen, wenn es doch – ich sage dies jetzt vielleicht etwas provokant – egal ist, ob man weiterhin in einem physischen Körper existiert oder diesen ablegt. Es ist auch egal, wie lange man lebt. Wir zählen unsere Lebenszeit nicht in Jahre, wie ihr das tut. Wenn wir wollen, können wir ewig leben – oder uns aber entscheiden, die derzeitige Form zu verlassen und die Seele freizugeben, damit sie sich – wenn sie will – einen anderen Körper, eine andere Form erschaffen kann. Oder sie kommt als die gleiche Form wieder. Alles ist möglich."

„Ihr feiert also demnach auch keine Geburtstage."

Inarda: „Wir feiern sehr wohl die Geburt an sich. Wir feiern damit die Seele, die sich ausgesucht hat bei uns zu sein und mit uns gemeinsam einen Teil ihres Weges zu gehen. Es ist eine Feier, die diese Ankunft ehrt. In gleicher Weise feiern wir, wenn sie sich entschließt wieder zu gehen, um ihren Weg anderweitig fortzusetzen. Geburt und Tod – wie ihr es kennt und nennt – gibt es bei uns nicht. Es sind beides Zustände, die Teile des Weges einer Seele sind."

„Gut. Ich verstehe. Wie sieht es mit Verletzungen aus? Gibt es solche?"

Inarda: „Es kommt schon vor, dass sich jemand verletzt. Immerhin haben ja auch wir einen physischen Körper, wenn wir uns dafür entschieden haben. Je nach Schwere der Verletzung wird entweder die sofortige Selbstheilung aktiviert oder die Seele nimmt es zum Anlass den Körper zu verlassen. Auch ihr Menschen habt die Möglichkeit der sofortigen Selbstheilung. Euch ist es nur meistens nicht bewusst, dass ihr diese habt. Darum tut ihr euch auch so schwer damit. Es braucht oft sehr lange, bis ihr euch nach und nach der Selbstheilungskräfte bewusst werdet. Oft braucht ihr dazu mehr als ein Leben."

„Es kommt also auf den Grad der Bewusstheit an."

Inarda: „Du sagst es. Es kommt auf die Bewusstheit innerhalb eures Bewusstseins an."

„Das bedeutet?"

Inarda: „Das Wort Bewusstheit bezieht sich jeweils auf etwas Konkretes – also zum Beispiel die vorhin erwähnten Selbstheilungskräfte. Bewusstsein ist das große Ganze – das bewusste Sein."

„Danke für die Erläuterung der beiden Begriffe. Gehen wir nun nochmals zu dem zurück, das Eiolo als das ‚Konzept Krankheit' bezeichnet hat. Wie sieht es mit Gedanken aus, dass da etwas sein könnte, wenn irgendwo im Körper etwas zwickt oder schmerzt? Verstärken solche Gedanken diesen Zustand?"

Eiolo: „Nicht nur das. Mit euren Gedanken erschafft ihr euch eure Realität. Dies gilt, wie überall, auch in diesem Fall. Ihr denkt immerzu, es könnte dieses oder jenes sein oder diese oder jene Auswirkung haben. Was glaubst du, was du damit erschaffst?"

„Genau das, was ich denke, beziehungsweise annehme, dass es sein oder werden könnte."

Eiolo: „Ganz genau so. Die meisten eurer Krankheiten erschafft ihr, in der Ausprägung in der sie sich zeigen, in eurem Kopf, in euren Gedanken. Vergesst nicht, dass ihr die Schöpfer eurer eigenen Lebensumstände seid."

„Was sollen wir deiner Meinung nach tun, wenn wir uns dennoch krank fühlen?"

Inarda: „Die meisten Menschen werden es nicht schaffen, innerhalb eines Wimpernschlags dieses ‚Konzept Krankheit' abzulegen. Deshalb unser Rat: Nehmt in der Hauptsache Informations- / Frequenzmedizin in Anspruch. Wahrscheinlich sollte ich jetzt noch dazusagen: Es handelt sich dabei nicht um ein Heilversprechen und ersetzt den Gang zu einem Arzt nicht. Alleine dieser Satz klingt für mich – nun, ihr würdet bescheuert dazu sagen."

Inarda hat gerade einen Lachanfall, in den auch Eiolo einstimmt. Und bei mir ist es auch kaum anders. Deshalb legen wir jetzt eine Pause ein, bis wir uns davon wieder erholt haben.

„Geht es wieder?"

Inarda: „Ja. Alles in Ordnung."

„Gut. Bei mir auch. Lasst uns mit den Ratschlägen fortsetzen. Was haltet ihr von Globuli?"

Inarda: „Sie gehören zur Frequenzmedizin. Und zwar gerade, weil sie keine Wirkstoffe beinhalten. Wirkstoffe wirken lediglich auf körperlicher Ebene. So wie dies eure Schulmedizin mit ihren Pillen und Tabletten auch tut. Was wir vorher von den Priestern in alten Zeiten gesagt haben, gilt auch heute noch. Heute werden sie Ärzte und Pharmaindustrie genannt. Das Prinzip ist dasselbe geblieben. Sie bereichern sich an ihrer eigenen Vorgabe, was es sein könnte. Sie setzen euch vielfach Gedanken in den Kopf, die euch dann nicht mehr loslassen. Natürlich ist ja alles wissenschaftlich begründet und genauestens diagnostiziert, wie immer wieder betont wird. Solange jedoch eure Medizin-Wissenschaft nicht einmal die Möglichkeit einräumt, dass ihr mehr als euer physischer Körper seid, wird sich daran auch nichts ändern. Sie tut dies oft wider besseres Wissen. Denn andere Wissenschaftsdisziplinen, wie etwa die Quantenphysik, haben längst ausreichend Beweise erbracht, die zu einem besseren Verständnis von der Dreieinigkeit, die aus Körper, Geist und Seele besteht, führen sollten. Ja sogar müssten. Aber solange kein interdisziplinärer Austausch erfolgt, oder nicht im ausreichenden Maß erfolgt, verhält es sich so, wie mit der Spezialisierung auf einzelne Organe."

„Das ist wohl wahr... Kannst du ein Beispiel nennen, aus dem zu sehen ist, was solch ein ‚es könnte' oder ‚es wird wahrscheinlich' in der Besprechung einer Diagnose beim Patienten bewirken kann?"

Inarda: „Da könnte ich jetzt viele anführen. Nehmen wir jedoch ein sehr eindrückliches Beispiel. Nämlich die Diagnose Brustkrebs. Das ist übrigens eine der häufigsten Fehldiagnosen. Stell dir vor, eine Frau bekommt diese Diagnose. Was spielt sich bei ihr dann in ihrem Kopf ab? Dabei ist es völlig egal, ob es sich um eine Fehldiagnose handelt oder nicht. Alleine, dass das Wort ‚Krebs' dabei ist, lässt schon eine Welt in ihr zusammenstürzen. Und nun lässt jene Frau die Diagnose von anderer Stelle überprüfen. Diese lautet, dass da nichts ist. Was passiert nun? Die Frau wird in ein wahres Dilemma gestürzt. Wem soll sie glauben? Jener Diagnose, die besagt, dass da etwas ist? Oder jener, die das Gegenteil besagt? Der psychische Druck in dieser Frau ist unglaublich hoch. Stresshormone werden ohne Ende ausgeschüttet und die Gedanken drehen sich nur noch darum. Wie soll sie nun ihren Alltag bewältigen? Wie es der Familie, Freunden, Angehörigen näherbringen? Wen soll sie um eine weitere Diagnose ersuchen? Soll sie überhaupt? Und so weiter. Unendlich viele Fragen schießen da gleichzeitig durch den Kopf. Und das alles, weil die Erstdiagnose möglicherweise falsch war. Der Schaden ist damit schon angerichtet. Ein Szenario, das oft auch noch dazu kommt ist, dass die Schulmedizin sagt, dass es Krebs ist, dass die Untersuchung ergeben hat, dass es sich um einen Tumor handelt, jedoch alle sogenannten Alternativmediziner, die Heiler und Heilpraktiker, die Schamanen und Energetiker, sagen, dass da nichts ist. Damit wird ein Vertrauenskonflikt ausgelöst. Wem soll man nun vertrauen? Der Schulmedizin, die mit modernster Technik in den Körper hineinsieht? Oder doch den Alternativen, die dies auch ohne Geräte machen können? Nun. Ich werde jetzt nicht sagen, dass dieses oder jenes besser ist. Ich gebe lediglich Folgendes zu bedenken: Geräte, Maschinen, können den physischen Teil eures Körpers scannen. Und das können sie sehr gut. Doch, wie wir schon ausgeführt haben, besteht ihr nicht nur aus diesem physischen Körper. Ihr seid viel mehr. Nur das kann die Maschinen-Medizin natürlich nicht sehen und erkennen. Etwas ausschließlich Physisches kann auch nur Physisches wahrnehmen. Menschen sind nicht nur physisch und können deshalb auch Situationen in ihrer Gesamtheit wahrnehmen. Hier liegt der grundlegende Unterschied zwischen der Schulmedizin und der Alternativmedizin, wie sie von euch genannt wird. Dabei sollte es im Grunde genau umgekehrt sein. Denn die Alternativmedizin gibt es schon viel, viel länger und sollte schon alleine dadurch in euren Schulen und Universitäten gelehrt werden – und somit zur Schulmedizin werden. Und natürlich die ganzheitliche Sicht auf den Menschen, die die Grundlage eines jeden Handels darstellen sollte. Doch nicht nur, dass es das Wissen um diese Heilformen schon so lange gibt, ist im Zuge dessen zu erwähnen. Es ist vor allem genau diese ganzheitliche Ausrichtung, die schon genau deshalb in der Lage ist zu heilen. Oder besser gesagt, die Selbstheilungskräfte zu aktivieren.

Genau dies macht wahre Heilung aus. Sie versetzt euch in die Lage, euch selbst zu heilen. Es fordert und fördert eure Selbstverantwortung für eure Gesundheit. Denkt in Gesundheit. Fühlt in Gesundheit. Und euer Körper wird gesund oder gesund bleiben. So wird oder bleibt auch eure Seele gesund. Wie gesagt, seid ihr drei-einige Wesen. Wenn ein Teil davon gesund ist, sind alle Teile gesund. Es kann nie nur ein Teil krank sein. Somit können auch nur alle Teile gemeinsam gesund sein."

„Danke Inarda. Das ist eine sehr eindrückliche Erläuterung."

Selbstverantwortung bis Selbstliebe

Eiolo: „Damit kommen oder sind wir auch schon beim nächsten Thema: Selbstverantwortung, Selbstermächtigung, Selbstvertrauen, Selbstliebe – ja, das Selbst selbst."

„Das ist ein ganz, ganz wichtiges Thema. Gerade in unserer derzeitigen Situation und Zeit wenden sich immer mehr dem zu. Ich halte diese Entwicklung für sehr gut – ja essenziell für das weitere Fortkommen der Menschheit in ihrer Entwicklung zum kosmischen Wesen."

Eiolo: „Ihr seid bereits dieses kosmische Wesen, von dem du sprichst. Ihr braucht es nicht erst zu werden. Die meisten Menschen erkennen dies nur nicht und meinen, dass sie getrennt vom Kosmos, vom Universum, existieren. Hier der Mensch – dort der Kosmos. Das geht gar nicht. Der Mensch ist Teil der Natur. Die Natur ist Teil der Erde. Die Erde ist Teil eures Sonnensystems und dieses ist wiederum Teil des Universums. Daraus folgt: Der Mensch ist Teil des Universums. Es ist unabdingbar, dass ihr dies erkennt, dass dies ein Aspekt eurer Selbst-Verständlichkeit wird. Es bildet sozusagen die Basis. Sobald euch dieser Zusammenhang wirklich bewusst ist, er für euch selbstverständlich geworden ist, habt ihr einen wichtigen Punkt erreicht, auf den ihr aufbauen könnt. Denn dann ist es nur mehr ein kleiner Schritt hin zur Selbstermächtigung. Und doch ist diese einer der wichtigsten Schritte überhaupt. Was bedeutet Selbstermächtigung? Nun. Es bedeutet, dass ihr euch selbst erlaubt über eure Lebensumstände zu entscheiden. Absolut über alle. Über eure Gesundheit, eure Nahrung, eure Tätigkeiten und so fort – bis hin zu dem Wann und Wie ihr eure Seele wieder freigebt. Also das, was ihr den Tod nennt. An diesem Punkt möchte ich nochmals darauf aufmerksam machen, dass ihr selbst die Schöpfer seid – und zwar aller Aspekte: der Zeugung, der Geburt, des Lebens, eures Todes und darüber hinaus. Die Frage ist lediglich, ob und in welcher Tragweite euch dies wirklich bewusst ist. Viele von euch leben in Teilbereichen diese Selbstermächtigung bereits. Viele meinen aber auch dies zu tun und tun es doch nicht. Zumindest nicht in letzter Konsequenz. Nehmen wir als Beispiel eure Nahrung. Oder einen Teil davon. Ihr pflanzt selbst das Gemüse, das ihr verzehrt. Ihr bereitet die Beete vor, setzt die Samen oder Jungpflanzen ein und gießt sie. Ihr habt euch somit selber ermächtigt, für eure pflanzliche Nahrung zu sorgen. Macht ihr das wirklich in letzter Konsequenz? Die meisten nicht. Denn die Samen oder Jungpflanzen werden irgendwo eingekauft, wo ihr in der Regel nicht wisst wie bewusst dort damit umgegangen wurde. Ihr legt die Samen ein oder setzt die Jungpflanzen. In welchem Bewusstsein? Macht ihr dies in dem Bewusstsein, dass es euch einfach als Nahrung dienen wird? Oder in jenem, dass auch Pflanzen Geschöpfe Gottes sind? Oder irgendetwas dazwischen. Mit welchem Wasser gießt ihr sie? Mit Wasser, das von euren Wasserleitungen kommt? Oder aus einem Brunnen? Vielleicht einem Becken, in dem das Regenwasser aufgefangen wird? Oder vielleicht sogar aus dem fröhlich plätschernden Bach, der sich in der Nähe befindet? Mir ist schon klar, dass hier die Bedingungen, mit denen ihr es zu tun habt, unterschiedlich sind. Ich sage euch folgendes: Segnet das Wasser und die Pflanzen bei jedem Gießen. Dadurch wird jede dieser Pflanzen zur Heilpflanze, die sich wiederum förderlich auf eure Gesundheit auswirkt. Und zwar nicht nur auf eure physische. Ihr erhöht damit auch die Schwingung der Pflanze. Diese Schwingung, diese höhere Schwingung, überträgt sich ebenfalls durch den Verzehr auf euch und wirkt auf diese Weise heilend und schwingungserhöhend für euch. Pflanzen mit niedriger Schwingung bewirken somit das Gegenteil. Wenn das Wasser und die Pflanzen gesegnet werden, dann ist es fast egal, wo ihr das Wasser entnehmt, beziehungsweise die Samen oder Pflanzen besorgt habt. Durch das Segnen nehmen sie eure wohlwollende Absicht auf und stellen sich auf euch ein. So erhaltet ihr Lebensmittel, die diese Bezeichnung auch verdienen. Sie dienen dann eurem Leben."

„Warum ist es dann ‚fast' egal woher das Wasser und die Pflanzen stammen?"

Eiolo: „Ich habe dies aus folgendem Grund gesagt. Natürlich ist es am besten, wenn beides so naturnahe wie möglich verwendet wird. Doch das ist, wie ebenfalls angeführt, nicht allen Menschen möglich. Je näher sie dem natürlichen Ursprung entstammen, desto höher ist die Grundschwingung. Dies wirkt sich ebenfalls wieder förderlich aus. Kann dies jedoch nicht gewährleistet werden, so ist das Segnen umso wichtiger. Es entsteht eine direkte Verbindung mit Pflanze und Wasser. Beide ‚wissen' dadurch, dass ihr liebevoll und mit vollem Bewusstsein eures Handels die Pflanzen gießt."

„Wie sollen wir es segnen? Genügt es, wenn ich denke oder sage: ‚Ich segne dich.'"

Inarda: „Das ist schon mal gut. Noch effektiver ist es, wenn du bezeichnest, was du segnest. Zum Beispiel: ‚Ich segne dich liebes Wasser.' oder ‚Ich segne dich liebe Pflanze.' Je genauer es benannt wird, desto mehr fühlt sich das auf diese Weise Gesegnete auch angesprochen. Und damit kommen wir direkt zum nächsten Thema: zur Selbstverantwortung. Die Selbstermächtigung ist das eine. Jedoch ist es damit nicht getan. Selbstermächtigung bedeutet auch, die Verantwortung dafür zu übernehmen, wofür man sich ermächtigt hat. Sowohl Selbstermächtigung als auch Selbstverantwortung bedeuten, dass ihr Entscheidungen trefft. Zum einen darüber, wofür ihr euch ermächtigt und zum anderen, wie ihr diese verantwortet. Letzteres vor allem euch selbst gegenüber. Damit meine ich, dass jedes Wesen in erster Linie die Verantwortung für sich selbst trägt. Niemand ist dafür verantwortlich, wie es euch geht. Nur ihr selbst. Dies mag für viele schwer nachzuvollziehen sein. Vor allem dann, wenn ihr euer Wohlbefinden von äußeren Umständen und Bedingungen abhängig macht. Die meisten Menschen sind so im Außen verhaftet, dass sie für alles einen Schuldigen suchen, um diesem dann die Verantwortung dafür, wie sich etwas euch zeigt oder wie es euch geht, zuschieben zu können. Eure ganzen Systeme sind so aufgebaut. Von klein auf wird euch dieses Verhalten vorgezeigt. Es liegt uns absolut fern, euch in irgendeiner Weise dafür zu verurteilen. Doch lasst euch gesagt sein: ‚So funktioniert das nicht.' Das Wort ‚Selbstverantwortung' sagt ja schon aus, dass nur ihr für euer Selbst verantwortlich seid. Ja nur sein könnt."

„Eindringliche Worte, die du gerade gewählt hast."

Inarda: „Ja, ich weiß. Ich habe dies in voller Absicht gesagt. Denn etwas anderes, als im vollen Bewusstsein der Wirkung auf euch, kann ich es gar nicht tun. Das Wort ‚Absicht' gibt es bei uns nicht. Auch nicht eines, das Ähnliches aussagt. Ich habe es eurem Sprachgebrauch entnommen, um es für euch verständlich ausdrücken zu können. Für uns ist dies so selbstverständlich, dass es kein Wort dafür braucht. Darum gibt es dieses Wort ‚Absicht' auch bei uns nicht. Dies ist übrigens bei uns mit vielen Wörtern so, dass wir uns eures Wortschatzes bedienen, um etwas so ausdrücken zu können, damit ihr dies auch wirklich versteht."

„Ok. Verstehe."

Inarda: „Kommen wir nochmals zur Selbstverantwortung zurück. Nicht immer habt ihr nur Verantwortung für euch selbst. Ihr habt sie auch für eure Kinder. Die Frage ist allerdings hier: Empfindet ihr diese Verantwortung als Last oder als Freude? Die allermeisten von euch werden diese Frage mit ‚als Freude' beantworten. Ihr geht mit euren Kindern in der Regel sehr liebevoll um – so als wären sie ein Teil von euch, ein Teil eures Selbstes. Daraus ergibt sich schon, dass die Übernahme der Verantwortung für eure Kinder einen Teil eurer Selbstverantwortung darstellt. Ihr ‚übernehmt' die Verantwortung so lange, bis ihr sie wieder an eure Kinder zurückgeben könnt. Dies bezeichnet ihr oft als Loslass-Prozess. Er ist im Grunde die Rückgabe dieser Verantwortung an das Kind. Zu sagen: ‚Jetzt bist du wieder für dich selbst verantwortlich.' fällt vielen nicht leicht. Denn es bedeutet auch, nicht mehr die Entscheidungen für das Kind zu treffen, nicht mehr über es zu bestimmen. In gewisser Weise ist es auch die Abgabe der Macht über einen Menschen. Wenn ich mir so ansehe, wie oft mit den Kindern umgegangen wird, dann sehe ich oft wirklich eine Machtausübung seitens der Eltern. Sie sagen, was das Kind zu tun oder zu lassen hat. Anstatt das Kind zu begleiten, wird über es bestimmt. Oft wird der Wille der Eltern dem Kind regelrecht übergestülpt. Für jemanden zu entscheiden heißt nicht über jemanden entscheiden. Solange ein Kind in einem Altersbereich ist, in dem es noch nicht die entsprechenden Erfahrungen hat, um gewisse Dinge zu entscheiden, ist es eine sinnvolle Begleitung des Kindes, als Eltern die Entscheidungen zu treffen. Natürlich ist es immer wieder die Frage, ob ihr euren Kindern diese Entscheidungen auch zutraut. Viele Eltern kennen ihre Kinder so wenig, dass sie nicht ersehen können, in welcher Entwicklungsphase sich ihr Kind tatsächlich befindet. Sie glauben es lediglich zu wissen. Das bedeutet auch, dass viele Entscheidungen, die die Eltern treffen, das Kind schon selbst treffen könnte. Doch es ist ja so bequem für die Eltern das Kind betreffende Entscheidungen im eigenen Sinne zu treffen. Wie gesagt. Viele kennen ihre Kinder nicht wirklich. Mir ist dabei durchaus bewusst, dass es auch immer wieder schwierig für euch ist, euer Kind wirklich kennenzulernen. Ihr habt Tag ein und Tag aus so viel um die Ohren – wie ihr es gerne ausdrückt – dass ihr zum einen gar nicht die Ruhe dafür habt, und euch zum anderen zu wenig Zeit dafür bleibt."

„Das klingt jetzt nach einer herben Kritik an den Eltern."

Inarda: „Nein. Ich bitte darum, es nicht in dieser Weise zu verstehen. Was ich hier gesagt habe, ist die Beschreibung dessen, was wir beobachten. Wir urteilen nicht. Wir beobachten."

„Ok. Ich lasse das mal so stehen. Es mag schon sein, dass der eine oder die andere davon getriggert wird."

Eiolo: „Das gilt im Grunde für alles, das wir hier besprechen. Wenn jemand damit in Resonanz geht, kann das mehrere Ursachen haben. Es ist möglich, dass sich jemand ‚ertappt' fühlt. Es kann genauso gut sein, dass die Beschreibung jemand als hilfreich empfindet oder sich bestätigt fühlt."

„Kommen wir zum Selbstvertrauen. Meine Erfahrung ist, dass sich die Übernahme der eigenen Ermächtigung und der Verantwortung dafür sehr positiv auf das Selbstvertrauen auswirken."

Entscheidungen

Eiolo: „Das ist grundsätzlich richtig. Vielmehr ist es jedoch das Ergebnis dessen, dass eigene Entscheidungen getroffen werden. Wenn man nicht selbst entscheidet, dann macht das jemand anderer. Ob man das dann will oder nicht. Natürlich braucht es auch schon ein gewisses Maß an Selbstvertrauen, um überhaupt Entscheidungen treffen zu können. Doch genau das macht ihr ständig. Den ganzen Tag trefft ihr Entscheidungen. Ihr entscheidet, wann ihr aufsteht oder aufstehen wollt, dass ihr euch wascht oder duscht, was ihr anzieht, zum Frühstück konsumiert und so weiter. Ihr seht es allerdings meistens nicht als Entscheidung, da ihr dies unbewusst macht. Doch genau das macht euren Tag, euren Tagesablauf, dann aus. Beobachtet selbst einmal, wie viele Entscheidungen ihr tatsächlich jeden Tag trefft. Die wirklich großen Entscheidungen, also jene, die ihr bewusst trefft, bei denen ihr vorher tatsächlich darüber nachdenkt oder mit jemandem darüber diskutiert, sind dagegen absolut in der Minderzahl. Probiert es einfach einmal aus und seid euch eurer Alltagsentscheidungen wirklich bewusst, dann habt ihr bereits eine wunderbare Basis für euer Selbstvertrauen gelegt. Darauf könnt ihr aufbauen."

„Bei so manchen Menschen – und da schließe ich mich selbst mit ein – führen Entscheidungen zu einem Problem, das wir Zweifel nennen. Wir überlegen oft hin und her, was denn nun die richtige Entscheidung sei. Wir lesen vielleicht Bücher, die uns helfen sollen, eine Entscheidung zu treffen. Oder wir recherchieren im Internet, um eine Antwort zu finden oder unternehmen sonst was. Oder wir zermartern uns still und leise unser Gehirn, spielen gedanklich alle möglichen und unmöglichen Szenarien durch – in der Hoffnung eine Antwort auf die anstehende Frage zu finden. Oft ist es dann allerdings so, dass sich die Situation ganz anders darstellt oder abläuft, als wir es gedacht haben."

Eiolo: „Warum macht ihr es dann?"

„Gute Frage. Sag du es mir."

Eiolo: „Beginnen wir mal ganz von vorne. Was ist überhaupt ‚Zweifel'? Es ist die Unfähigkeit, Entscheidungen zu treffen. Das klingt zwar etwas hart, ich weiß. Doch ich werde dies nun näher ausführen."

„Ich bitte darum."

Eiolo: „Nun. Diese Unfähigkeit, die ich vorhin angesprochen habe, bezieht sich auf zwei Hauptaspekte. Der eine ist Verunsicherung. Irgendwas oder irgendjemand hat euch in einer bestimmten Frage dermaßen verunsichert, dass ihr keinen klaren Gedanken mehr fassen könnt. Oft ist es so, dass ein Mehr an Informationen, die zu einer gewissen Fragestellung eingeholt werden, diese Verunsicherung eher verstärkt als mindert. Durch diese eingeholten Informationen wird euer Gehirn oft so beansprucht, dass dieses in eine Art Stresszustand gerät und euer bewusstes oder gezieltes Denken blockiert. Wenn dann auch noch Angst dazukommt, so wird dieser Zustand noch verstärkt und ihr werdet unfähig Entscheidungen zu treffen. Zweifel beinhalten immer eine gewisse Portion Angst. Dazu aber später mehr. Vorher möchte ich noch auf den zweiten Aspekt eingehen. Nämlich den, dass ihr oft gar keine Entscheidung treffen wollt. Denn dann müsstet ihr ja eventuell auch die Verantwortung dafür übernehmen. Es ist also dann nicht mehr ein Zweifel, der die Entscheidungsfindung direkt betrifft, sondern ein Zweifel, ob ihr überhaupt eine Entscheidung treffen wollt oder sollt. Die vorhin angesprochene Angst lähmt den Entscheidungsprozess in eurem Gehirn. Klares Denken wird fast zu einer Unmöglichkeit. Die Gedanken kreisen nur noch um das Problem, wofür eine Lösung gesucht wird. Wenn dieses Kreisen nicht bewusst gestoppt wird... Nun. Du weißt, wohin das führt..."

„Ja. Das weiß ich und ich denke, ich bin auf einem guten Weg, dies für mich zu beenden."

Inarda: „Das bist du, mein Lieber. Das bist du. Und, dass du dies alles aufschreibst, ist auch eine gewisse Form der Therapie, der Aufarbeitung, für dich."

„So fühlt es sich für mich auch an. Aber nochmals zurück zum Zweifel. Ich habe das Gefühl, dass du mir dazu noch etwas sagen willst, liebe Inarda."

Inarda: „Das ist tatsächlich so. Du kennst ja den Ausspruch: ‚Ehre deinen Zweifel, denn er macht dich hellhörig, hellfühlig und hellsichtig."

„Ja. Den kenne ich. Ein lieber Freund hat ihn mir vor Jahren mal gesagt."

Inarda: „Gut. Was bedeutet dieser nun im Kontext zu dem, was ich vorhin gesagt habe? Er klingt ja fast wie ein Paradoxon. In Grunde ist es dies, was der Zweifel im besten Fall bewirkt. Er bedeutet, dass ihr damit in eine Beobachterrolle kommt – weg vom eigentlichen Dilemma des Zweifels. Durch dieses beobachten, was da passiert, was er mit euch macht, kommt ihr aus diesem Dilemma wieder raus. Wenn man etwas beobachtet, dann ist man nicht mehr direkt involviert und kann die Gegebenheiten von außen betrachten. Ihr seid dann wie ein Zaungast, ein interessierter Zuseher. Dadurch gewinnt ihr die Entscheidungsmöglichkeit in der anstehenden Fragestellung wieder zurück. Ihr seid nicht mehr in die Szenerie direkt involviert. Diesen Zustand gilt es zu erreichen, um wieder voll handlungsfähig zu sein. Aber bitte setzt euch damit nicht unter Druck. Denn dadurch würdet ihr die nächste Blockade für euch kreieren. Und der Kreislauf würde von vorne beginnen."

„Wie sollen wir das am besten machen? Hast du einen Vorschlag dazu?"

Inarda: „Macht am besten irgendetwas, das euch ablenkt, das euch auf andere Gedanken bringt – oder auf gar keine. Ob ihr dies mit einer Meditation macht oder laute Musik hört, ist im Grunde zweitrangig. Hauptsache ihr kommt aus diesem Kreis der sich drehenden Gedanken raus. Dadurch habt ihr zu einem anderen Zeitpunkt die Möglichkeit, der Lösung der anstehenden Frage nachzugehen. Wenn ihr die Form der Meditation, der Entspannung, gewählt habt, dann ist es für die meisten Menschen sinnvoll, wenn diese geführt ist. Durch das dabei Gesprochene werdet ihr aktiv zu etwas anderem hingelenkt. Reine Entspannungs- oder Meditationsmusik kann bewirken, dass sich die Gedanken weiterdrehen und ihr dadurch nicht in jenen Zustand kommt, den ihr erreichen wollt. Dies ist ein Vorschlag. Nicht mehr und nicht weniger. Denn die Menschen sind individuell und genauso individuell ist die Methode, die euch in dieser Phase guttut. Das kann durchaus auch in jeder solchen Situation anders sein."

„Das habe ich an mir selbst beobachten können. Seit einigen Monaten höre ich jede Nacht zum Einschlafen eine geführte Meditation. Es kommt immer wieder vor, dass ich eine, die sich mal gut anhörte und mir auch guttat, einfach nicht mehr hören kann.“

Inarda: „Dann brauchst du sie nicht mehr. Dafür hörst du jetzt andere, solche, die dir jetzt guttun.“

Eiolo: „Dies gilt übrigens für alles, das euch im Alltag begegnet. Wenn es sich nicht wirklich gut anfühlt, dann lasst es. Ihr tut euch selbst nichts Gutes, wenn ihr euch zu etwas zwingt, wofür ihr eine innere Ablehnung verspürt. Ich weiß schon, dass das leichter gesagt als getan ist. Euer Alltag ist voll von Tätigkeiten, die ihr eigentlich gar nicht machen wollt. Wenn ihr solche Tätigkeiten über längere Zeit ‚durchdrückt‘ – wie ihr es bezeichnet – so macht es euch mit der Zeit krank. Dies geschieht in der Weise, dass eure Seele euch immer wieder darauf aufmerksam macht, dass dies nicht gut ist für euch. Wenn die daraus resultierende Diskrepanz zwischen Seele und Verstand zu groß wird, dann erhält der Körper oder ein Organ von der Seele den Auftrag sich ‚zu Wort zu melden'. Viele ignorieren oder verdrängen die zarten Hinweise. Das geht nur solange gut, bis massive gesundheitliche Probleme auftreten. Dann handelt ihr – endlich. Manchmal ist es aber dann schon zu spät. Herzinfarkte und Schlaganfälle sind nur zwei der vielen Auswirkungen einer solchen Verhaltensweise. Doch Krankheit ist nicht immer nur etwas Schlechtes. Sie bringt euch mehr als alles andere zum Nachdenken und zum Handeln. Nur leider geht ihr nach der überstandenen Krankheit oft wieder in den gleichen Alltagstrott über, der euch krank gemacht hat.“

Inarda: „Auf dich und eure ‚Cosmic Society‘ bezogen bedeutet das: Ihr müsst nicht alles machen. Macht nur jene Veranstaltungen, die einfach sind. Mir ist durchaus klar, dass es Situationen gibt, die euren vermehrten Einsatz erfordern. Achtet bitte in solchen Fällen ganz genau darauf, was eine solche Situation mit euch macht. Und lernt ‚Nein‘ zu sagen – mehr noch als ihr es ohnehin schon tut.“

„Ok. Ich nehme es mir zu Herzen. Irgendwie habe ich das Gefühl, dass wir ziemlich viel falsch machen in unserem Leben.“

Inarda: „Bitte seht das hier Gesagte nicht als Kritik an eurer Lebensweise und eures Verhaltens. Wie schon betont, beschreiben wir lediglich, was wir beobachten. Und wir stellen diese Beschreibung aus unserer Sicht dar. Seht es auch als gewisse Chance. Vieles davon ist euch schon bekannt, habt ihr schon mal in der einen oder anderen Form gehört oder gelesen. Wir wollen euch daran wieder erinnern. Vieles habt ihr vielleicht vergessen oder sogar verdrängt. Manches wollt oder wolltet ihr nicht hören. Nun habt ihr, durch die Erinnerung an dieses Wissen, zwei Möglichkeiten: Entweder ihr ignoriert oder verdrängt es wieder. Oder ihr kommt endlich ins Handeln. Zu Letzterem möchten wir euch mit unseren Worten einladen. Ob ihr diese annehmt, liegt in eurem Ermessen. Ihr habt die freie Wahl, alles so zu entscheiden und zu machen, wie ihr es für richtig erachtet. Es gibt kein richtig oder falsch, kein gut und kein schlecht. Was es gibt, sind Entscheidungen. Wie gesagt, habt ihr die freie Entscheidungsmöglichkeit. Immer."

„Haben wir diese freie Wahl tatsächlich immer? Werden wir nicht immer wieder durch äußere Umstände in eine bestimmte Richtung gedrängt?"

Eiolo: „Ich weiß, worauf du anspielst. Ihr habt Gesetze. Ihr habt alle möglichen und – verzeih die Anmerkung – unmöglichen Regelungen, an die ihr euch halten müsst, da ihr sonst persönliche Nachteile in Kauf nehmen müsst. Gesetze und Regeln haben nichts mit einer natürlichen Form des Zusammenlebens in einer Gesellschaft zu tun. Ich beschreibe dir, wie dieses Zusammenleben bei uns aussieht."

Zusammenleben der Plejader

„Oh ja! Da bin ich jetzt echt gespannt drauf!“

Eiolo: „Gut. Ich werde nun damit beginnen und Inarda wird später fortsetzen. Die Plejaden oder Siebengestirn, wie ihr es nennt, bestehen aus wesentlich mehr als diese sieben Planeten, die ihr von der Erde aus seht. Es sind keine Sonnen. Dies erscheint euch lediglich so, da ihr sie in der Nacht an eurem Sternenhimmel leuchten seht. Dieses Leuchten kommt von innen heraus. Wie du weißt, ist jeder Planet ein eigenständiges Wesen. Es hat ein eigenständiges Bewusstsein. Je weiter entwickelt ein solches Wesen ist, desto mehr strahlt es. Das ist vergleichbar mit eurer Aura. Je bewusster ein Mensch ist, desto heller und strahlender ist seine Aura – seine Ausstrahlung. Manche von euch können diese Aura sehen. Sie sehen es als helles Licht. Die Aura der Himmelskörper, die ihr die Plejaden nennt, strahlt so hell, dass sie zum einen von jedem gesehen werden kann und zum anderen, dass euch unsere Heimat wie sieben Sonnen erscheinen.“

„Ist das bei unserer Sonne auch so? Ich habe schon davon gehört, dass unsere Sonne nicht heiß ist, wie uns unsere Wissenschaftler sagen. Doch noch niemand konnte mir schlüssig erklären, warum das so ist.“

Eiolo: „Die meisten Himmelskörper, die ihr als Sonnen wahrnehmt, sind nicht heiß. Und ja. Auch auf eure Sonne trifft dies zu. Die Energie – ich bezeichne sie mal als Auraenergie – ist so stark, so kraftvoll, dass sie aus einer gewissen Entfernung von euren Satelliten und Messinstrumenten als Hitze wahrgenommen – sozusagen interpretiert – wird. Lass uns vielleicht zu einem späteren Zeitpunkt auf dieses Thema genauer eingehen. Ich möchte dir ja von unserer Heimat und unserer Lebensweise erzählen.“

„Gut. Ich behalte das Thema im Auge. Denn da gehen mir einige Fragen dazu im Kopf herum.“

Eiolo: „Ich bin gerne dazu bereit. Aber nun zurück zum Thema. Also, wie schon angemerkt, haben unsere Gestirne einen sehr hohen Bewusstseinsgrad erreicht. Wir selbst sind als Zivilisation wesentlich älter, als die Menschheit der Erde. Wir durchlebten ganz ähnliche Entwicklungsschritte, wie ihr sie gemacht habt, beziehungsweise gerade macht. Dies ist bei uns schon Äonen her und dennoch in unseren Erinnerungen sehr präsent. Wir sind sehr dankbar für diese Erfahrungen, denn sie haben uns dorthin gebracht, wo wir heute sind. Es gab Zeiten des Krieges und des Friedens. Auch bei uns gab es die Ära des Geldes. Solange, bis wir erkannten, dass die meisten Konflikte in direkter Wechselwirkung mit dem Geld stehen. Jeder Krieg, jede sonstige Auseinandersetzung, ja fast jedes Verbrechen, hat mit Geld zu tun. Dies wurde von einigen sehr weisen Wesen erkannt. Daraufhin wurde das Geld immer mehr abgeschafft. Immer mehr Bereiche des Lebens wurden auf geldlos umgestellt. Anfangs war das Bewusstsein unserer Vorgänger noch nicht so ausgeprägt. Das Ergebnis war ein ziemliches Chaos. Bis sie die Vorteile davon erkannten und selbstständig in immer mehr Bereichen auf das zwischengeschaltete Tauschmittel Geld verzichteten. Nach und nach verschwand das Gelddenken aus den Köpfen. Mit der Zeit vergaßen sie es völlig. Dies war ein gewaltiger Bewusstseinssprung für unsere Zivilisation. Und doch war es ein ganz natürlicher und selbstverständlicher Prozess – ein Selbstläufer, wie ihr sagen würdet. Manche befürchteten, dass nun jeder alles haben möchte, da ja nichts mehr etwas kostet. Doch genau das Gegenteil ist eingetroffen. Jeder wurde wesentlich achtsamer. Dies mag damit zusammenhängen, dass es so etwas wie ‚Wert' dann nicht mehr gab. Etwas zu besitzen, war kein Privileg mehr. Prestigeobjekte gab es dadurch nicht mehr. Also warum soll man es unbedingt haben wollen? So wurde auch das materielle Denken immer weniger. Die Gesellschaft strukturierte sich selbstständig um – ja völlig neu. Es gab keine Notwendigkeit mehr, etwas mehr oder Besseres zu besitzen, als jemand anderer. Die Menschen – ja, auch wir sind humanoide Wesen, wie ihr – wurden friedlicher und friedliebender. Das Denken in Werten existierte nicht mehr. Und dies war der nächste große Bewusstseinssprung für uns. Doch auch dieser war, wie geschildert, ein längerer Prozess. Ein sehr wichtiger, wie ich hinzufügen möchte. Da die Menschen natürlich auch nicht mehr dem Geld hinterherrannten, da es dieses Konstrukt ja nicht mehr gab, konnten sie sich mehr und mehr mit anderen Dingen beschäftigen. Ihr nennt es Spiritualität. Wir sprechen vom Erinnern an die weit zurückliegenden Erfahrungen und Erkenntnisse. Dies schließt das Wissen über die Kräfte der Natur, aller Formen von Energie, sowie die geistigen Aspekte, bis hin zu Gott, dem Schöpfer, der Quelle, mit ein. Und dies war der dritte – manche sagen der wichtigste – Schritt in unserer Entwicklung. Nun. Meiner Meinung nach waren die vorangegangenen Schritte genauso wichtig. Sonst wären wir nicht bis zu diesem Schritt gekommen. Nachdem also dieser Schritt getan war, erblühte unsere Gesellschaft noch mehr. Spätestens zu diesem Zeitpunkt erfolgte der Übergang von der Gesellschaft zur Gemeinschaft."

„Wie weit sind wir Erdlinge von diesem Übergang entfernt?"

Eiolo: „Dies lässt sich nicht in Monaten, Jahren oder Jahrzehnten ausdrücken. Es ist ein laufender Prozess, dessen Ausgang schon feststeht. Jedoch noch nicht die Dauer. Denn diese kommt auf euch selbst an. Was wir allerdings beobachten ist, dass immer mehr Menschen diese Gedanken teilen. Je mehr dies tun, desto schneller läuft der Prozess der vollständigen Bewusstwerdung ab. Er nimmt exponentiell zu. Als du vor rund 10 Jahren das erste Mal den Gedanken ohne Geld zu leben, ja, dass es so etwas wie Geld nicht braucht zum Überleben, in dem Artikel ‚Die parteilose Gesellschaft' formuliert hast, hat dich noch so gut wie niemand verstanden. Jetzt ist es so, dass sich immer mehr mit diesem Gedanken anfreunden können.

„Das ist wohl wahr."

Eiolo: „Wir waren beim Übergang von der Gesellschaft hin zur Gemeinschaft. Dieser Wechsel hatte Auswirkung auf alle Lebensbereiche, auf die Wissenschaft, die Bildung, ja selbst auf die Ernährung und den Umgang der Plejader untereinander und mit sich selbst. Sie wurden achtsamer im Umgang mit den Ressourcen. Die Technik machte einen Quantensprung und die Lebenszeit verlängerte sich zusehends. Nun sind wir in der Lage, unsere Zeitspanne auf unserem Planeten selbst zu bestimmen. Wir taten dies natürlich vorher auch. Nur war es den meisten nicht bewusst. Der Tod wurde, so wie bei euch, als etwas gesehen, das man eher zur Seite schiebt, als ihn annimmt und sich darüber freut, wenn jemand die Chance ergreift neue Erfahrungen zu machen. Entweder bei uns, bei euch oder irgendwo sonst im weiten Universum. Wie gesagt, machten Wissenschaft, Forschung und damit einhergehend die Technik, einen riesengroßen Schritt vorwärts. Sie unterstützt uns nun in praktisch allen Lebensbereichen. Das klingt jetzt sehr technokratisch. Ich weiß. Doch das ist es nicht. Diese Technik bezieht sich nicht auf irgendwelche Maschinen oder Apparaturen oder auf das, was ihr Computer nennt. Nein. Der rasante Fortschritt unserer Technik bezieht sich hauptsächlich auf geistige Fähigkeiten. Es sind geistige Fähigkeiten wie Teleportation, Telekinese, aber auch Telepathie und das bewusste Schaffen, die alle erlernt haben. Techniken, die bei euch im energetischen, spirituellen, kinesiologischen, Bereich angesiedelt sind, wurden bei uns zum Alltag. Wir wenden diese Fähigkeiten ganz selbstverständlich an. So wie ihr mit Messer und Gabel esst. Es wurden auch kleine Geräte entwickelt, die es jenen, die zum Beispiel der Teleportation nicht oder nur im geringen Maß mächtig sind, erlauben solche Fähigkeiten zu nutzen. Solche kleinen Geräte haben leicht in einer Hosentasche Platz. Wir geben sie meist an Besucher aus – hauptsächlich an solche von der Erde."

Trans-Porter und Kosmologie

„Ihr werdet von uns Erdlingen besucht??"

Inarda: „Ja natürlich. Und das schon seit langer, langer Zeit. Es sind hauptsächlich Wesen, die ihren Ursprung auf einem Planeten des Plejaden-Gestirns haben oder von deren Nachkommen. In seltenen Fällen besuchen uns auch Menschen, die im Grunde gar keinen direkten Bezug zu uns haben, jedoch von unserer Existenz wissen und diese für jene Menschen eine ganz normale Realität darstellt. Das sind dann meistens Botschafter oder Diplomaten, Abgesandte, die irgendwas mit uns zu besprechen haben. Diese bekommen dann so ein kleines Gerät, mit dem sie – so wie wir ohne Gerät – den jeweiligen Planeten bereisen können. Denn es gibt bei uns keine Flugzeuge, wie bei euch. Es gibt auch keine sonstigen Verkehrsmittel. Für interstellare Reisen benutzen wir unsere Raumschiffe. Für ‚Kurzstrecken' nutzen wir eben unsere Fähigkeit uns zu teleportieren oder eben besagtes Gerät."

„War ich auch schon mal bei euch?"

Eiolo: „Diese Frage meinst du aber jetzt nicht ernst?"

„Ähhhmmm... Doch."

Eiolo: „Was denkst du, woher du die meisten Ideen hast? Nehmen wir zum Beispiel deine Überlegungen zum Thema Geld, worüber wir uns vorhin unterhalten haben. Ich weiß noch sehr genau, wie begeistert du damals von diesem Gedanken warst, als wir dir dieses Modell vorstellten. Und das hast du ja dann auch in den vorhin genannten Artikel einfließen lassen."

„In welchem Jahr war das?"

Eiolo: „Im Jahr 2007 eurer Zeitrechnung. Doch warst du vorher und nachher ebenfalls oft bei uns. Vieles davon, was du in deinen Träumen erlebst, hast du bei uns erlebt."

„Ich ahnte es... Dieses kleine Gerät, von dem du vorhin gesprochen hast, wird das den Besuchern mitgegeben oder bleibt es bei euch?"

Inarda: „Meistens behalten es die Menschen. Sie können auf der Erde derzeit noch nichts damit anfangen, da es auf unsere Dichte abgestimmt ist. Du hast übrigens auch eines."

„Im Ernst!? Warum weiß ich davon nichts? Wie sieht es aus? Welches Teil ist es?"

Inarda: „Gemach, Gemach, mein Lieber. Du hast in deinem Büro ein Körbchen mit verschiedensten Steinen. Es ist der dunkelste. Ungefähr taubeneigroß."

„Jetzt hast du mich so neugierig gemacht, dass ich schnell nachsehe..."

Meine beiden plejadischen Freunde schmunzeln gerade ob meiner Ungeduld und Neugierde.

Fotos: Gerhard Praher

Ich bin nur mehr baff! In meiner Sammlung war ganz unten versteckt dieser Stein. Er unterscheidet sich in Farbe, Struktur und Gewicht von allen anderen. Und er ist viel schwerer, als man dies bei einem Stein dieser Größe annehmen würde. Außerdem wirkt er metallisch und die Oberfläche ist leicht glänzend. Zudem ist die Oberfläche so völlig anders, als man dies bei normalen Steinen kennt. Ich bin über alle Steine mit dem Pendel mit der Frage darüber gegangen: Bist du jenes Gerät, von dem Eiolo gesprochen hat und von den Plejaden kommt? Nur bei diesem bekam ich ein JA! Ich bin echt platt...

„Ich habe den Stein, das Gerät – ich weiß jetzt gar nicht, wie ich es nennen soll…"

Eiolo: „Nenne es Trans-Porter. Denn das ist genau, was es macht. Es transportiert den Benutzer an jeden beliebigen Ort unseres Planeten."

„Also ich habe den Trans-Porter in meine Hände genommen. Habe ihn auf eine Handfläche gelegt und mit der anderen Handfläche zugedeckt. Dann habe ich meine Augen geschlossen. Ich fühlte ein starkes Kribbeln in beiden Handflächen. Es war etwas kühl. Ja. Metallisch. Gleichzeitig erschienen Bilder in mir. Zuerst eines eurer Schiffe. Dann die Gesichter von euch beiden. Und jetzt frage ich mich: ‚Kann das denn wirklich sein oder bilde ich es mir bloß ein?'"

Inarda: „Du bildest dir das gewiss nicht ein. Und das weißt du auch. Das Schiff, das du gesehen hast, mit dem sind wir tatsächlich gerade unterwegs. Wir sind knapp oberhalb der Erdatmosphäre, sozusagen auf Beobachtungsposten. Von der Lokalisierung kann ich sagen, dass dies im österreichisch-deutschen Kulturraum ist."

„Also fast bei mir zu Hause."

Ich habe jetzt eine Nacht darüber geschlafen. Es war eine durchwachsene Nacht. Immer wieder ging mir der Stein, der Trans-Porter, durch den Kopf. Die Form ist auch etwas ungewöhnlich, finde ich – sowohl für einen Stein, als auch für ein technisches Gerät. Woher ich das Teil habe und seit wann es bei mir ist, kann ich nicht mehr sagen. Das weiß ich einfach nicht mehr. Wobei das Woher von Eiolo bereits erläutert wurde. Bei Steinen ist es normalerweise so, dass mir der eine oder andere am Weg auffällt, und ich diesen dann frage, ob er mit mir gehen möchte. Ist die Antwort ein eindeutiges Ja, dann nehme ich ihn mit nach Hause. Bei den meisten Steinen in meiner Sammlung kann ich noch ziemlich genau sagen, woher sie kommen. Nicht so bei diesem Stein/Gerät. Ich habe keinen Bezug zu irgendeinem Herkunftsort. Schon alleine diese Tatsache spricht dafür, dass Eiolo mit seiner Aussage recht hat. Es ist nicht so, dass ich seine Aussagen bezweifle. Das liegt mir echt fern. Doch hinterfrage ich sie immer wieder und überprüfe sie, soweit dies möglich ist. Bisher hatte ich keinen Anlass, an den Aussagen zu zweifeln. Alles, was sie mir jemals sagten, bestätigte sich. Dies gilt in gleicher Weise auch für die ersten Informationen, die ich im Herbst 2015 von den beiden bekam. Auch da wurden fast alle Aussagen bereits von anderer Seite, meist von wissenschaftlicher Seite, bestätigt. Also warum sollte ich an den Ausführungen, den Stein betreffend, zweifeln? Es gibt für mich keinen Grund dazu. Doch lade ich alle Leser ein, sich eigene Gedanken zu machen und selbst nachzufühlen.

Inarda: „Du hast da gerade einige sehr wichtige Worte geschrieben. Die Einladung, die du ausgesprochen hast, dieser schließen wir uns sehr gerne an. Glaubt nicht einfach alles, das euch erzählt wird oder das ihr irgendwo lest. Überprüft es. Und wenn dies schon nicht physisch oder in anderer Form möglich ist, dann wenigstens mit eurem Gefühl, mit eurem Herzen."

„Wir waren bei eurer eigenen Geschichte, bei eurem Bewusstwerdungsprozess. Können wir bitte da wieder weitermachen?"

Inarda: „Ja gerne. Doch möchtest du nicht auch wissen, wie der Trans-Porter angewendet wird? Ich ‚sehe' ja, wie sehr dir diese Frage im Kopf umgeht."

„Ja. Du hast ja recht. Natürlich interessiert mich das brennend!"

Inarda: „Du siehst auf den beiden Fotos, die du vorhin eingefügt hast, auf dem linken die obere oder vordere Ansicht. Bei beiden Bildern ist unten eine Rundung zu sehen. Drehe den Trans-Porter so, dass der Daumen bequem in diese Mulde passt. Mit dem Zeigefinger fasst du an die gegenüberliegende Seite. Du wirst bemerken, dass auch dieser gut in diese etwas flachere Rundung passt."

Foto: Gerhard Praher

„Tatsächlich! Passt perfekt! Unglaublich, wie das zu kribbeln beginnt in den Fingern! Unglaublich! Und damit kann man reisen?"

Eiolo: „Nun. Reisen ist nicht ganz der richtige Ausdruck dafür, wenn ich diesen Begriff in eurem Sinne, im irdischen Sinne, deute. Es ist in unserer Welt eher ein Transportieren. Um zu reisen, müsst ihr tätig werden. Ihr müsst Tickets kaufen, Bekleidung und alles Mögliche an Utensilien einpacken, euch zu einem Bahnhof oder einer Bushaltestelle oder zu einem Flughafen bewegen. Dies alles ist bei uns nicht notwendig. Ihr gebt einfach das gewünschte Ziel telepathisch oder gedanklich bekannt und schon seid ihr dort. Ihr könnt aber auch diesen Vorgang verzögert erleben. Dadurch besteht die Möglichkeit, die Landschaft zu genießen und alles, was sich auf dem Weg befindet, wahrzunehmen."

„Ich bin echt fasziniert! Danke von Herzen, dass ihr mir diesen Trans-Porter geschenkt habt."

Eiolo: „Das ist für uns eine Selbstverständlichkeit. Jedem, der uns besucht, bieten wir an ihn mit zurückzunehmen. Davon machen halt nicht alle Gebrauch."

„Wie lange hat es eigentlich gedauert, bis ihr an diesem Punkt des Bewusstseins angekommen seid?"

Eiolo: „In eurer linearen Zeitrechnung ein paar hunderttausend Jahre."

„Was!? Da dauert es bei uns ja noch eine Ewigkeit!"

Eiolo: „Erschrick nicht gleich, mein Lieber. Du fragtest, wie lange es bei uns gedauert hat und nicht, wie lange es bei euch dauert."

„Tja. Das ist wohl auch wieder wahr. Dann frage ich jetzt: Wie lange dauert der Prozess bei uns?"

Inarda: „Eines muss euch dabei klar sein. Es ist ein laufender Prozess, der schon tausende Jahre lang immer weiter fortschreitet. Ihr seid gegenwärtig – in eurem Jahr 2022 – an einem Scheideweg. Viele werden in die eine, die anderen in die andere Richtung gehen. Kein Weg ist gut oder schlecht. Er ist nur eben anders. Es braucht eure Entscheidung, welchen Weg ihr einschlagen wollt. Diese Entscheidung muss jeder für sich treffen. Absolut jeder. Einen Rat gebe ich euch: Macht diese Entscheidung von keinen äußeren Umständen abhängig. Eure Seele hat sich schon entschieden – ob ihr das wahrnehmt oder nicht. Jene, die es wahrnehmen, haben jedoch genauso die Möglichkeit der Entscheidung der Seele zu folgen oder es mit dem Verstand zu übersteuern. Ihr seid Wesen mit freiem Willen. Jedem geschehe nach seinem Willen. Dies ist das oberste Prinzip der Schöpfung. Wie sonst könnte sich unser aller Schöpfer oder die Quelle in allen Aspekten erfahren? Aber um auf deine Frage zurückzukommen: Ein großes Stück des Weges habt ihr bereits absolviert. Die in eurem Jahr 2022 bis 2025 einströmenden kosmischen Energien werden diesen Prozess erheblich beschleunigen. Ihr steht tatsächlich vor den Toren eines neuen Zeitalters, die bereits mehr als nur einen Spalt offenstehen. Derzeit könnt ihr – um es mit einer Metapher zu sagen – nur hintereinander durchgehen. Sobald sich das Tor jedoch zur Gänze öffnet, können dies alle tun, die das auch wollen. Das Tor geht immer weiter auf. Der Türöffner, um bei dieser Metapher zu bleiben, sind einerseits diese kosmischen Energien. Sie ziehen an der Innenseite. Und es ist andererseits eure immer größer werdende Bewusstheit, die von der Außenseite drückt. Gemeinsam wird es gelingen, dieses Tor zur Gänze zu öffnen. Ich kann euch sagen, ja sogar garantieren, dass ihr in den nächsten Jahren dermaßen bahnbrechende Ereignisse beobachten könnt, die ihr derzeit noch nicht für möglich halten würdet. Dies wird sowohl in eurem technischen und wissenschaftlichen Bereich, als auch in der Entwicklung eurer Spiritualität sein. Ihr werdet immer mehr darüber erfahren, was Spiritualität tatsächlich ist und was mit Energie alles bewirkt werden kann. Damit wird sich euer Weltbild völlig verändern. Es wird sich die Sichtweise auf alles völlig verändern. Eure Astronomen werden einen neuen Planeten in eurem Sonnensystem entdecken. Zumindest werden sie es so darstellen. Tatsächlich handelt es sich dabei um einen, der auch den Sumerern schon bekannt war. Jenen, den ihr Nibiru nennt."

„Nibiru existiert also tatsächlich."

Eiolo: „Ja. Und er ist nicht der einzige Himmelskörper, der vermeintlich plötzlich bei euch in Erscheinung tritt. Dieser wird 2027 oder 2028 von euren Weltraumbehörden entdeckt und etwas später dann bekannt gegeben werden. Denn hinter Nibiru ‚versteckt' sich noch ein weiterer, kleinerer Planet, der die gleiche Umlaufbahn um eure Sonne hat, wie Nibiru selbst. Er befindet sich sozusagen in dessen Schlepptau – gefolgt von einem noch kleineren. Und damit sind es dann wieder dreizehn Planeten in eurem Sonnensystem. So wie dies immer vorgesehen war und seit jeher ist."

„Ok. Ich rechne mal nach: Mars, Venus, Erde, Merkur, Jupiter, Saturn, Uranus, Neptun, Pluto. Wobei letzterer ja gar kein Planet mehr ist."

Eiolo: „Eurer willkürlichen Definition nach."

„Na gut. Dann lasse ich Pluto bei der Aufzählung stehen. Da kommen zu diesen neun noch die drei von dir erwähnten dazu. Das ergibt zwölf und nicht dreizehn."

Eiolo: „Du hast die Sonne vergessen. Als wir über die Plejaden sprachen, habe ich dir erzählt, was die meisten Sonnen wirklich sind. Nämlich Planeten. Und dies gilt in gleicher Weise auch für jenen Himmelskörper, der das Zentrum eures Sonnensystems bildet. Das ist der dreizehnte Planet."

„Ich erinnere mich... Du sagtest vorhin, dass es so vorgesehen war und ist, dass es 13 sind. Kannst du bitte näher erklären, wie das gemeint ist?"

Eiolo: „Ja gerne. Oftmals kommt bei euch die Zahl 12 vor. Ihr habt 12 Monate, es waren 12 Apostel und so fort. Bleiben wir bei diesen beiden Beispielen. Jedes davon hat ein Ganzes. Zwölf Monate nennt ihr ein Jahr und Jesus war der integrale Teil der Apostelfamilie. Das Ganze ist das dreizehnte Element. So ist es auch bei und mit eurer Sonne. Sie ist das dreizehnte Element. Sie stellt die Gesamtheit, den Mittelpunkt, dar. Jedes Sonnensystem hat ihre eigene Schlüsselzahl – um es mal so zu bezeichnen. Bei euch ist es die Dreizehn. Warum wohl wurde und wird diese Zahl bei euch als Unglückszahl betrachtet?“

„Ich kann es mir denken... Aber sag du es bitte.“

Eiolo: „Eure Systeme, allen voran eure sogenannten Religionen, wollen nicht, dass ihr das Ganze erkennt. Alles soll voneinander getrennt sein – ohne integralem Bestandteil. Durch diese Trennung, die damit geschaffen wurde und die euch vermittelt wurde, habt ihr das Gefühl des Eins-Seins verloren. Somit erfahrt ihr euch als voneinander getrennt. Dies ist auch die Ursache für eure Streitigkeiten und Kriege. Wesen, denen diese Einheit bewusst ist, würden niemals aufeinander losgehen. Denn, wie sagte Jesus: ‚Das, was ihr dem Geringsten unter euch antut, das tut ihr mir an.‘ Mit dem ‚Geringsten‘ meinte er nicht, dass ein Mensch weniger wert ist als ein anderer. Er bezog sich dabei auf alle Wesen. Im Übrigen ist hier eure Übersetzung in der Bibel fehlerhaft. Mit dem ‚das tut ihr mir an‘ brachte er zum Ausdruck, dass alles, was ihr einem Mitmenschen antut, auf euch selbst zurückfällt. Ich sagte deshalb, dass die Übersetzung fehlerhaft ist, da es im ursprünglichen Text nicht ‚dem Geringsten‘, sondern ‚dem Nächsten' heißt.“

„Also wurde es absichtlich so verbreitet, dass die Dreizehn schlecht ist und mit der falschen Übersetzung ein Mittel, ja sogar eine Rechtfertigung für Unterdrückung und Machtausübung eingeführt.“

Inarda: „Das ist sehr gut zusammengefasst.“

„Da wir nun schon mal beim Sonnensystem, beziehungsweise bei der Sonne sind. Eiolo, du sagtest zu einem früheren Zeitpunkt, dass du darauf noch einmal zurückkommen würdest. Ich denke, das würde jetzt gut passen.“

Eiolo: „In Ordnung. Kommen wir wieder auf eure Sonne zu sprechen. Ich sagte, dass sie nicht heiß ist und das Licht, das sie abstrahlt vergleichbar mit einer Aura ist. Und ich sprach auch davon, dass diese Abstrahlung, diese sehr intensive Abstrahlung, von euren Messinstrumenten als Hitze wahrgenommen wird. Du kennst das ja selbst: Wenn du bei einem Menschen oder einem Tier die flache Hand über eine entzündete oder schmerzende Stelle hältst, dann spürst du Wärme oder sogar Hitze in deiner Handfläche. Selbst wenn nichts dergleichen vorhanden ist, spürst du ein leichtes Kribbeln. Du spürst also die jeweilige Abstrahlung als Wärme. Genauso ist es bei den Messinstrumenten, die an den sonnennahen Satelliten angebracht sind. Die Oberfläche, die ihr als Gelb- bis Orangetöne seht, ist im Grunde nicht die Oberfläche selbst, sondern so etwas wie eure Atmosphäre. Auf der tatsächlichen Oberfläche der Sonne befinden sich riesige Vulkane. Es sind keine solchen, wie ihr sie auf der Erde kennt. Für diese Art von Vulkanen gibt es bei euch keinen Begriff. Darum bleibe ich, zum besseren Verständnis, dabei. Diese Vulkane pulsieren. Es ist wie ein Ein- und Ausatmen. Der Zyklus der Atmung ist das, was bei euch als Sonnenzyklus bekannt ist. Ein solcher Zyklus dauert rund 11,3 Jahre und beschreibt den Zeitraum von einem Sonnenminimum zum nächsten. Dazwischen, in etwa der Hälfte, befindet sich das Sonnenmaximum. Dies sind jene beiden Begriffe, mit denen die wenigsten Sonnenflecken – das Sonnenminimum – und die meisten Sonnenflecken – das Sonnenmaximum – beschrieben werden. Sonnenflecken sind dunkle Stellen in der Sonnenatmosphäre, die von euren Forschern als Sonnenoberfläche missgedeutet wird. Die Sonne ist ein lebender Organismus. Sie atmet ein und atmet aus. Das Sonnenmaximum ist somit das Einatmen und das Sonnenminimum stellt das Ausatmen dar. Sie atmet also rund 5,65 Jahre ein und 5,65 Jahre wieder aus. Viele werden sich jetzt vielleicht wundern, warum gerade die stillere Phase dieses Zyklus das Ausatmen darstellt, wo doch beim Ausatmen immer etwas herausströmt. Die Sonnenfleckentätigkeit wird völlig verkehrt von den irdischen Wissenschaftlern gedeutet. Das Einatmen wirbelt in der Sonnenatmosphäre so viel Energiepartikel auf, dass oft große Wirbel entstehen, die als Protuberanzen bezeichnet werden. Es sind dies riesige Fontänen von Energieteilchen. Diese können unvorstellbare Geschwindigkeiten erreichen, der als Sonnenwind oder Sonnensturm gemessen wird. Im dunklen Zentrum eines solchen Sonnenflecks wird – ich nenne es jetzt mal so – die Luft nach innen gezogen. Genauso wie bei einem Atemzug, den ihr macht. Der Unterschied ist, dass ihr die sich verwirbelnde

Luft am Rand eures Mundes nicht wahrnehmt. Bei der Sonne sind diese Verwirbelungen jedoch deutlich sichtbar. Das Ausatmen verläuft dagegen wesentlich sanfter. Was ich vorhin mit dem Wort ‚Vulkane' versucht habe darzustellen, könnte man besser als Poren beschreiben. Poren, die wie bei euren physischen Körpern, ein- und ausatmen."

„Was ist mit den koronalen Löchern, von denen ja ebenfalls Sonnenstürme ausgehen können?"

Eiolo: „Du erinnerst dich an den Vergleich mit eurer Aura? Nun. Diese koronalen Löcher sind wie Öffnungen in eurer Aura. Daraus kann Energie entweichen. Genauso ist es auch bei der Sonne. Es entweicht ebenfalls Energie, die dann als Sonnensturm wahrgenommen und gemessen wird."

„Also wie bei allen anderen lebenden Organismen."

Eiolo: „Ja. Genauso verhält es sich. Und so verhält es sich auch bei allen anderen Planeten, die ihr als heiß oder kalt bezeichnet. Ihr messt immer nur die Aura, die bekanntlich bereits an der Oberfläche beginnt."

„Vielen Dank für diese Erläuterung. Ich hoffe, dass sie dazu beitragen wird, unsere Sonne und auch unser ganzes Sonnensystem besser zu verstehen. Lasst uns nun wieder etwas irdischer werden. Gut. Vielleicht nicht ganz irdisch. Was haltet ihr von den Palmblattbibliotheken?"

Palmblattbibliotheken

Inarda: „Die Aufzeichnungen, die ihr als Palmblattbibliotheken bezeichnet, sind von geistigen Kräften inspiriert. Das bedeutet, dass ursprünglich tatsächlich die Rishis, wie diese Weisen genannt wurden und werden, mit Wesen in Kontakt standen, die diese Aufzeichnungen angeleitet haben. Wie sie wiedergegeben werden, ist allerdings immer eine Sache der Interpretation. Je mehr der Leser eines solchen Palmblattes selbst hineininterpretiert, desto verfälschter sind die getätigten Aussagen. Doch es gibt auch sehr gute, ursprüngliche Leser, die nur das wiedergeben, das tatsächlich auf so einem Blatt steht. Doch es gibt noch ein Kriterium, das zu beachten ist. Alle Blätter müssen von Zeit zu Zeit neu geschrieben werden. Von den vorher angesprochenen Weisen wurde zwar auch die Technik übermittelt, wie sie über Jahrhunderte hinweg haltbar gemacht werden können, aber es gibt nichts auf der Erde, das ewig währt. Dieses neu Schreiben der Blätter birgt die Gefahr der Fälschung und Manipulation. Deshalb wird dies vielfach von Menschen durchgeführt, die weder die Sprache noch die Symbolik verstehen. Sie können nur eines machen: sie Punkt für Punkt und Strich für Strich abzeichnen. Das ist die sicherste Methode, um Fälschungen vorzubeugen. Jene Palmblattbibliothek – und darauf zielt deine Frage ja ab – mit der ihr im weiteren Sinne zu tun habt, macht dies in der Hauptsache so. Zudem kann auch der Leser selbst als integer bezeichnet werden."

„Ja. Darauf zielte die Frage ab. Und eine Frage habe ich dazu noch: Es heißt immer, dass für jeden, der nach Indien kommt und in eine Palmblattbibliothek geht, ein persönliches Blatt vorhanden ist. Oder auch mehrere Blätter. Woher wussten diese Weisen damals schon, wer irgendwann mal kommen wird oder sich seine Blätter online lesen lässt? Die Menschen, die dies heutzutage für sich tun lassen, waren damals noch gar nicht geboren. Wie geht das?"

Inarda: „Das ist ganz einfach. Wir haben das beim Thema der Zeitlinien schon kurz angeschnitten. Ich denke es ist ein guter Zeitpunkt näher darauf einzugehen. Nämlich darauf, dass alles im Jetzt stattfindet. Es gibt keine Vergangenheit und auch keine Zukunft. Alles findet gleichzeitig im Jetzt statt. Wir haben uns über die Zeitlinien unterhalten und dabei festgestellt, dass alle diese Zeitlinien zum einen gleichzeitig laufen und ihr euch, genauso wie wir, auf allen Zeitlinien gleichzeitig befindet. Ihr nehmt – und das ist vielleicht der größte Unterschied zu uns – immer nur jene wahr, für die ihr euch entschieden habt. Zumindest ist das bei den meisten Menschen so. Das ist die Ausgangsbasis für die kommenden Erläuterungen. Wenn ich sage, dass ihr auf allen dieser sogenannten Zeitlinien gleichzeitig existiert, so bedeutet das auch, dass ihr gleichzeitig in der Zeit von Jesus existiert haben könnt oder habt, wie auch jetzt zu diesem Augenblick. In der linearen Betrachtungsweise kommt euch das eine wie die Vergangenheit und das andere wie die aktuelle Realität vor. Doch beides läuft gleichzeitig ab. Völlig parallel. Damit ist das Prinzip auch schon erklärt."

Anfälle, Ausfälle und Segen

„Bevor wir ein anderes Thema besprechen: Darf ich euch etwas zu meiner persönlichen Situation fragen?"

Inarda: „Wenn du möchtest, dass es hier herinnen steht, dann gerne."

„Ja. Das möchte ich. Vielleicht hilft es ja auch anderen in ähnlicher Situation."

Inarda: „Gut. Dann stelle bitte deine Frage."

„Ihr wisst ja, was heute am frühen Morgen (9.5.2022 um ca. 7 Uhr) bei mir los war. Ich begann wieder das letzte Wort zu wiederholen. Wie in einer Dauerschleife. Dieses Mal konnte ich einen Anfall, ähnlich wie ein epileptischer Anfall, gerade noch vermeiden. Jedoch fühle ich mich seither völlig daneben und völlig kaputt. Es grenzt an ein Wunder, dass ich jetzt (15:30 Uhr) überhaupt schreiben kann. Was ist mit mir los? Seit über zwei Jahren habe ich nun immer wieder diese Situation. Ich bin es leid. Ich kann nicht mehr und will es auch nicht mehr! Das muss doch endlich mal ein Ende haben!"

Inarda: „Ja. Wir wissen, was los war, mein Lieber. Wir waren bei dir und haben unseren Teil dazu beigetragen, dass es nicht wieder zu einem Anfall kommt."

„Danke euch von Herzen dafür."

Inarda: „Schon gut. Das meiste hast du ohnehin selbst beigetragen. Du hast bewusst geatmet. Das war das Wesentlichste, das du tun konntest. Lass uns nun zu dem kommen, was der Auslöser, oder besser gesagt die Auslöser, waren. Das hat schon vor einigen Tagen begonnen. Du hast wenig geschlafen. Du hast dir viele Gedanken und Sorgen gemacht. Dadurch wurde dein Emotionalkörper überlastet. Dann hast du mehr als sonst geraucht und deine Ernährung in den letzten Tagen hat auch nicht gerade zum Wohlfühlen beigetragen. Dazu noch zu wenig Bewegung. Alles zusammen ein Cocktail, der dir nicht guttut. Ich weiß schon und es ist mir auch sehr bewusst, dass es schwer ist von Gewohnheiten Abschied zu nehmen. Doch wenn du es nicht freiwillig machst, dann wird dich irgendwann dein Körper dazu zwingen. Im Grunde tut er das ja jetzt schon. Doch du schlägst gerne diese Warnungen in den Wind – und auch wohlwollende Ratschläge von Menschen aus deinem Umfeld, die dich auf ihre jeweils persönliche Art und Weise lieben. Eine liebe Freundin von dir meinte vorhin, dass es nicht reichen wird einfach nur Globuli und bestimmte Tropfen zu nehmen. Sie helfen dir. Das ja. Aber sie sind nur ein Teil der Lösung. Bewegung an der frischen Luft, in deiner wundervollen Umgebung, damit solltest – ja musst – du beginnen. Du brauchst ja nicht gleich einen Marathon zu laufen. Beginne mit 15 Minuten spazieren gehen. Wenn du dich unsicher fühlst, dann geh rund um dein Haus. Dann hast du immer gleich einen Anker zur Hand, wenn es dir zu viel wird. Gleichzeitig stelle das Rauchen ein. Ich weiß, du denkst gerade: ‚Drei bis fünf Zigaretten am Tag sind doch nicht viel.' Das ist grundsätzlich richtig, da es eine Anzahl ist, die der Körper verstoffwechseln kann. Abgesehen davon, dass rauchen weder gesund ist, noch sonst einen Nutzen darstellt, verträgt dein Körper Nikotin derzeit überhaupt nicht. Die Inhaltsstoffe von Zigaretten beinhalten Substanzen, die die Nerven angreifen. Nachdem deine Nerven schon so belastet sind, wirkt sich jede einzelne Zigarette noch wesentlich stärker auf dich und deine Nerven aus. Also Schluss mit dem Rauchen. Sofort!"

„Das wird hart..."

Inarda: „Das mag durchaus sein. Ich bitte dich nur um eines: Setze dich nicht unter Druck. Denn sonst würden sich deine Gedanken nur mehr um dieses Thema drehen. Und das ist auch nicht gut für dich. Ich habe zwar gesagt, dass du sofort mit dem Rauchen aufhören sollst. Das ist wahr. Das wäre auch wirklich das Beste für dich. Doch dich nun zu kasteien bringt deine Nerven wieder in eine Schwingung, die wie gesagt, auch nicht gut ist für dich. Im Grunde, und das gilt für alles, ist es deine Entscheidung. Wir können dir nur Ratschläge mit auf den Weg geben."

„Und dafür bin ich euch sehr dankbar. Weil wir schon mehr oder weniger beim Thema sind: Was ratet ihr mir und uns überhaupt in Sachen Ernährung. Die einen schwören auf Vegan. Die anderen sehen in der vegetarischen Küche die Lösung. Und wieder andere, so wie ich, essen auch gerne mal Fleisch."

Inarda: „Nun. Wir werden dir und euch jetzt keine Vorschriften machen, was ihr essen sollt. Denn auch das ist eure Entscheidung. Wir haben es schon beim Umgang mit den Pflanzen und pflanzlicher Nahrung angesprochen: Segnet alles, was ihr zu euch nehmt. Gemüse löst dadurch dann keine Blähungen und Darmprobleme aus. Fleisch wird ebenfalls für euren Körper bekömmlicher. Zum Fleisch ist noch dies anzuführen: Eure Körper brauchen vielfach noch die Proteine und Fette, die im Fleisch und noch viel mehr im Fisch enthalten sind. Das Problem sind nicht so sehr das Fleisch oder der Fisch selbst, sondern vielmehr wie diese Tiere gehalten und gefüttert werden. Ein Zuchtlachs ist bei weitem nicht so bekömmlich wie einer, der im freien Gewässer aufgewachsen ist. Fleisch aus Großbetrieben und die industrielle Verarbeitung sind wesentlich schädlicher als natürlich gewachsene Tiere. Und genau dies ist euer größter Gesundheitsschädling. Es gibt in euren Geschäften und Supermärkten praktisch nur mehr industriell verarbeitete Nahrung. Die wenigen Bioläden bieten zwar eine wesentlich bessere Qualität, jedoch könnt ihr euch in vielen Fällen auch nicht sicher sein, ob die Tiere nicht mit Antibiotika und anderen Präparaten in Berührung gekommen sind. Wenn es schon Fleisch sein muss, dann besorgt es euch bei Bauern, die ihr gut kennt. Bei solchen, wo ihr wisst, was die Tiere zu fressen bekommen und wie sie gehalten werden. Dies gilt in gleicher Weise auch für Gemüse und Kräuter. Nur natürliche Nahrung wirkt sich fördernd auf den Körper aus. Natürlich lässt sich das auch auf das Wasser umlegen. Nochmals: Egal was ihr eurem Körper zuführt, segnet es. Übrigens gilt das auch für Kaffee, den du so gerne trinkst."

„Ah ja. Ihr wisst aber wirklich alles, was mir schmeckt."

Inarda: „Natürlich. Wir beobachten dich ja schon eine ganze Weile."

„Du sprichst immer wieder vom Segnen. Wie sollen wir das machen?"

Inarda: „Ich dachte schon, du fragst nie danach... Nun. Im Grunde ist der Spruch, die Worte, egal. Solange sie wohlwollend, wertschätzend und respektvoll sind, ist jeder Spruch geeignet. Vielleicht versucht ihr es mal damit: ‚Ich segne – dann die Pflanze oder das Tier benennen – und danke, dass es sich als Nahrung zur Verfügung stellt. Danke auch an den Schöpfer, der dies alles hat wachsen und gedeihen lassen, sodass es mir nun zur besten Gesundheit gereicht.‘ Aber wie gesagt. Jeder Spruch ist genauso gut. Wichtig ist lediglich, dass ihr immer in diese Segnung, das, was ihr zu euch nehmen wollt, jenen der alles geschaffen hat und euch selbst, mit einbezieht.“

„Du hast gesagt, dass wir die Proteine und Fette NOCH brauchen. Heißt das, dass wir irgendwann mal ohne auskommen?“

Inarda: „So ist es. Eure physischen Körper befinden sich derzeit im Umbauprozess. Dies ist zwar schon länger so, jedoch hat dieser Umbau ständig an Fahrt aufgenommen. Die einströmenden kosmischen Energien tragen ein Wesentliches dazu bei. Sie initiieren sozusagen diese Umstellung. Allerdings kommen oft eure physischen Körper nicht mit diesen massiven Einströmungen mit. Deshalb fühlt ihr euch oft müde, antriebs- und orientierungslos. Auch das Gefühl, dass irgendetwas in euren Körpern nicht stimmt, ist nicht selten. Manche fühlen sich krank und zeigen auch entsprechende Symptome. Doch auch das hat einen Sinn. Wie würden sonst so manche von euch ihrem Körper jene Ruhephasen einräumen, die er doch so dringend benötigt?“

„Das ist wohl wahr…“

Inarda: „Dieser Prozess, diese Umbauphase, hat mit mehreren Faktoren zu tun. Zum einen werdet ihr leichter – oder besser gesagt – lichter. Ihr werdet feinstofflicher. Das ist mit ein Grund, warum ihr jetzt schon so manche Nahrung nicht mehr vertragt, die euch bis vor einiger Zeit nichts ausgemacht hat. Das heißt, dass ihr dem Körper andere Nahrung geben solltet. Nahrung, die ebenfalls energetischer ist. Dies könnt ihr durch die mehrfach angesprochenen Segnungen erreichen. Der zweite Faktor ist, dass die Erde selbst sich ebenfalls in einem Prozess des Umbaus befindet. Dies ist auch durch die ganzen Naturkatastrophen – wie ihr sie nennt – zu sehen. Eine lichtere Erde braucht auch lichtere Wesen, die sich auf ihr tummeln. Die Erde ist zwar schon um einiges weiter in diesem Prozess fortgeschritten, dennoch ist auch dieser noch nicht vollständig abgeschlossen. Eure Erde, euer Heimatplanet, hat sehr viel Geduld mit euch. Sie wartet immer wieder, bis ihr in eurer Entwicklung ebenfalls wieder eine Stufe höher steigt. Dann macht sie den nächsten Schritt und weist euch sozusagen den Weg und wartet sodann wieder auf euch. Der dritte Faktor, den ich hier ansprechen möchte ist, dass ihr euch zu dem entwickelt, was ihr ohnehin seid. Ihr seid kosmische Wesen. Ihr seid immer mit dem Kosmos verbunden und integraler Baustein des vom Schöpfer errichteten Gebäudes, das als Universum bezeichnet wird. In Wahrheit gibt es nicht nur dieses eine Universum. Dies ist lediglich ein Raum in diesem unendlich großen Gebäude. Oft seid ihr euch nicht bewusst, dass ihr kosmische Wesen seid. Dieser dritte Faktor ist also die Bewusstwerdung dessen und somit die Anpassung eurer physischen Körper an die lichteren, höheren oder geistigen Welten. Dieser gesamte Umbauprozess bewirkt auch, dass ihr vieles von dem, was ihr jetzt noch braucht – oder glaubt es zu brauchen – eben dann nicht mehr benötigt wird. So wie die angesprochenen Fette und Proteine und noch einiges mehr. Weil wir schon beim Umbauprozess sind. Es gibt noch etwas, das in diesem Zusammenhang erwähnenswert ist. Es betrifft euer Nerven- und Lymphsystem. Wie wohl bei euch allgemein bekannt ist, werden durch die Nerven kleine elektronische Impulse geschickt, um zum Beispiel die Muskeln anzuregen. Diese elektrischen Impulse sind in der grobstofflichen Beschaffenheit eurer Körper auch wichtig und notwendig. Doch sind sie es nicht mehr, umso mehr ihr feinstofflicher werdet. Hier kommt nun das Lymphsystem ins Spiel. Dieses reagiert auch jetzt schon auf eure Emotionen. Dieses System ist auch euer Wahrnehmungskanal, der euch mit der Außenwelt verbindet. Da feinstoffliche Wesen viel mehr fühlen, viel mehr auf verschiedenste Arten wahrnehmen, kommt eurem Lymphsystem eine viel größere Bedeutung zu, als es dies jetzt schon tut. Es übernimmt sozusagen den viel feinstofflicheren Körper und steuert diesen. Ähnlich wie es jetzt die Nerven tun. Diese Umstellungsphase ist auch der Grund dafür, dass viele von euch derzeit Schwierigkeiten haben – sowohl mit dem Nerven-, als auch mit dem Lymphsystem, inklusive der damit verbundenen Organe. Hier ist speziell die Milz zu erwähnen. Doch auch Schilddrüse und Bauchspeicheldrüse können während dieser Phase in Disharmonie geraten. Das hat dann auch Auswirkung auf andere Organe. Denn nichts in eurem Körper ist voneinander getrennt."

„Wie sieht es mit der Zirbeldrüse aus? Verändert die sich auch?"

Eiolo: „Ja natürlich. Die Zirbeldrüse ist sozusagen euer Tor zu den höheren Sphären. Hier muss ich nochmals auf eure Nahrung zu sprechen kommen. Die industrielle Nahrungsherstellung bewirkt, dass ziemlich energielose Nahrung auf euren Tellern landet. Dies ist so beabsichtigt. Denn energielose Nahrung bewirkt, dass ihr eurem Körper nicht genug Energie zuführt. Es dient eher der Lebenserhaltung, als dass es euch wirklich nährt. Die Zirbeldrüse braucht jedoch viel Energie, um sich entwickeln zu können. Ansonsten – und das ist auch der Plan, der hinter dieser energielosen Ernährung steckt – verkümmert sie immer mehr. Und je mehr sie verkümmert, desto mehr habt ihr ein Gefühl der Abgeschnittenheit, der Getrenntheit. Noch drastischer ist die Tatsache, dass dies oft schon so weit geht, dass dieses Gefühl gar nicht mehr wahrgenommen wird. Was die Auswirkung dessen anbelangt, so muss man sich nur ansehen, wie manche mit der Natur, mit den Mitmenschen und sogar mit sich selbst umgehen. So, als würde es überhaupt keinen Zusammenhang geben. Und das ist etwas, das uns – ihr würdet sagen – die Sprache verschlägt."

„Wir sind also ziemlich unbewusste Wesen..."

Eiolo: „Ja und nein. Ja deshalb, da, auch wenn euch die Verbindung, dieser göttliche Funke, nicht bewusst ist, er trotzdem da ist. Und nein, weil er eben da ist und euch dies bewusst ist. Es ist im Grunde beides. Hier wäre es sehr unklug, alle in einen Topf zu werfen. Ihr seid so individuell, so einzigartig, dass dies einfach nicht möglich ist. Und das ist gut so. Dieser eurer Individualität dürft ihr euch noch gerne mehr bewusstwerden."

„Gibt es nicht auch ein kollektives Bewusstsein?"

Eiolo: „Ja. Das gibt es sehr wohl. Dazu gehört unter anderem auch das Bewusstsein darüber, dass alle und alles eine Einheit darstellt. Wie gesagt. Es ist nichts voneinander getrennt. Diese Tatsache anzuerkennen und wahrzunehmen ist sowohl Sache des individuellen, als auch des kollektiven Bewusstseins. Es gibt universelle Gesetze. Wobei das Wort ‚Gesetz' hier eine andere Bedeutung hat als bei euch. Denn es gibt keine Bestrafung, wenn so ein universelles Gesetz nicht eingehalten wird. Es gibt lediglich Wirkungen. Sowohl die Einhaltung, wie auch die Nichteinhaltung, zeigen ihre Wirkung in eurem Leben, in der Natur, und so fort. Solche Wirkungen sind weder gut noch schlecht, nicht falsch und nicht richtig. Sie sind einfach, was sie sind: Wirkungen. Auf der kollektiven Ebene zeigen sie sich dadurch, dass alle oder zumindest viele in gleicher Weise davon betroffen sind. Und doch ist es wieder jeder Einzelne, bei dem sich dies individuell zeigt. Nehmen wir das Beispiel einer Naturkatastrophe, die sich irgendwo ereignet. Die Nachricht darüber verbreitet sich über die Medien in Windeseile über den ganzen Globus. Es ist somit der ganzen Menschheit, oder zumindest einem großen Teil davon, bewusst, dass etwas passiert ist. Es wird zum kollektiven Bewusstsein. Doch wie der einzelne Mensch darauf reagiert, ist völlig unterschiedlich. Die einen sehen es als Information. Die anderen sind bestürzt. Und wieder andere sind von dieser Katastrophe direkt betroffen. Und somit erlebt es jeder anders. Und das, obwohl die weltweite Nachricht die gleiche war."

„Ich möchte noch einmal zur Zirbeldrüse zurückkehren. Wie erkennen wir, dass sie wieder wächst und wächst sie überhaupt?"

Inarda: „Ja, sie wächst. Zum Glück ist hier nicht nur eure Nahrung entscheidend. Denn die bereits angesprochenen kosmischen Energien tragen einen wesentlichen Teil dazu bei. Sie wächst natürlich nicht sehr schnell und auch nicht ins Unendliche. Doch sie wächst stetig. Frühere Zivilisationen, die sich auf der Erde bewegt haben, hatten eine wesentlich größere Zirbeldrüse. Diese hätte in euren Köpfen gar nicht Platz. Diese Zivilisation war jene der sogenannten Langschädel. Und die Größe der Zirbeldrüse war eine wesentliche Ursache dafür. Heute habt ihr eine ganz andere, um vieles kleinere, Schädelform. Die Zirbeldrüse wird sich immer so weit ausdehnen, wie Platz dafür zur Verfügung steht. Ihr erkennt das Wachstum an verschiedenen körperlichen Symptomen. Kopfschmerzen bis hin zu migräneartigen oder epilepsieartigen Anfällen, zeitweiser Ausfall von Vitalfunktionen, der durch den inneren Kopfdruck verursacht wird und noch einige andere Symptome mehr. Eure Maschinen-Medizin diagnostiziert die Wirkungen des Wachstums der Zirbeldrüse oftmals als Gehirntumor. In vielen Fällen ist dies eine glatte Fehldiagnose. Ich kann es nicht anders bezeichnen. Es gab Zeiten, da wusstet ihr über die Wichtigkeit und Bedeutung dieser Schnittstelle zur Schöpfung Bescheid. Heute ist dieses Wissen fast in Vergessenheit geraten. Doch es nimmt wieder stetig zu und ist nicht mehr nur den sogenannten Eingeweihten zugänglich, wie dies jahrhundertelang der Fall war. Das Wissen darüber wurde euch absichtlich vorenthalten. Dies wiederum, um euch in dem Glauben zu lassen und zu bestärken, dass ihr sowieso keine göttliche Anbindung habt und diese nur mit und durch eure Priester hergestellt werden könne. Ihr wurdet auf diese Art und Weise in die Abhängigkeit von den Religionen gebracht. Diese und andere Systeme benutzten die Vorenthaltung, um euch zu manipulieren. Und sie tun es auch weiterhin. Zumindest versuchen sie es."

Medien, Informationen, Schuld und Karma

„Das wäre doch jetzt ein guter und passender Übergang zu den sogenannten Mainstream-Medien, die jenen Erdlingen, die du gerade beschrieben hast, oft als verlängerter Arm dienen."

Eiolo: „Wie du meinst. Ich mache dich aber vorweg darauf aufmerksam, dass einiges von dem, was ich dazu sagen werde, dich und auch manche Leser etwas irritieren wird. Denn es entspricht nicht ganz eurer Meinung zu diesem Thema."

„Ok. Das Risiko nehme ich in Kauf."

Eiolo: „Viele von euch sehen die von dir angesprochenen Mainstream-Medien sehr skeptisch. Dies ist in der gegenwärtigen Situation auch sehr verständlich. Doch lasst bitte folgenden Gedankengang einfach mal zu: Was hat viele von euch in die Situation des Hinterfragens gebracht? Wodurch seid ihr aufgewacht? Und warum handelt ihr nun so, wie ihr handelt? Waren es nicht genau diese Medien, die ihr nun als schlecht, bösartig, manipulativ und vieles mehr, bezeichnet? Sie haben genau das bei euch erreicht, was ihre Aufgabe war. Und ja. Für viele ist es nach wie vor deren Aufgabe, die Menschen genau zu dem Punkt zu bringen, an dem du schon bist und viele in deinem Umfeld es sind. Sie dienten euch. Sie hatten entscheidende Impulse zum weltweiten Erwachen beigetragen. Nicht jeder reagiert gleich. Ich habe vorhin das Beispiel mit der Naturkatastrophe gebracht. Genauso lässt es sich auf jede einzelne Situation umlegen. Sie erfüllen jenen Teil des kollektiven Bewusstseins, das euch in die Lage versetzt, individuell zu entscheiden, ob und wie ihr diese Nachrichten und Botschaften aufnehmt, ob ihr sie annehmt und was ihr damit und daraus macht. Dies ist, und ich betone es immer wieder, eure ganz individuelle Entscheidung. Vielleicht schafft ihr es sogar den Mainstream-Medien dafür dankbar zu sein. Denn würden sie nicht über diese Situationen berichten, dann würdet ihr wahrscheinlich so euer Leben, euer Denken und euer Handeln fortsetzen, wie ihr es immer getan habt. Es ist eure Entscheidung, ob ihr es glaubt, was gesagt oder in sonstiger Form verbreitet wird. Diese Entscheidung nimmt euch niemand ab. Egal ob ihr euch davon berieseln lasst, ob ihr zu hinterfragen beginnt oder aufhört diese zu konsumieren: Es ist und bleibt eure Entscheidung. Mehr gibt es dazu nicht zu sagen."

„Ok. Das war aus meiner Sicht auch deutlich genug. Nun möchte ich mit euch ein Thema besprechen, das immer wieder zu Missverständnissen und Fehlinterpretationen führt: Das Thema Karma. Was ist aus eurer Sicht Karma?"

Inarda: „Als Erstes ist es wohl notwendig, auf eine Wahrnehmung einzugehen, die ihr als Fehlinterpretation bezeichnet. So etwas gibt es schlicht und ergreifend nicht. Jede Interpretation ist für denjenigen richtig, der die Interpretation durchführt. Das bedeutet auch, dass diese von den Zuhörern oder Lesern nicht unbedingt geteilt werden muss und trotzdem richtig ist. Wie gesagt. Eben für jenen, der es interpretiert. Dies verlangt oft einiges an Toleranz von euch. Das ist mir durchaus bewusst. Doch wenn ihr versucht diesem mit Respekt zu begegnen und jedem seine Meinung lasst, ihr euch diese nicht zu eigen macht, dann schafft ihr sogar das.

Nun zu deiner Frage. Eine gute und wichtige Frage übrigens. Karma wird von euch oft gleichgesetzt mit Schuld. Es wird hauptsächlich von negativem Karma gesprochen. Ich möchte euch an dieser Stelle erzählen, woher das Wort ‚Karma' überhaupt kommt, was es bedeutet und wie es für manipulative Zwecke eingesetzt wurde und wird. Karma bedeutet ‚das Wirken' oder ‚die Wirkung'. Das Wort, so wird es in euren Aufzeichnungen beschrieben, stammt aus dem Indischen, dem Sanskrit. Doch jede irdische Sprache hat einen Vorgänger. In diesem Fall ist dieses Wort sirianischer Herkunft. Auf Sirius bedeutet es so viel wie ‚das Gewesene, das Kommende und das Seiende'. Und diese drei: also Vergangenheit, Zukunft und Gegenwart als Einheit, als All-Eins. Es bedeutet also, dass es keine Trennung dieser Zeitformen gibt. Diese gibt es lediglich innerhalb eures linearen Denkens. All-Eins ist auch jene Art und Weise, wie etwas Gedachtes, Gefühltes, Gesprochenes oder eine Handlung auf sich und sein Umfeld wirkt. In der Hauptsache jedoch auf einen selbst. Alles vorhin Aufgezählte hat immer sofortige Wirkung. Jeder Gedanke bewirkt eine sofortige Reaktion in euch. Dasselbe ist es mit jedem Gefühl und allem was an physischer Aktivität durchgeführt oder nicht durchgeführt wird. Alles hat immer eine sofortige Wirkung. Um dies besser verständlich zu machen, möchte ich darauf eingehen, wie das Wort ‚Karma' von vielen von euch verwendet wird und in welcher manipulativen Weise es eingesetzt wird. Lange schon wird euch eingebläut, dass ihr an diesem und jenem Schuld seid. Dies ist ein sehr beliebtes Mittel euch zu unterdrücken und euch in eurer Eigenwahrnehmung kleinzuhalten. Mehr noch. Es wurde und wird auch eingesetzt, um euch mit Strafen zu belegen. Ihr müsst sogar für eure Schuld büßen. So verlangen es eure Systeme – vor allem die Religionen. Der dreisteste Auswuchs dessen ist die Lehre von einem strafenden und rächenden Gott, der euch in die Hölle und in das Fegefeuer schickt, wo ihr eure Sünden loswerden sollt. Nichts liegt jedoch den Tatsachen ferner. Aber mehr möchte ich darauf jetzt nicht eingehen. Dazu werden wir noch Gelegenheit haben."

„Gut. Damit bin ich einverstanden."

Inarda: „In der indischen religiösen Lehre kam man sehr früh darauf, wie die Menschen am besten zu manipulieren sind. Dies geschah eben dadurch, dass sie den Menschen das Schuldgefühl einredeten. Solange, bis alle es glaubten. Doch dies reichte den Priestern der damaligen Zeit bald nicht mehr. In Indien ist die Inkarnationslehre Teil der gängigen Kultur. Diese beiden wurden miteinander verbunden: Inkarnation und Schuld. Es wurde ein Begriff gesucht, der dafür geeignet erschien. Und das war das Wort ‚Karma'. Damit war jene Lehre geboren, die besagt, dass alles, was man in einem Vorleben an Schuld aufgeladen hat, in einem der nächsten Leben abzutragen ist. Da jedoch in den sogenannten christlichen Religionen die Lehre von der Wiedergeburt herausgestrichen wurde und somit nicht existiert, wurden andere Möglichkeiten der Schuldabtragung gesucht und in der Hölle, im Fegefeuer und auch in der Beichte gefunden. Durch all diese Manipulationen wurde der Mythos des negativen Karmas geboren. Und dieser hält sich hartnäckig. Wenn wir jedoch zur tatsächlichen Bedeutung dieses Wortes blicken, nämlich ‚Wirkung', dann sagt dies weder aus, dass es ein positives, noch dass es ein negatives Karma gibt. Es ist einfach das Wirkende. Es sagt aber auch nichts darüber aus, ob dies etwas aus einem früheren Leben ist oder von der Gegenwart, das zukünftig zu bearbeiten ist. Denn, wie gesagt, alle drei Zeitvorstellungen sind eins und finden zum gleichen Augenblick statt. Somit ist das Karma, die Wirkung, immer im Jetzt. Immer mehr Menschen verstehen zum Glück mittlerweile, dass es auch gutes, positives Karma gibt. Sie verstehen meist nur noch nicht, dass Karma nie positiv oder negativ ist. Diese Attribute können auf die Wahrnehmung der Wirkung angewendet werden. Das ja. Und selbst dies ist eine individuelle Wahrnehmung, die wiederum eine Wirkung auslöst. Ein ewiger Kreislauf von Wahrnehmung – Wirkung – wahrnehmen der Wirkung."

„Wie sieht es aber damit aus, dass es immer wieder heißt, dass man in einem Leben vielleicht das Opfer und im nächsten Leben Täter ist?"

Inarda: „Wenn es keine Schuld gibt, wie soll es dann Opfer und Täter geben?"

„Gute Gegenfrage..."

Inarda: „Auch wenn damit im Grunde schon alles gesagt ist, möchte ich dennoch auf dieses Konzept ‚Opfer - Täter' kurz eingehen. In vielen Bereichen eures irdischen Daseins wähnt ihr euch als Opfer und fühlt euch sogar tatsächlich wohl in dieser Opferrolle. Ja, ihr definiert euch sogar darüber. Dadurch bekommt ihr Aufmerksamkeit, suhlt euch in der erhaltenen Zuwendung und genießt es dadurch sogar im Mittelpunkt zu stehen. Interessanterweise stehen meistens die Opfer hoch im Kurs. Kaum, oder nur für kurze Zeit, die Täter. Der Grund dafür mag darin zu sehen sein, dass viele Menschen mit einem ‚Helfersyndrom' – wie ihr es nennt – ausgestattet sind. Opfer machen eben wesentlich häufiger den Eindruck Hilfe zu benötigen als Täter. Sie befeuern euren Sinn für Mitgefühl. Oft wird daraus auch Mitleid. Ihr leidet mit den Opfern mit. Warum bekommt einer, den ihr Täter nennt, nicht die gleiche Zuwendung? Ist es nicht im gleichen Maße auch dieser, der eure Hilfe braucht?"

„Das ist weitestgehend für mich nachvollziehbar. Doch: Wie sollen wir mit jenen Tätern umgehen, die man als notorisch bezeichnen kann und nicht therapierbar sind? Wie soll man für jene Verständnis und Mitgefühl aufbringen, die bewusst und ohne Skrupel – ja vielleicht sogar in voller Absicht und Überzeugung – Menschen drangsalieren? Es gibt derzeit eine Reihe von Menschen, denen es Freude macht, die Genugtuung und eine Art von Befriedigung in der Tatsache finden, andere zu quälen. Was ist mit denen?"

Inarda: „Lass mich dazu etwas weiter ausholen. Denn dies ist eine sehr komplexe und nicht so einfach zu beantwortende Fragestellung. Es ist mir sehr klar, von wem du hier sprichst. Und ja. Es gibt solche Wesen. Ich bezeichne sie absichtlich nicht als Menschen. Auch wenn sie sich in menschlicher Gestalt zeigen, so sind sie es vielfach nicht. Es sind zwar auch Geschöpfe Gottes – das dürfen wir dabei nicht vergessen – jedoch denken und handeln sie bewusst gegen die universellen oder göttlichen Gesetze – oder werden von welchen gesteuert, die dies tun. Es ist wahrscheinlich nicht so einfach zu begreifen, wenn ich sage: Auch sie dienen, wie eure Mainstream-Medien, dem Aufwachprozess der Menschheit. Das, was wir dort angeführt haben, gilt in gleicher Weise auch hier. Wir verstehen zutiefst, was ihr Verhalten bei euch auslöst. Diese Wut, all der Zorn, die Verständnislosigkeit, die Bestürzung und Betroffenheit. All das ist zutiefst menschlich. Hier ist durchaus eine kleine Einschränkung angebracht. Ich meinte mit ‚menschlich', dass dies auf eurem Planeten so ist. Es gibt auch Menschen auf vielen anderen Planeten. Deshalb ist diese Anmerkung notwendig. Es bezieht sich auf euren Entwicklungs- und Bewusstseinsstand. Ich sage dies jedoch nicht in einer abwertenden Art und Weise. Dieser Stand ist so wie er ist und es liegt mir fern, diesen zu bewerten oder euch gar dafür zu verurteilen. Es ist, wie es ist. Nicht mehr und nicht weniger. Kehren wir wieder zum Ausgangspunkt zurück. Nun. Du hast gefragt, wie ihr mit jenen umgehen sollt, die ich vorhin nicht als Menschen, sondern mit dem Sammelbegriff ‚Wesen' tituliert habe. Alle Wesen – also auch diese – haben eine Seele. Mit dieser Seele kann man vieles machen. Doch es kommt der Zeitpunkt, da die Seele beschließt, diese Vorgehensweise, dieses ständige gegen sie denken und handeln, nicht mehr mitzumachen. Sie beschließt ihren Träger, um es mal so zu sagen, zu verlassen. Dies ist der normale Weg, den jede Seele einschlägt. Es gibt jedoch auch die sogenannte ‚Volksseele' – also eine Seele, die für ein gesamtes Volk da ist. Sie besteht aus der Gesamtheit aller Seelen eines Volkes und ist somit das, was wir vor einigen Seiten mit der Bedeutung der Zahl 13 beschrieben haben. Diese Seele beinhaltet alle Aspekte der Individualseelen. Sie wird ein Volk niemals verlassen. Denn es agieren niemals alle Menschen eines Volkes gleichzeitig gegen sie. Das deutschsprachige Volk hat eine sehr starke Seele. Eine, die schon sehr viel Leid erfahren musste – eben, weil sie so stark ist. Derzeit wird von, ich nenne sie mal in einem bei euch üblichen Begriff, den Dunklen, wieder ein Versuch unternommen diese Seele zu zerstören. Doch eine Seele kann nicht zerstört werden. Das ist unmöglich. Sie ist das Ewige. Und wie soll man etwas Ewiges zerstören können? Es geht einfach nicht. Jene Kräfte, die dies gerade versuchen, werden genauso scheitern, wie dies schon immer der Fall war. Wir, und mit uns gemeinsam die gesamte ‚Galaktische Föderation', haben sie eindringlich darum gebeten es zu unterlassen. Verbieten können wir es nicht. Denn auch diese Wesen haben den freien Willen, der zu respektieren und zu berücksichtigen ist. Wie wir alle sehen, wurden unsere Bitten in den Wind geschlagen. Mehr noch. Sie haben diesmal ihre ‚Fähigsten' geschickt oder mit der Steuerung ihrer irdischen Vertreter betraut. Die gute Nachricht ist, dass dies ihr letzter Versuch sein wird. Denn durch ihr Scheitern, das von Anfang an feststand, werden sie sich intern aufreiben und sodann auflösen. Dieses Unterfangen endet in einer Art Selbstauslöschung dieser Mächte. Selbst das haben wir ihnen gesagt. Sie glaubten und glauben fest an ihren Erfolg. Wir mussten sie also gewähren lassen, damit sie die entsprechenden Erfahrungen selbst machen können. Was jene Wesen anbelangt, die euch mit allen möglichen und unmöglichen Auflagen, Gesetzen und Verordnungen zuschütten – also jene, die ihr als Täter bezeichnet – so seid euch gewiss, dass diese ebenfalls Hilfe bekommen werden. Diese wird von ‚oberster Stelle' ausgehen. Wie schon erwähnt, wird die Seele beschließen zu gehen. Sie wird zur Quelle zurückkehren. Das macht sie zwar grundsätzlich immer. Doch in solchen Fällen ist der Verlauf oft wesentlich dramatischer. Doch viele führen es nicht mal dann auf ihr Verhalten zurück. Und viele werden gar nicht mehr die Zeit haben, darüber nachzudenken. Sobald ihnen von der angesprochenen Volksseele die Energie entzogen wird, ‚verhungert' eine solche Seele. Sie wird einfach nicht mehr durch die Energie des Volkes genährt. Umstände, Situationen, werden nur solange am Leben erhalten, wie das Feld mit Energie genährt wird. Entzieht ihr diesen Situationen jedoch eure Aufmerksamkeit, so erhält auch ein Wesen, das direkt oder indirekt Teil – oder sogar der Verursacher – dessen war oder ist, keine Energie mehr. Doch nichts kann ohne Energie existieren. Weder die Situationen, noch die Protagonisten. Ich weiß, dass es bei manchen von euch nicht so gut ankommt, wenn ich sage: ‚Entzieht den Situationen und den handelnden Personen jegliche Energie.' Es ist jedoch der effektivste

Weg. Ihr fragt euch – was durchaus verständlich ist – wie ihr dem die Energie entziehen könnt, wenn ihr doch Tag für Tag damit konfrontiert seid. Dazu möchte ich euch einen kleinen Tipp geben. Einen ganz einfachen, der jedoch in seiner Wirkung vielleicht sogar bisher ungeahntes oder unbekanntes Potenzial freisetzt. Nehmt ein Blatt Papier und einen Stift oder setzt euch an eines eurer Geräte, die euch zur Verfügung stehen. Macht drei Spalten. In der linken Spalte schreibt ihr, in welchen persönlichen Lebensbereichen ihr von den angesprochenen Situationen betroffen seid. Haltet etwas Abstand nach unten, bevor ihr den nächsten Lebensbereich hinschreibt. Daneben, also in der mittleren Spalte, schreibt ihr, in welcher Form die Betroffenheit in diesem Bereich besteht. Und in der rechten Spalte daneben führt ihr die Alternativen dafür an, die für euch denkbar sind. Am besten ist es, dies ohne Gedanken an mögliche Konsequenzen zu tun. Einfach nur aufschreiben, welche Alternativen es für euch gibt. Wenn dies erledigt ist, dann habt ihr einen guten Überblick über eure Möglichkeiten. Schon alleine damit entzieht ihr den Situationen die Energie, da euer Fokus darauf ausgerichtet wird, wie eure Zukunft aussehen könnte. Ihr erkennt dadurch, welch großes Potenzial ihr habt. Ihr seid dann gedanklich in eurer Zukunft, in dem, wie ihr in dem entsprechenden Lebensbereich eure Zukunft gestalten könnt. Wenn ihr sodann das Blatt betrachtet, so könnt ihr feststellen, dass sich in der linken Spalte die Vergangenheit befindet, in der Mitte der aktuelle Stand und rechts die Zukunft. Nun könnt ihr hergehen und in der rechten Spalte all jene Eintragungen zu streichen, die für euch überhaupt nicht infrage kommen. Die Übriggebliebenen bringt ihr je Lebensbereich in eine für euch passende Reihenfolge. Jetzt habt ihr einen guten Überblick darüber, wo euer Herz hingeht. Darauf legt ihr dann automatisch den Fokus. Denn es wird sich der eine oder andere Punkt in euer Gedächtnis einprägen und ihr werdet immer wieder daran denken. Solange, bis ihr tatsächlich beginnt, es umzusetzen. Je nach Betroffenheit wird das eine früher und das andere später umgesetzt werden. Denn genau in der Reihenfolge wird es sich auch in eurem Alltag immer wieder in Erinnerung bringen. Die beschriebene Vorgangsweise beinhaltet noch weitere Aspekte. Zum einen kommt ihr raus aus eurem ‚Kampfmodus' und zum anderen entwickelt ihr damit eine Vision, einen Plan, wie ihr eure Zukunft gestalten wollt. Und einer der wichtigsten Punkte überhaupt: Ihr übernehmt damit wieder die

Selbstverantwortung in und über euer eigenes Leben. Auch wenn ihr jetzt sagt, dass dieses oder jenes nicht geht. Woher wollt ihr das wissen? Ihr habt es noch nicht probiert."

„Wow! Danke für diese ausführliche Beantwortung meiner Frage. Gut. Manche werden wohl nicht ganz zufrieden sein damit. Vor allem jene, die sich erhofft haben zu erfahren, wie diese Systeme und / oder die in diesen Systemen handelnden Personen am schnellsten oder am besten entfernt werden können und der Unterdrückungsmaschinerie ein rasches Ende gesetzt werden kann. Aus meiner Sicht hast du aber genau das getan. Darum: ein herzliches Dankeschön von mir."

Inarda: „Sehr gerne geschehen."

Eiolo: „Ich möchte hier noch etwas anführen. Du hast von den ‚handelnden Personen' geschrieben. Genau darum geht es. Werdet selber wieder diese handelnden Personen. Nehmt selbst sozusagen wieder das Heft in die Hand! Natürlich ein jeder von euch nach seinen Möglichkeiten und Fähigkeiten. Ihr habt so enorm viel Potenzial. Nutzt es! Die beschriebene Vorgangsweise mit dem Aufschreiben hilft euch dabei. Es hilft euch, die eigene Orientierung wiederzufinden, die ihr vielfach glaubt, verloren zu haben. Ihr habt sie lediglich vergessen oder verdrängt. Doch sie ist nicht weg und war es auch nie. Daran möchten wir euch immer wieder erinnern."

Potenzial, Orientierung, Absicht

„Danke auch dir für diese sehr wertvolle Ergänzung. Weil wir schon beim Potenzial sind: Was ist Potenzial aus eurer Sicht und wie können wir Zugang zu unserem eigenen Potenzial erlangen?“

Eiolo: „Potenzial ist mehr als die Summe aller Möglichkeiten. Ein Beispiel dazu: Du möchtest von einem Ort A zu einem Ort B fahren. Es gibt mehrere Wege dorthin. Diese Wege sind das zur Verfügung stehende Potenzial, um den Ort B zu erreichen. Du musst dich also für einen dieser Wege entscheiden. Die anderen Wege sind aber trotzdem noch vorhanden. Sie verschwinden nicht einfach. Sie verabschieden sich lediglich aus deiner Wahrnehmung, da du deinen Fokus einzig und alleine auf den gewählten Weg lenkst. Auf jedem dieser Wege würdest du mit Sicherheit andere Erfahrungen machen, andere Eindrücke bekommen, als auf jenen, den du ausgewählt hast. Nimmst du zu einem anderen Zeitpunkt, zum Beispiel auf der Rückfahrt, eine andere Strecke, so werden die Eindrücke sicherlich andere sein, als zu jedem anderen Zeitpunkt zu dem du diesen Weg nimmst. Das bedeutet, dass das Potenzial, so wie wir es verstehen, alles miteinschließt, das sich im Umfeld eines gewählten Potenzials befindet. Deshalb sagen wir auch, dass es MEHR ist als die Summe aller Möglichkeiten. Nehmen wir noch einen Begriff dazu: Orientierung. Dass du nach B fahren willst, diese Entscheidung selbst, ist bereits die Orientierung. Du könntest ja auch genauso gut nach C oder D fahren. Nein. Du hast dich für B entschieden und somit dem Potenzial eine Orientierung gegeben. Es kommen ja für dich nur mehr jene Straßen in Frage, die genau dort hinführen. Orientierung und Potenzial sind untrennbar miteinander verwoben. Die Grundlage dessen ist immer eine Entscheidung. Dadurch ‚orientierst du das Potenzial' und verkleinerst es dadurch. Die Möglichkeiten werden geringer. Um dies nun auf euer tägliches Leben umzulegen: Euer Dilemma – so möchte ich es bezeichnen – ist, dass ihr entweder zu viele Möglichkeiten vor euch seht oder zu wenig. Im ersten Fall könnt ihr euch oft aufgrund der Fülle der Wahlmöglichkeiten nicht entscheiden. Ihr fühlt euch wie erschlagen von der Fülle der Möglichkeiten. Wenn ich euch da das eine oder andere Mal beim Bekleidungskauf beobachte... Aber lassen wir das. Im zweiten Fall seht ihr zu wenig davon.

‚Da muss es doch noch etwas anderes geben.‘ ist ein durchaus gebräuchlicher Ausspruch von euch, der diese Situation recht gut beschreibt. Sind die Auswahlmöglichkeiten zu gering, dann trefft ihr sehr häufig die Entscheidung euch nicht zu entscheiden. Bei einem Zuviel habt ihr Zweifel für welche der zur Verfügung stehenden Möglichkeiten ihr euch entscheiden sollt. Und selbst dann, wenn ihr euch entschieden habt, hegt ihr Zweifel an eurer Entscheidung. Ob es ‚denn eh die richtige war', stellt ihr eure getroffene Entscheidung infrage. Die ‚Kunst‘ liegt darin, zur getroffenen Entscheidung fest zu stehen, bedingungslos zu stehen. Durch eine Entscheidung, zu der ihr felsenfest steht, wird das zur Verfügung stehende Potenzial orientiert. Es bekommt eine eindeutige Richtung. Das ist jener Vorgang, den ihr auch unter den Begriffen ‚Visualisierung‘ und ‚Fokussierung‘ kennt. Dadurch werden sämtliche Mechanismen in Gang gesetzt, um das zu erreichen, worauf die Entscheidung gefallen ist. Ich sage deshalb ‚Mechanismen‘, also in der Mehrzahl, da es die Gedanken, das Gefühl, das Handeln UND die dadurch in Gang gesetzten Energien mit einschließt. Nehmen wir als Beispiel das Kleidungsstück, wofür ihr euch entschieden habt. Und nehmen wir hier den kleinen Ausschnitt des Vorgangs der Bezahlung. Ihr wisst, ihr müsst mit dem Kleidungsstück zur Kasse = Gedanke. Ihr legt es auf den Ladentisch, holt eure Geldbörse hervor und bezahlt es = Handlung. Nach dem Bezahlvorgang ist es wirklich das eure. Ihr freut euch schon darauf es anziehen zu können = Gefühl. Und bei jedem dieser Vorgänge spielen Energien eine wesentliche Rolle. Ob bei der Entscheidungsfindung und der Entscheidung selbst, ob bei der Betrachtung des Kleidungsstückes oder bei der Vorfreude, eurer Vorstellung, wie ihr darin ausseht. Wobei auch immer. Es spielen immer die entsprechenden Energien, die sich im Umfeld dieses Potenzials befinden, eine wichtige Rolle. Das ist es, was ich vorhin mit den Eindrücken bei der Fahrt versucht habe darzustellen. Diese Energien machen letztendlich dieses MEHR aus. Ich hoffe, du und die Leser konnten mir folgen."

„Also ich schon. Von den Lesern kann ich es natürlich nicht sagen. Aber ich denke, dass du es mit den Beispielen recht gut hinbekommen hast. Kommen wir aber zum zweiten Teil meiner Frage. Wie können wir Menschen diese Erkenntnisse nutzen?"

Eiolo: „Dies könnt ihr dadurch, dass ihr immer das gesamte Spektrum miteinbezieht. Damit meine ich, dass ihr Entscheidungen immer wohlüberlegt treffen solltet. Keine Entscheidung wird nur aus dem Verstand heraus getroffen. Es spielen immer alle anderen beschriebenen Faktoren in gleicher Weise eine Rolle. Wenn euch dies bewusst ist, dann trefft ihr auch eure Entscheidungen bewusst. Somit fallen automatisch auch alle Zweifel weg. Wenn ihr bewusst entscheidet und die Zweifel wegfallen, dann habt ihr viel mehr Gehirnpotenzial zur Verfügung, weil ihr euch darüber keine Gedanken mehr macht. Das Kreisen der Gedanken endet und ihr könnt euch auf den nächsten Schritt konzentrieren. Ganz zu schweigen von der Zeit, die kreisende Gedanken in Anspruch nehmen. Euer Leben, egal in welchem Bereich, wird wesentlich einfacher."

„Tja. Wir haben es wahrlich geschafft, uns unser Leben so kompliziert wie möglich zu machen."

Inarda: „Das habt ihr wirklich gut hinbekommen. Mehr noch. Etwas Einfaches wird von euch vielfach sogar als schlecht, nicht durchdacht, ungenügend und vieles mehr, angesehen. Umso komplizierter, desto größer ist oft der Stellenwert, den ihr einer Sache beimesst."

„Da ist was Wahres dran. Dabei gibt es sogar den Spruch: ‚Die guten Dinge sind einfach. Die einfachen Dinge sind einfach gut.'"

Inarda: „Wie sagtest du gerade? ‚Da ist was Wahres dran.'"

„Im Zusammenhang mit der Beschreibung von Potenzial und Orientierung drängt sich bei mir noch ein Wort auf. Und zwar die ‚Absicht'. Was hat es damit auf sich und wie ist da eure Definition?"

Inarda: „Die Absicht ist jener Vorgang, der das Potenzial orientiert. Ich denke, diese zusammenfassende Darstellung braucht eine ausführlichere Erklärung."

„Ja. Das denke ich auch."

Inarda: „Ich möchte hier wieder ein Beispiel anführen, das dies näher erläutert. Gleichzeitig werde ich auch den Unterschied zwischen Ziel und Absicht in diese Erklärung einfließen lassen. Nehmen wir dazu das Beispiel eines Laufbewerbes. Jede Laufdistanz hat eine Ziellinie. Jeder Läufer strebt danach, diese als Erster zu überqueren. Warum tut er das? Ist es sein Bestreben einfach diese Ziellinie zu überschreiten oder ist es etwas ganz anderes, das ihn ansporn? Jedem Läufer geht es um das Gefühl DANACH. Die Ziellinie ist lediglich Mittel zum Zweck. Er weiß, wenn er als Erster diese Linie überquert, dann wird er gefeiert. Die Menschen jubeln ihm zu. Er erhält sogar noch den Schub und die Kraft eine Ehrenrunde zu laufen. Er fühlt sich großartig. Und genau das ist seine Absicht. Genau das ist seine Motivation. Sich der Herausforderung des Laufes immer wieder zu stellen. Dieses Gefühl danach. Das ist seine Absicht, warum er das macht. Dieses Gefühl kann ihm keiner mehr nehmen. Es hält weit über den kurzen Moment der Überquerung der Ziellinie an. Doch es muss nicht immer nur der erste Rang sein. Vielen genügt es, gerade bei den Langstreckenläufern, dieses tolle Gefühl zu erleben, das Ziel erreicht zu haben. Die Absicht ist also immer das Danach, das was hinter der Ziellinie liegt. Wenn ich nun das vorherige Beispiel mit dem Kauf des Kleidungsstückes heranziehe, so bedeutet das, dass es nicht darum geht es einfach zu kaufen. Das wäre vergleichbar mit der Ziellinie. Vielmehr geht es um das Gefühl danach. Das Gefühl es zu tragen, damit auszugehen, es zuhause oder im Freundeskreis zu präsentieren und so fort. Das ist mit dem Begriff ‚Absicht' beschrieben. Ich weiß, dass ihr diesen Begriff auch noch in einer zweiten Bedeutung verwendet und darum werde ich auch auf diesen eingehen. Es wird immer wieder von etwas ‚absichtlich' oder ‚unabsichtlich' oder ‚in voller Absicht' zu machen gesprochen. In diesen Fällen ist es im Grunde nicht anders. Doch sehr häufig ist hier nicht die vorhin beschriebene Absicht, sondern sozusagen die Ziellinie im Vordergrund. Dahinterliegend geht es jedoch auch hier um das Gleiche. Nehmen wir nun ein weiteres Beispiel zu Hilfe, um dies näher zu erläutern. Wenn jemand eine Tat setzt, um einem anderen absichtlich, unabsichtlich oder in voller Absicht Schaden zuzufügen, so stellt sich die Frage nach dem Warum. Geht es darum, dass die Intention der Schaden selbst ist, so kann man es wieder mit der Ziellinie vergleichen. Geht es jedoch jenem, der die Tat gesetzt hat, darum, wie er sich anschließend fühlt, ob es ihm Genugtuung bereitet oder irgendein anderes Gefühl, dann ist es mit dem gleichzusetzen, wie es dem Läufer nach der Überquerung der Ziellinie geht. Dabei ist es ziemlich egal, ob dies ‚absichtlich' oder ‚unabsichtlich' ausgeführt wurde. Es hat immer eine innere Reaktion beim Ausführenden zur Folge. Somit gibt es im Grunde keine unabsichtliche Handlung. Es gibt lediglich eine unbewusste Handlung. Absicht hat sehr viel mit dem jeweiligen Grad der Bewusstheit zu tun. Jemand, dem seine Handlungen bewusst sind, handelt niemals unabsichtlich."

„Ihr verwendet immer wieder die Begriffe ‚Bewusstsein' und ‚Bewusstheit'. Was ist der Unterschied?"

Inarda: „Das ist eine sehr einfach zu beantwortende Frage. Mit ‚Bewusstsein' ist das bewusste Sein gemeint. Es ist nach außen gerichtet und beschreibt, wie die Außenwirkung eines Wesens ist und wie das Außen auf dieses Wesen wirkt. Somit bezeichnet es die Wirkung dessen, was als Resonanz gesehen werden kann. Das Wort ‚Bewusstheit' hingegen beschreibt den inneren Vorgang, den auf das Wesen selbst bezogenen Vorgang. Wenn also einem Menschen, als Beispiel, etwas bewusst ist, so kommt es darauf an, ob dies eine Reaktion ist, die von außen induziert wurde oder es sich um etwas handelt, das von dem Menschen selbst kommt. Dies tut es in der Regel dann, wenn es von der Seele induziert wurde und für den Betreffenden gilt. Das ist dann der Fall, wenn es sich um eine innere Erkenntnis handelt."

Geschichte und Kommunikation

„Wir Menschen sind schon ziemlich kompliziert mit unseren Begriffen…“

Inarda: „Das, was es bei euch wirklich oft kompliziert macht, sind zum einen die Doppel- oder sogar Mehrfachbedeutungen vieler Wörter und zum anderen die häufig verdrehte Bedeutung. Oftmals wurden euch Wortbedeutungen vermittelt, die schlicht und einfach falsch sind. Und diese Wörter werden in dieser falschen Bedeutung in eurem täglichen Sprachgebrauch eingesetzt. Ihr verwendet sie, ohne über die tatsächliche Bedeutung überhaupt einen Gedanken zu verlieren. Nehmen wir, um dies näher zu erläutern, einen Begriff her, den du selbst sehr gerne anführst, wenn es um dieses Thema geht. Und zwar das Wort ‚gleichgültig‘. Dieses Wort verwendet ihr umgangssprachlich in der Bedeutung von ‚egal‘. Und das normalerweise in einer abwertenden Form. Ihr sagt zum Beispiel: ‚Es ist doch egal, ob die Sonne scheint oder ob es regnet‘. Ihr tut dies quasi als Banalität ab. Wenn man dieses Wort jedoch in der ursprünglichen Bedeutung sieht, in der Form von ‚gleich gültig', dann hat es eine wesentlich positivere Bedeutung. Denn dann erfüllen euch beide Zustände gleichermaßen mit Freude – egal ob die Sonne nun scheint und euch erwärmt oder ob der Regen die Pflanzen und Bäumen nährt und den Menschen und Tieren das Wasser schenkt, um euren Durst zu stillen.“

„Solche Wörter, die in einer völlig falschen oder verdrehten Bedeutung verwendet werden, gibt es leider in der deutschen Sprache sehr viele. Ich weiß nicht, ob das in anderen Sprachen auch so ist. Beim Englischen ist mir das zum Beispiel noch nie so aufgefallen.“

Eiolo: „Die deutsche Sprache ist von allen auf der Erde verwendeten Sprachen eine der präzisesten. Deshalb war sie – und ist sie nach wie vor – das Ziel von Manipulationen. Manipulationen, die wiederum Manipulationen hervorrufen. Betrachten wir in diesem Zusammenhang das Wort ‚Geschichte‘. Zum einen beschreibt es Geschichten, die in den Romanen und anderen Werken der irdischen Dichter zu lesen sind. Und das gleiche Wort wird auch für die Aufzeichnungen eurer Historie verwendet. Dies legt den Schluss nahe, dass es in beiden Fällen gleichbedeutend ist.

Eure sogenannten Geschichtsbücher unterscheiden sich, bis auf wenige Ausnahmen, tatsächlich nicht von den Geschichten, die dem Einfallsreichtum eurer Schriftsteller entsprungen sind. Eure Sagen, Märchen, Mythen und Legenden enthalten oft viel mehr Wahrheit über tatsächliche historische Ereignisse, als eure Geschichtsbücher dies tun."

„So gesehen ist der Begriff ‚Geschichte' durchaus passend gewählt."

Eiolo: „So gesehen, ja."

Inarda: „Ich möchte dazu noch anmerken, dass die Verwendung dieser Wörter oft absichtlich so verbreitet wurde, um euch zu manipulieren. Seit einigen Jahren erfährt die deutsche Sprache verstärkt eine weitere Form der Manipulation. Damit meine ich das Einfließen von anderssprachigen Wörtern oder Wortteilen in die deutsche Sprache. Vor allem englischsprachige Wörter werden vor allem von eurer Jugend in an sich deutschsprachige Sätze eingebaut. Der Grund dafür ist der Versuch, die, wie bereits erwähnt, so präzise deutsche Sprache zu unterwandern. Nicht eure Jugendlichen tun dies bewusst, sondern jene Mächte, die die deutschsprachige Kultur am liebsten von der Erde vertreiben und vernichten will. Das wird jenen allerdings nicht gelingen. Ich möchte bei dieser Gelegenheit auch darauf eingehen, warum das so ist. Dazu gehe ich weit, weit zurück – um es in eurer linearen Zeit verständlich zu machen. Die deutsche Sprache ist eine der verbreitetsten Sprachen im ganzen Universum – sofern für die Kommunikation überhaupt Worte verwendet werden. Auch wir sprechen eine Art Deutsch-Dialekt, wenn man so will. Es kommt zwar selten vor, jedoch bedienen wir uns manchmal der verbalen Kommunikation. Ansonsten erfolgt der Austausch rein telepathisch. Dazu aber später mehr. Also. Vor langer Zeit gab es auf dem Sternensystem von Lyra ein Volk, das sehr hoch entwickelt war. Die Bewohner dieses Systems sprachen eine Vorläuferversion der deutschen Sprache. Ich nenne diese Sprache mal ‚Urdeutsch'. Eines Tages erfuhren die Bewohner, dass eine riesige fremde Streitmacht auf dem Weg nach Lyra war. Da sie keine Waffen hatten, nichts womit sie sich verteidigen hätten können, beschlossen sie ihr Planetensystem zu verlassen. Wie gesagt. Sie waren hoch entwickelt. Aber nicht im technischen Sinne, sondern im geistig-spirituellen. Es wäre für sie niemals infrage gekommen, sich zur Wehr zu setzen oder in irgendeiner Form Gewalt mit Gegengewalt zu beantworten. Also beschlossen die meisten Bewohner, ihre Heimat zu verlassen. Eine kleine Gruppe blieb und verlegte alles, was sie zum Leben brauchten, unter die Oberfläche. Sie schufen Tunnelsysteme, die von innen verschließbar waren und von außen nicht die kleinste Spur hinterließen, dass sich dahinter jemand befinden könnte. Die meisten verließen, wie gesagt, Lyra. Sie brachen in eine für sie völlig unbekannte Zukunft auf. Doch sie hatten eines in unendlich großem Ausmaß: Vertrauen in sich und in den Schöpfer. Sie teilten sich auf mehrere Sternensysteme auf. Somit verteilte sich auch ihre Sprache. Ja. Sie besiedelten auch die Plejaden. Wir sind somit die Nachkommen der damals geflüchteten Lyraner. Dadurch waren die Plejader ursprünglich ebenso ein hoch entwickeltes Volk. Doch es passierte im Laufe der Zeit genau das, was später auch auf der Erde der Fall war. Es kam zu einem Verfall der Kultur und damit begann der Abstieg des Bewusstseins. Wie wir wieder zu dem wurden, was wir jetzt sind, haben wir ja bereits geschildert. Jedenfalls, um es kurz zu machen, kam die deutsche Sprache unter anderem von den Plejaden auf die Erde."

„Woher kommen dann die anderen Sprachen?"

Eiolo: „Dir sagt ja der Begriff ‚Babylonische Sprachverwirrung' etwas."

„Ja. Das tut es. Damit ist gemeint, dass die unterschiedlichen Sprachen dadurch entstanden sind, da Gott die Menschen, als Strafe für ihre Untaten, in die verschiedenen Himmelsrichtungen zerstreute. Die ‚Untat', die Gott vor allem missfiel, war der Turmbau zu Babel – einhergehend mit den ganzen Gotteslästerungen in diesem Zusammenhang."

Eiolo: „Kurz, aber richtig zusammengefasst. Danke. Die ‚Sprachverwirrung' hatte jedoch eine ganz andere Ursache. Abgesehen davon gibt es keinen strafenden oder rächenden Gott. Diese Behauptung ist im Grunde die eigentliche Gotteslästerung, wenn man so will. Die verschiedenen Sprachen kamen von anderen Planeten und Sternensystemen. Sie wurden von den Besuchern gesprochen, die zur Erde kamen. Die euch am bekanntesten davon sind Sirius, Aldebaran, Ceta Reticuli und Proxima Centauri. Diese Wesen, die von dort zur Erde kamen, brachten ihre jeweils eigene Sprache mit. Da es jedoch in eurer Bibel und den anderen Schriften des alten und neuen Testaments keine ausdrückliche oder direkte Erwähnung geben durfte, wurde im ‚Buch Mose' die Metapher der ‚Babylonischen Sprachverwirrung' gebraucht, um die verschiedenen Sprachen zu erklären. Interessanterweise hält sich diese Metapher sehr hartnäckig. In euren religiösen Aufzeichnungen wurde so viel manipuliert, um sie ‚passend' zu machen. Besucher oder gar Siedler von außerhalb der Erde durfte es nicht geben. Das Wissen über eure tatsächliche Herkunft sollte für alle Zeit getilgt werden. Es ist zwar in diesen Schriften von Engeln, von himmlischen Wesen, von Himmelfahrt und so weiter die Rede. Jedoch wurde euch gleichzeitig eingebläut, dass eben dies nur im übertragenen Sinne zu verstehen ist und es Außerirdische, wie ihr sie nennt, gar nicht gibt. Und das hält vielfach bis heute an."

„Stimmt es denn, dass die englische Sprache ihren irdischen Ursprung in Atlantis hat?"

Eiolo: „Es wurde dort ein früher Vorläufer dieser Sprache gesprochen. So gesehen kann ich diese Frage mit Ja beantworten. Aus der dortigen Sprache hat sich mit der Zeit die englische Sprache entwickelt. Wir sprechen hier immer wieder über ‚Sprache' und ‚verbaler Kommunikation'. Dabei wurde damals die sprachliche Übermittlung nur ganz selten eingesetzt. In den Anfangszeiten dieser Kulturen aus vorgeschichtlicher Zeit wurde hauptsächlich telepathisch kommuniziert. Erst später, durch den Abstieg des Bewusstseins waren die Menschen nicht mehr in der Lage sich telepathisch auszutauschen. Darum wurde dann immer mehr die Sprache, der verbale Austausch, als Kommunikationsform eingesetzt. Je weiter eine Zivilisation in das rein physische Denken absteigt, desto primitiver werden auch die Kommunikationsmöglichkeiten. Das klingt vielleicht jetzt etwas hart, doch ist es tatsächlich so. Telepathische Kommunikation schließt das gesamte Spektrum des Austausches mit ein. Gedanken, Gefühle, Wahrnehmungen und so fort werden bei einer telepathischen Übermittlung mit übertragen. Diese Gesamtheit wird mit dem Sprechen niemals erreicht."

„Das ist mir bekannt. Wir halten ja auch selbst Telepathie-Seminare ab. Aber was braucht es dazu, dass telepathische Übertragungen wirklich in reiner Form beim Empfänger ankommen?"

Inarda: „Ich weiß, dass ihr solche Seminare anbietet. Und das ist auch gut so. Denn Telepathie war und ist ein wesentlicher Teil der Kommunikation. Ihr nennt sie oft auch ‚nonverbal'. Dies ist jedoch zu kurz gegriffen. Denn reine telepathische Übertragungen sind nicht nur nonverbal – was ja nur das Weglassen der Sprache aussagt. Um das gesamte Spektrum zu übermitteln, braucht es einen reinen Geist genauso wie Gedankenreinheit. Das Wichtigste dabei ist jedoch die absolute Authentizität. Euer ganzes Sein wird zur Kommunikation. Einfach alles. Denn, wie ihr in euren Seminaren ganz richtig sagt: ‚Bei einer telepathischen Übermittlung kann man nicht lügen.'. Das ist tatsächlich so. Damit ist aber nicht alleine die gedankliche Lüge gemeint, sondern all eure Aspekte, die – wie gesagt – mit übermittelt werden. Und darum braucht es die vollständige Authentizität, lieber Gerhard."

„Danke, liebe Inarda. Du weißt ja, wie schwer es uns Menschen immer wieder fällt, wirklich zu 100 Prozent authentisch zu sein. Oft spielt eine Art Erwartungshaltung mit – sich selbst, wie auch dem Empfänger gegenüber. Ein anderes Mal wollen wir, dass wir telepathisch verstanden werden. Dieses Wollen ist einer solchen Übermittlung aber auch abträglich. Ist es so gesehen nicht einfach zutiefst menschlich, nicht völlig authentisch zu sein?"

Inarda: „Doch. Das ist menschlich – sehr menschlich sogar. So menschlich, dass es mehrere Aspekte zeigt. Der erste ist, dass ihr noch nicht ganz den Entwicklungsschritt voll integriert habt, der es euch erlaubt, völlig reine Übertragungen durchzuführen. Dies trifft zwar nicht auf alle zu, aber immerhin auf die meisten Menschen. Der zweite Aspekt ist, dass zwar einige Menschen diese Kommunikationsform wieder erlernen wollen, dabei aber vielfach außer Acht lassen, dass es sich nicht um ein Erlernen von etwas Neuem, sondern um das Erinnern an etwas Altes geht. Telepathie gab es, wie gesagt, schon lange vor der Sprache und stellt somit die ursprüngliche Kommunikationsform dar. Eine solche Herangehensweise ist wesentlich schneller und nachhaltiger von Erfolg gekrönt. Und der dritte Aspekt ist, dass im Alltag diese Art des Austausches noch viel zu wenig Berücksichtigung findet. Somit gerät vieles schnell wieder in Vergessenheit. Ich kann jeden von euch nur inständig bitten, wirklich dranzubleiben. Denn die Telepathie wird auch bei euch wieder jenen Stellenwert erreichen, der ihr zusteht. Sie wird wieder die am meisten verwendete Kommunikationsform werden. Ich sage dies aus eigener Erfahrung. Es war bei uns nicht anders. Und nun verständigen wir uns wieder fast ausschließlich in dieser Art und Weise."

„Kannst du uns einen Rat geben, was wir tun können, um die Telepathie wirklich wieder in unseren Alltag integrieren können?"

Inarda: „Ja. Durchaus. Wenn ihr für euch selbst anerkennt, dass ihr wesentlich häufiger telepathische Konversation betreibt, als euch wirklich bewusst ist, dann habt ihr einen großen Schritt in diese Richtung getan."

„Was meinst du damit?"

Inarda: „Nimm mal alles her, was ihr Zufall nennt. Ihr denkt an jemanden und schon ist er am Telefon oder an eurer Haus- oder Wohnungstür oder ihr begegnet einander auf der Straße. Zufall? Mit Sicherheit nicht. Denn dadurch, dass ihr daran gedacht habt, zieht ihr genau dieses Ereignis an. Umgekehrt ist es auch so, dass der Besucher oder der Anrufer seine Absicht euch zu besuchen oder anzurufen, schon längst ‚vorausgeschickt' hat. Diese Information, die damit an das morphische Feld übergeben wurde, kommt zu euch als Empfänger dieser Absicht. An wen diese gerichtet ist, weiß das Feld sehr genau, denn jedes Wesen – Mensch, Tier, Pflanze und so weiter – hat eine eindeutige Signatur. Durch das Denken an jenen, den ihr anrufen oder besuchen wollt, wird diese Signatur wie eine Adresse mitgegeben. Diese ist sogar für jeden einzelnen Grashalm und für jede Ameise eindeutig. Nicht nur für jeden einzelnen Menschen. Eine weitere Form der Telepathie ist die Zuneigung zu einem anderen Menschen. ‚Die beiden verstehen sich blind.' ist ein durchaus beliebter Spruch. Er sagt um nichts weniger aus, als dass keine Worte, keine Gesten, einfach nichts notwendig ist, damit sich zwei Menschen verstehen. Dies erlebt ihr vor allem bei Menschen, die sich sehr nahestehen. Doch auch Spannungen zwischen den Menschen können telepathischer Natur sein. Jeder, wie auch immer geartete Informationsaustausch, ist bereits Telepathie. Der große Vorteil dabei ist, dass ihr gar nicht die Sprache des anderen beherrschen müsst, um kommunizieren zu können. Gefühle brauchen keine Übersetzung. Emotionen ebenso wenig. Alles andere wird sozusagen von

‚höherer Stelle' in die Sprache des Empfängers übersetzt. Wobei es sich dabei nicht um eine Übersetzung in eurem klassischen Sinne handelt. Es ist vielmehr eine Modellierung der Frequenz, die hier vorgenommen wird, sodass es vom Empfänger gegebenenfalls auch in Gedanken und Worten ausgedrückt werden kann."

„Ist das der Grund dafür, dass ich manches auch in englischer Sprache wahrnehme?"

Inarda: „Ja. Es erfolgt immer in einer jener Sprachen, die der Empfänger auch versteht – in der er sowohl denken als auch sprechen kann."

Funktionalität, Frequenzen, Schwingung

„Irgendwie faszinierend, wie das funktioniert. Der Mensch ist so viel mehr als einfach nur ein Haufen von Zellen, der halt irgendwie funktioniert. Er ist keine Maschine, bei der man einfach ein defektes Teil aus- und ein neues einbaut. Wann werden unsere Ärzte und Wissenschaftler die wahren Zusammenhänge endlich begreifen? Und zwar auf allen Ebenen. Nicht nur auf der physischen."

Eiolo: „Damit stellst du eine wirklich wichtige und entscheidende Frage. Wie wir an früherer Stelle bereits betont haben, wird vielfach der Mensch, aber auch jedes andere Lebewesen, lediglich in seiner physisch-funktionalen Struktur wahrgenommen. Selbst wir tun uns schwer, diese Denk- und Sichtweise nachzuvollziehen. Aus unserer Beobachtung heraus können wir jedoch sagen, dass dieses in der Form keinen Bestand haben wird. Alles, was in der sogenannten ‚dritten Dichte – in 3D' an in der Weise Gedachtem entstanden ist und entwickelt wurde, hat ein Ablaufdatum. In 5D hat das alles in dieser Form keinen Platz mehr. Es gibt nur eine Möglichkeit diesen bereits laufenden Prozess zu stoppen: Integriert das spirituelle und energetische Wahrnehmen, das Handeln und das Denken in alles, was ihr herstellt. Nur so wird es langfristig Bestand haben. Vieles von dem, was ihr derzeit glaubt, es haben zu müssen, wird verschwinden oder unbrauchbar werden. Vieles werdet ihr ganz einfach nicht mehr brauchen. Dazu möchte ich etwas weiter ausholen. Wir haben uns darüber unterhalten, dass die Erde in ihrer Entwicklung, die ihr Aufstiegsprozess nennt, schon sehr weit fortgeschritten ist. Wir haben uns auch darüber ausgetauscht, dass auch ihr selbst immer lichter werdet. Ihr werdet mit Dingen, die nicht in etwa eurer Frequenz entsprechen, nichts mehr anfangen können. Sie werden nicht mehr funktionieren. Das bemerkt ihr auch jetzt schon. Das Auto, das ihr fahrt, muss ständig zur Reparatur. Der Computer, den ihr verwendet, stürzt dauernd ab. Ihr betretet einen Raum und es brennt die Glühbirne durch. Hier könnt ihr selbst noch Beispiele von eigenen Erlebnissen einfügen. Alles, das auf diese Weise passiert, bedeutet, dass der Frequenzunterschied zu euch zu groß geworden ist. Dies kann jedoch in beiden Richtungen sein. Meistens schwingt ihr höher als das, was nicht mehr so funktioniert, wie es funktionieren sollte oder ihr es gewohnt seid, dass es funktioniert. Es kommt zwar nicht so häufig vor, doch es gibt auch jene Fälle, bei denen das Gerät eine höhere Schwingung hat als der Mensch. Ein Beispiel dazu: Was machst du, wenn du von einer längeren Fahrt nach Hause kommst und dein Auto hat dich wieder gut und ohne Probleme an deine Wohnstätte gebracht?“

„Nun. Ich bedanke mich dafür und streichle es manchmal auch.“

Eiolo: „Genau das meinte ich. Du gehst mit deinem Fahrzeug sehr bewusst um. Dies hat zur Folge, dass es mit der Zeit beginnt selbst höher zu schwingen. Sollte es irgendwann den Besitzer wechseln und dieser kann mit Themen wie Spiritualität, Energie und Bewusstsein überhaupt nichts anfangen, so wird dieser auch keinen Dank an das Auto übermitteln. Er sieht es einfach als Gebrauchsgegenstand. Daran muss es sich erst wieder gewöhnen und mit Sicherheit nicht so problemlos funktionieren, wie bei dir. Wenn dann noch dazukommt, dass der neue Besitzer ständig auf das Auto schimpft, dann wird dieser mit dem Neuerwerb sicher keine Freude haben.“

„An dieser Stelle möchte ich eine kleine Geschichte erzählen. Ich glaube, es war 2014 oder vielleicht auch 2015. Ich weiß es nicht mehr so genau. Damals bekam ich ein Firmenauto zur Verfügung gestellt. Ich konnte es mir sogar selbst aussuchen. Mein eigenes Auto war schon in die Jahre gekommen und so passte das sehr gut. Auf meiner letzten Fahrt damit habe ich mich mit dem Auto unterhalten. Es war etwas traurig, dass sich unsere Wege trennen. Und ehrlich gesagt war ich das auch. Ich war und bin davon überzeugt, dass auch Autos eine Seele haben. Also versprach ich der Seele meines Wagens, sie in das neue Firmenauto zu transferieren. Die Seele fragte mich erstaunt: ‚Meinst du, dass das geht?‘ Ich antwortete: ‚Warum nicht. Versuchen wir es einfach, wenn du damit einverstanden bist.‘ Sie stimmte zu. Also stellte ich zu Hause beide Autos nebeneinander hin. Ich selbst ging an die Vorderseite. Mit einem Ritual verband ich die beiden und bat die Seele von einem zum anderen Auto zu wechseln. Dies tat sie schließlich auch. Am nächsten Tag fuhr ich mit dem neuen Wagen los. Es war irgendwie ein komisches Gefühl. Irgendwas passte nicht so ganz. Gleich nach wenigen Tagen ging ein Teil kaputt und ich fragte die Seele, was es den war. Die Antwort hatte mich echt erstaunt. Sie sagte: ‚Es ist alles in Ordnung. Ich muss mich nur noch etwas an die neuen Umstände und an meine neue Umgebung gewöhnen. Wenn das so weit geschehen ist, dann wirst du es merken und alles wird problemlos laufen.' So war es dann auch. Nach ungefähr zwei Wochen stieg ich in der Früh ins Auto und merkte, dass ich mich sehr wohlfühlte. So wohl wie in meinem vorherigen Wagen. Da wusste ich, dass die Eingewöhnungsphase für die Seele abgeschlossen ist. Und sie hatte recht. Ich hatte die ganzen Jahre, in denen ich mit dem Auto fuhr, kein einziges Problem. Nicht das geringste."

Eiolo: „Danke, dass du dieses wunderbare Beispiel erzählt hast. Und ja. Autos und alle anderen Geräte und Maschinen haben auch eine Seele. Diese ist zwar nicht vergleichbar mit der Seele eines Menschen. Sie hat alles, was sie für ihre Aufgabe braucht. Genauso verhält es sich auch bei jedem Menschen. Eure Seelen haben auch alles, was sie zum Menschsein brauchen."

„Was ist, wenn sich ein Gegenstand auf Nimmerwiedersehen verabschiedet?"

Eiolo: „Dies kann in zweifacher Hinsicht gesehen werden. Im ersten Fall kann ein Gegenstand so kaputtgehen, dass er irreparabel ist. Im zweiten Fall kann es sogar sein, dass der Gegenstand unauffindbar wird. Er tritt in einen Zustand, in dem ihr ihn nicht mehr wahrnehmen könnt. Er ist ‚wie vom Erdboden verschluckt' – so eure übliche Definition davon. Und so abwegig ist sie gar nicht. Die Frequenz-Differenz zwischen euch und dem Gegenstand wurde so groß, dass ihr ihn nicht mehr wahrnehmen könnt. Dazu hast du ja auch ein gutes Beispiel."

„Ach, du meinst das mit der Brille?"

Eiolo: „Ja. Genau das."

„Es war vor etlichen Jahren. So wie immer hatte ich meine Brille auf den Schreibtisch gelegt, bevor ich mein Büro verließ. Nach ein oder zwei Stunden, so genau kann ich es nicht mehr sagen, kam ich wieder ins Büro zurück. Ich griff – so wie immer – nach meiner Brille. Doch sie war nicht da! Ich war erstaunt, denn ich wusste mit Sicherheit, dass ich sie dorthin gelegt hatte. Ich begann zu suchen. Das ganze Büro und wo ich in der Zwischenzeit sonst noch war, habe ich auf den Kopf gestellt. Nichts! Echt. Wie vom Erdboden verschluckt. Das ganze Suchen half nichts. Sie war und blieb verschwunden. Bis heute ist sie nie mehr aufgetaucht. Ich habe mal gehört, dass Gnome, Kobolde, Zwerge oder wie immer man diese kleinen Wesen nennen mag, für so ein Verschwinden verantwortlich sein können. Stimmt das?“

Eiolo: „Ja, das stimmt. Sie treiben immer wieder ihre Scherze. Doch sie meinen es nicht böse. Im Gegenteil. Sie unterstützen damit genau das, worüber wir uns vorhin unterhalten haben. Manchmal ist es auch wie ein Hindurchsehen durch einen Gegenstand. Das kann auch bei Menschen vorkommen. Du hast ja schon einige Male erlebt, dass du gar nicht wahrgenommen wirst. So, als wärst du gar nicht da oder die Menschen würden durch dich durchschauen.“

„Oh ja! Das erlebe ich immer wieder. Und es irritiert mich auch immer wieder – um es mal milde auszudrücken.“

Inarda: „Du kannst ruhig zugeben, dass dich das immer wieder ärgert.“

„Ja gut. Tut es…“

Inarda: „Dann fühlst du dich ignoriert und ärgerst dich sogar darüber. Manchmal verschaffst du dir dann irgendwie Gehör.“

„Ja, ich weiß…“

Inarda: „Bedenke bitte, dass dich die anderen Menschen zu diesem Zeitpunkt gar nicht wahrnehmen können. Sie sind einfach in einer anderen Schwingungsfrequenz als du. Dabei spielt es keine Rolle, ob deine nun höher oder niedriger ist. Sie ist einfach unterschiedlich. Das ist keine Frage von gut oder schlecht. Es ist, wie es ist. Wenn du das berücksichtigst, dann kannst du gewiss auch leichter damit umgehen. Es tangiert dich nicht mehr so sehr und du bleibst automatisch mehr in deiner Mitte oder kommst einfacher wieder dort an.“

„Ich werde es versuchen.“

Inarda: „Versuche es nicht einfach. Tue es.“

„In Ordnung. Ich tue es. Ich möchte jetzt aber auf etwas eingehen, das Eiolo vorhin immer wieder gesagt hat. Er sprach immer wieder von ‚Schwingung' – von hoher oder niedriger Schwingung. Eiolo, was meinst du damit genau?"

Eiolo: „Das Wort ‚Schwingung' wird von euch sehr häufig gebraucht, wenn es um die Beschreibung von Bewusstseinszuständen geht. Genau das ist damit gemeint. Je nachdem, wie euer Bewusstseinszustand gerade ist, schwingt ihr langsamer oder schneller. Der menschliche Körper hat eine Grundfrequenz, die auch gemessen werden kann. Dies ist allerdings nicht in Bezug zur Schumann-Frequenz, also der Schwingung der Erde mit 7.83 Hertz, zu sehen. Je bewusster ein Wesen ist, desto höher ist seine Schwingungsfrequenz, seine Taktung, wenn du so willst. Es ist vergleichbar mit einem vibrieren. Dieses vibrieren nehmt ihr üblicherweise nicht als solches wahr. Es ist so fein, so subtil, dass ihr es selbst meistens nicht merkt. Ihr nehmt es vor allem auf Umwegen wahr. So fühlen viele von euch, wenn sie einen Raum betreten, welche Stimmung dort herrscht. Ihr fühlt euch dann wohl oder ihr spürt, dass darin ‚dicke Luft' vorherrschend ist. Dies vor allem dann, wenn sich die Gesamtheit der Schwingung in diesem Raum deutlich von jener unterscheidet, die ihr selbst momentan habt. Auch hier geht es keinesfalls um eine Bewertung, ob gut oder schlecht. Es geht lediglich um die aktuelle Differenz. Je weiter diese auseinander liegen, desto weniger wohl fühlt ihr euch. Damit ist es wiederum völlig egal, in welcher Höhe oder Tiefe die Schwingung der einzelnen Menschen im Raum ist. Es geht nur um den Frequenzunterschied."

„Wenn ich das mal alles zusammenfasse, dann ist Schwingung der aktuelle Zustand des Seins."

Eiolo: „Kurz und präzise. Ja. Wobei ich noch anmerken möchte – aber das ist euch eh weitestgehend bekannt – dass alles schwingt, alles eine bestimmte Frequenz hat und sich diese auch jederzeit verändern kann."

„Also durch Stimmungsschwankungen?"

Eiolo: „Im Falle von Menschen, ja."

Erde, bedingungslose Liebe, Asuras, Herz und Hirn

„Ich halte das Thema Frequenzen, Schwingungen und dergleichen für sehr, sehr wichtig – und auch irgendwie faszinierend. Wenn man bedenkt, dass jede Materie im Grunde Energie in einer bestimmten Schwingung ist…"

Inarda: „Ja, das ist es fürwahr. Wir sind selbst immer wieder erstaunt darüber, welche materiellen Formen, Strukturen und so fort Energie hervorbringen kann. Die gesamte Schöpfung ist so wunderbar in ihrer Vielfalt. Wir sind sehr dankbar dafür, dass diese Vielfalt uns allen zur Verfügung gestellt wurde."

„Und wir zerstören sie sukzessive."

Inarda: „Weißt du, mein Lieber. Euer Planet Erde ist sehr geduldig. Er erträgt alles mit viel Verständnis. Ihr dürft euch glücklich schätzen, dass ihr auf so einem wohlwollenden Wesen lebt. Es gibt genügend andere Planeten, die euch schon längst abgeschüttelt hätten. Doch eure Erde hat sogar vor Äonen beschlossen, dass es euch und alle anderen Wesen in ihrem sogenannten Aufstiegsprozess mitnimmt. Das ist Liebe – bedingungslose Liebe."

„Wunderschöne Worte, liebe Inarda, die einen nachdenklich und auch etwas traurig machen. Wie können wir uns dieser großen Liebe würdig erweisen?"

Inarda: „Ihr braucht euch nicht würdig zu erweisen. Sie tut dies, weil sie euch einfach bedingungslos liebt. Zu erwarten, dass ihr euch als würdig erweist, wäre nicht mehr bedingungslos. Sie erwartet nichts von euch – nicht mal, dass ihr mit ihr respektvoller umgeht. Dies solltet ihr aber tun. Schon rein aus eigenem Interesse. Ihr grabt euch eure Lebensgrundlagen immer mehr und mehr ab. Ihr verseucht das Wasser, das ihr trinkt, die Luft, die ihr atmet. Ihr vergiftet eure Böden, worauf die Nahrung wächst, die ihr zu euch nehmt. Ihr entzieht der Erde das, was ihr Erdöl nennt. Bitte begreift, dass das so ist, als würde man euch das Blut aus den Adern saugen. Ja, diese Flüssigkeit ist das Blut des Lebewesens Erde. Und die Gasvorkommen sind wie eure Lungen. Stell dir vor, dass dir jemand ständig aus deinen Lungen die Luft absaugt, die du atmest. Du würdest es nicht lange überleben. Doch eure Erde lässt zu, dass dies alles und noch viel mehr mit ihr gemacht wird. Erkennst du daraus, welch unendliche Liebe sie für euch hegt?"

„Oh mein Gott! So habe ich es noch nie gesehen! Ich hoffe sehr, dass dies von ganz vielen Menschen gelesen wird, dass es ihnen die Augen und die Herzen öffnet. Ich wünsche mir, dass jeder Mensch respektvoll und in großer Dankbarkeit mit unserem Heimatplaneten umgeht. Deine Worte machen mich gerade echt demütig."

Inarda: „Doch ich möchte auch warnende Worte anbringen. Wenn ihr so weitermacht wie bisher, dann werdet ihr euch eurer Lebensgrundlagen selbst entreißen. Nicht euer Planet wird euch dann abschütteln, sondern ihr euch selbst. Was mich allerdings wieder sehr zuversichtlich macht ist, dass der Bewusstwerdungsprozess immer schneller läuft. Ihr werdet es schaffen, rechtzeitig die Kurve zu kriegen – um es wiedermal mit einem bei euch sehr beliebten Ausdruck zu beschreiben. Und auch dies möchte ich in diesem Zusammenhang noch sagen: Es ist nicht die gesamte Menschheit, die so schlecht mit eurem Planeten umgeht. Nein. Bei Weitem nicht. Es sind einige Wenige, die von Profitgier getrieben sind und denen das Wohl von Mutter Erde und euer eigenes Wohl völlig egal ist. Jene, die dies forcieren, gehören nicht einer humanoiden Zivilisation an. Sie zeigen sich nur als Menschen. Ihr Handeln wird vielleicht dadurch verständlicher, wenn ich kurz auf diese Wesen, vor allem aber auf deren Beweggründe eingehe. Sie gehören einer alten Zivilisation an, den Asuras. Sie waren den Sumerern schon bekannt, wie du weißt und jeder, unter anderem, im Gilgamesch Epos nachlesen kann. Man kann ihnen zugutehalten, dass sie alles im Glauben euch etwas Gutes zu tun initiieren. Sie gehen mit euch so um, wie es ihrer Mentalität und ihrem Bewusstseinszustand entspricht. So kennen sie zum Beispiel keine Emotionen und emotionalen Bindungen. Dadurch haben sie auch nie einen Bezug zu euch und zur Erde entwickelt. Genauso wenig wie für alle sonstigen Lebewesen auf anderen Planeten. Doch sie sind enorm fähige Psychologen und wissen ganz genau, wie ihr ‚tickt', worauf ihr reagiert – kurz: wie sie euch für ihre Zwecke manipulieren können. Alles, was für euch als Fortschritt aussieht, alles was eure Bequemlichkeit fördert, alles was euch ein angeblich schönes Leben ermöglicht, ist ihnen bekannt und wird entsprechend eingesetzt, um euch genau das vorzugaukeln. Es werden schöne Wörter kreiert, wenn es darum geht, euch etwas schmackhaft zu machen. Es werden harsche Wörter eingesetzt, wenn Angst in euch erzeugt werden soll. Jedes einzelne ist wohldurchdacht. Sie wissen ganz genau über die Wirkung und Bedeutung von Wörtern Bescheid. Sie wissen damit auch, wie sie die Bedeutung dieser Wörter verdrehen müssen, um das zu erreichen, das sie wollen. Dabei spielt der Faktor Zeit für sie überhaupt keine Rolle. Es ist ihnen völlig egal, wie lange es dauert, bis eine neue Bedeutung im allgemeinen Sprachgebrauch bei euch angekommen ist. Angst, Panik und Zweifel sind sehr beliebte Mittel, um euch dorthin zu bringen, wohin sie euch haben wollen. Und dann kommt das Nächste und das Nächste und so fort. Für sie ist es einfach normal, so zu agieren."

„Das klingt wenig Hoffnung machend. Gibt es denn nichts, das wir dagegen tun können? Sind wir denen ein für alle Mal ausgeliefert?"

Eiolo: „Ihr habt einen riesengroßen Trumpf in der Hand. Ihr habt etwas, das sie nicht haben: Gefühle, Emotionen und Intuition. Ihr müsst ‚nur' aus eurem materiellen Denken heraus. Der Verstand ist ein wunderbares Werkzeug. Nicht mehr, aber auch nicht weniger. Worum ich euch wirklich bitte ist, dass ihr Herz und Verstand wieder in Einklang bringt. Jedes für sich, leistet wundervolle Arbeit. Doch gemeinsam bringen sie Dinge zustande, die ihr vielfach noch für unmöglich haltet."

„Wie können wir dies erreichen?"

Inarda: „Als Erstes solltet ihr daran denken, dass ihr Herz und Hirn habt – um es mal so zu sagen. Als Zweites solltet ihr beides auch benutzen. Wenn der Verstand überwiegt, dann habt ihr die wunderbare Möglichkeit einfach daran zu denken, dass in eurem Körper auch ein Herz wohnt. Dies bringt euch praktisch automatisch in jene Richtung, die euch euer Herz überhaupt wieder wahrnehmen lässt. Menschen, die nur oder überwiegend im Herzbewusstsein sind, tun sich möglicherweise sogar schwerer damit wahrzunehmen, dass es da ja auch noch den Verstand gibt. Wenn ihr beides in gleicher Weise wahrnehmt, dann ist es Zeit für den nächsten Schritt. Dieser besteht darin, auch die Seele wieder zu integrieren. Dadurch werdet ihr euch eurer Gefühle, eurer Emotionen, eurer Intuition, wieder bewusst. Dann kommt der, für viele zumindest, schwierigste Schritt: Nehmt eure Gefühle, Emotionen und das, was euch eure Intuition sagt – euer sogenanntes Bauchgefühl – wieder wahr. Einfach nur mal so, dass euch bewusst wird, dass es so etwas in euch überhaupt gibt. Dies ist deshalb oft der schwierigste Schritt, da er absolut lebensverändernd sein kann und meistens auch ist. Stell dir nur mal vor, was es für jemanden bedeuten kann, der sich seit langer Zeit das erste Mal wieder spürt, der vielleicht zum ersten Mal überhaupt beim Ansehen eines Filmes oder eines Fotos in Tränen ausbricht. Er wird ihn wohl völlig irritieren. Er wird nicht wissen, was plötzlich mit ihm los ist. Vielleicht kommt sogar ein Ausspruch oder Gedanke wie: ‚Jetzt werde ich auch noch sentimental!‘. Oder so etwas Ähnliches. Vielleicht ist euch – speziell den Männern – von Kindheit an eingebläut worden, dass Männer nicht weinen, dass Tränen eine Form von Schwäche darstellen. Und dann so etwas! Geht ja gar nicht! Ein Weiterer verspürt vielleicht zum ersten Mal wahre Zuneigung, wahre Liebe. Wenn das nicht lebensverändernd ist…“

„Ja. Das sind sicherlich sehr einschneidende Erfahrungen. Was ist dann der nächste Schritt?“

Eiolo: „Nachdem der Schritt des Wahrnehmens erfolgt ist, kommt ein weiterer, der nicht weniger das gesamte bisherige Leben über den Haufen werfen kann: der Schritt des danach Handelns. Denn dies bedeutet, die erlebten Wahrnehmungen so in das Leben zu integrieren, in den Alltag einfließen zu lassen, dass nicht mehr euer Verstand alleine darüber bestimmt, was ihr macht und wie ihr es macht. Das bedeutet: Lasst euch von euren Gefühlen, Emotionen und Intuitionen den Weg weisen. Lasst euch davon inspirieren und prüft es auch mit dem Verstand. Überprüft aber auch jeden Gedanken eures Verstandes mit dem Herzen. Überprüft, wie ihr euch fühlt, wenn ihr es in der gedachten Weise ausführt. Das ist damit gemeint ‚Herz und Hirn in Einklang zu bringen'.“

„Kannst du uns irgendwelche Methoden empfehlen, um dies zu erreichen?“

Eiolo: „Wie bereits an früherer Stelle erwähnt, werde ich keine Empfehlung für die eine oder andere Methode abgeben. Denn dies ist völlig individuell. Was dem einen guttut ist unter Umständen für den anderen nicht auszuhalten. Somit werde ich eine grundsätzliche Antwort auf deine Frage geben. Sie lautet: ‚Tut das, was euch guttut, was euch Freude macht, es zu tun.‘ Wenn ihr von der Verstandesseite kommt, dann macht etwas, das euch vom Verstandesdenken wegbringt. Tätigkeiten, die nichts mit dem Beruf zu tun haben, zum Beispiel. Aber vor allem macht etwas, bei dem ihr euch entspannt. Mit entspannen meine ich nicht mal so sehr euren Körper, sondern vielmehr euren Geist, euren Verstand. Erlaubt euch mal nicht nachzudenken, mal nicht zu grübeln. Macht etwas, das eure Aufmerksamkeit fordert, aber nicht euer Nachdenken fördert. Und den reinen Herzensmenschen und jenen, die so weit oben schwingen, dass sie schon keinen Kontakt mehr haben mit der Erde, rate ich: Erdet euch, erdet euch, erdet euch. Schwebt nicht in himmlischen Sphären, ohne dabei die Füße am Boden zu haben. Ihr könnt dies zum Beispiel mit alltäglichen Tätigkeiten erreichen, mit Gesprächen, mit Dingen, die euch zum Denken anregen, aber nicht überfordern. Aus eigener Erfahrung kann ich sagen, dass ihr beides zu gleichen Teilen brauchen werdet: Herz und Hirn.“

„Ok. Das heißt also, dass auch zu viel Herz nicht gut ist? Dass es nicht förderlich ist, wenn man zu sehr im Verstand ist und aus dem Verstand heraus agiert, war mir bewusst. Wahrscheinlich vielen Lesern auch. Dass aber auch zu viel Herz nicht so gut ist, war mir nicht so bewusst.“

Eiolo: „Wenn etwas überhandnimmt, dann ist das nie förderlich. Es geht ja darum, die Balance zu finden. Es geht darum, dass ihr eure eigene Mitte findet. Und das möchte ich nochmals betonen: eure EIGENE Mitte. Nicht die Mitte des Anderen, nicht jene, die euch jemand aufoktroyiert. Eure eigene Mitte zu finden bedeutet, dass ihr euch dabei ausgeglichen fühlt. Niemand kann euch sagen, unter welchen Umständen dies für euch der Fall ist. Nur ihr selbst könnt es erfühlen – für euch erfühlen. So wie es deine Partnerin und du in euren Ausbildungen auch immer wieder sagt: Wirkliches Lernen ist nur dann möglich, wenn beide Gehirnhälften synchron arbeiten, so sollen auch Herz und Verstand synchron arbeiten. Denn dann wird aus dem Erlernen ein Erfahren und daraus Erkenntnis. Ein Erkennen von Allem-Das-Ist. Ein Erkennen, das euch die Gelegenheit gibt, nicht nur eure Realität wahrzunehmen, sondern auch die Wirklichkeit – also wie die Realität auf und in euch wirkt."

„Tolle Beschreibung! Danke!"

Eiolo: „Bitte. Wie in allen Bereichen, so geht es auch hier darum, dass ihr wieder in eure Selbstermächtigung und Selbstverantwortung geht. Niemand kann euch euer eigenes Wohlfühlen abnehmen. Ihr könnt euch Anregungen holen. Das ja. Aber ausführen müsst ihr es selbst. Ihr sagt immer, dass Information eine Holschuld ist. In gewissem Sinne ist es das auch so und in eben diesem Sinne, auf den ich anschließend gleich eingehen werde, können wir dem auch zustimmen. Wie wir schon besprochen haben, gibt es keine Schuld – und somit auch keine Holschuld. Das Einholen von Informationen – wie auch der vorhin angesprochenen Anregungen – liegt in eurer eigenen Ermächtigung und in der eigenen Verantwortung. Zum einen ist es wichtig, dass ihr euch dazu aufrafft jemanden zu fragen, ein entsprechendes Video herauszusuchen, ein einschlägiges Buch zu lesen oder was immer ihr als richtig und passend erachtet. Dies müsst ihr euch zuallererst einmal erlauben, euch also selbst zu ermächtigen, es zu tun. Wenn dieser Schritt durchgeführt ist, so liegt es in eurer eigenen Verantwortung es auch anzuwenden. Doch macht dies bitte mit Bedacht. Wenn ihr euch mit dem Gewählten unwohl fühlt, wenn es euch damit nicht wirklich gut geht, dann legt es zur Seite und schaut euch um etwas Neues um. Vielleicht passt es ja nicht. Vielleicht passt es einfach zum aktuellen Zeitpunkt nicht. Hört in euch hinein. Fühlt in euch hinein. Euer Gefühl und eure Seele sagen euch immer die Wahrheit. Dies zu tun, ist eure wesentlichste Aufgabe."

„Ja, die Eigenermächtigung... Jeder will sie haben, aber im Vergleich nur Wenige, wollen auch die Verantwortung übernehmen. Ist es nicht so, dass uns beides in Kombination erst wirklich die Freiheit bringt, die wir uns gerade so sehr wünschen?"

Eiolo: „Da stimme ich dir grundsätzlich zu. Doch es gibt – wie soll ich es ausdrücken – eine kleine, aber nicht unbedeutende, ‚Falle' dabei. Ich meine damit das Wort ‚Freiheit'. Denn dies impliziert, dass ihr unfrei, eingesperrt, seid. In einer dualen Welt, wie die eure, braucht ihr und gibt es immer einen Gegenpol. Für Freiheit, ist es das Eingesperrt sein. Frieden setzt voraus, dass es auch Krieg gibt. Angst ist das Fehlen von Liebe. Und so weiter. Aber bleiben wir bei der Freiheit. Ich weiß, die aktuelle Situation, in der ihr euch befindet, kann durchaus dazu Anlass geben sich eingesperrt zu fühlen. Sowohl physisch als auch psychisch, wird enormer Druck auf euch aufgebaut. Es gibt, wie vorhin schon erwähnt, diese Kräfte, die sich die ganze Erde einverleiben wollen. Wir dürfen sie dabei nicht einfach aufhalten. Denn auch sie haben den göttlich zugesicherten freien Willen. Wir beobachten jedoch sehr genau, was auf der Erde passiert. Sollte es Anzeichen dafür geben, dass euer Leben in Gefahr ist, dass der Fortbestand der irdischen Menschheit in Gefahr gerät, dann sind wir da und schreiten ein. Derzeit habt ihr es noch selbst in der Hand. Derzeit droht keine Gefahr, dass ihr untergehen werdet. Ihr seid so stark, so voller Empathie und Enthusiasmus, dass wir euren freien Willen zu achten haben und nicht direkt eingreifen dürfen. Noch habt ihr den Ausgang dieses Szenarios selbst in der Hand. Wir unterstützen euch dabei in indirekter Weise. Wir schicken euch Ideen und Gedanken. Wir schaffen Möglichkeiten der persönlichen Entfaltung. Wir zeigen euch den einen oder anderen Weg. Doch gehen müsst ihr ihn selbst. Wir werden euch weder diesen Weg entlang tragen, noch schieben, noch ziehen. Denn das wäre eine direkte Intervention."

„Wieso meinst du, dass Friede das Gegenteil von Krieg ist?"

Eiolo: „Wenn es keinen Krieg gäbe – ja nie einen gegeben hätte – glaubst du, dass es das Wort ‚Friede' überhaupt geben würde?"

„Wohl kaum... So verhält es sich wohl generell in der dualen Welt. Das eine gibt es nur, weil es das andere auch gibt."

Eiolo: „Exakt. Es gibt einen guten Spruch bei euch, der das Verhalten eurer Regierungen und Institutionen sehr genau aufzeigt: ‚Hochmut kommt vor dem Fall.'"

„Der ist mir bekannt. Du meinst also, dass die Systeme kurz vor dem Zusammenbruch stehen?"

Eiolo: „Genau das meine ich. Der Hochmut zeigt sich dadurch, dass sie glauben alles mit euch tun zu können, was sie wollen. Vieles davon wird nicht mal mehr verheimlicht oder findet im Verborgenen statt. Nein. Sie reden offen darüber und zeigen euch ihre Ansichten täglich in euren Nachrichtensendungen. Sie fühlen sich so sicher, wähnen sich ihres Erfolges, sodass sie gar nicht merken, was um sie herum los ist. Es ist wie ein Rausch, der sie jede Menschlichkeit, jedes Einfühlungsvermögen, über Bord werfen lässt – ja nicht mal daran denken lässt, dass es so etwas überhaupt gibt. Doch es ist, wie du immer sagst: Sie spüren sich selbst nicht mehr. Anderen ist es aber auch einfach egal – dem einen, weil überhaupt kein Mitgefühl da ist, dem anderen, weil es eh schon egal ist. Das sind diejenigen, die zumindest erahnen, dass sie verloren haben. Wieder andere – und das ist die Mehrheit jener, die sich nicht ganz an der Spitze dieser Pyramide befinden, sind in einer Art Panikmodus. Du kannst dies daran erkennen, dass ihnen immer wieder etwas rausrutscht, das sie nicht hätten sagen sollen. Schau in die Gesichter. Schau dir an, wie verspannt ihre Gesichtszüge sind, wie verbissen ihre Ausdrucksweise ist. Daran erkennst du die Angst, die sie selber haben. Angst vor jenen, die sie steuern und diktieren. Und auch die Tatsache, dass sie ständig neue Schreckensszenarien in immer kürzer werdenden Abständen hervorbringen, zeigt, dass der Fall schon ganz nahe ist. Und wir gratulieren euch zum Sieg der Menschheit über die Asuras, die diese Szenarien inszeniert haben."

„Danke für die Gratulation. Es fühlt sich halt noch nicht so an, als wäre dies schon gerechtfertigt."

Eiolo: „Weil es die meisten von euch noch nicht sehen – ja gar nicht sehen können. Grundsätzlich kann gesagt werden, dass jeder nur das sieht, wie es seinem Bewusstwerdungsprozess entspricht. Auch hier sei mir die Anmerkung wieder gestattet, dass dies keine Wertung ist. Auch, wenn es sich so anhören mag."

„Das waren gerade meine Gedanken..."

Eiolo: „Ich weiß. Deshalb habe ich diesen Zusatz auch gesagt. Und noch etwas möchte ich zum Vorherigen hinzufügen: Auch die Asuras sind Geschöpfe Gottes. So wie jedes Wesen es ist. Gott sagte, dass er sich in allen Aspekten erfahren möchte – und er meinte in ALLEN. Eine Bewertung in gut oder schlecht, falsch oder richtig, ist niemals die Sache Gottes. Für ihn ist alles gleich-wertig, also von gleichem Wert. Gott wertet nicht. Gott urteilt nicht. Er beobachtet. Und so machen wir es auch – und ihr werdet immer mehr in diese Haltung gehen."

„Wovon ist es abhängig, ob und wie weit wir in diese Haltung gehen?"

Inarda: „Von eurer Bewusstwerdung – von eurem Bewusstwerdungsprozess. Alles, wirklich alles, ist davon abhängig. Wobei ‚abhängig' immer nur ein Hilfsbegriff ist. Im Grunde müssten wir ‚zusammenhängig' sagen, sich ‚im Kontext zu etwas befindlich'. Das kommt dann schon eher dem Tatsächlichen näher. Es gibt in eurer Sprache kein Wort, dass diesen Zusammenhang eindeutig beschreibt."

„Dabei ist die deutsche Sprache eine der präzisesten der Erde, wie Eiolo sagte."

Inarda: „Das ist sie auch tatsächlich. Dennoch gibt es nicht für alles ein passendes Wort. Man könnte es natürlich in aller Breite beschreiben, doch halte ich das weder für zielführend noch für notwendig. Genauso wenig ist es sinnvoll, jedes Gefühl zu beschreiben – in Worte zu fassen. Denn jede Beschreibung eines Gefühls ist eine Interpretation und gibt nicht den wahren Charakter des Gefühls wieder. Das Gleiche gilt natürlich auch für Emotionen."

Gefühle, Emotionen, Bewusstsein

„Mir fällt auf, dass ihr immer wieder Gefühle UND Emotionen sagt. Könnt ihr bitte beschreiben, wo die Unterschiede sind und jeweils einige Beispiele dazu nennen?“

Inarda: „Gut. Dann mache ich gleich mal weiter. Es gibt ein sehr einfaches Unterscheidungskriterium: die Herkunft. Dazu ist es allerdings wichtig, das Folgende auf sich selbst zu beziehen – so als gäbe es niemand anderen. Dann kann man nämlich eindeutig sagen, dass Emotionen, wie Liebe oder Angst von innen herauskommen. Wogegen Gefühle, wie Trauer, Freude, Schmerz und so fort ihren Ursprung im Außen haben und nach innen gehen, um dort wahrgenommen zu werden und um dann im Außen wieder durch Weinen, Lachen oder einem schmerzverzerrten Gesicht sichtbar zu werden. Emotionen sind um eine Spur anders gelagert. Ich habe gesagt, dass sie im Innen entstehen. Nun könnte die Anmerkung kommen, dass Liebe oder Angst auch von außen induziert werden. Doch handelt es sich hier um eine Grundhaltung. Wenn jemand in der Liebe ist, dann ist er das nicht erst, wenn er einem Menschen begegnet, in den er sich verliebt. Wenn jemand in der Angst ist, dann ist es völlig egal, was daherkommt. Es wird ihm alles oder vieles Angst machen.“

„Super Beschreibung! Danke!“

Inarda: „Du brauchst dich nicht immer wieder zu bedanken. Wir machen das sehr gerne. Wir versuchen immer wieder Worte für unsere Beschreibungen und Beispiele zu finden, die eurem gängigen Sprachgebrauch entsprechen. Weiters sind wir auch bestrebt, es in einer Art und Weise zu formulieren, die deiner Ausdrucksweise entspricht. Denn in erster Linie sollst du uns verstehen. Natürlich ist es uns auch wichtig, dass alle Leser es verstehen. Aber darauf haben wir keinen Einfluss, da wir zum einen nicht wissen, wer es lesen wird. Und zum anderen wissen wir darum natürlich auch nicht, wie der Einzelne es verstehen wird. Deshalb fokussieren wir uns auf dich.“

„Das ist durchaus verständlich. Ihr sprecht immer wieder vom Bewusstsein und vom Bewusstwerdungsprozess. Darum möchte ich darauf noch einmal zurückkommen. Ich weiß, wir haben das schon besprochen. Und zwar als Thema: Unterschied zwischen Bewusstsein und Bewusstheit. Nun möchte ich da nochmals einhaken und einen Schritt weiter gehen. Ist eigentlich alles eine Frage des Bewusstseins?“

Eiolo: „Im Grunde, ja. Das Bewusstsein ist im Grunde das einzige, das ihr habt, das wir haben, das alle Wesen haben. Darum werde ich in weiterer Folge dieser Fragebeantwortung von ‚wir‘ sprechen. Zu jedem Zeitpunkt im Leben haben wir einen bestimmten – aber nicht vorbestimmten – Bewusstseinsstand. Was wir sehr wohl haben, das ist ein Grundbewusstsein. Also jenen Bewusstseinsstand, den wir uns vorgeburtlich für diese Inkarnation gewählt haben. Damit kommen wir bei der Zeugung im Mutterleib an. Ab diesem Zeitpunkt ist die Entwicklung des vorgeburtlichen Bewusstseins von den gleichen Faktoren abhängig, wie nach der Geburt. Von der Mutter, vom Vater, von den Geschwistern, vom gesamten Umfeld, ja auch von der Nahrung und so weiter. Es gibt nichts, das keinen Einfluss auf das Bewusstsein hat. Und dieses Bewusstsein entwickelt sich immer weiter, reagiert auf Eindrücke, Erlebnisse und Erfahrungen, die ein Wesen macht. Je weiter diese Entwicklung fortschreitet, desto mehr sind wir in der Lage wahrzunehmen. Es gibt also einen direkten Zusammenhang zwischen Bewusstseinsstand und der Wahrnehmungsfähigkeit. Je besser das Bewusstsein entwickelt ist, desto mehr kann wahrgenommen werden. Das heißt im Umkehrschluss, dass unsere Wahrnehmungsfähigkeit immer dem Stand des Bewusstseins entspricht. Wir müssen hier allerdings zwei Aspekte unterscheiden: das Tagesbewusstsein und das höhere, göttliche, spirituelle Bewusstsein. Das Tagesbewusstsein ist jenes, das eure Routinetätigkeiten steuert. Es lässt euch in der Früh aufstehen, euer Frühstück genießen, euren Tag bestreiten und euch irgendwann wieder zur Ruhe begeben. Ihr wisst genau, was ihr zu tun habt – ohne groß nachdenken zu müssen. Das spirituelle Bewusstsein – ich werde jetzt bei diesem Ausdruck bleiben – geht über dieses Tagesbewusstsein hinaus. Es ist das bewusste Sein. Damit meine ich die Öffnung für Alles-Das-Ist. Wenn die Wahrnehmungsfähigkeit steigt, dann ist es ein Zeichen dafür, dass sich das Bewusstsein entwickelt. Ihr seid damit in den Bewusstwerdungsprozess eingetreten. Dies äußert sich in vielerlei Hinsicht. Ihr nehmt Dinge wahr, die mit den physischen fünf Sinnen nicht wahrnehmbar sind. So werden die einen hellfühlig, die anderen hellsichtig und wieder andere hellhörig. Je nachdem in welche Richtung es in eurer Entwicklung geht, könnt ihr zum Beispiel plötzlich wahrnehmen, was der andere denkt oder ihr seht die Aura von Menschen, hört Stimmen von Wesen, die nicht körperlich sind. Ihr öffnet euch hin zum Göttlichen, kommuniziert mit Engeln oder spürt sie. Ihr interessiert euch für Energiearbeit und alternative Heilmethoden. Und so weiter. Ein wesentlicher Aspekt der Entwicklung ist es, das Tagesbewusstsein und das spirituelle Bewusstsein zu fusionieren. Das heißt, dass sie eine Einheit bilden sollen. Keines der beiden soll über dem anderen stehen. Ihr nennt das auch Erdung – fest in der Erde verwurzelt und eine starke spirituelle Anbindung. Das ist der wesentlichste Aspekt des Seins – oder sollte es zumindest sein. Denn dadurch ist der Zugang zu den höheren oder erweiterten Aspekten des Lebens gewährleistet UND der Alltag in gewohnter Weise bewältigbar. Eines darf euch jedoch auch bewusst sein: Je stärker die Anbindung nach ‚oben', desto mehr verändert sich auch euer Alltag oder zumindest die Sichtweise darauf. Eine Veränderung der Sichtweise hat immer zur Folge, dass sich auch das Betrachtete verändert."

„Ist das immer so, dass sich auch das verändert, das man betrachtet? Kannst du uns ein Beispiel dafür nennen?"

Eiolo: „Ja. Das kann ich gerne machen. Ich komme dafür noch einmal zurück zu eurer linearen Zeitrechnung. Du bist gestern während einer Fahrt in einen starken Regen gekommen. Das hat deine Fahrt ziemlich gebremst, da du nur mehr sehr wenig gesehen hast. Dies hat dich ziemlich genervt, da du annahmst zu spät zu deinem Termin zu kommen."

„Stimmt."

Eiolo: „Wie ist deine heutige Betrachtungsweise?"

„Nun. Ich war trotzdem rechtzeitig dort. Und ja. Die Natur hat wohl diesen Regen gebraucht, auch wenn er sehr heftig war. Ich verstehe, was du meinst. Durch meine heutige Betrachtungsweise hat sich zwar nicht der Regen selbst verändert, jedoch das Gesamtereignis – also meine Betrachtungsweise des Ganzen."

Eiolo: „Das ist recht gut beschrieben. Ich möchte es noch etwas allgemeiner sagen: Durch die Betrachtungsweise eines Ereignisses im Jetzt verändert du die Sichtweise darauf und somit das Ereignis in der Vergangenheit."

„Gilt das auch für Ereignisse in der Zukunft, also solche, die noch gar nicht stattgefunden haben?"

Eiolo: „Ja natürlich. Wenn du im Jetzt ängstlich auf ein bevorstehendes Ereignis blickst, dann hat das eine völlig andere Qualität, als wenn du freudig oder zumindest entspannt diesem Ereignis entgegensiehst."

„Interessante Betrachtungsweise... Aber ja. Damit kann ich sehr viel anfangen, da ich gerade in den letzten Wochen und Monaten immer wieder mit Sorge auf Bevorstehendes geschaut habe. Ich habe mir Gedanken gemacht, ob ich das überhaupt schaffe. Selbst eine kürzere Fahrt hat mich unsicher gemacht und mich oft zweifeln lassen, ob ich diese Fahrt überhaupt antreten soll. Jetzt, seit ein paar Wochen, mache ich mir kaum mehr Gedanken darüber. Ganz ist es noch nicht weg. Aber es ist wesentlich weniger geworden. Ich kann dann das Ganze wesentlich entspannter angehen."

Eiolo: „Somit kann ich allen Lesern nur den folgenden Ratschlag geben: Macht euch keine Sorgen darüber, wie etwas sein wird. Ihr werdet es sehen und erleben, wenn es so weit ist. Dann wird aus einer Vermutung Wissen."

„Und es schont die Nerven. Die Gedanken hören auf zu kreisen. Ich kann aus eigener Erfahrung sagen, dass dies ein wunderbares Lebensgefühl mit sich bringt."

Eiolo: „Genauso ist es."

Veranstaltungen, Geld, Wirtschaft, Déjà-vu

„Lass uns nun ein ganz anderes Thema besprechen. Derzeit ist es ja so, dass es schwierig ist genügend Teilnehmer für unsere Seminare, Workshops und Ausbildungen zu lukrieren. Auch für andere Veranstaltungen ist es nicht gerade einfach, dass sich die Menschen anmelden. Sobald man einen Beitrag für etwas verlangt, kommt oft ein Aufschrei des Unverständnisses, dass wir uns überhaupt trauen Geld dafür zu verlangen. Ist es denn wirklich – aus eurer Sicht – nicht gestattet, dass man für das, was man tut, wo man Zeit und auch Geld investiert, einen Ausgleich dafür zu erwarten?“

Inarda: „Im Gegenteil. Ihr müsst es sogar tun. Ich sage mit Absicht ‚ihr müsst‘. Und ich erkläre dir auch warum. Hier sind mehrere Aspekte zu berücksichtigen. Der eine ist, dass ihr ja auch von etwas leben müsst. In eurer Welt spielt Geld noch eine sehr große Rolle – oft die Hauptrolle. Für alles und jedes müsst ihr etwas bezahlen. Ob es nun für eure Häuser und Wohnungen ist, ob für Lebensmittel, Kleidung, Treibstoff und so weiter. Ihr bekommt nichts geschenkt. Genauso ist es auch bei den Dienstleistungen – also, wenn keine Produkte den Besitzer wechseln, sondern jemand für euch Zeit investiert. Brauchst du mal einen Installateur, einen Elektriker oder auch einen Heilpraktiker oder Therapeuten – immer, oder zumindest fast immer, musst du für dessen Zeitaufwand bezahlen. Was ihr macht, ist genauso eine Dienstleistung, wie jede andere auch. Ehrenamtliche Tätigkeiten, von denen ihr übrigens mehr als genug macht, sind sehr ehrenwert. Doch auf Dauer gehen sie an die finanzielle Substanz. Wenn ihr kein Geld mehr habt, um euren Alltag zu bestreiten, dann hat auch niemand etwas davon. Also ist es wichtig für euch, auch solche Dienstleistungen anzubieten, für die ihr auch die entsprechende finanzielle Abdeckung eurer Bedürfnisse erfahrt. Daran ist nichts Verwerfliches. Ein weiterer Aspekt ist eure weltweite Überhöhung des Faktors Geld. Es ist bei euch so wichtig geworden, dass sogar Geld mit Geld verdient wird. Anstatt es lediglich als Tauschmittel zu verwenden, wird in Unsummen an den Börsen und Aktienmärkten damit spekuliert. So war es niemals gedacht. Noch dazu ist das meiste Geld ja nicht einmal real, sondern existiert nur als Bits und Bytes in euren Computern. Ursprünglich war es, wie gesagt, als

Tauschmittel gedacht. Genauer gesagt als Zwischentauschmittel. Würde es nach wie vor in der Form eingesetzt und verwendet, so hättet ihr viele Probleme weniger. Der nächste Aspekt, den ich ansprechen möchte, ist das Mangeldenken. Und hier möchte ich sogar etwas weiter ausholen, da es sich recht vielschichtig zeigt. Nehmen wir als Erstes eure Banken unter die Lupe. Sie haben ein System geschaffen, das immer Verlierer braucht. Die Gebühren, die für Dienstleistungen eingehoben werden, sind in Ordnung, da es sich um den vorhin beschriebenen Aspekt handelt. Was nicht in Ordnung ist, und was immer besagte Verlierer braucht, das ist das Zinssystem. Das Verleihen von Geld ist im Grunde keine Dienstleistung, lediglich der damit verbundene Verwaltungsaufwand. Dafür wäre es in Ordnung, Gebühren einzuheben. Doch das Zinssystem verlangt, dass ihr mehr zurückzahlen müsst, als ihr tatsächlich ausgeliehen habt. Wenn ihr euch von jemandem ein Werkzeug oder eine Maschine ausborgt, dann gebt ihr diese ja auch wieder in jener Form zurück, wie ihr sie erhalten habt. Dabei ist es durchaus in Ordnung, dass jener, der es euch geliehen hat, eine Gebühr verlangt – aber nur insoweit es durch die Nutzung an Haltbarkeit und Lebensdauer eingebüßt hat oder ein sonstiger Aufwand entstanden ist. Doch Geld nützt sich nicht ab. Es verliert weder an Haltbarkeit noch an Lebensdauer. Und trotzdem wird mehr zurückverlangt, als ihr als Kredit erhalten habt. Es ist absurd – und doch aus übergeordneter Sicht nicht zu verurteilen. Aber dazu später mehr. Ich möchte noch beim Mangeldenken bleiben und zu eurer Wirtschaft übergehen. Diese ist ein Paradebeispiel dafür – wie ihr es nennt. Mangeldenken in der Wirtschaft zeigt sich durch einen sehr ausgeprägten Konkurrenzkampf. Jeder will mehr haben als der andere. Anstatt Aufträge in Kooperation abzuwickeln, soll es die Konkurrenz gleich gar nicht haben."

„Ebenfalls absurd. Denn gerade so ein Austausch fördert ja geradezu die Entwicklung beider Unternehmen und hat ungleich größeres Innovationspotential."

Inarda: „Du sagst es. Es gibt jedoch dazu noch einen weiteren Aspekt. Es gibt Firmen, die zuerst ihre Kunden von sich abhängig machen und dann die Preise kräftig erhöhen. Ihr habt dafür ein sehr treffendes Wort: Gewinnmaximierung. Auch dies ist eine Ausprägung des Mangeldenkens. Kommen wir nun zum letzten Aspekt. Und dieser betrifft euch selbst. Ihr habt die Vorgehensweise der Banken und Firmen größtenteils sogar in euer tägliches Leben übernommen. Mehr noch. Es ist für euch so selbstverständlich geworden, dass ihr es oft gar nicht mehr hinterfragt. Ihr regt euch zwar das eine oder andere Mal darüber auf, macht aber trotzdem bei dem Spiel mit. Oftmals denkt ihr nur an den vermeintlichen Mangel. Sei es bei eurer Gesundheit, bei der oft nur in Krankheit gedacht wird. Oder im Wettstreit mit eurem Nachbarn, weil ihr etwas nicht habt und er schon. Oder eben in finanzieller Hinsicht, da ihr immer wieder denkt zu wenig Geld zu haben. Dies führt dann zu Existenzängsten und zu Missgunst und Neid. Wobei letzteres sogar anspornend wirken kann. Speziell aus der Missgunst resultiert dann sehr häufig das, dass wir zu Beginn dieses Themas besprochen haben. Nämlich das nicht gönnen des finanziellen Erfolges. Wenn ihr jedoch selbst im Mangeldenken seid, dann ist der Mangel für euch real. Ob ihr das nun für euch selbst anerkennt oder nicht. Wobei jene, denen dies bereits bewusst ist, sich bereits auf einem guten Weg befinden, um aus dieser Spirale herauszukommen. Im Übrigen ist ein immer nur Geben ein Raubbau an euren eigenen Ressourcen – egal ob energetischer oder finanzieller Natur. Ihr könnt nicht nur geben, geben, geben. Ein Ausgleich – ihr nennt es oft Energieausgleich – ist eine unbedingte Voraussetzung dafür, dass ihr in eurer Kraft bleiben könnt."

„Also ist es in Ordnung so, wie wir es machen? Wir machen ja oft auch Veranstaltungen, die auf Spenden basieren oder überhaupt kostenlos sind."

Inarda: „Ich werde jetzt nicht sagen, ob das gut oder schlecht ist. Letztendlich muss das jeder mit sich selbst ausmachen und es so halten, wie das eigene Gefühl sagt, dass es in Ordnung ist. Ich möchte aber nun auf etwas eingehen, dass ich vorhin schon angesprochen habe. Es geht um das Urteilen oder Verurteilen. An früherer Stelle haben wir bereits erwähnt, dass Gott sich in allen Aspekten selbst erfahren will. Wenn jemand so handelt, wie vorhin beschrieben, so bitten wir euch es nicht zu verurteilen. Denn das würde in etwa gleichbedeutend mit dem Urteilen eines Aspektes von Gott sein und somit würdet ihr Gott selbst verurteilen. Das heißt jedoch nicht, dass ihr mit allem einverstanden sein sollt. Ihr kennt durchaus auch Verhaltensweisen, die weder urteilend noch verurteilend sind. Ein einfaches ‚Nein' zeigt, dass ihr damit nicht einverstanden seid. Es besteht keine Notwendigkeit, dies noch mit entsprechenden Zusätzen zu bekräftigen – um es mal so auszudrücken. Ich möchte noch hinzufügen, dass es bereits viele mit ihren Veranstaltungen so machen wie ihr. Das ist sehr erfreulich."

Eiolo: „Ziel sollte es sein, dass ihr über das Geldsystem hinauswachst. Das bedeutet, dass ihr irgendwann, wann immer ihr dazu bereit seid, kein Geld mehr brauchen werdet. Ja, es nicht mal mehr so etwas wie Geld geben wird – weder in Form von Scheinen und Münzen, noch digital in einem Computer, noch in einem Ersatz dafür. Ich weiß, du beschäftigst dich schon lange mit diesem Thema und es ist für dich in allen Belangen denkbar – wie für immer mehr deiner Mitmenschen auch. Es gibt jedoch auch noch sehr viele, die zu dieser Art zu denken noch keinen Zugang gefunden haben. Versuche und versucht sie nicht zu überzeugen. Es wird der Zeitpunkt kommen, da sie selbst auf diese Gedanken kommen. Dann wird es auch für jene zu einer Selbstverständlichkeit werden."

„Wie kann ein Leben ohne Geld genau aussehen? Ist das dann so, wie es in Innererde praktiziert wird?"

Eiolo: „Nicht nur dort. Auch viele andere Zivilisationen haben das gleiche oder zumindest ein sehr ähnliches System. Dazu möchte ich kurz das von dir angesprochene System umreißen. Jeder, der etwas gerne macht, es aus Liebe zum Tun macht, stellt nicht nur für sich etwas her, sondern auch für die Allgemeinheit. Ein Beispiel: Jemand arbeitet liebend gerne mit Holz und stellt alles Mögliche daraus her. Dies braucht er nicht alles für sich selbst und so bringt er seine Erzeugnisse zu einem Gemeinschaftslager. Jeder, der etwas braucht, kann daraus aber auch das Benötigte entnehmen ohne dafür bezahlen zu müssen. Einfach so. Dies geht weit über den bei euch bekannten Tauschhandel hinaus. Wenn jemand gerne bestimmte Dienstleistungen verrichtet, zum Beispiel Gartenarbeit, so hilft er bei Bedarf einfach mit. Auch einfach so. Alles, was jemand gerne tut, aus innerer Freude heraus, hat eine viel höhere Qualität, als wenn er es tun muss und diese Arbeit widerwillig verrichtet. In eurer Welt kommt es ja nur recht selten vor, dass eine Arbeit, die jemand tun muss, auch gerne und mit Freude gemacht wird."

„Das ist wohl wahr."

Eiolo: „Weiterführend kann damit auch gesagt werden, dass Menschen – egal ob auf der Erde oder anderswo – die ihre Tätigkeiten aus reiner Freude verrichten, auch nicht in Arbeitszeit und Freizeit unterscheiden. Für sie ist es einfach Lebenszeit, die sie mit etwas verbringen, das sie sehr gerne machen."

„Ist das Leben in Innererde also als Vorbild für uns zu erachten?"

Eiolo: „Die Essenz des dortigen Lebens durchaus. Doch versucht es nicht zu kopieren. Die Gegebenheiten sind oberirdisch anders als im Inneren der Erde. Somit würdet ihr mit diesem Versuch scheitern. Die Essenz, die ihr jedoch aus den Zivilisationen im Inneren der Erde ableiten könnt, ist die Grundhaltung zu allem, was ihr tut. Denn sie berücksichtigen immer die Wirkung auf ihren Lebensraum und den Einklang mit der Schöpfung."

„Tja. Da sind wir noch meilenweit davon entfernt."

Eiolo: „Sagen wir es mal so: Ihr nähert euch zwar langsam, aber stetig an."

„Danke, dass du uns auch diesbezüglich Hoffnung machst."

Eiolo: „Ihr habt es selbst in der Hand, wie rasch Fortschritte in dieser Richtung erzielt werden. Ihr braucht es nur zu tun. Dies bedeutet aber auch, dass es wichtig ist, dass ihr euch von euren Ängsten befreit. Denn diese sind der größte Hemmschuh in eurer Entwicklung hin zum kosmischen Wesen, das ihr im Grunde seid. So wie jedes andere Wesen in den Weiten des Universums auch. Ihr habt es lediglich vergessen. Alles, was wir in diesem Dialog mit dir sagen, ist nicht neu. Es ist schon immer in euch. Wir möchten euch lediglich daran erinnern."

„Apropos erinnern. Ich hatte heute eine Konversation mit einer lieben Freundin zum Thema ‚Déjà-vu'. Könnt ihr mir und uns dazu etwas sagen?"

Inarda: „Nun. Dann mache ich mal weiter. Viele von euch kennen dieses Gefühl schon mal in dieser oder jener Stadt oder Gegend gewesen zu sein. Ihr nennt es Déjà-vu. Im Grunde ist es jedoch eine Wiedererinnerung an ein früheres Dasein auf der Erde. Es gibt mehrere Ausprägungen davon.

Manche haben einfach dieses unbestimmte Gefühl, wogegen sich andere ganz genau an die Örtlichkeit und wie es damals dort ausgesehen hat, erinnern können. Egal in welcher Intensität dies stattfindet, so ist es immer die Seele, die sich daran erinnert. Jede Seele hat in sich gespeichert, wo sie jemals war. Dass manche lediglich das Gefühl haben, schon mal dort gewesen zu sein, liegt hauptsächlich an der Wahrnehmungsfähigkeit des Betreffenden. Inwieweit ist der Mensch mit seiner Seele in Einklang? Inwiefern nimmt der Mensch überhaupt seine Seele wahr und hört auf sie? Das sind die entscheidenden Fragen bei solchen Erlebnissen. Es hat immer etwas fast Mystisches an sich, wenn so etwas passiert. Nicht immer sind die Erinnerungen erfreulich. Denn vielfach werdet ihr eindrückliche Erlebnisse gezeigt bekommen. Das hat oft mit Tod – in welcher Form dieser auch stattgefunden hat – zu tun. Gewaltsame Tode bleiben sehr nachdrücklich in Erinnerung. Doch auch sehr freudige Erlebnisse werden euch in solchen Fällen gezeigt. Jene, denen solche Dinge emotional sehr nahegehen würden, bekommen in der Regel die damalige Architektur gezeigt und vielleicht die eine oder andere Straßenszene. Dies ist sehr individuell. Es hat jedoch immer den Sinn, dass ihr euch an eure frühere Existenz erinnert. Wobei natürlich ‚frühere Existenz' im linearen Zeitablauf zu sehen ist, in dem ihr gewohnt seid zu denken. Reicht das so weit als Erklärung?"

„Ja und nein. Es erklärt diese Déjà-vu-Erlebnisse, die mit Örtlichkeiten zusammenhängen. Nicht aber jene, die mit Menschen und deren Verhaltensweisen in Zusammenhang stehen."

Inarda: „Gut. Dann werde ich auch darauf noch eingehen. Wenn ihr bei einem Menschen, den ihr noch nie in diesem Leben gesehen habt, das Gefühl habt diesen schon ewig zu kennen, dann ist das auch so. Ihr kennt euch – und das ist identisch mit dem vorhin Beschriebenen – aus einem früheren Leben. Dabei spielt es im Grunde keine Rolle, dass dieses frühere Leben keiner Epoche oder keiner Örtlichkeit zuzuordnen ist. Zumindest nicht für das Sich-Kennen. In weiterer Folge werdet ihr es wahrscheinlich wissen wollen. Und das ist auch in Ordnung so. Doch wesentlich wichtiger ist die Frage: ‚Warum tritt dieser Mensch genau zu diesem Zeitpunkt in mein Leben?' Meistens hat dies mit eurer aktuellen Situation zu tun. Oft aber auch in Vorbereitung auf etwas, das euch in Zukunft betreffen wird.

So kann es sein, dass jemand in euer Leben tritt, da ihr etwas gemeinsam gestalten werdet. Oder auch, weil ein Thema in euch auftauchen wird, wofür genau dieser Mensch eine Lösung für euch hat oder den Anstoß für die Bearbeitung dieses Themas gibt.“

„Das ist aber bei jeder neuen Begegnung so. Nicht nur in Verbindung mit einem Déjà-vu-Erlebnis.“

Inarda: „Das ist grundsätzlich richtig. Jedoch ist dieser Mensch euch schon in einem früheren Leben sozusagen über den Weg gelaufen. Ihr habt lediglich keine Erinnerung mehr daran. Einen Punkt möchte ich in diesem Zusammenhang noch ansprechen. Ihr kennt sicherlich den Spiegeleffekt. Wenn du in einen Spiegel reinschaust, dann siehst du dein physisches Ich. Wenn du einem Menschen begegnest, bei dem du das Gefühl oder sogar das Wissen hast, dass er dir etwas spiegelt, dann sind dies jene Themen, die du in einem normalen Spiegel nicht siehst. Deshalb begegnet dir genau dieser Mensch oder diese Situation. Genau um dir aufzuzeigen, was sich im Verborgenen befindet und wo du vielleicht nicht hinsehen willst. Es sind dies Themen, die deine Seele belasten – oder sogar schon deinen physischen Körper. Solche Menschen oder Situationen begegnen dir so lange, bis du dir das Thema ansiehst und somit die Heilung anstößt. Insofern kann man hier ebenfalls von einem Déjà-vu-Erlebnis sprechen.“

„Interessant. So vielschichtig habe ich das noch nie gesehen. Es betrifft also alles, was uns immer wieder begegnet. Egal ob Mensch, ob Tier, ob Situation, ob Örtlichkeit – jede Wiederbegegnung ist ein Déjà-vu.“

Inarda: „Du sagst es.“

„Insofern ist auch die neuerliche Begegnung mit euch und meine neuerliche Niederschrift in die gleiche Kategorie einzuordnen.“

Inarda: „Das ist absolut richtig. Ob hier, wie in anderen Fällen, Begriffe wie ‚einordnen‘ oder ‚kategorisieren‘ die zutreffenden sind, möchte ich nicht kommentieren. Jedoch ist es scheinbar so, dass ihr alles und jedes in eine bestimmte Schublade stecken wollt. Es ist ein Zeichen dafür, dass euch ein ganzheitliches Denken eher schwerfällt – ein Denken in Ursache und Wirkung. Denn damit würdet ihr erkennen, dass alles mit allem zusammenhängt und niemals für sich alleine steht. Eine solche Denkweise würde es unmöglich machen, etwas in eine bestimmte Schublade zu stecken. In welche auch. Soll es jene der Ursache sein? Oder jene der Wirkung? Oder irgendeine dazwischen? Du siehst, mein Lieber, dass das in einem ganzheitlichen Denken nicht möglich ist."

„Es ist immer wieder spannend, wie ihr die Sachen auf den Punkt bringt. Da haben wir Menschen wohl alle noch sehr viel zu lernen."

Eiolo: „Zu erinnern – um genau zu sein. Alles, was sich euch zeigt, sind Erinnerungen. Erinnerungen an längst vergangene Zeiten. Doch ihr seid wirklich auf einem guten Weg. Wir, alle anderen Sternenvölker und die auf die Erde einströmenden Energien unterstützen euch in diesem Prozess. Es ist kein einfacher. Zugegeben. Doch sich darauf einzulassen, ist absolut lohnenswert."

„Es ist wahrlich nicht immer einfach. Das stimmt. Man stößt oft auf Unverständnis. Gerade jene, die sich noch eher am Anfang dieses Bewusstwerdungsprozesses befinden, tun sich oft besonders schwer, damit umzugehen. Vor allem dann, wenn dieses Unverständnis aus der eigenen Familie kommt. Könntet ihr bitte jenen ein paar Worte des Trostes und der Aufmunterung mit auf den Weg geben?"

Eiolo: „Ich könnte jetzt sagen: ‚Haltet durch.' Doch von solchen Durchhalteparolen hattet ihr in eurer Geschichte schon genug. Darum möchte ich es anders formulieren. Nämlich in der Weise, dass ich nochmals das Augenmerk darauf lege, wozu es euch dient. Doch bevor ich dies mache, möchte ich noch auf zwei Begriffe eingehen. Nämlich auf ‚Wofür' und ‚Wozu'. Wofür bedeutet eine Art von Rückwärtsgewandtheit. In den meisten eurer Fragen, die mit ‚Wofür' beginnen, bezieht ihr euch auf etwas Bestehendes, etwas, das vor Kurzem in euer Leben getreten ist. Wenn wir uns die beiden Fragen ‚Wofür dient es mir?' und ‚Wozu dient es?' genauer betrachten, so sehen wir im ersten Fall, dass es sich um eine aktuelle Situation handelt, die infrage gestellt wird. ‚Wofür' stellt immer einen Bezug zu Ereignissen und Gegebenheiten her, die sich aktuell zeigen. Wogegen ‚Wozu' einen Bezug zur Zukunft herstellt, zu etwas, das vielleicht ein gewünschtes Ergebnis darstellt. Oder eine Absicht, die realisiert

werden soll. Die Fragen ‚Wofür ist das gut?‘ und ‚Wozu ist das gut?‘ verdeutlichen den angesprochenen Unterschied noch etwas besser. ‚Wozu‘ hat immer einen Ausblick in einen gewünschten Seinszustand implementiert.
Nun aber zurück zu deiner Bitte. Eine sehr wesentliche Frage ist eben hier; ‚Wozu dient es mir?‘ Die Antwort kann sich nur jeder selbst geben. Wenn wir es mal kollektiv betrachten, so können wir mehrere Punkte – auch aus der eigenen Erfahrung heraus – festhalten. Zum einen dient jede Situation der eigenen Entwicklung. Ich weiß. Das klingt jetzt sehr pauschal. Darum möchte ich nun näher darauf eingehen. Was ist mit der ‚eigenen Entwicklung' gemeint? Was ist das für eine ‚Entwicklung‘, wenn es mir dabei nicht gut oder vielleicht sogar immer schlechter geht? Egal, was dir widerfährt. Es ist immer eine Entwicklung. Diese kann – in eurem Sinne gesprochen – positiv oder negativ sein. Dies gilt jedoch nur für den ersten Blick. Wenn wir es genauer betrachten, so kann die Entwicklung selbst nie positiv oder negativ sein. Wie alles, ist sie wie sie ist. Was positiv oder negativ sein kann, ist die Beurteilung der Wahrnehmung der Entwicklung, die ihr durchführt. Entwicklung kann niemals rückwärtsgewandt sein. Auch wenn ihr das eine oder andere Mal den Eindruck habt, dass nichts vorwärtsgeht oder es wie ein Rückschritt anmutet, so ist es doch eine Vorwärtsbewegung. Das Wort ‚Entwicklung‘ sagt ja schon genau dies aus. Ent-wicklung. Etwas auswickeln. Ein Geschenk könnt ihr auch nicht auspacken – ent-wickeln – indem es eingepackt wird. Somit ist jede Situation ein Entwicklungsschritt. Ich weiß. Es gibt Situationen, die wie das vorhin besprochene Déjà-vu anmuten. Doch selbst das ist ein Weitergehen. Nehmt eure Uhren her. Es vergeht Sekunde um Sekunde, Minute um Minute, Stunde um Stunde. Geht die Uhr jemals rückwärts? Sie geht immer vorwärts. So zeigt auch dieses Beispiel, dass Entwicklung immer nur vorwärts gewandt ist und sein kann. Wenn ihr jedoch das Gefühl habt, dass es in eurer Entwicklung zu schnell oder zu langsam vorwärtsgeht, dann redet mit eurem Geistführer, eurem Schutzengel oder wem immer ihr euch aus der ‚Geistigen Welt‘ anvertrauen mögt. Bittet ihn, dass die Entwicklung in einem für euch passenden Tempo ablaufen soll. Allerdings – und das wird euch euer geistiger Begleiter dann auch mitteilen – gibt es bestimmte Meilensteine, Wegmarkierungen, die ihr nicht einfach überspringen könnt. Denn diese sind für euch vorgesehen und dienen wiederum eurer eigenen

Entwicklung. Genauer gesagt habt ihr euch diese selbst ausgesucht, bevor ihr auf der Erde – oder wieder auf der Erde – inkarniert seid."

„Was ist, wenn ich ein Thema – zum Beispiel ein gesundheitliches – einfach nicht loswerde, beziehungsweise es immer wieder kommt?"

Eiolo: „Selbst dann ist es ein Schritt vorwärts in eurer Entwicklung. Denn es bedeutet, dass noch irgendetwas fehlt, um es endgültig aufzulösen. Wenn ihr denkt, dass ihr schon alles versucht habt, so ist doch ein Aspekt in das gesundheitliche Thema – um bei diesem Beispiel zu bleiben – integriert, dem bisher keine Beachtung geschenkt wurde oder bewusst vernachlässigt und nicht berücksichtigt wurde. Jedes Mal, wenn sich das gesundheitliche – oder ein anderes Thema – wieder zeigt, so überprüft nochmals alle Aspekte und bisherigen Vorgangsweisen. Mit der Zeit kommt ihr auf die Lösung und das Thema löst sich ein für alle Mal auf."

„Ok. Dann sollen wir es also auf uns zukommen lassen?"

Eiolo: „Ja. Aber bitte geht zu den ganzen Themen, die euch begegnen, nicht in den Widerstand. Dieser würde nur euch selber schwächen und das Thema an sich verstärken. Wir haben das an früherer Stelle schon mal betrachtet, aber es ist essenziell. Und darum mache ich nochmals darauf aufmerksam: Wenn ihr Heilung sucht, dann werdet ihr sie nicht dadurch finden, dass ihr in Krankheit denkt. Denkt in Gesundheit. Denkt in dem, was ihr erreichen wollt. Das gilt für alle Themen gleichermaßen."

„Das ist oft leichter gesagt als getan... Ich weiß ja, dass du damit recht hast. Aber wenn man mittendrin ist, davon direkt betroffen, dann ist es am schwersten."

Eiolo: „Mir ist durchaus bewusst, dass so ein Umdenkprozess einige Zeit dauert. Ich kann euch nur empfehlen, es immer und immer wieder zu tun. Umsetzen müsst ihr es schon selber."

„Seufz... Aktuell – wir haben den 2. Juni 2022 - fühlen sich sehr viele völlig überfordert und ausgelaugt. Manche würden sogar am liebsten alles hinschmeißen – auch das, was sie an sich gerne machen. Auszeiten zu nehmen und solche Sachen funktionieren halt nicht, wenn so viel zu tun ist. Die Arbeiten nimmt einem niemand ab und der Berg, den man dadurch vor sich hinschieben würde, wäre dann bald überhaupt nicht mehr bewältigbar. Dies führt zu Demotivation, Lustlosigkeit und kann sich in allen möglichen Symptomen körperlich manifestieren. Was kann man den Menschen da raten und wie kann man selbst damit umgehen, wenn man der Betroffene ist?“

Inarda: „Es sind herausfordernde Zeiten. Das ist uns sehr bewusst und wir bieten euch, so wie andere Sternenwesen auch, immer wieder unsere Hilfe an. Wenn ihr jedoch dermaßen im Stress seid, wie ihr diesen Zustand nennt, dann hört ihr uns oft nicht. Und da bist du das beste Beispiel dafür. So hat es über sieben Jahre gedauert, bis du nun diesen Dialog mit uns niederschreibst. Und das, obwohl wir immer wieder versucht haben, dich zu kontaktieren. Das ist kein Vorwurf, sondern eine reine Feststellung. Von der energetischen Seite betrachtet, strömen derzeit sehr starke Energien auf die Erde. Diese muss der Körper erst einmal integrieren – wie bereits erwähnt. Was wir aus unserer Perspektive jedoch beobachten ist, dass sich bei euch gerade alles im Umbruch befindet. Das ist für jedes Wesen herausfordernd – und zwar auf allen Seins-Ebenen. Natürlich ist das nicht immer einfach zu verstehen und vor allem auch in das eigene Denken zu integrieren. Jedoch ist alles zu eurem Wohl, für eure Weiterentwicklung, ausgelegt. Wenn es zu viel wird, dann versucht wirklich mal eine Pause einzulegen. Es ist euch und niemand anderem damit gedient, wenn ihr ausgelaugt und demotiviert seid. Immer wieder 5 bis 10 Minuten Entspannungsmusik, Entspannungsübungen oder eine kurze Meditation vollbringen wahre Wunder. Ich kann euch versichern, dass ihr diese Zeit locker wieder reinholt, da ihr den Kopf wieder wesentlich freier habt. Vielleicht denkt ihr jetzt, das ist eh das Gleiche, das ihr schon zigfach gehört habt und seit vielleicht sogar enttäuscht, dass von uns wieder dasselbe ‚alte Zeug‘ kommt. Stimmt. Es ist altes Zeug. Doch stellt euch selbst einmal die Frage, ob ihr es schon mal versucht habt. Ja. Viele haben es versucht. Einmal, vielleicht ein zweites Mal. Und dann? Warum habt ihr es wieder aufgegeben? Nichts wirkt sofort. Es ist schon wichtig, es regelmäßig zu tun. Versucht es eine ganze Woche lang zwei bis drei Mal pro Tag. Ich bin mir sicher, dass ihr spätestens dann eine positive Wirkung spüren würdet. Das Problem – wenn man es so bezeichnen will – ist, dass ihr vor lauter Stress und Aktivität oft darauf vergesst etwas zu tun, das euch guttut. Um dieses

Vergessen zu verhindern, könnt ihr euch Termine in eure Smartphones eintragen – die ihr dann hoffentlich nicht ignoriert."

„Was nicht nur vorkommen kann, sondern auch vorkommen wird..."

Inarda: „Wie bei allem: Wir können und wollen euch lediglich Ratschläge geben. Für die Ausführung seid ihr selbst verantwortlich. Seid es euch selbst einfach wert. Dann habt nicht nur ihr selbst etwas davon, sondern auch die Menschen in eurem Umfeld. Denn die Entspanntheit wirkt sich genauso auf alle aus, wie der Stress."

Neustart, Impulse, 3. und 5. Dichte

Inarda: „Willkommen zurück, lieber Gerhard."

Nach 9 Tagen komme ich nun am 11.6.2022 wieder dazu den Dialog mit Eiolo und Inarda fortzusetzen. Meine liebe Partnerin und ich waren zuerst in Salzburg engagiert, wo wir die „Von der Venus mit Liebe Tour 2022" mit „Cosmic Ray" organisiert haben und dann im Bayerischen Wald, wo wir unsere Ausbildung zum „Mentaltrainer und Lerncoach" leiteten. Beides waren so tolle Erlebnisse, mit so wunderbaren Herzensmenschen. Das war einfach so schön und so wohltuend. Deshalb war ich allerdings nicht in der Lage, zu schreiben. Umso mehr freue ich mich nun darauf, den Dialog fortzusetzen.

„Seid gegrüßt, liebe Inarda und lieber Eiolo. Ich habe euch ziemlich vermisst in diesen Tagen. Und doch hatte ich oft das Gefühl, dass ihr an meiner Seite ward."

Inarda: „Das waren wir tatsächlich. Ihr habt bei und mit den beiden von dir angesprochenen Veranstaltungen einen ganz wichtigen Beitrag geleistet. Dieser bestand vor allem darin, dass die Liebe, diese höchste irdische Schwingung, an beiden Orten und deren Umgebung noch mehr gefestigt und noch stärker verankert wurde. Alle Teilnehmer haben in einem sehr hohen Maß daran mitgewirkt. Dafür möchten wir allen danken. In einer Welt, wie ihr sie gerade erlebt, braucht es dies umso mehr. Die wesentlichste Aufgabe war es, dass alles weiter in Einklang mit dem Schöpfer verankert wird. Ihr habt wahrlich großartiges geleistet – viel mehr, als ihr derzeit erahnen könnt. Wie du weißt, ist es gerade der deutschsprachige Kulturraum, von dem wesentliche Impulse für den Wandel ausgehen, der sich derzeit auf der Erde vollzieht. Hier spielen Salzburg mit dem Untersberg und der Bayerische Wald mit dem Arber eine wichtige Rolle. Es sind sogenannte ‚Schwesternberge' – auch wenn sie in der deutschen Sprache einen männlichen Artikel haben. Der Untersberg ist wie eine zentrale Sendestation. Der Arber, wie auch die ‚Drei Kaiser-Berge' nahe der Schwäbischen Alb, der Ortler in der Provinz Bozen und der Alpe d'Huez am östlichen Ausläufer der Alpen in Frankreich, wirken wie Empfänger und regionale Sendestationen. Diese geben die empfangenen

Signale in einem Umkreis von 100 bis 250 km weiter. Dabei wirken sie auch als Transformatoren. Jedes Gebiet hat eine eigene Grundschwingung. Diese Berge passen die erhaltenen Frequenzen an die jeweilige Frequenz der Region an und geben diese dann an den besagten Umkreis ab. Es sind also gewissermaßen Satellitenberge – wenn man so will. Natürlich gibt es davon noch viele weitere. Doch möchte ich mich in diesem Fall auf den mitteleuropäischen Raum beschränken, da euch dieser in direkter Weise betrifft. Weltweit gesehen spielen hier auch die Pyramiden eine große Rolle. Sie sind, zumindest die meisten von ihnen, Energieerzeuger, beziehungsweise Energieakkumulatoren. Viele von ihnen sind tatsächlich beides. Sie sammeln und erzeugen Energie und speichern diese, bis sie benötigt wird. Ihr steht kurz vor diesem Ereignis. Viele der Pyramiden werden demnächst beginnen, ihre gespeicherte Energie in großem Maße abzugeben. Dies wird für viele Menschen sichtbar sein. Wann dies genau geschehen wird, darf ich euch nicht sagen, da sonst versucht werden würde dies zu verhindern. Es wird jedenfalls essenziell für eure Entwicklung sein. Soviel kann ich euch zusagen."

„Das klingt sehr spannend und auch sehr schlüssig – für mich zumindest. Aber ich denke, dass dies auch für viele andere Menschen so sein wird. Ich verstehe auch deinen Beweggrund, den Zeitpunkt nicht zu nennen. Die sogenannten Dunkelmächte würden sicher alles versuchen, es zu verhindern. Denn es geht um ihre Macht, ihren Einfluss auf die Bevölkerung der Erde und die Erde selbst."

Eiolo: „Das ist völlig richtig. Doch es geht sogar darüber hinaus. Denke nur an die Zivilisationen im Inneren der Erde. Denke an all die Völker außerhalb der Erde. Alles, was auf einem Planeten geschieht, hat seine Wirkung für alle Planeten und Himmelskörper – und somit auch auf uns."

„Ich fühle, dass dieses Thema einer ausführlicheren Besprechung bedarf, für die es in diesem Dialog jedoch zu früh ist."

Eiolo: „Genauso ist es. Deshalb werden wir uns zum gegebenen Zeitpunkt wieder mit dir in Verbindung setzen und hoffen auf deine Bereitschaft, dass du es wieder aufschreibst und den Menschen zur Verfügung stellst."

„Da hofft ihr sicher nicht umsonst. Ich freue mich jetzt schon darauf!"

Eiolo: „Wir danken dir dafür."

„Ein weiteres Thema, das ich gerne mit euch besprechen möchte, betrifft die weitere Zukunft unseres Planeten und allem, was sich darauf und darin befindet. In der Vergangenheit war es ja so, dass es ein Auf und Ab gegeben hat. Mal gab es eine Hochzivilisation, dann kam wieder der Abstieg. Mal waren wir in der 5. Dichte, dann kam wieder der Rückfall in die 3., in der wir uns derzeit noch befinden. Wird dies wieder so geschehen? Werden wir nach dem sogenannten Aufstieg wieder irgendwann diesen Rückfall erleben?"

Eiolo: „Eine gute Frage – eine sehr gute. Ich freue mich, dass du ‚Dichte' anstatt ‚Dimension' gesagt hast. Denn es ist tatsächlich so, dass es sich um Energie-Dichten handelt. Ihr erkennt dies daran, dass bei euch das Materielle den weitaus höchsten Stellenwert hat – oder besser gesagt, dieser hohe Stellenwert allem Materiellen zugemessen wird. Ich möchte gar nicht näher darauf eingehen, da ihr diesen Zustand selbst zur Genüge kennt. Der Begriff ‚Dichte' ist auch deshalb eher angebracht, da es sich tatsächlich um eine solche handelt. Wenn wir die so bezeichneten Zustände ansehen, dann verlaufen diese nie sprunghaft. Auch dies ist ein Prozess, ein fortlaufender Prozess, der im Grunde keinen Anfang und kein Ende hat. Niemand wechselte jemals in eine andere Dichte, so als würde man einen Schalter umlegen. Auch wir nicht. Dieser Prozess geht einher mit der Bewusstwerdung. Je bewusster ein Wesen ist, desto weniger dicht ist es. Ein anderer Begriff ist ‚lichter' – desto lichter wird dieses Wesen. Dies bedeutet, dass mehr von den einströmenden Energien den physischen Körper durchdringen kann. Es heißt nicht, dass der Körper seine physische Struktur verliert. Der feststoffliche Körper bietet weniger Widerstand, sodass die angesprochenen Energien nicht mehr oder nicht mehr so stark auf eine Barriere treffen. Du kennst ja den Ausspruch, dass etwas an dir abprallt. Das bedeutet, dass die Energie auf Widerstand stößt, der nicht durchdringbar ist. Es bedeutet somit auch, dass der Körper sich in der 3. Dichte befindet. Je lichter, also je lichtdurchlässiger ein Körper ist, desto weiter ist dieser Prozess fortgeschritten. Je weniger Widerstand vorhanden ist, desto weniger ist dieser Körper anfällig für Krankheiten, die hauptsächlich aus dem Widerstand resultieren. Ein weiterer Aspekt dessen ist, dass im gleichen Maße wie der Körper immer durchlässiger wird, auch die Umgebung so wahrgenommen wird. Die euch umgebende feste Materie stellt sich nicht mehr als so fest dar, da euch bewusst ist, dass es im Grunde keine feste Materie gibt. Die Aneinanderreihung der Materieteilchen wird immer so wahrgenommen, wie es dem jeweiligen Bewusstseinsstand entspricht. In der 3. Dichte ist sie fest und hart. In der 5. seht ihr die großen Zwischenräume, die sich zwischen den Teilchen befinden. Der Gegenstand ist trotzdem noch vorhanden. Ihr nehmt in nur anders wahr. Erst ab der 6. bis 7. Dichte löst sich diese Wahrnehmung insofern auf, als ihr die Zwischenräume mehr wahrnehmt als die Teilchen. Es kehrt sich also um – vom Wissen, dass zwischen den Teilchen Zwischenräume sind, hin zum Wissen, dass an den Enden jedes Zwischenraumes sich ein Teilchen befindet. In noch höheren Dichten werdet ihr euch gewahr, dass auch diese Teilchen lediglich Energie sind und der Begriff ‚Teilchen' löst sich gänzlich auf. Es gibt dann nur mehr Energie, Licht – oder welchen Begriff ihr auch immer dafür wählt. Doch selbst diesen Begriff gibt es dann nicht mehr, sondern nur mehr pures, endloses Sein – ein Teil der Schöpfung und des Schöpfers. Und selbst dies löst sich vollständig auf. Es gibt kein Wort dafür in eurer Sprache, in keiner irdischen Sprache, das diesen Zustand korrekt beschreiben würde. Denn jede Begrifflichkeit löst sich auf. In diesem Zustand, der wie eine Leere anmuten mag, ist das größte Potenzial vorhanden. Wenn nichts mehr ist, dann ist alles. Ich hoffe, ihr könnt meine Worte nachvollziehen – Worte, die nur im Ansatz das beschreiben können, für das es keine Worte gibt. Jedes Wort ist also der Versuch einer Interpretation, ein Heruntertransformieren in eine möglichst verständliche Form, die dem Ganzen, dem puren Sein in keiner Weise gerecht werden kann."

„Ich hoffe, es zu verstehen. Doch wahrscheinlich muss ich mir das mehrmals durchlesen, um es einigermaßen begreifen zu können. Ich danke dir jedenfalls sehr herzlich für dein Bemühen es einigermaßen verständlich zu beschreiben. Bis zu welcher Dichte geht der Prozess eigentlich? Manche sprechen von der 12., die anderen von bis zu 13 Dimensionen oder Dichten."

Eiolo: „Es geht so weit, dass auch die Dichten selbst aufhören zu existieren. Dann sind wir alle eins mit Gott, mit dem Schöpfer. Wir alle sind somit zu dem zurückgekehrt, als dessen Aspekt er sich erfahren wollte. Wir sind dann alles: der Aspekt, der Schöpfer, das Ergebnis des Aspektes und dessen Eigenschaften, sowie der göttlichen Eigenschaften. Wir sind dann nichts und genau deshalb alles. Es gibt keine 12. oder 13. Dichte als Ende des Prozesses. Die letzte Dichte ist nämlich keine Dichte mehr. Selbst das löst sich auf. Du weißt: Alles ist Energie und die reinste Form davon ist nicht mal mehr Energie. Es ist endloses, unermessliches Potenzial."

Nun ist ein ganzer Tag vergangen und ich musste das Obige erst mal auf mich und in mir wirken lassen. Das da Beschriebene geht wohl weit über das hinaus, worüber wir uns jemals Gedanken gemacht haben. Ich schreibe dies absichtlich im Plural, da es wohl sehr vielen von euch Lesern so gehen wird. Nicht nur mir alleine. Ich freue mich immer sehr, wenn ich von den beiden Plejadern Worte und Texte höre, die mir in dieser Form noch nicht wirklich bewusst waren. So lerne auch ich ständig dazu und das macht diesen Dialog für mich so wertvoll.

„Wenn wir die oben beschriebene Entwicklung betrachten, dann bedeutet das wohl auch, dass der Faktor Zeit überhaupt keine Rolle spielt. Der gesamte Prozess dauert nicht kurze oder lange Zeit, sondern ist letztendlich in einer Ewigkeit abgeschlossen. Und das ewig Währende ist immer im Jetzt. Kann das so betrachtet werden?"

Eiolo: „Ja. Durchaus. Jeder Augenblick ist ewig und das Ewige findet in jedem Augenblick statt. Das mag etwas schwer zu verstehen sein, doch Zeit – wie ihr sie kennt und verwendet – ist eine Illusion, ein Konstrukt, das geschaffen wurde, um euch zu kontrollieren, zu manipulieren. Gäbe es den Faktor Zeit nicht, so hättet ihr keinen Stress. Gäbe es Zeit nicht, dann würdet ihr alles viel ruhiger angehen. Ihr müsstet nicht mit irgendetwas in einer bestimmten Zeit fertig werden. Ihr würdet alle Zeitfaktoren nicht kennen. Wie beschaulich wäre euer Leben, wenn ihr nicht mal euer Alter im Kontext zu eurer zu erwartenden Lebenszeit sehen würdet? Ihr könntet jeden Augenblick in vollem Umfang und in vollem Bewusstsein genießen – wohl wissend, dass dieser Augenblick ewig währt. Ich spreche hier mit Absicht nicht von ‚unendlich'. Denn dies impliziert, dass es Enden geben muss. Sonst könnte nichts unendlich sein. Ewig bedeutet, dass etwas immer Gültigkeit hat – jetzt, in diesem Augenblick genauso, wie in ferner

Zukunft, die es im Grunde auch nicht gibt, da Zukunft, Vergangenheit und die Gegenwart immer im Jetzt stattfinden."

„Ich glaube, dass ich das mit der Gleichzeitigkeit von Vergangenheit, Gegenwart und Zukunft noch nicht wirklich ganz begriffen habe. Kann man das wirklich so einfach auf die parallel verlaufenden Zeitlinien zurückführen?"

Inarda: „Ich weiß. Dieses Konzept ist nicht so einfach zu verstehen, da dies eurem gewohnten Denken und eurer Erfahrung widerspricht. Ihr lebt in jener Erfahrungswelt, in der eben das Konstrukt ‚Zeit' existiert. Wir haben diese Erfahrung nicht gemacht und so fällt es uns gar nicht so leicht, uns in eure Erfahrungswelt quasi einzuklinken. Wir haben genau die umgekehrten Erfahrungen. Zeit ist für uns in keiner Form existent – weder in jener von Uhrzeit, noch in Zeitformen. Eure Grammatik ist voll mit Zeitwörtern und Formulierungen, die Zeit betreffend. Dies alles ist uns völlig fremd. Dies hat unter anderem den Grund, dass wir – und das trifft auch auf viele weitere Sternenvölker zu – uns auch nicht erzählen, was gestern oder letzte Woche oder letztes Jahr war. Wenn dies jemand tun möchte, dann schaut er in der sogenannten Akasha-Chronik nach. Dort ist alles verzeichnet. Das ist dann durchaus vergleichbar mit eurem Fernsehen. Egal wann ein Film gedreht wurde – und das ist in eurer Denkweise immer in der Vergangenheit – er erscheint immer im Jetzt. Jetzt, da ihr euer Fernsehgerät einschaltet, einen Sendekanal auswählt und den Film anschaut."

„Anschaulicher Vergleich mit dem Fernsehen. Im wahrsten Sinne des Wortes."

Inarda: „Um noch einen Schritt weiterzugehen: Selbst eure sogenannten Liveübertragungen sind, in eurem Sinne gesprochen, in der Vergangenheit aufgenommen, wenn auch in einer kurzen. Jedes Bildsignal braucht eine gewisse Zeit von der Aufnahme, bis es bei euren Bildschirmen ankommt und euch im Jetzt präsentiert wird. Im Gegensatz dazu ist unser Verständnis von Zeit jenes, dass alles im tatsächlichen Jetzt stattfindet. Wir wissen von den parallelen Zeitlinien, vom gleichzeitigen Geschehen von allem. Doch wir machen uns keine Gedanken darüber. So wie ihr euch keine Gedanken über die Zeit macht, so ist die Nichtexistenz von Zeit für uns selbstverständlich und somit unsere Erfahrungswelt. Es käme auch bei uns niemand auf die Idee in der Vergangenheit zu wühlen, so wie dies bei euch ständig der Fall ist. Ihr lebt ja praktisch in eurer Vergangenheit – mehr als ihr wirklich im Jetzt lebt. Eure Medien erzählen euch ständig, was gestern war. Eure Nachrichten sind auch so aufgestellt und wenn sie über die Zukunft berichten, dann in einer Form, die gespickt ist mit Vermutungen und Angst und Panik verbreitend, welche als eure kommende Realität präsentiert werden. Kaum etwas liegt der Wahrheit ferner als diese Gedankenkonstrukte – egal zu welchem Thema. Wenn bei euch jemand in andere Zeitlinien schauen kann, dann sprecht ihr von Prophezeiungen und Voraussagen. Dabei ist es lediglich das Jetzt auf einer anderen Zeitlinie, das auf die eure übertragen wird."

„Bedeutet das, dass selbst unser ganzes Leben eine Illusion ist?"

Inarda: „Nicht das Leben selbst, sondern eure Lebenszeit. Wenn ihr euch dessen wirklich bewusst wäret, dass das Leben immer weitergeht, dann hättet ihr auch keine Angst vor dem Tod. Das Leben ist ewig. Wenn euer physischer Körper stirbt, wie der Übergang von einer Seinsform in eine andere von euch bezeichnet wird, so ist dies lediglich die Vorbereitung auf eine neue Existenz – wo auch immer und in welcher Form auch immer."

„Das macht Mut."

Inarda: „Wenn du es so bezeichnen willst... Doch braucht es dafür keinen Mut, sondern Bewusstsein. Mut ist ebenfalls etwas, das wir nicht kennen. Es ist oder ist nicht. Wobei das Nicht ebenfalls eine Seinsform darstellt, die ist. Um es klarer auszudrücken: Wenn ihr etwas bewusst macht, dann habt ihr gar nicht das Gefühl mutig zu sein. Es ist für euch eine Selbstverständlichkeit, es zu tun. Von außen betrachtet mag es mutig erscheinen und von jenen so bezeichnet werden, für die es nicht so selbstverständlich ist, wie für den Ausführenden selbst. Insofern sind wir nicht mutiger als ihr. Wir sind uns lediglich dessen bewusster, was wir tun und wie wir es tun. Wobei wir auch nicht in bewusst und unbewusst unterscheiden, da wir – nach euren Begriffen – nichts unbewusst tun. Doch wir brauchen nicht vorher darüber nachzudenken. Es ist für uns so selbstverständlich, wie für euch beim Gehen einen Fuß vor den anderen zu setzen."

„Der letzte Satz... Heißt das, dass ihr nicht geht?"

Inarda: „Es kommt darauf an, in welchem Seinszustand wir uns gerade befinden. Vom Gehen über Schweben, bis hin zur Teleportation ist uns jede Bewegungsart möglich."

„Ihr habt es gut..."

Inarda: „Was euch davon abhält ist, dass ihr Zweifel daran habt, dass ihr das auch tun könnt. Es sind eure Gedanken, dass dies aus diesem und jenem Grund für euch nicht möglich ist. Doch es ist möglich. Denkt nicht nur, dass ihr dies alles tun könnt, sondern fühlt es. Wenn eure innere Überzeugung darauf ausgerichtet ist, dann werdet ihr es schaffen. Wenn ihr eure Absicht auf das Fühlen ausrichtet, wenn das Fühlen der Absicht entspricht, dann stehen euch sozusagen alle Türen offen und ihr könnt alles erreichen."

Nicht schon wieder!

Heute ist der 22.06.2022. Am Sonntag, dem 19.06., hatte ich bei der Heimfahrt einen Krampfanfall. Zum Glück konnte ich mein Auto noch sicher abstellen. Darauf bezieht sich das nachfolgende Gespräch.

„Warum!? Warum ist das am Sonntag passiert!? Ihr habt mir doch gesagt, dass es vorbei ist mit den Anfällen!"

Inarda: „Darf ich dich berichtigen? Wir haben gesagt, dass auf körperlicher Ebene es schon noch etwas dauern wird, bis du dich vollständig erholt hast. Ich weiß nicht, warum du diese Aussage quasi als Freibrief gesehen hast und wieder voll losgelegt hast. Wir hatten dir doch gesagt, dass du es ruhig angehen sollst. Außerdem kamen einige Umstände zusammen, die das, was geschehen ist, begünstigt haben. Die Hitze, das wenige Trinken und vor allem dein Nervenkostüm. Das war an diesem Tag ziemlich schlecht und es hat dich vieles aufgeregt. Da hat schließlich dein Körper die Reißleine gezogen – um es mal so auszudrücken."

„Aber musste das unbedingt bei der Autofahrt sein?"

Inarda: „Wir haben schon geschaut, dass weder dir etwas passiert, noch jemand anderer zu Schaden kommt. Du hast vor einiger Zeit verfügt, dass dies nicht bei deiner Bekannten passieren darf. Daran hat sich die göttliche Gesetzmäßigkeit gehalten."

„Es fällt mir jetzt ehrlich gesagt schwer, mich zu bedanken. Für den ersten Teil ja. Da bedanke ich mich wirklich. Aber für den zweiten..."

Inarda: „Du brauchst dich nicht zu bedanken. Wir werden es immer wieder tun, dich und andere vor Schaden zu bewahren, wenn dies angezeigt ist."

„Habt ihr einen Rat für mich?"

Eiolo: „Du brauchst Gewissheit. Ich kann dir sagen, dass dies nur zu einem sehr geringen Prozentsatz von dem herrührte, von dem du dachtest, dass es kommt. Es hat letztendlich mitgespielt. Das schon. Aber eben nur zu einem Bruchteil. Wenn du dich besser fühlst, dann lasse dich untersuchen.

Es hilft dir, deine Nerven zu beruhigen. Ich möchte keinem Ergebnis vorgreifen, doch es könnte für alle überraschend sein."

„Sehr kryptisch, diese Aussage..."

Eiolo: „Wir möchten dein Denken nicht in eine bestimmte Richtung lenken, die dann zu einer Erwartungshaltung führt."

„Habt ihr einen Rat für mich, was ich tun oder nehmen kann?"

Eiolo: „Es gibt sehr viele wirklich gute homöopathische Mittel bei euch. Eines sollte aber in jedem Fall dabei sein: ein Präparat mit Heublumenessenz."

„Meine Frau hat einen Tee ausfindig gemacht und holt ihn bei der Apotheke."

Eiolo: „Wunderbar! Halte dich bitte an die Angaben auf der Packung."

„Mache ich. Danke!"

Inarda: „Und vor allem brauchst du Ruhe, Ruhe und nochmals Ruhe. Schreibe nur dann, wenn du dich wirklich bereit dafür fühlst."

Wieder ein Neustart

Heute ist der 17.1.2023. Seit 22.6.2022 habe ich nichts mehr geschrieben. Ich war meistens nicht in der Lage dazu oder war anderweitig beschäftigt. Meistens ersteres...

Letzte Nacht haben sich meine beiden Freunde von den Plejaden wieder gemeldet. Das heißt jetzt nicht, dass wir in der ganzen Zeit keinen Kontakt mehr hatten. Das waren jedoch sehr private Zusammenkünfte, die da stattgefunden haben. Nun haben sie sich wieder konkret zu diesem Buch gemeldet und gemeint, dass es nun an der Zeit ist wieder weiterzuschreiben. Ich hoffe sehr, dass ich es entsprechend schaffe. Doch ich bin sehr zuversichtlich.

Und damit sage ich ‚Herzlich Willkommen' an alle Leser und an Eiolo und Inarda.

Eiolo: „Du schaffst es. Du und ihr schafft alles, was ihr wollt – beziehungsweise, was euer Herz will. Denn es ist nicht Sache des Verstandes zu entscheiden, was ihr schaffen werdet, sondern des Herzens, der Intuition, des Bauchgefühls. Ja. Auch eurer Seele."

Chakren

Inarda: „Und damit begrüßen auch wir alle Leser sehr herzlich und freuen uns, dass Gerhard nun bereit ist weiterzumachen. So will ich das Thema, das Eiolo angesprochen hat, gleich nochmals aufgreifen und vertiefen. Erinnert ihr euch an den Film ‚Ein Offizier und Gentleman' mit Richard Gere und Debra Winger aus dem irdischen Jahr 1982? In diesem Film schlagen – ihr würdet es vielleicht so sagen – ‚zwei Herzen in der Brust' des Hauptdarstellers. Wir möchten anhand dieses Beispiels das Wesen von Verstand und Herz aufzeigen. Das harte, militärische in diesem Film ist die Verstandesebene. Das weiche, die Liebe zu Paula ist die Herzensebene. Der Hauptdarsteller vereinigt beides in sich. Und so ist es bei jedem von euch. Viele von euch sind ausgeprägte Kopfmenschen. Sie richten sich nach dem Verstand. Was dieser sagt, wird gemacht. Fühlt ihr euch immer wohl dabei? Ist es nicht so, dass oft ein flaues Gefühl in der Magengegend auftritt? Nein. Das ist keine Magenverstimmung von falschem oder zu üppigem Essen. Es ist die Reaktion eures Körpers auf eine vom Verstand getroffene Entscheidung, die euch zwar als logisch erscheinen mag, jedoch für euer Sein auf kurze oder längere Sicht nicht guttut. Doch davon wollt ihr in dem Moment nichts wissen. Ihr wehrt euch vielleicht sogar dagegen und greift zu irgendwelchen Mitteln, die eure ‚Magenverstimmung' wegmachen sollen. Doch das funktioniert nicht. Und wenn, dann nur kurzfristig. Dieses Bauchgefühl meldet sich wieder. Mit Sicherheit. Wenn es auf lange oder längere Sicht ignoriert wird, dann werden die Beschwerden mehr. Es kommt zu Gastritis, Magengeschwüren oder sonstigen Symptomen – die ihr dann wieder mit irgendwelchen Mitteln zu unterdrücken und zu betäuben versucht. Ein solches Verhalten, ein solches aus dem Verstand heraus entscheiden, kann aber auch zu ganz anderen Problemen führen. Bei den einen wird irgendwann vielleicht ein Hirntumor diagnostiziert, andere bekommen einen Schlaganfall oder Herzrhythmusstörungen. Das kann bis zu einem Herzinfarkt gehen. Ob Kopf oder Herz davon in erster Linie betroffen ist, richtet sich vor allem danach, ob schon irgendwelche Vor-Symptomatiken vorhanden sind. Ich weiß, dass das von mir gerade Beschriebene vielen von euch bekannt ist. Und warum macht ihr es trotzdem? Warum hört ihr nicht mehr auf euer Herz? Warum nicht auf eure Intuition? Das ‚Bauchgefühl' wird von euch nicht umsonst genau so genannt. Denn im Bauch habt ihr sehr viele Nerven, die direkt mit eurem Gehirn und eurem Herz korrespondieren. Euer Bauch ist bei Weitem nicht nur ein Verdauungsorgan. Ihr habt drei von sieben Hauptchakren in diesem Bereich. Das Wurzelchakra, das sich etwas unterhalb des Bauches befindet, das Sakralchakra direkt in der Bauchgegend und das Solarplexus-Chakra im oberen Bereich des Bauches. Drei von sieben. Alleine daran ist schon die Wichtigkeit dieser Körperregion erkennbar. Das zweite Hauptzentrum der Chakren ist der Kopfbereich. Auch hier befinden sich drei Chakren. Das Kehlkopfchakra, das Stirnchakra oder das 3. Auge und das Kronenchakra am oberen Ende des Kopfes. Und in der Mitte zwischen den beiden Hauptzentren Bauch und Kopf befindet sich das Herzchakra. Würdet ihr nachmessen, so würdet ihr sehen, dass sich dieses tatsächlich genau in der Mitte befindet. Vielleicht erkennt ihr nun, wie sich eine Ausbalancierung - aber auch jedes Ungleichgewicht – zwischen Bauchzentrum und Kopfzentrum auf das Herzchakra auswirken. Ich sage absichtlich nicht ‚auswirken können'. Denn es ist keine Wahrscheinlichkeit, sondern eine Sicherheit, dass es sich auswirkt. Viele von euch erkennen das leider erst zu spät. Vielleicht seht ihr aber dennoch nun die Wichtigkeit, dass ihr eure Chakren immer wieder reinigt. Haltet eure Energiebahnen bitte frei! Dies ist eine sehr eindringliche Bitte von uns."

„Was sollen wir nehmen, wenn es uns nicht gut geht?"

Inarda: „Ihr habt so viele verschiedene Präparate. Ob in Form von Globuli, Tinkturen, Tropfen – alle sind geeignet. Das entscheidende ist, ob ihr euch damit wohlfühlt. Die Wirkung ist bei jedem Menschen individuell. Somit kann man nicht sagen, was gut ist und was nicht. Natürlich sind auch Rituale oder Meditationen hilfreich. Aber auch hier gilt: Bitte prüft dies individuell für euch. Nicht alle mögen zum Beispiel Meditationen. Bitte zwingt euch nicht dazu etwas zu tun, nur weil jemand gesagt hat, dass dies gut ist. Das ist es dann vielleicht für diesen Menschen. Aber es muss nicht gut für dich sein."

„Also ist alles individuell zu betrachten? Alles, was wir zu uns nehmen. Alles, was wir tun oder nicht tun."

Inarda: „Ja. So ist es gut zusammengefasst."

Polsprung, Polarität, Dualität

„Ich möchte nun zu einem ganz anderen Thema kommen, das derzeit (Jänner 2023) bei uns heiß diskutiert wird. Es geht dabei um das Thema ‚Polsprung'. Was könnte ihr uns dazu sagen?"

Eiolo: „Dies ist ein sehr komplexes Thema. Doch ich will versuchen, es einigermaßen verständlich darzustellen. Doch eines werde ich nicht machen: irgendwelche Zeitangaben."

„Ok. Das war sicher jetzt von vielen die Hoffnung. Und – zugegeben – auch meine."

Eiolo: „Dass ein Polsprung, wie ihr dieses Ereignis nennt, stattfinden wird, steht außer Frage. Das Wann ist von mehreren Faktoren abhängig. Ich werde versuchen, den dahinterliegenden Mechanismus und eben auch diese Abhängigkeitsfaktoren anzusprechen und zu erläutern. Wobei mir durchaus bewusst ist, dass es auch viele gibt, die anderer Ansicht sind und diese mit Vehemenz vertreten. Es wird auch jene geben, die meine nachfolgende Schilderung schlichtweg ablehnen. Ich bestehe in keiner Weise darauf, dass ich und wir hier den gesamten Ablauf kennen. Denn dieser Vorgang ist nur einem wirklich bekannt: Gott, dem Schöpfer – oder wie auch immer ihr dieses höchste Wesen bezeichnen mögt. Wobei ich dazusagen möchte, dass wir diese Bezeichnung ‚höchstes Wesen' nicht hierarchisch meinen. Es ist für uns Ausdruck des allumfassenden Bewusstseins, das durch dieses Wesen repräsentiert wird. Nun aber zum Mechanismus des Polsprungs selbst. Wie du schon mehrmals – aus unserer Sicht – richtig beschrieben hast, laufen die beiden Pole, die ihr als Nord- und Südpol bezeichnet, nicht außen um den Planeten Erde herum, sondern ziehen sozusagen in Richtung Mittelpunkt. So wie zwei Magnete sich auf direktem Wege anziehen, passiert dies auch mit den magnetischen Polen. Je weiter sie sich einander annähern, desto mehr beschleunigt sich diese Anziehung. Diese ist mittlerweile ziemlich weit fortgeschritten und nimmt weiterhin an Fahrt auf. Wie schnell dies gehen wird, bis sie sich beim Mittelpunkt treffen, lässt sich schwer voraussagen. Wenn sich diese beiden Pole dann dort treffen, passiert Folgendes: Die Erde geht von einem Zustand der Bipolarität in einen Zustand der Monopolarität über. Die

Vereinigung der Pole bewirkt, dass dieses monopolare Kraftfeld sich vom Mittelpunkt aus in alle Richtungen zur Erdoberfläche hin ausbreitet. Ihr könnt euch das so vorstellen, wie eine Explosion, deren Druckwelle sich in alle Richtungen hin ausdehnt. Die Geschwindigkeit der Annäherung ist von der Stärke der Magnete, beziehungsweise der Magnetfelder, abhängig. Je stärker diese sind, desto schneller nähern sie sich an. Zusätzlich kommt eben auch die vorher erwähnte Nähe hinzu. Dies beeinflusst das Wann dieser Polsprung stattfindet. Klar ist, dass ein solcher kommen wird. Dies ist, wie ihr wisst, nicht das erste Mal, dass so etwas geschieht. Ein weiterer Faktor ist das Bewusstsein oder die Bewusstwerdung der Menschen und der Erde selbst. Die Erde hat mittlerweile einen Bewusstseinszustand erreicht, der diesem Polsprung nichts mehr entgegenstellt. Bei den Menschen ist es anders. Viele haben Angst davor. Angst, dass dadurch etwas Schreckliches geschehen wird. Doch – und das kann ich euch versichern – wird dies nicht der Fall sein. Denn auch, wenn Vulkane ausbrechen, die Erde bebt oder andere äußere Faktoren auch euch einwirken, so sind die – aus einem bestimmten Bewusstseinszustand gesehen – keine negativen Ereignisse. Sie dienen der Erde sozusagen als Ventile, um die aufgestaute Energie abzugeben. Und wie ihr wisst, entsteht aus jedem Lavaboden wieder fruchtbare Erde. Wenn diese im Außen sichtbaren und wahrnehmbaren Ereignisse auftreten, dann bitten wir euch, dass ihr ruhig bleibt. Ruhig in dem Sinne, dass ihr es als Reinigung der Erde, als etwas seht, das die Erde braucht, um wieder heil zu werden. Das ist ungefähr damit zu vergleichen, als würdet ihr etwas erbrechen, das eurem Magen nicht guttut. Auch dieser ist bestrebt, all das abzugeben, das ihm nicht wohltut."

„Warum wird dann immer wieder gesagt oder anderweitig vermittelt, dass die magnetischen Pole sich an der Erdoberfläche bewegen. Der Nordpol in Richtung Süden und der Südpol in Richtung Norden."

Eiolo: „Die Erde hat viele, viele Poren. So wie eure Haut diese auch hat. Wenn sich nun die Pole in Richtung Erdmittelpunkt bewegen, so strahlen sie ihre Position über die Poren aus. Und dort können sie mit euren Geräten dann gemessen und wahrgenommen werden. Eure Kompasse reagieren auf jene Signale, die aus den Poren in Richtung Erdoberfläche strömen. Je weiter sich die Pole dem Erdmittelpunkt nähern, desto weiter werden sie auf der Erdoberfläche in Richtung Äquator wahrgenommen."

„Also haben wiedermal beide Seiten recht."

Eiolo: „Ja. So kann man es sagen. Es wird von der jeweiligen Seite nicht zur Gänze ganzheitlich gesehen. Dies betrifft auch die Diskussionen um ‚Polarität' und ‚Dualität'."

„Das wäre meine nächste Frage gewesen."

Eiolo: „Ich weiß... Deshalb spreche ich es auch an. Was ist Polarität? Was ist Dualität? Jede Polarität beinhaltet sozusagen Dualität und umgekehrt. Wenn wir von den Polen sprechen, so würden sich diese nicht anziehen, wenn sie nicht die Eigenschaften der Dualität beinhalten würden. Jede Dualität beinhaltet Polarität. Sonst würde sich die Eigenschaften nicht anziehen oder abstoßen. Auch hier wird immer wieder eine Art Indoktrinierung betrieben, die lediglich davon kommt, dass viele Faktoren nicht so ganzheitlich gesehen oder wahrgenommen werden, wie dies wünschenswert ist."

„Vielen Dank für die sehr verständlichen Erläuterungen, lieber Eiolo."

Farben, Töne, Sinnesorgane, Nahrung

Inarda: „Deine Tochter spielt sehr gut auf dem Klavier."

Eine meiner Töchter hat gerade mit ihren Klavierübungen angefangen.

„Ihr hört das?"

Inarda: „Natürlich. Wir sind mit dir verbunden. Was du siehst und hörst und fühlst, das nehmen auch wir wahr. Allerdings in einer etwas anderen Form als ihr mit euren fünf Sinnen."

„Spannend. Und wie nehmt ihr das wahr."

Inarda: „Wir nehmen dies in direkten Frequenzen wahr, die sich meistens in Farben ausdrücken. Töne, wie dies bei der Musik der Fall ist, nehmen wir als Klang wahr. Mit ‚Klang' meine ich ein Frequenzmuster. Dies ist anders als bei euch. Zumindest benennt ihr es anders. Im Grunde fühlt ihr genauso diese Tonfrequenzen wie wir. Wie gesagt. Ihr sagt eben ‚Töne' und in einer Tonfolge ‚Musik' dazu. Jedes Sehen oder Hören ist nichts anderes als das Fühlen von Frequenzen, von Schwingungen. Das ist bei uns nicht anders als bei euch. Die Bezeichnung ‚Ton' oder ‚Musik' wurde geschaffen, um euch vom ‚Fühlen' abzulenken und stellen lediglich die funktionalen Begriffe dafür dar. Interessanterweise wird bei euch, also bei den Menschen der Erde, immer wieder von ‚Klangfarbe' gesprochen. Nur wenige von euch können die Töne wirklich als Farbe wahrnehmen. Bei uns ist dies die übliche Form der Wahrnehmung von Musik. Diese wahrgenommenen Farben bewirken in direkter Weise das angesprochene Fühlen. Somit fühlen wir genau genommen die Farben – nicht die Töne, das Gehörte, selbst."

„Wie ist das dann mit den anderen Sinneseindrücken, die wir als Sehen, Riechen, Schmecken oder Tasten benennen?"

Inarda: „Es ist nicht wesentlich anders, als ich dies vorhin mit dem Hören beschrieben habe. Wir unterscheiden dadurch auch nicht in einzelne Sinnesorgane. Bei uns wird alles als ganzheitliche Wahrnehmung betrachtet. Wie schon gesagt, sind Sinneseindrücke für uns kein funktionales Geschehen, sondern immer ein gefühltes Ganzes."

„Nachdem wir nun schon bei Körperfunktionen sind, muss ich jetzt ganz was Blödes fragen: Müsst ihr auch mal auf die Toilette? Ihr wisst schon, was ich meine.“

Inarda: (lacht) „Das ist keine blöde Frage, sondern eine ganz natürliche – um es mal so auszudrücken. Die gesamte Verdauung, die es auch bei uns gibt, läuft anders ab, da auch schon die Zufuhr von Nahrung – oder besser gesagt die Nahrung selbst – anders als bei euch ist. Wir können feststoffliche Nahrung zu uns nehmen, müssen dies aber nicht. Würdest du uns jetzt eine Schüssel Salat überreichen, dann könnten wir diesen Salat in der Form essen, wie er sich in der Schüssel befindet. Doch wir bevorzugen eine andere Art der Nahrungsaufnahme. So würden wir die Lichtessenz des Salates zu uns nehmen oder das Licht selbst, das aus dem Kosmos kommt. Somit ist es auch nicht notwendig, dass wir uns auf den Weg zu einer Toilette machen. Wir nehmen Licht auf und geben Licht ab. Jenes Licht, das wir abgeben, wird wieder von einigen Pflanzenarten aufgenommen, die ihrerseits wieder, durch einen Transformationsprozess, Licht abgeben, das wieder von anderen Lebewesen aufgenommen wird. Am Ende der Kette wird dieses Licht wieder an den Äther zurückgegeben, von wo es auch kam. Und somit ist der Kreislauf geschlossen.“

„Wow! Das wäre toll, wenn wir das auch könnten!“

Inarda: „Ihr habt alles, was ihr dafür braucht. Somit könntet ihr es und manche von euch ernähren sich auch aus reinem Licht. Der Grund, warum dies für euch nicht so einfach ist, besteht in der Dichte der Atmosphäre. Je dichter diese ist und je mehr Anziehungskraft ein Planet hat – also je schwerer ihr euch selbst fühlt und seid, desto feststofflicher ist eure Nahrung.“

„In welchem Zusammenhang stehen unsere Nahrung mit der Dichte – wie 3D oder 5D? Und wie ist dieser Zusammenhang mit der persönlichen Dichte und Schwingung zu sehen?“

Inarda: „Im Grunde genauso. Je feinstofflicher, also desto weniger ‚dicht‘ ein Wesen ist, desto feinstofflicher ist natürlich auch dessen Nahrung.“

„Das heißt dann wohl, dass ihr mittlerweile eine Dichte erreicht habt, bei der ihr keine Nahrung mehr braucht.“

Inarda: „So stimmt das nicht ganz. Wie ich vorher erwähnt habe, ernähren wir uns hauptsächlich von Licht. Dieser Ausdruck stimmt zwar nicht ganz. Aber dazu später mehr. Vorher möchte ich noch deine Frage beantworten. Nun. Es ist so, dass – wie gesagt – je weniger Dichte ein Wesen hat, also je feinstofflicher es ist, desto feinstofflicher ist auch die Nahrung. Wir brauchen noch Nahrung, da wir uns in der 5. Dichte befinden. Diese ist eben Licht. Genau genommen sind es die Bestandteile des Lichts – in der Hauptsache die Protonen – die uns als Nahrung dienen. Ab der 7. Dichte ist überhaupt keine Nahrungsaufnahme mehr erforderlich. Ab dann ist es einfach pures Sein. Man IST einfach. Die 6. Dichte ernährt sich übrigens auch von Licht. Die Wesen dieser Dichte bevorzugen jedoch ein anderes Element des Lichtes. Nämlich die Elektronen oder sie ernähren sich überhaupt aus der Essenz des Lichtes. Dies gibt ihnen die Möglichkeit, Licht in einer noch reineren Form abzugeben, als wir dies vermögen. Das einfache Sein ab der 7. Dichte strahlt wiederum einfach Elemente des Seins aus. Somit seid ihr in der Lage diese Wesen der 6. Dichte als Lichtwesen wahrzunehmen. Jene ab der 7. Dichte als pures Sein. Ich hoffe, du kannst mir folgen.“

„Ja. Ich denke – und vor allem fühle ich – was du uns damit sagen willst. Vielen Dank dafür. Aber: Was ist die ‚Essenz des Lichtes‘?“

Inarda: „Das ist gar nicht so leicht zu erklären. Es gibt in euren irdischen Sprachen keine Worte dafür. Deshalb versuche ich es zu umschreiben oder besser gesagt an einem Beispiel zu beschreiben. Bei der Homöopathie wirken die darin eingebrachten Schwingungen, Frequenzen und nicht das homöopathische Produkt selbst. Zum Beispiel wirken bei euren Globuli nicht die Kügelchen selbst, sondern eben die darin innewohnende Kraft der Frequenz. So kann man auch die Wirkung des Lichts vereinfacht erklären. Doch die Essenz des Lichtes ist wesentlich vielschichtiger. Das wäre ungefähr so, als würden alle Frequenzen sich in einem Kügelchen befinden.“

„Können wir Menschen diese Essenz des Lichtes auch für uns anwenden?“

Inarda: „Ja. Wenn ihr nach draußen geht, an einem sonnigen Tag, und euch bewusst mit der Sonne verbindet, dann nehmt ihr diese Essenz in direkter Form in euch auf. Aber auch, wenn dies nicht bewusst geschieht, so seht ihr alleine schon an der Tatsache, dass das Sonnenlicht eure Stimmung erhellt, die Wirkung dieser Essenz in euch.“

Zeit, Tag und Nacht

„Danke für dieses sehr verständliche und anschauliche Beispiel. Nun habe ich eine weitere Frage. Wir haben uns ja schon über das Thema der Zeitlinien und deren Zusammenhänge unterhalten. Eine Frage ist mir dazu aber noch ein Bedürfnis. Eine grundlegende Frage… ‚Was ist Zeit für euch, für die Plejader? Gibt es so etwas überhaupt bei euch und wie messt ihr Zeit?‘ Eiolo, magst du diese Fragen beantworten?“

Eiolo: „Ja. Sehr gerne. So ein Konstrukt wie jenes, das ihr Zeit nennt, gibt es bei uns nicht. Es gibt bei uns Phasen, zu denen es heller und andere zu denen es dunkler ist. Das ist gerade so, als würdet ihr die Zeiteinteilung einfach weglassen und nur danach gehen, wann eure Sonne auf- und wieder untergeht. Ich sage deshalb auch ‚Konstrukt‘, da es ein künstlich erschaffenes, von Menschen erdachtes Modell ist, das euch einen Lebensrhythmus vorgibt. Ich will damit in keiner Weise sagen, dass so etwas schlecht ist. Denn ihr habt noch nicht die telepathische Reife, um so etwas nicht immer wieder zu brauchen. Wenn ihr euch an einem bestimmten Punkt zu einer bestimmten Zeit treffen wollt, dann ist so etwas wie Zeit sehr hilfreich. Hättet ihr die angesprochene telepathische Reife, so würdet ihr euch auch ohne Zeit und ohne Uhr an diesem Platz zum vereinbarten Termin treffen. Die Uhr dafür wäre allerdings dann sozusagen die innere Uhr. Das Gefühl für die jeweilige Situation. Nehmen wir mal an, dass du dich mit einem Freund zu einem bestimmten Zeitpunkt an einem bestimmten Ort treffen möchtest. Sagen wir um 18 Uhr in einem bestimmten Gasthaus bei dir im Ort. Derzeit läuft die Terminvereinbarung so ab: Ihr telefoniert oder schreibt so lange, bis ihr euch über den Zeitpunkt und den Ort einig seid – oder macht dies im persönlichen Gespräch. Dann notiert ihr diesen Termin oftmals in einer Einrichtung, die ihr Terminkalender nennt. Rückt nun dieser vereinbarte Termin näher, dann bekommt ihr von diesem Terminkalender vielleicht sogar etwas früher einen Hinweis, sodass ihr dieses Treffen nur ja nicht verpasst. Letztendlich trefft ihr euch zur vereinbarten Zeit am vereinbarten Ort. Telepathisch würde dieses Szenario so aussehen: Ihr würdet gar keine Zeit, die es ja dann auch gar nicht gibt, vereinbaren. Es wäre einfach ein inneres Wissen, das euch zum richtigen Augenblick hin zum richtigen Treffpunkt aufbrechen lassen würde. Ihr würdet es einfach ‚wissen'. Dieses Konstrukt ‚Zeit' ist, unabhängig vom derzeitigen Nutzen, auch für viele körperliche Symptome verantwortlich. Natürlich hat jeder die Entscheidung selbst zu treffen, ob er sich diesem Konstrukt unterwirft oder nicht. Jedenfalls ist es oft der Auslöser für Stress, der dann wieder zu einer Reihe von anderen Symptomen führen kann. Bluthochdruck, Kopfschmerzen, Herzinfarkt, Migräne, Schlaganfall, Bauch- und Magenschmerzen, Nieren- und Leberbeschwerden und so fort. Aber diese und weitere Symptome sind euch hinlänglich bekannt. Weißt du, lieber Gerhard. Manchmal fragen wir uns selbst, warum ihr als Menschheit euch das noch immer antut. Auf der einen Seite kennt ihr die Auswirkungen von Stress und auf der anderen Seite rennt ihr noch immer dem Hauptverursacher dafür fast unwidersprochen nach: der Zeit."

„Du sagtest, dass es bei euch Phasen gibt, zu denen es dunkler und wieder andere, zu denen es heller ist. Gibt es bei euch Tag und Nacht nicht? Oder wie ist diese Aussage zu verstehen?"

Eiolo: „Hier werde ich etwas weiter ausholen und nicht nur mit Ja oder Nein antworten. Denn auch hier ist es mir wichtig, dass ihr die Möglichkeit habt, die Hintergründe zu verstehen. Ich könnte gar nicht mit Ja oder Nein antworten. Denn es ist zum einen davon abhängig, was man unter Tag und Nacht versteht und zum anderen von welchem Planeten – oder besser gesagt von welcher Sonne – des plejadischen Systems wir dies betrachten. Wie du weißt, bestehen die Plejaden aus sieben Gestirnen, die allesamt von euch als Sonnen wahrgenommen werden. Nun kann dies den Eindruck machen, dass man auf solchen Sonnen gar nicht leben kann. Es sogar kein Leben gibt. Denn in euren Gedanken vergleicht ihr dies mit eurer eigenen Sonne und dem Eindruck, dass diese heiß ist. Ein Eindruck, der nicht stimmt – wie wir schon erörtert haben. Unsere sieben Gestirne erlebt ihr deshalb als Sonnen, weil sie von innen heraus strahlen. Das ist genauso, als würde dies eure Erde tun und das Licht in Innererde würde nach außen strahlen. Denn dieses Licht ist auch nicht heiß und ihr könntet weiterhin auf eurem Planeten problemlos leben. So ist das auch bei uns. Doch ist es bei jedem der sieben Schwestern, wie unser System bei euch auch genannt wird, etwas anders. Darum werde ich schildern, wie es sich auf deinem Heimatplaneten, auf Elektra, darstellt. Alle Planeten und Sonnen sind lebendige Wesen. Deshalb agieren sie auch diesem Umstand entsprechend. Das heißt, dass auch sie einen Wach- und Schlafrhythmus haben. Dieser ist bei jedem einzelnen unterschiedlich, so wie dies auch bei jedem anderen Wesen der Fall ist. Elektra hat zum Beispiel einen 7er-Rhythmus. 34 Stunden ist sie wach und 16 Stunden schläft sie oder ist in einem Dämmerzustand. Beide Zahlen, 34 und 16, ergeben in der Quersumme 7. Die Plejaden bestehen aus 7 Gestirnen. Nur so zur Erinnerung. Alle anderen unserer Gestirne haben einen anderen Rhythmus, der jedoch wiederum eine Zahl repräsentiert, die bei euch eine große Bedeutung hat. So kann man durchaus sagen, dass jene Zahl, zu der sich der einzelne Mensch hingezogen fühlt, ihren Ursprung vom Heimatplaneten hat. Sofern dieser Mensch von den Plejaden kommt."

„Das stimmt! Ich fühle mich sehr zur Sieben hingezogen und mein Leben verläuft auch in einem 7er-Rhythmus. Wenn ich diesen überschreite – was durchaus schon vorgekommen ist – dann gestaltete sich mein Lebensweg danach meist als ziemlich schwierig. Du hast Elektra in der weiblichen Form angesprochen. Warum?"

Eiolo: „Wir verwenden in unserer Kommunikation untereinander keine Artikel, wie ihr es tut. Dies habe ich gemacht, damit es für euch besser verständlich wird. Und ja. Elektra stellt auch in unserem Sinne ein weibliches Element, ein weibliches Wesen, dar. Aus ihr gebiert sozusagen das Licht, das anderen Wesen Leben schenkt."

„Das sind wieder hochinteressante Informationen. Danke Eiolo!"

Emotionen, Denken, Ego

Inarda: „Warum weinst du?“

„Ich bin gerade emotional ziemlich berührt. Die Zeitqualität und die Energien des heutigen Tages (22.1.2023) sind für mich so etwas wie eine Brücke in einen neuen Abschnitt, in ein neues Leben. Dies machte sich bereits gestern bemerkbar. Da hatte ich wunderschöne Gespräche mit einer lieben Freundin, die auch das Vorwort zu diesen Informationen schreiben wird.“

Inarda: „Du meinst Steffi. Ja. Sie ist ein wunderbarer Mensch. Sie hat – wie ihr sagen würdet – ‚das Herz am rechten Fleck‘. Wir haben eure gestrigen Gespräche mitgehört und, dort wo es notwendig war, etwas gesteuert. Ihr habt diese jedoch wunderbar hinbekommen und es war kaum ein Schubs, eine Orientierung, von uns erforderlich.“

„Das bringt mich zu einer weiteren Frage. Gibt es bei euch sowas wie Emotionen?“

Inarda: „Ja. Doch äußern sie sich etwas anders als bei euch. Denn bei uns sind sie ganzheitlicher Natur. Das heißt, dass wir Angst und Traurigkeit bereits vor langer Zeit überwunden haben. Das Gegenteil von Angst ist, wie du weißt, Liebe. Und dort wo Liebe ist, gibt es keine Angst oder Traurigkeit. Ja nicht einmal irgendwelche negativen Emotionen – so würdet ihr diesen Zustand nennen. Das heißt jedoch nicht, dass wir immer und ständig mit einem Grinsen im Gesicht herumlaufen. Das sicher nicht. Denn auch wir verspüren gewisse Emotionen. Jene Emotion, die wir am häufigsten spüren, ist Mitgefühl. Doch was bedeutet ‚Mitgefühl‘? Es bedeutet in keiner Weise Traurigkeit. Mitgefühl ist ein Zustand, eine Empfindung, die sich bei uns so zeigt, dass wir inneres Verständnis für eine Situation, ein Wesen, aufbringen. Ich versuche es an einem Beispiel verständlich zu machen. Wenn ein Mensch bei euch aus dem Leben scheidet, dann empfindet ihr Traurigkeit, die ihr entweder als Mitleid oder Mitgefühl bezeichnet. Mitleid ist etwas, das wir nicht kennen. Denn wir leiden nicht mit. Mitgefühl indes ist ein Zustand des Verständnisses, des tatsächlichen Mitfühlens – nicht des Schmerzes über den Verlust dieses Menschen, sondern über die Situation, die Traurigkeit der sogenannten Hinterbliebenen. Ihr habt Verständnis dafür und teilt diese auch dem Betreffenden mit. Unsere Art des Mitgefühls geht jedoch einen Schritt weiter. Oder besser gesagt, zeigt es sich etwas anders. Wir nehmen diese Traurigkeit, den Schmerz, in der Form wahr, dass wir selbst ihn nicht so fühlen wie ihr. Das ermöglicht uns in einer gewissen Handlungsfähigkeit zu bleiben. Es blockiert uns nicht. Oder anders gesagt: Wir nehmen dieses Gefühl als Liebe wahr und strahlen diese Liebe aus. Im Grunde gibt es nichts anderes als Liebe. Alles andere ist aus den Gedanken eures Verstandes geboren. Ich weiß, es ist etwas schwer zu verstehen. Ich hoffe, dass es trotzdem der Fall ist."

„Vom Verstand her ist es nicht so leicht nachvollziehbar. Das stimmt. Doch wenn man das von dir Gesagte aus dem Gefühl, aus dem Herzen, liest, dann ist es leichter zu verstehen."

„Was ist Liebe für euch?"

Inarda: „Auch hier ist es so, dass Liebe für uns einen ganzheitlichen Aspekt darstellt. Es IST einfach. Alles IST Liebe. Es gibt außer der Liebe nichts. Das, was ihr als Liebe bezeichnet, müsste richtigerweise eher als Anziehung oder Zuneigung bezeichnet werden. Oft hat das zwischen den Menschen nicht viel mit tatsächlicher, wahrer Liebe zu tun. Ihr fühlt euch verbunden. Euer Verstand sagt euch, dass dies der richtige Partner oder die richtige Partnerin für euch ist. Sehr selten sagt es das Herz selbst. Ich weiß, dass dies bei den meisten Menschen nicht so gut ankommt, wenn man das sagt. Aber alleine diese Abwehrhaltung gegen das Gesagte zeigt schon, dass es meistens verstandes-dominiert ist. Die Zuneigung ist ein ‚Produkt' des Wohlgesonnenseins, der in etwa gleichen Interessen, des gut Verstehens und so fort. Die Anziehung ist in den häufigsten Fällen körperlicher, sexueller Natur. Ich will damit nicht sagen, dass es zwischen den Menschen keine wahre Liebe gibt. Doch. Diese gibt es. Doch fühlt bitte mal in euch hinein und stellt euch diese Fragen: ‚Warum bin ich mit diesem oder jenem Menschen in Verbindung? Warum bin ich mit ihm oder ihr verheiratet? Warum fühle ich mich zu diesem Menschen hingezogen?' Stellt euch nicht nur diese Fragen, sondern beantwortet sie euch auch selbst. Ihr werdet staunen, was als Antworten zu euch kommen werden. In vielen Fällen werdet ihr sie jedoch als unwahr, als Blödsinn abtun und der Antwort nicht glauben. Vieles wurde über dieses Thema bereits gesagt und geschrieben. Es ist sehr viel Wahres dabei. Doch bitte gebt auf das Folgende acht: Nicht alles davon muss für euch passen. Es kann jedoch für jemand anderen stimmig sein. Seht also eure Wahrheit nicht in der Weise, dass sie für alle Gültigkeit haben muss. Auch nicht das, was wir euch sagen. Sobald ihr bei einem anderen Menschen darauf besteht, dass eure Wahrheit die allgemeingültige ist, wird dies zu einer Indoktrination und Manipulation dieses anderen Menschen. Und somit schafft ihr es immer wieder etwas aus eurem Herzen in die Verstandes- und Egoebene zu bringen. Die umgekehrte Weise – also vom Verstand in die Herzebene – findet leider nicht so oft statt."

„Das ist wohl wahr. Die meisten Menschen sind ziemlich ‚verkopft'. Und da schließe ich mich nicht aus. Auch ich habe immer wieder Phasen, wo ich denke, denke, denke... – und nur selten wirklich auf die Herzensebene, die Intuition, das Bauchgefühl höre."

Inarda: „Das ist völlig normal bei euch Menschen. Eines solltet ihr in diesem Zusammenhang jedoch vermeiden: Verurteilt euch deshalb nicht. Macht euch keine Gedanken darüber. Denn dadurch seid ihr wieder – oder sogar noch mehr – auf der Verstandesebene. Es lässt sich auch nur sehr schwer vom Verstand her etwas erklären, das der Verstand nicht versteht. Und Liebe ist etwas, das er definitiv nicht versteht."

„Ich verstehe, was du meinst, liebe Inarda. Da habe ich auch noch einiges zu lernen. Das mit dem ‚keine Gedanken machen' ist leicht gesagt, aber immer wieder schwer auszuführen oder einzuhalten. Wenn wir denken, dass wir uns keine Gedanken machen sollen, dann denken wir ja schon daran. Das ist eher kontraproduktiv."

Inarda: „Du sagst es. Wenn etwas aus den Gedanken heraus gemacht wird, dann seid ihr logischerweise im Denken. Es ist viel Übung erforderlich, bei vielen zumindest, um das Denken als Selbstverständlichkeit zu sehen. Damit macht ihr euch keine Gedanken mehr über das Denken. Es ist sozusagen ein Integrieren des Verstandes mit dem Herz. Dies wird als Kohärenz bezeichnet. Herz und Verstand im Einklang. Drückt euer Denken, euren Verstand, nicht weg. Dies verstärkt lediglich das Denken. Ihr geht sozusagen noch mehr in den Kopf dadurch. Lasst die Gedanken Gedanken sein. Darum bitten wir euch."

„Und wie sollen wir das machen?"

Inarda: „Alleine darüber nachzudenken verstärkt das verstandesorienterte Denken bereits wieder. Doch ich möchte euch den Rat geben zu meditieren. Mir ist schon klar, dass dies nicht für alle passend ist. Jedoch für viele. Wenn es für euch nicht passt, dann hört Musik, die euch gefällt, schaut einen Film an, lest ein Buch. Was immer euch vom Denken ins Fühlen bringt, ist genauso gut, wie eine Meditation. Ich möchte mit meinen Ausführungen jedoch nicht sagen, dass das Denken nutzlos ist. Ich bitte euch, dies nicht falsch zu verstehen. Denn oft braucht ihr die im Gehirn gespeicherten Informationen. Vor allem dann, wenn es um funktionelle Bereiche des Lebens geht. Im Laufe eures Lebens lernt ihr sehr viel, wo das Denken einen großen Nutzen hat. Wenn du, lieber Gerhard, etwas programmierst, dann ist es absolut sinnvoll und sogar unumgänglich auf das in dir gespeicherte Wissen zurückzugreifen. Dies trifft natürlich in gleichem Maße auch auf andere Tätigkeiten eures Alltags zu. Doch alleine aus diesem Beispiel ist schon erkennbar, dass es immer die funktionellen Themen sind, bei denen das Denken hilfreich ist."

„Danke für diese zusätzliche Erläuterung. Ich meine auch, dass bei geistigen Aspekten, im energetischen und spirituellen Bereich, das Fühlen im Vordergrund stehen sollte – ja sogar muss."

Inarda: „Das mit dem ‚Müssen' ist so eine spezielle Sache. Vor allem in der deutschen Sprache. Es gibt im Grunde bei euch kein Wort, das wirklich aussagt, was damit gemeint ist. Denn es ist weder ein ‚Müssen', noch ein ‚Sollen' oder ‚Dürfen'. Vielmehr ist es alles gemeinsam. Sozusagen ein ‚Sowohl-als-auch'. Alle drei Wörter beinhalten wieder den Aspekt des Denkens – oder die ‚Gefahr' dessen. Wenn dies allerdings wieder vom Denken dominiert ist, dann ist es nicht mehr ein Fühlen. Und genau das sollte es jedoch sein. Es ist nur dann wirklich wirksam, wenn ihr dies auch fühlt und nicht nur denkt."

„Gut. Ja sogar sehr gut! Ich habe schon lange das Gefühl, dass alle drei angesprochenen Wörter im Grunde nicht wirklich passend sind – zumindest meistens nicht. ‚Müssen' ist für mich ein Ausdruck von Funktionalität. Das ‚Dürfen' hat den Beigeschmack, dass man es sich erst erlauben muss. Und dies geht wieder vom Verstand aus. Und das ‚Sollen' birgt etwas Unbestimmtes in sich. In einzelnen Fällen können diese Worte passend sein. Doch vor allem das ‚Dürfen' wird – aus meiner Sicht – ziemlich inflationär verwendet. Es macht auf mich auch so einen Eindruck von ‚weichgespültem Müssen'."

Inarda: „Sehr treffend formuliert. Das ist eine durchaus passende Beschreibung."

„Wenn wir schon beim Denken sind, dann können wir nun auch den nächsten Schritt gehen: zum Ego. Was ist das Ego genau und wie hängt dies mit dem Denken und unserem Verstand zusammen?"

Eiolo: „Grundsätzlich kann ich dazu sagen, dass bereits deine Fragestellung sehr gut gewählt ist. Denn Ego und Denken, in gleicher Weise somit auch der Verstand, haben einen direkten Einfluss. So wie du denkst, so bist du. Diese Formulierung fasst dies alles zusammen, das ich im Folgenden etwas näher beschreiben möchte. Ich möchte allerdings mit einer Art Umkehrschluss beginnen. Wann ist man aus dem Ego heraußen? Die Antwort auf diese Frage könnte lauten: Dann, wenn man vom Denken in die Bewusstheit übergeht. Die Bewusstheit ist jener Zustand, die auch das Denken mit beinhaltet – jedoch in bewusster Form. Wenn ihr euch dessen wirklich gewahr werdet, was ihr denkt, wie ihr denkt und was das Gedachte in euch bewirkt und wie es sich auswirkt, dann kommt ihr dem bewussten Denken schon sehr nahe. In diesem bewussten Zustand hat das Ego keinen Platz mehr. Es verschwindet von selbst. Je bewusster ein Wesen ist, desto weniger Ego-behaftet ist sein Denken und Handeln. Wenn jedoch über das nachgedacht wird – über das, wie ihr denken und handeln sollt – dann seid ihr wieder im Denken. Da kann es sehr leicht passieren, dass das Ego wieder versucht mitzureden. Es ist ein Kreislauf, der vor allem dadurch durchbrochen werden kann, wenn das Bewusstsein eine Stufe erreicht, in der ihr in Harmonie mit euch selbst und eurem Umfeld seid. Es ist natürlich keine wirkliche Stufe, denn der Prozess läuft nicht stufenförmig ab. Er läuft auch nicht linear ab, sondern eventuell sogar mit etlichen Umwegen, Kurven, Kreuzungen, Steilstücken usw. Das Bewusstsein ist jedoch immer die nach außen gerichtete Bewusstheit. Bewusstheit ist somit das dem Menschen innewohnende Bewusstsein – und natürlich aller anderen Wesen auch. Doch nun wieder zurück zum Ego. Es verleitet euch dazu etwas zu denken oder zu tun, das anderen Menschen oder Wesen oder der Umwelt oft schadet. Es ist etwas, das sich für euch im ersten Moment vielleicht gut und sinnvoll erscheint, sich später jedoch als Fehler erweist. Wobei Fehler lediglich Lernerfahrungen sind, die ihr zu diesem Zeitpunkt oder in weiterer Folge braucht, um in eure persönliche Bewusstheit zu kommen oder diese weiter auszuprägen. Das auf der Erde am weitesten verbreitete Ego ist das ‚Ego der Ausnutzung'. So möchte ich das mal bezeichnen. Es geht dabei darum, dass sehr vieles auf den persönlichen Profit ausgerichtet ist. Wir sehen das in eurer Wirtschaft genauso wie in euren anderen Systemen, wie Gesundheits- und Schulsystem, Gesellschaftssystem, Religionssystem und viele mehr. Kaum ein System ist davon nicht betroffen. Immer geht es darum, besser dazustehen, mehr Geld zu haben. Es geht um Indoktrinierung und jemanden etwas aufzwingen, das man für sich selbst als Wahrheit empfindet. Es geht aber auch um Erziehung der Kinder und um das Gleichmachen der Kinder und der gesamten Bevölkerung. Ein Leben ohne Ego würde die Individualität des Individuums, jedes einzelnen Wesens, nicht nur anerkennen, sondern dies auch fördern. Doch davon sind viele noch meilenweit entfernt. Es geht auch um das Urteilen. Nicht die Bewertung selbst erschafft wieder neues Ego, sondern vielmehr das Urteilen, das Beurteilen der Bewertung. Eine Bewertung selbst stellt meistens einen Status fest. Wenn diese Bewertung anschließend interpretiert wird, so kann man von einer Beurteilung sprechen. Diese ist immer eine Sache des Verstandes und damit auch des Egos. Immer. Nun. Das ist vielleicht etwas zu scharf formuliert. Richtigerweise müsste ich sagen: Wenn aus dem Beurteilen ein Verurteilen wird, dann ist es immer eine Sache des Egos. Die Beurteilung muss nicht unbedingt eine sein. Dies ist individuell sehr unterschiedlich. Ich möchte in diesem Zusammenhang noch einmal darauf hinweisen, dass unsere Aussagen keinesfalls verallgemeinert gesehen werden sollten. Denn wir wissen – und sehen es – dass viele von euch erwacht sind. So nennt ihr zumindest diesen Zustand, den wir als ‚gesteigerte Bewusstheit und erhöhtes Bewusstsein‘ bezeichnen würden. Doch wie immer ihr es bezeichnen mögt. Die Hauptsache ist, dass ihr wisst was, ihr damit meint.“

„Gut. Ich denke, damit ist das Thema Ego ausreichend behandelt. Es gibt ja auch sehr viele Abhandlungen davon. Zum Beispiel jene von Eckard Tolle. Aber auch von etlichen anderen spirituellen Begleitern dieser sehr herausfordernden Zeiten.“

Inspiriertes Sein, Frieden, dunkle Energie

„Ich komme nun zur nächsten Frage: Was ist ‚Inspiriertes Sein' aus eurer Sicht? Wer von euch möchte diese Frage beantworten?"

Inarda: „Das übernehme ich. Inspiriertes Sein ist so zu verstehen, dass ein Impuls – egal ob von außen oder von innen – etwas auslöst in euch, das euch etwas fühlen, etwas denken oder handeln lässt, worüber nicht nachgedacht wird. Ja nicht einmal darüber nachgedacht werden braucht. Denn es IST einfach. Es ist einfach da. Dies hat natürlich wieder sehr viel mit dem Bewusstsein und der Bewusstheit zu tun. Doch vielmehr ist es ein Aspekt der Wahrnehmung – eine Reaktion auf eine Wahrnehmung, die eurem Seinszustand entspricht. Jedes Wesen wird auf eine Wahrnehmung anders reagieren, da die Wahrnehmung selbst bereits ein individueller Vorgang ist. Dementsprechend ist auch die Reaktion darauf individuell. Kurz gesagt, ist es eine intuitive Reaktion auf eine Inspiration, die von irgendwoher kommt. Was als Inspiration bezeichnet wird, ist immer eine Wahrnehmung dessen, das von einer Quelle kommt, die ihr oft nicht benennen könnt. Es ist aber auch nicht wichtig, von wo diese Inspiration kommt. Das Wichtigste ist, dass sie wahrgenommen wird und sie sich für euch gut anfühlt."

Eiolo: „Ich möchte zu den letzten beiden Sätzen von Inarda noch etwas ergänzen. Ihr legt immer wieder sehr viel Wert darauf, von wo oder von wem etwas kommt. Teilweise versucht ihr euch sogar gegenseitig damit zu übertreffen. Davor möchte ich wirklich warnen. Denn dies ist etwas, das von eurem Ego kommt. Es ist völlig gleichgültig, ob dies nun aus dieser oder jener Ebene kommt, von einem bestimmten Engel oder sogar von Gott selbst. Das Entscheidende ist jedoch, dass der Inhalt wahrgenommen wird und nicht wer es mitgeteilt hat oder von wo es gekommen ist."

„Danke für diese Ergänzung. Diese halte ich für sehr, sehr wichtig. Danke euch beiden für eure Ausführungen dazu."

Eiolo: „Gerhard?"

„Ja. Eiolo."

Eiolo: „In dir kommt gerade eine Frage hoch, bei der du nicht weißt, wie du sie stellen sollst."

„Ihr merkt aber auch alles. Ja. Es ist tatsächlich so und ich habe gerade überlegt, wie ich den Bogen, von dem was ihr vorher gesagt habt, zu dem spannen soll, das ich gerne fragen würde."

Eiolo: „Stell einfach die Frage. Das ist Bogen genug."

„Gut. Ihr wisst ja, dass in unserer Welt – in unserer Zeit – das Thema ‚Krieg' immer wieder hochkocht und derzeit sehr präsent ist. Doch es geht mir nicht um den Krieg selbst, sondern um das Gegenteil davon. Um ‚Frieden'. Was ist eure Definition von Frieden?"

Eiolo: „Um gleich einmal ein grundsätzliches Missverständnis aufzuklären: Frieden ist nicht das Gegenteil von Krieg. Krieg und Frieden bedingen einander. Das eine könnte ohne das andere nicht existieren. Frieden braucht sozusagen Krieg, um überhaupt in Erscheinung treten zu können. In eurer Definition ist Frieden lediglich eine Zeit, in der es keinen Krieg gibt. Doch dies ist nicht die Essenz von Frieden, sondern lediglich ein formeller Zeitraum bis zum nächsten Krieg – eine Zeit, in der die Waffen schweigen. Friede wird bei euch so verstanden, dass es für uns wie ein Gedankenkonstrukt wirkt. Tatsächlicher Friede ist KEIN Friede. Damit meine ich, dass dann auch das Wort Friede oder Frieden nicht existiert. Es ist eine Art leerer Raum. Eine Weite oder Ausdehnung, die nur gefühlt und nicht mit dem Gehirn verstanden werden kann. Nehmen wir als Beispiel den Kosmos. Wenn ihr hinausgeht in einer sternenklaren Nacht, was seht ihr dann? Sterne. Unzählige Sterne. Und was fühlt ihr? Das Nichts. Die Weite. Das, was sich zwischen den hunderten Millionen von Sternen befindet. Dieser Raum dazwischen kann nicht gesehen werden. Er kann nur wahrgenommen werden. Genauso ist es mit dem Frieden. Wahrer Friede ist nicht zu sehen – nur zu fühlen. Friede ist der sichtbare Teil. Das Nichts ist der Raum, die Essenz, die gefühlt werden kann."

„Wow! Tolle Erklärung und ein wunderbarer Vergleich!"

„Gerade auf der politischen Ebene läuft vieles für uns Menschen in eine Richtung, die wir so nicht wollen. Aber auch alle anderen Systeme sind nicht gerade als menschenfreundlich zu bezeichnen. Woran liegt das? Wer steuert und beziehungsweise versucht uns zu steuern?“

Eiolo: „Jahrtausendelang habt ihr dem zugestimmt, was man als Manipulation bezeichnen kann. Doch gerade jetzt, gerade in dieser Zeit, habt ihr die Möglichkeit dies zu erneuern. Ich sage absichtlich nicht zu ‚ändern‘. Denn Änderung bedeutet, dass es auf bereits Vorhandenem aufbaut. Wenn ihr wirklich bereit seid, einen kompletten Neuanfang zu machen, dann habt ihr jetzt die besten Voraussetzungen dafür. Eure alten Systeme haben ausgedient. Sie haben sich sozusagen totgelaufen. Und warum sollt ihr solche Systeme dann ändern? Tote Systeme kann man nicht mehr ändern. Da hilft wirklich nur mehr ein kompletter Neustart mit neuen Konzepten, neuen Ideen. Ihr habt so viele neue Möglichkeiten, die ihr lediglich umzusetzen braucht. Genauer gesagt, sind die Konzepte nicht alle wirklich neu. Sie lagen bislang in Schubladen oder existierten nur in euren Köpfen. Doch nun ist es an der Zeit diese herauszuholen und der Menschheit zu zeigen, dass es diese gibt. Mir ist durchaus bewusst, dass euch auch jetzt noch oft ein starker Sturm entgegenweht. Ihr, Menschen wie du, habt die Kraft und die Stärke diesem Sturm standzuhalten. Wir unterstützen euch, wo wir können. Jene, die euch zuhören und euch verstehen, werden immer mehr. Dies ist auch für uns sehr erfreulich. Auf deine zweite Frage, wer euch da steuert, möchte ich in der Weise antworten: Ihr selbst steuert euch. Es sind eure eigenen Entscheidungen, die euer Leben bestimmen. Wenn ihr an einer Weggabelung steht, dann habt ihr immer die Möglichkeit nach rechts oder links zu gehen. Seid euch gewiss, dass jede Entscheidung, jeder Weg der Richtige ist. Wenn wir es – aus eurer Sicht – von außen betrachten, dann gab und gibt es immer Wesen, die sich von euren negativen Emotionen nähren. So wie wir uns von Licht ernähren, tun jene dies aus der dunklen Energie, die von euren negativen Emotionen ausgehen. Wenn ich es auf bestimmte Menschen beziehe, dann sind es Abkömmlinge jener Sternenvölker, die sich eben genau davon ernähren. Die entsprechenden Menschen sind lediglich die ‚Erntearbeiter‘ für jene dunklen Wesen. Sehr viele von diesen Völkern und Zivilisationen haben sich jedoch bereits dem Licht zugewandt. Die von diesen Wesen stammenden Menschen haben davon – so sieht es zumindest für uns aus – davon noch nichts oder wenig mitbekommen.

Denn sonst hätten sie sich bereits den Menschen zugewandt, anstatt gegen sie zu agieren. Wie du siehst, nenne ich keine Namen, weder von den betreffenden Menschen noch von den angesprochenen Sternenvölkern. Dies hat den Grund, dass es in sehr vielen Völkern, die auch jetzt noch zur dunklen Seite gezählt werden können, bereits Tendenzen in Richtung Licht gibt. Es beginnt immer mit einzelnen Individuen. Eine Pauschalisierung wäre somit nicht angebracht. Bei den angesprochenen Menschen macht es auch keinen Sinn, Namen zu nennen. Denn diese sind austauschbar. Dies bedeutet, dass – wenn jemand nicht mehr in deren Sinne funktioniert – einfach ausgetauscht wird. Eines solltet ihr jedoch nicht machen und nicht vergessen: Verflucht oder verteufelt sie nicht. Beschimpft und verurteilt sie nicht. Denn genau sie waren es, die euch in den letzten Jahren und Jahrzehnten zum Erwachen gebracht haben – die euch aufgeweckt haben. Das heißt jetzt nicht, dass ihr ihnen dafür dankbar sein müsst, was sie euch angetan haben. Keinesfalls. Informiert die Menschen von dem Neuen, das ihr nun erschafft. Dann werden jene Individuen einfach mit der Zeit vergessen. Und wer vergessen ist, hat keinen Einfluss mehr auf euch. Du zitierst selbst immer gerne das Beispiel von Merlin und seiner Schwester Morgana – die beiden Geschwister, die euch aus Avalon bekannt sind und die Magie in höchstem Maße beherrschten. So fragte Morgana ihren Bruder: ‚Merlin. Wovor hast du am meisten Angst?' Er antwortet: ‚Vergessen zu werden. Denn nur solange wir im Geist und in den Köpfen der Menschen sind, existieren wir.' Treffender kann man es kaum beschreiben. Denn genau das ist es. Nur solange ihr euch derer erinnert, so lange existieren sie auch für euch. Und solange sie in euren Köpfen existieren, haben sie auch Wirkung auf euer Leben – euer Sein. Du wusstest nichts von Inarda und mir, bis wir uns vor einigen Jahren bei dir meldeten. Hast du jemals vorher an uns gedacht? Nein. Denkst du seither immer wieder an uns? Ja. Würdest du uns wieder vergessen und würdest du dich dann an uns erinnern? Nein. Darum nochmals: Erschafft das Neue und tragt es hinaus in eure Welt!"

„Puhhh. Starke Worte, die mich sehr an den Leitspruch erinnern, den wir bei ‚Cosmic Society' haben und von Richard Buckminster Fuller stammt: ‚Man schafft niemals Veränderung, indem man das Bestehende bekämpft. Um etwas zu verändern, baut man Modelle, die das Alte überflüssig machen.'"

Aufstieg, innerer Frieden, Raum, Kohärenz

Inarda: „Nun möchte ich dir eine Frage stellen."

„Oh! Mal ganz was anderes."

Inarda: „Ja. Das hatten wir noch nie. Aber ich würde gerne eines von dir wissen: Wie hoch schätzt du die Anzahl der Menschen ein, die den Schritt auf die neue Erde – um es mal so zu betiteln – aus deiner Sicht machen?"

„Steffi meinte letztens rund 30 Prozent. Dem kann ich durchaus etwas abgewinnen. Mehr werden es wohl kaum werden. Eher vielleicht sogar weniger – was Steffi auch so einschätzt."

Inarda: „Erfahrungsgemäß, also wenn ich mir die sogenannten Aufstiege anderer Zivilisationen so in Erinnerung rufe, dann waren es im ersten Schritt immer zwischen 15 und 50 Prozent. Ich sage deshalb im ersten Schritt, da auch dieser sogenannte Aufstieg ein laufender und fortschreitender Prozess ist. Das heißt, dass weitere Teile der Bevölkerung folgen werden. Dies ging bisher bei manchen Zivilisationen innerhalb einer Lebensspanne. Bei anderen waren mehrere Inkarnationszyklen erforderlich. Bei euch Menschen der Erde hoffen wir, dass es sehr zügig gehen wird. Doch eines ist auch uns bewusst: Es wird immer welche geben, die wohl für alle Ewigkeit auf der dunklen Seite verhaftet bleiben. Sie werden sich für jede Inkarnation wieder einen Planeten aussuchen, auf dem sie ihre Neigungen leben können. Das wird so lange gehen, bis es keinen einzigen Planeten mehr gibt, der nicht dem Licht zugewandt ist."

„Na ja. Das lässt zum einen für die Mitmenschen hoffen, aber ehrlich gesagt wundert es mich auch nicht. Du hast gesagt: ‚sogenannten Aufstiegs'. Wie bezeichnet ihr diesen Prozess?"

Inarda: „Wie du gerade richtig gesagt hast, handelt es sich um einen Prozess. Genauer gesagt um einen Prozess der Bewusstwerdung. Wenn wir es so sehen, dass ihr ein immer höheres Bewusstsein erlangt, dann kann man durchaus ‚Aufstieg' dazu sagen. Wenn wir es jedoch wirklich genau betrachten, dann ist dieser Prozess eher eine Erweiterung des Bewusstseinsfeldes und keine, lediglich nach oben ausgerichtete,

Bewusstseinserweiterung. Diese Erweiterung findet in alle Richtungen statt. Sie erweitert das Feld um euch herum. So wie sich eure Aura auch nicht nur in eine Richtung ausdehnt, eure Haut nicht nur am Kopf existiert oder eure Umwelt auch nicht mit links oder rechts, mit oben oder unten definiert wird."

„Um noch einmal beim Thema Frieden anzuknüpfen: Was ist und wie äußert sich der ‚innere Frieden'?"

Inarda: „Du hast diese Frage gerade als Paradoxon formuliert. Der ‚innere Friede äußert sich'... So ist es tatsächlich. Aber kommen wir zuerst auf den ersten Teil der Frage zurück. Was ist der innere Friede? Ich möchte es eher als ‚innere Ruhe' bezeichnen. Manche sagen auch ‚in die Mitte kommen' dazu. Innerer Friede ist das Ruhen in sich selbst. Wenn man mit sich selbst im Einklang ist, dann regt dich nichts mehr auf. Du siehst alles aus einer Freude heraus, die auch im Außen sichtbar ist. Es ist ein Strahlen, das von jedem Menschen und jedem Wesen ausgeht, das tatsächlich im Außen zu sehen ist. Schau den Menschen in die Augen. Was siehst du? Siehst du darin Freude oder Angst, Schmerz, Sorgen? In den Augen spiegelt sich der aktuelle Gemütszustand. Schaut in eure Spiegel, um dies selbst festzustellen. Der innere Friede ist jedoch auch so zu sehen, dass ihr gerade nicht im Kampf mit euch selbst oder in euch selbst seid. Wenn ihr wirklich in eurer Mitte seid, dann HABT ihr nicht den Frieden in euch, sondern SEID dieser Friede. Und dann bedarf es auch des Wortes ‚Friede' nicht mehr, wie wir das vorhin schon beschrieben haben. ‚In der Mitte sein' bedeutet in keiner Weise, dass ihr dann völlig emotionslos seid. Im Gegenteil. Dadurch könnt ihr erst alles so richtig wahrnehmen, wie es ist. Ihr könnt die Freude, die Liebe, aber auch den Schmerz oder die Angst, erst richtig wahrnehmen, wenn ihr in euch ruht. Der große Unterschied ist jedoch, dass ihr diese Emotionen nicht mehr bewertet und interpretiert. Ihr könnt sie so wahrnehmen, wie sie sind. Sozusagen deren Essenz spüren, da ihr dann nicht mehr aus dem Verstand wahrnehmt, sondern aus dem Herzen heraus. Im Grunde haben alle angesprochen Themen – und jene, die wir noch besprechen werden – mit Bewusstsein zu tun. Wirklich alle. Es ist sozusagen das übergeordnete Prinzip."

„Das heißt also, dass das von dir Beschriebene, einen Raum oder den Raum öffnet, damit die Emotion – oder besser gesagt – das Wahrgenommene wirken kann. Ohne diesen Raum, also wenn man selbst völlig oder teilweise dichtgemacht hat, könnte sich so eine Wirkung gar nicht entfalten. Ja, die Wahrnehmung selbst wäre dadurch wohl bereits gestört oder zumindest beeinträchtigt."

Inarda: „Du sagst es. Je nachdem wie weit dieser Raum in euch offen ist, desto größer ist die Wahrnehmungsfähigkeit und die Wirkmöglichkeit der Wahrnehmung."

„Weil wir schon beim Raum sind. Eiolo, kannst du uns bitte beschreiben, was der Raum genau ist und wie sich dieser Raum verhält?"

Eiolo: „Sehr gerne. Nun. Der Raum ist jener Bereich, der formlos ist. Damit meine ich, dass dies der Bereich ist, in dem ihr nichts sehen könnt – oder mit einem eurer Sinne wahrnehmen könnt. Mit ‚Form' meine ich jene Teile des Kosmos, die feststofflich sind. Alles dazwischen ist Raum. Genauso ist es auch in euren physischen Körper. Die Abstände der Himmelskörper sind genauso groß, wie es vergleichsweise die Atome in euren Zellen sind. Natürlich in einer relationalen Betrachtung. Doch dieses Bild soll euch zeigen, dass ihr den gleichen Raum in euch habt, den ihr bei der Betrachtung des nächtlichen Sternenhimmels zwischen den Himmelskörpern wahrnehmt. Den meisten wird das ‚Hermetische Gesetz': ‚Wie oben so unten und wie unten so oben.' bekannt sein. Genauso verhält es sich auch mit dem Raum. Dieser befindet sich übrigens auch zwischen den Zellen und innerhalb der Atome."

„Und was bewirkt, dass wir so zusammenhalten und nicht einfach auseinanderfallen – wie dies bei diesen Abständen zu vermuten wäre?"

Eiolo: „Es ist die sogenannte Kohärenz, die dies bewirkt. Genauso wie diese Kraft dafür sorgt, dass die Himmelskörper sich an jenen Plätzen am Himmel befinden, wo sie eben sind, ist es auch beim menschlichen Körper. Diese Kohärenz, dieses aufeinander abgestimmt sein, bewirkt auch, dass die Abstände zwischen den Planeten immer so passen, dass sie ihre Bahnen ziehen können. Diese sind, wie du weißt, mal näher beieinander und mal weiter auseinander. Auch dies ist sozusagen ein orchestrierter Vorgang, der durch die Kohärenz bewirkt wird. Selbst dann, wenn – wie im Jahr 2022 geschehen – versucht wird, ein Objekt mit einem Geschoss aus der Bahn zu werfen, so sorgt diese Kraft dafür, dass auch solche Einschnitte wieder ausgeglichen, ausbalanciert werden. Die Kohärenz sorgt also auch dafür, dass sich alles wieder einpendelt, wenn es mal in Unruhe versetzt wird."

„Ja. Die NASA hat im Oktober 2022 mit der Sonde ‚Dart' (Pfeil) den Asteroiden ‚Dimorphos' aus dessen Bahn geschossen. Mir kam das vor, wie wenn man eine Billardkugel anstößt und diese dann mit den anderen kollidiert. Überraschenderweise hat zwar der Asteroid seine Bahn verlassen, aber dieser Billardeffekt ist nicht eingetreten. Ist das auch eine Wirkung dieser Kohärenz?"

Eiolo: „Genauso ist es. Wie vorhin beschrieben, wird auch so ein Eingriff von dieser Kraft ausgeglichen. Diese Kraft wirkt übrigens bei allen Wesen. Nicht nur im Universum oder bei den Menschen."

„Ist denn das Universum auch ein Wesen?"

Eiolo: „Ja. Es ist ein beseelter, lebender Organismus. Es gibt nichts anderes in der formhaften Erscheinung. Lediglich das rein Geistige, das keine Form hat, ist davon ausgenommen. Es braucht aber auch diese Kraft nicht, da keine Substanz vorhanden ist, die ausgeglichen werden müsste. Und doch hat auch das rein Geistige so etwas Ähnliches wie Kohärenz. Es ist – wie soll ich es am besten benennen - Harmonie. Ja. Das ist vielleicht in eurer Sprache das beste Wort dafür. Doch was bedeutet dieses Wort ‚Harmonie'? Es geht dabei um eine Ausgewogenheit, die mit zwei Waagschalen verglichen werden kann. Harmonie bedeutet nicht, dass diese beiden Waagschalen immer auf der gleichen Höhe sein müssen. Es bedeutet viel mehr, dass – wenn dies einmal nicht der Fall ist – der Zustand in der Form wieder hergestellt wird, dass auf der anderen Seite, der zweiten Waagschale, die nun höher ist als die andere, mehr Druck von oben bekommt und die andere leichter wird. Um es nochmals etwas klarer zu formulieren: Ihr habt gerade Wut oder Zorn auf jemanden, so kann dies durchaus in der Situation seine Berechtigung haben. Denkt hier bitte nicht: ‚Ich darf keine Wut haben.' oder ‚Ich darf nicht zornig sein. Ich bin ja so spirituell.' Mit dieser Einstellung würdet ihr das Absinken der Waagschale, die durch den Zorn oder die Wut selbst schon hinuntergegangen ist, noch verstärken. Der Grund ist, dass ihr dann die Aufmerksamkeit genau auf diesen Zorn legt. Damit erlebt ihr wieder das Gesetz der Resonanz. Wo der Fokus hingelegt wird, das wird verstärkt. Schaut euch diese Emotion eventuell in der Weise an, dass ihr sie wahrnehmt, wie sie ist. Und dann sagt ihr oder denkt euch: ‚Gut. Lieber Zorn. Du bist jetzt da. Was möchtest du mir damit sagen? Wozu dienst du mir jetzt – in diesem Augenblick?‘ Somit erreicht ihr, dass diese Emotion angeschaut und nicht abgelehnt wird. Dies macht die Waagschale, die die ganze Last der negativen Emotion trägt, wieder leichter und sie geht nach oben. Somit wird die Waage wieder ausbalanciert. Es kann natürlich ein paarmal hin und hergehen, bis die Waagschalen sich wieder in ruhiger Position befinden und auf gleicher Höhe sind. Manchmal braucht es mehr Zeit und manchmal weniger. Verurteilt euch nicht dafür, wenn es mal länger dauert. Denn dann würdet ihr damit diese Zeit nochmals verlängern, da ihr dann den Fokus auf die Unausgeglichenheit legt. Und das ist dann wahrlich kontraproduktiv.“

„Sehr anschauliche Beschreibung, lieber Eiolo. Ich denke, dass damit viele etwas anfangen können. Das ist überhaupt etwas, das mich immer wieder fasziniert. Eure Beschreibungen, Erklärungen und Beispiele sind immer so total verständlich und klar formuliert.“

Bewertung, Polverschiebung, Strahlung, Dankbarkeit

Inarda: „Weißt du, lieber Gerhard. Wir haben – wie soll ich es sagen, ohne überheblich zu klingen – etwas Erfahrung damit. Wir haben schon viele solche Gespräche geführt und wissen in etwa wie die Menschen der Erde ticken – wie ihr sagen würdet. Das macht es für uns einfacher, diese Formulierungen zu verwenden und die Beispiele anzuführen. Die meisten Menschen haben nicht wahrgenommen, oder nehmen nicht wahr, dass wir ihnen diese Formulierungen gegeben haben. Dies ist aber auch gar nicht nötig. Denn wir sind ein Kollektiv an Wesen, die so etwas wie Konkurrenz nicht kennt. Ihr seid immer wieder bestrebt einander zu übertreffen, um das eigene Ich in den Vordergrund zu rücken. So etwas kennen wir bei uns nicht. Darum ist es für uns einfach wichtig, dass ihr uns versteht, beziehungsweise das Gesagte versteht. Wie schon mal angeführt, ist es dabei völlig egal von wem oder von wo es kommt. Die Hauptsache ist, dass es wahrgenommen wird. Und wenn dies einmal nicht der Fall ist, dann ist das eben so. Es ist nichts besser oder schlechter deshalb. Wir stellen auch nicht die Anforderung oder den Anspruch, die ganze Wahrheit zu kennen. Denn letztendlich gibt es nur ein Wesen, dem dies vorbehalten ist. Das Interessante dabei ist, dass auch dieses Wesen nicht den Anspruch darauf stellt. Es ist lediglich daran interessiert sich in allen Aspekten selbst zu erfahren. Es wertet nicht. Es unterscheidet nicht in gut und schlecht. Es kennt auch eines nicht, nämlich Fehler. Denn alles ist in Ordnung, so wie es ist. Und selbst darüber macht es sich keine Gedanken. Ihr fragt euch vielleicht jetzt, wer dieses Wesen ist. Nun, es ist jenes Wesen, das ihr als Gott oder den Schöpfer oder anderweitig benennt. Doch auch das spielt für dieses Wesen keine Rolle. In der Welt der Formen sind Begriffe etwas Wichtiges, Essenzielles. Für jenes Wesen ist es das nicht. Es ist, wie es ist. Jedes andere Wesen, egal ob Mensch, Tier, Pflanze, Wasser, Mineral oder sonst etwas – einschließlich der rein geistigen Wesen – ist auch einfach so, wie es ist. Alle und alles ist einfach so wie es ist. Würde ich jetzt sagen ‚sie sind gut, wie sie sind', dann würde dies bereits wieder eine Bewertung darstellen, die jedoch nicht wichtig ist. Und selbst eine Unterscheidung in wichtig oder nicht wichtig ist bereits wieder eine Bewertung. Ja sogar Aussagen darüber, was eine Bewertung ist und was nicht, stellt schon wieder eine solche dar."

„Das ganze Leben besteht bei uns aus Bewertungen. Wie sollen wir uns stattdessen artikulieren?"

Inarda: „Es geht in eurer Sprache gar nicht anders, da ihr für die Essenz einer Situation oder dafür, was ihr ausdrücken wollt, keine Worte gibt, die wirklich passen würden. Und sobald es überhaupt Worte dafür braucht, dann ist es bereits eine Verstandessache. Der Verstand kann jedoch nicht beschreiben, was das Gefühl oder die Seele ausdrücken möchte. Im Grunde gibt es nur eine Kommunikationsform, die die gesamte Wahrnehmung zu übermitteln imstande ist."

„Du meinst die Telepathie."

Inarda: „Ja. Sie ist die ganzheitliche Methode und Möglichkeit alle Sinneseindrücke und jene Eindrücke, die nicht mit euren Sinnen wahrgenommen werden, zu übermitteln. Die Frage ist jedoch: Wie nimmt diese der Empfänger wahr. Wenn versucht wird, das Übermittelte zu interpretieren, in Worte zu fassen, dann kann gar nicht der Gesamteindruck vermittelt werden. Wie gesagt: Eure Sprache gibt das nicht her – obwohl Deutsch zu den präzisesten Sprachen gehört. Doch auch diese Sprache ist auf Funktionalität und auf Formen ausgerichtet."

„Also auf die dritte Dichte?"

Inarda: „Ja. So kann man es sagen, wenn man unbedingt diese Einteilung in diesem Zusammenhang machen will. Noch ein Wort zur Telepathie. Eine wirklich ‚verlustfreie' Kommunikation zwischen den Menschen kann im Grunde nur dann entstehen, wenn alle Kommunikationspartner sich auf diesem Weg austauschen. Dann wird immer das Gesamtpaket wahrgenommen, integriert und darauf reagiert."

„Nun möchte ich nochmals Bezug auf ein Thema nehmen, worüber wir schon gesprochen haben. Das Thema Polsprung. Ich habe da seit ein paar Tagen einige Bilder im Kopf. Diese zeigen mir, warum in manchen Regionen der Erde sich das Magnetfeld abgeschwächt hat und wie das mit der Wanderung der Pole in Richtung Erdmitte zusammenhängt. Kannst du mir diese Bilder erklären, Eiolo?"

Eiolo: „Ja, das kann ich. Wir haben, wie du richtig anführst, darüber gesprochen, dass sich die magnetischen Pole aufeinander zubewegen. Ebenso haben wir uns darüber unterhalten, dass der messbare Magnetismus durch die Poren der Erde an die Oberfläche dringt. Worüber wir noch nicht gesprochen haben, ist genau das, was du nun anfragst und das du über die Bilder bekommen hast. Es geht um das Dazwischen. Also: Was befindet sich zwischen dem Magnetfeld und den Austrittsöffnungen an der Erdoberfläche? Stellt euch bitte folgendes Szenario vor: Die beiden magnetischen Pole bewegen sich, wie angeführt, aufeinander zu, um sich irgendwann am Erdmittelpunkt zu treffen. Irdische Wissenschaftler haben festgestellt, dass sich das Erdmagnetfeld in manchen Regionen immer mehr abschwächt, beziehungsweise sich diese Regionen verschieben. Zwischen dem magnetischen Pol und der Erdoberfläche befindet sich unterschiedlichstes Material. So möchte ich es zusammenfassend benennen. Dieses Material beeinflusst die Ausstrahlung und Ausdehnung der magnetischen Strahlung. Wenn nun Material dazwischen ist, dass die magnetische Ausstrahlung ablenkt oder abschwächt, dann kommt es auf der Erdoberfläche genau zu diesem messbaren Effekt. Material, das dies bewirkt, gibt es zuhauf. Nehmen wir nur einmal Granit her. Dieses Mineral ist für magnetische Strahlung schwerer zu durchdringen als zum Beispiel Ton oder Wasser. Wenn sich die magnetischen Pole nun immer mehr in Richtung Erdmittelpunkt bewegen, dann verändert sich natürlich auch das zwischen der Quelle des Magnetismus und der Erdoberfläche liegende Material. Und somit verändern sich auch die messbaren Magnetfelder der Erde. Ich hoffe, dass ich dies nun einigermaßen verständlich beschreiben konnte."

„Ja. Ich denke schon. Danke. Eine Anmerkung habe ich allerdings noch dazu. Diese Poren an der Erdoberfläche müssen aber wirklich sehr, sehr viele sein, damit es auf der Oberfläche der Erde als Feld wahrgenommen und gemessen werden kann."

Eiolo: „So ist es. Wobei diese Poren ja keine Löcher in der Erdkruste sind. Somit gibt es auch größere und kleinere Poren. Ihr könnt sie nicht sehen. Zumindest die meisten nicht. Und andere erkennt ihr nicht als solche. Du hast ja schon von den sogenannten ‚Sinklöchern' gehört."

„Ja. Das habe ich. Da gibt es ja speziell in Russland viele, die in letzter Zeit eingestürzt sind und große Löcher hinterlassen haben. Sind das solche Poren?“

Eiolo: „Genauso verhält es sich. An eurer Hautoberfläche habt ihr ebenfalls sichtbare, also größere, Poren und andere, die nicht mit freiem Auge sichtbar sind. Die Erde ist ein Lebewesen. Und somit ist es genau dasselbe bei den Menschen und bei der Erde. Natürlich auch bei allen anderen Lebewesen.“

„Ich habe nun eine Frage, die zwar so gar nicht zum derzeitigen Thema passt, aber mir trotzdem wichtig ist. Warum spüre ich die kosmischen Einflüsse, die kosmischen Strahlungen so sehr?“

Eiolo: „Diese Frage passt absolut zu diesem Themenbereich. Denn auch bei dir geht es um Magnetismus. Und zwar in dem Sinne, dass deine Körperflüssigkeit mehr auf Magnetismus und dessen Veränderung reagiert. Dies kommt davon, dass dein Körperwasser mehr magnetische Anteile hat als dies bei vielen anderen Menschen der Fall ist. Das wiederum bewirkt, dass du auch die kosmische Strahlung – die ja ebenfalls häufig auf Magnetismus basiert oder magnetische Teile beinhaltet – von dir sehr stark absorbiert wird. Deine Körperflüssigkeit geht sozusagen in Resonanz mit dem, was aus dem Weltall kommt. Veränderungen im Erdmagnetfeld bewirken auch Veränderungen in dir. Und auch die Schumann-Frequenz ist etwas, das von dir wesentlich stärker wahrgenommen wird.“

„Und auch die Sonnenflecken und die Sonnenstürme…“

Eiolo: „Ja. Auch diese. Du interessierst dich schon lange für diesen Themenbereich. Das wissen wir. Und auch, dass Steffi und du bereits einige Vorträge zu diesem Thema gehalten habt.“

„Auch das ist richtig. Aber was kann ich dagegen oder dafür tun, damit sich diese Strahlungen nicht so stark bei mir auswirken?“

Eiolo: „Nun. Kurz gesagt könnte ich nun antworten: Versuche diese Wahrnehmungen bei dir so zu integrieren, dass sie dich nicht mehr aus der Bahn werfen. Doch das hilft dir vermutlich nur wenig. Denn das weißt du selbst am besten. Darum möchte ich dir einen anderen Rat geben. Immer wenn du eine Wirkung der kosmischen Strahlungen in dir spürst, dann reibe deinen Brustbereich mit der rechten Hand im Uhrzeigersinn. Wenn du es vorbeugend machen willst, dann reibe entgegen dem Uhrzeigersinn. Immer in großen Kreisen und konzentriere dich auf das Reiben und auf die Atmung. Wobei es nicht wichtig ist, ob du nun tief atmest oder normal. Die Hauptsache ist, dass du dich auf beides konzentrierst. Mache das mehrere Minuten. Das Reiben nach rechts bewirkt, dass deine Körperflüssigkeit die einströmenden magnetischen Teilchen besser in deinen Kreislauf integriert. Das Reiben nach links richtet deine inneren Magnetanteile so aus, dass sie wie eine Art Schutzschild wirken."

„Ok. Danke. Ich werde das machen. Danke dir. Von dieser Methode habe ich noch nie etwas gehört – und auch nicht, dass meine Körperflüssigkeiten mehr magnetische Anteile haben, als bei anderen Menschen. Das finde ich jetzt richtig spannend. Soll das Reiben auf der nackten Haut geschehen oder kann auch Kleidung darüber sein?"

Eiolo: „Du kannst auch bekleidet sein. Den Druck, den du dabei ausübst, sollst du entsprechend variieren. Doch das spürst du am besten selbst. Mach es so, wie es sich für dich richtig anfühlt. Und noch etwas: Beim Reiben nach rechts denke oder sprich bitte den Satz: ‚Ich integriere alles in meinem Körper, das mir dienlich ist.' Bei der Reibung nach links: ‚Ich bin geschützt und beschützt.'"

„Danke für diesen praktischen Tipp – und so einfach."

Eiolo: „Du kannst es ja gleich mal ausprobieren."

„Ich habe es gerade gemacht. Da hat es in meinem Magen und in meinen Därmen ganz schön zu rumoren begonnen."

Eiolo: „Das ist ein Zeichen dafür, dass dein Körper das verdaut, was er gerade als für dich dienlich erkannt und angenommen hat."

„Dann passt das also in dieser Form?"

Eiolo: „Ja. Das tut es. Es kann sein, dass dir die ersten Male etwas schwindelig dabei wird. Das legt sich jedoch sehr rasch. Das ist deshalb, weil dein Körper noch nicht daran gewöhnt ist, dass er diese kosmischen

Strahlungen im Körper integriert. Bisher hast du dich dagegen gewehrt und dein Körper somit auch. Er hat immer versucht, diese abzustoßen."

„Ich kann mich nur wiederholen: Danke für diese praktische Anleitung."

Eiolo: „Sehr gerne, lieber Gerhard."

„Was hat es mit der Dankbarkeit wirklich auf sich? Müssen wir für alles dankbar sein?"

Inarda: „Du hast in deiner Fragestellung ein ganz wichtiges Wort formuliert: ‚Wirklich'. Ich möchte darauf eingehen, bevor ich deine eigentliche Frage beantworte. Was ist das ‚Wirkliche'? Es ist das, was wirkt. Es ist ein wesentlicher Bestandteil eures Lebens – jedes Lebens. Alles wirkt auf und in euch. Wenn wir davon ausgehen, dass es nichts gibt, das nicht wirkt, so kommen wir der Beantwortung schon näher. Denn auch Dankbarkeit wirkt. Das heißt nicht, dass ihr für Alles und Jedes dankbar sein müsst oder sollt. Es bedeutet, dass ihr jemandem gegenüber dann dankbar sein sollt, wenn ihr dies auch wirklich spürt. Einfach nur ‚Danke' zu sagen, um irgendwelchen spirituellen oder gesellschaftlichen Regeln zu folgen, ist nicht authentisch. Dann seid ihr nicht authentisch. Bitte bringt eure Dankbarkeit nur dann zum Ausdruck, wenn dies auch von euch so gefühlt wird. Alles andere ist eher heuchlerisch. Somit müsst ihr auch uns und der sogenannten ‚Geistigen Welt', nicht für alles dankbar sein. Immer wieder erleben wir, dass gerade im spirituellen Bereich das Wort ‚Danke' angewendet wird, um etwas zum Ausdruck zu bringen, von dem ihr selbst nicht überzeugt seid, das ihr selbst erst überprüfen müsst, auf euch wirken lassen müsst. Es geht nicht darum, dass ihr diese Dankbarkeit vom Verstand her äußert. Wenn ihr diese nicht fühlt, dann lasst es. Denn nur, wenn es gefühlt wird, dann ist es auch wahrhaftig. Die ‚Geistige Welt', wie ihr die nicht sichtbaren Wesen meistens nennt, merkt sehr wohl, ob etwas aus dem Herzen kommt oder lediglich aus dem Verstand. Dies betrifft in gleicher Weise im Grunde alles, das ihr gegenüber anderen Wesen, egal ob Mensch oder nicht, äußert. Wenn ihr es selbst überprüft habt, wenn es von euch als dienlich empfunden wird, dann könnt ihr immer noch eure Dankbarkeit mitteilen. Das ist dann wesentlich authentischer, als dies gleich nach dem Empfang einer Botschaft, eines Satzes oder einer Aussage der Fall ist."

„Worüber ich wirklich dankbar bin ist, dass ihr beide euch bei mir gemeldet habt und meine vielen Fragen beantwortet. Ich weiß nicht, ob ihr abwägen könnt, wie viel mir das bedeutet. Für viele andere Dinge im Leben bin ich ebenfalls sehr dankbar. Doch nicht für alle und alles. Bei manchem fällt es mir wirklich sehr schwer, Dankbarkeit auszudrücken."

Inarda: „Dann lass es einfach. Wie vorhin erwähnt: Achtet darauf, dass ihr auch bei der Dankbarkeit authentisch seid. Und was uns anbelangt, so haben wir dich ausgewählt. Wir haben dich lange beobachtet. Wir haben deinen Lebensweg und deine Einstellung, deine Haltung in vielen Bereichen, beobachtet. Es ist uns eine Ehre, mit dir nun bereits einige Jahre unterwegs zu sein und dir immer wieder mit Informationen zur Seite zu stehen. Doch auch wir haben viel von dir gelernt. Dies sind wunderschöne Erfahrungen für uns."

„Was habt ihr von mir gelernt?"

Inarda: „Du hast uns immer wieder Aspekte des menschlichen Lebens gezeigt, die wir noch nicht oder nicht in dieser Form kannten. So zum Beispiel, dass uns nicht geläufig war, wie lange sich ein Mensch unseren Bemühungen Kontakt aufzunehmen, verweigern kann. Du hast das sehr lange gemacht. Umso größer ist unsere Freude, dass es letztendlich doch geklappt hat. Doch auch verschiedene andere Aspekte waren uns noch nicht in der Form bekannt, wie du sie uns vermittelt hast. Viele Menschen, die sich in ihrem Prozess des Erwachens und der Transformation befinden, konzentrieren sich auf einen bestimmten Themenbereich. Bei dir und bei Steffi ist es die Vielfalt der Themen, die ihr immer wieder versucht miteinander zu verknüpfen und die Querverbindungen herzustellen. Meistens gelingt euch das recht gut."

„Ja. Manchmal bin ich etwas schwerhörig... Vor allem dann, wenn es mir gerade mal nicht so gut geht."

Inarda: „Deshalb haben wir dir auch vor einigen Jahren die ersten ‚Informationen' in einem Paket in deiner Schlafphase geliefert. Wir hatten uns damals dazu entschieden, da wir sonst keine andere Möglichkeit mehr sahen, um dich zu erreichen. Und es hat geklappt. Nun geht es auch in dieser Dialogform. Du hattest zwar schon einmal einen Dialog mit Hilarion. Das wissen wir. Doch hattest du dich in diesen Jahren insofern verändert, als dein Wunsch mit uns Plejadern Kontakt aufzunehmen, so groß wurde, dass dieser Wunsch dein Fühlen beeinträchtigte und hauptsächlich zur Verstandessache wurde. Du wolltest es unbedingt. Und wenn wir es versucht haben, dann hast du das zwar bemerkt, jedoch hast du es als Einbildung oder eben aus dem Verstand kommend abgetan. Darum haben wir auf die Methode der ‚Paketübermittlung' zurückgegriffen. Und wie man sieht, hat es funktioniert."

„Und dafür bin ich euch sehr, sehr dankbar."

Weltenlehrer, Ausblick, Sprachen

Inarda: „Sehr gerne. Doch es ist uns nicht wichtig, dass du uns dankbar dafür bist. Wir hatten dich ausgewählt. Und wenn wir so etwas tun, dann lassen wir nicht locker, bis es uns gelingt."

„Ist denn unsere Themenvielfalt, jene von ‚Cosmic Society', der wahre Grund, warum ihr mich kontaktiert habt?"

Inarda: „Gleich vorweg: Es gibt keinen falschen Grund. Es gibt immer nur wahre Gründe. Und ja. Es war einer der Gründe. Ein anderer war, dass – so wie Hilarion es dir schon mal gesagt hat – du ein Weltenlehrer bist. Du bist einer, der das Wissen, egal von wo es kommt, in die Welt und in die Welten tragen kannst. Das tust du zu einem bestimmten Grad auch bereits. Doch das wird in der kommenden Zeit noch mehr werden."

„Echt?"

Inarda: „Ja. Warum zweifelst du daran?"

„Na ja. Momentan kann ich mir es nicht wirklich vorstellen. Wenngleich ich auch selbst immer wieder dieses Gefühl habe. Doch, wie gesagt, derzeit ist es für mich schwer vorstellbar. Dazu fühle ich mich noch zu instabil."

Inarda: „Du sagst es ganz richtig: ‚Noch'. Doch das wird sich sehr bald ändern. Denn dein Vertrauen in dich wächst ständig. Auch dein Umfeld beginnt es anders zu sehen, als noch bis vor Kurzem. Das hilft dir wiederum. Es ist eine Wechselwirkung, die allen hilft."

„Hilft mir dabei auch das Gerät, beziehungsweise die darauf gespeicherten Frequenzen?"

Inarda: „Im Grunde ist es nicht wichtig, was ihr verwendet – oder in diesem Fall du verwendest. Das Wichtigste ist euer Vertrauen dazu. Welchem Gerät traut ihr es sozusagen zu, dass es hilft. Darum geht es in erster Linie. Darum kann ich euch generell nur den Rat geben, nur solche Geräte zu verwenden, bei denen ihr ein gutes Gefühl habt. Und das auch nur solange, wie dieses Gefühl in euch ist. Das ist zu vergleichen mit der Musik, die ihr hört. Es kommt immer wieder vor, dass ihr ein bestimmtes Musikstück manchmal gerne hört und dann wieder überhaupt nichts damit anfangen könnt, obwohl es euch grundsätzlich gefällt. Doch wenn es nicht zu eurer Stimmung passt, dann wollt ihr es nicht hören. Und das ist absolut in Ordnung so. Denn damit hört ihr auf eure innere Stimme. Diese sagt euch immer, ob und was euch guttut und was nicht."

„Das Letztere passiert zu wenig, oder?"

Inarda: „Es wäre wünschenswert, dass ihr dies immer macht. Doch es wird immer mehr. Das erfreut uns sehr. Gerade die Ereignisse der letzten Jahre – sowohl irdisch als auch kosmisch – haben sehr viel dazu beigetragen, dass dies bei viel mehr Menschen nun der Fall ist. Viele haben genau dies gebraucht, um eine Erweiterung des eigenen Blickfeldes zu bekommen. Damit können auch die kosmischen Energien wesentlich besser ihre Wirkung bei diesen Menschen entfalten."

„Ihr wisst ja, dass hier auf der Erde so einiges schiefläuft. Mir ist durchaus bewusst, dass es so manches Szenario tatsächlich gebraucht hat. Aber wie lange soll das noch so weitergehen?"

Eiolo: „Derzeit arbeiten wir – wenn ich es mit einem eurer Wörter ausdrücke – mit einigen anderen Sternenvölkern daran den Transformationsprozess zu beschleunigen. Du warst ja selbst einige Zeit Mitglied der ‚Galaktischen Föderation' und weißt, wie schwierig es auch dort ist, eine Entscheidungsfindung herbeizuführen. Die einen sind für ein sehr rasches Fortkommen in eurer Entwicklung, die anderen für ein eher gemächliches. Beides hat etwas für sich. Wenn ihr sehr schnell den Prozess der Transformation durchlaufen sollt, dann bedeutet dies, dass sehr, sehr starke Energiewellen zu euch geschickt werden müssen. Für viele wird es dann ganz schwer diese zu integrieren und sie würden es wohl auch nicht schaffen. Für den langsameren Fortschritt dieses Prozesses spricht, dass eure Körper diese Integration der Energien viel leichter schaffen. Ich schließe nicht aus, dass es sonst zu einer Art innerer Verbrennung in euren Körpern kommen könnte. Doch gibt es ja nicht nur euch Menschen auf der Erde. Alle anderen Wesen sind hier ebenfalls zu berücksichtigen. Und schließlich auch die Erde selbst. Ja. Es gibt einen – ich nenne ihn mal – ‚Göttlichen Plan'. Dieser sagt jedoch nichts über die Geschwindigkeit dieses

Prozesses aus, sondern lediglich, wie dieser zu erfolgen hat und erfolgen wird. Jede Gattung, ob Mensch oder Tier oder Pflanze, hat ein sehr großes Mitspracherecht in dieser Phase der Entscheidungsfindung. Dass diese Transformation stattfinden wird, beziehungsweise weitergehen wird, das steht außer Frage. Das ‚Wie' ebenfalls. Das ‚Wann' lässt sich nicht sagen. Was euch jedoch einigermaßen als Richtlinie dienen kann ist, dass die Bewusstseinserhöhung in dem Maße bereits fortgeschritten ist und weiter fortschreitet, dass ihr nun wesentlich stärkere Energiemengen in euch integrieren könnt, als dies noch vor einem Jahr der Fall war. Dieser Prozess läuft nicht linear ab. Es ist eher wie eine ansteigende Kurve zu sehen. Je höher das Bewusstsein, desto mehr Energie kann aufgenommen werden, desto schneller läuft der Prozess ab. In Anbetracht des derzeitigen Entwicklungsstandes und der wahrscheinlichen Erhöhungsgeschwindigkeit des Bewusstseins, kann man durchaus sagen, dass dieses Jahr ein sehr entscheidendes ist und werden wird. Die nächsten beiden Jahre einen wesentlichen Faktor darstellen und innerhalb der weiteren fünf Jahre von den Systemen, wie ihr sie jetzt kennt, nichts mehr übrig sein wird. Geht aber bitte nicht davon aus, dass der Entwicklungsprozess irgendwann beendet sein wird. Denn das wird er definitiv nicht sein. Der Schlusspunkt dieser Entwicklung – wenn man es so nennen möchte – wird die Wieder-Integration mit dem Schöpfer darstellen. Und selbst dann geht die Entwicklung weiter. Denn dieser möchte sich in allen Aspekten selbst erfahren. Und dieser Prozess endet definitiv nie. Sollte dies jedoch irgendwann doch der Fall sein, dann wird das Universum und die Universen aufhören sich zu erweitern und wieder kleiner werden. Solange bis alles wieder in sich Eins ist und das Ganze wieder von vorne beginnt."

„Das heißt also, dass die ‚Galaktische Föderation' hier die Fäden zieht?"

Eiolo: „Sie hat so etwas, das ihr Mitspracherecht nennen würdet. Diese ist jedoch auf die Energiemenge und Energiestärke beschränkt. Insofern hat dieser Aspekt natürlich auch Auswirkung auf die Dauer. Doch dabei kann und darf nicht vom göttlichen Plan abgewichen werden. Und dieser beinhaltet so viele unterschiedliche Möglichkeiten, ein so riesiges Potenzialfeld, dass es nicht wiedergegeben werden kann."

„Ok. Ich verstehe. Hoffe ich jedenfalls. Wir Menschen bestimmen mit der Ausprägung unserer Bewusstheit das Bewusstsein. Dieses wiederum ist das Maß für die Energiemenge und -stärke, die zu uns geschickt wird, welche vom Schöpfer zur Verfügung gestellt wird und in einem Plan die Wirkung dieser Energie als größtmögliches Potenzialfeld – also mehr als die Summe aller Möglichkeiten – festgehalten ist."

Eiolo: „Das ist eine exakte Definition."

„Etwas verwirrend vielleicht für manche. Aber ich kann mir schon vorstellen, dass so ein allumfassender Vorgang sehr schwer in begrenzende Worte zu fassen ist. Also ist wieder einmal das Verstehen nicht durch den Verstand, sondern durch das Herz gefragt."

Inarda: „Genauso ist es. Wir haben uns ja schon über dieses Thema unterhalten."

„Eines würde mich in diesem Zusammenhang jedoch schon noch interessieren. Warum gibt es so viele verschiedene Sprachen auf der Welt?"

Inarda: „Du kennst ja die ‚Babylonische Sprachverwirrung'."

„Ja. Die kenne ich."

Inarda: „Dies ist eine reine Metapher. Mehr nicht. Die unterschiedlichen Sprachen haben den Ursprung in den verschiedenen Herkunftsplaneten. Als Vertreter dieser Völker auf die Erde kamen, haben sie versucht, der bereits auf der Erde existierenden Menschenrasse ihre Sprache beizubringen. Nicht jedes Wort wurde originalgetreu verstanden – manches mischte sich auch mit den Lauten der ursprünglichen Rasse – und wurde später dann weitervermittelt. Dies ist sehr gut bei den sogenannten ‚romanischen Sprachen' zu erkennen.

Denn euer Italienisch und Spanisch haben den gleichen ursprünglichen Sprachstamm. Sie sind sozusagen ein Dialekt der Herkunftssprache. Irgendwann wurde dann dieser Dialekt als Amtssprache bezeichnet und somit festgelegt, dass nur mehr diese öffentlich zu verwenden ist. Alle anderen Sprachen, beziehungsweise Dialekte, wurden als Fremdsprache deklariert."

Menschheit, Erde, Zukunft

„Du hast gerade von der ursprünglich auf der Erde beheimateten Rasse gesprochen. Kannst du mir mehr davon erzählen?"

Eiolo: „Das übernehme ich. In Ordnung?"

„Wer immer von euch beiden mag..."

Eiolo: „Diese ursprüngliche Rasse , von der Inarda sprach, hat im Grunde wenig bis gar nichts mit eurem Aussehen, mit eurer Definition und Vorstellung der menschlichen Rasse zu tun. Wie alles auf der Erde entwickelte sich diese aus einer gewissen Notwendigkeit heraus. Es gab bereits Pflanzen und Tiere auf der Erde, als diese Rasse das Feld betrat. Und das meine ich im wörtlichen Sinn. Denn bevor eine Pflanzenart, eine Tierrasse oder auch eine Menschenrasse in die physische Sichtbarkeit kommt, ist sie im Feld der Möglichkeiten bereits vorhanden. Durch eine Metamorphose zweier Tierrassen – bleiben wir mal bei dem Begriff, obwohl er dies nicht zu 100 Prozent trifft – wurde eine Rasse geboren, die noch sehr große Ähnlichkeit mit Reptilien hatte. Deshalb war diese Rasse für Sternenvölker, die ebenfalls reptiloider Abstammung waren, sehr interessant. Denn die Erde wurde schon immer genau beobachtet. Und diese Völker waren es auch, die als Erste auf der Erde landeten. Diese Menschenrasse ging bereits aufrecht. Es gab nie eine Menschenrasse, die das nicht tat. In einem sehr langen und äußerst langsam fortschreitenden Prozess wurde dann durch Paarung und Genveränderung der Weg für eine Menschenrasse geschaffen, die der heutigen ähnlich sieht. Es wurde damals sehr viel experimentiert. Daraus entstanden damals schon Riesen und Zwerge. Solche Genveränderungen fanden später, vor allem auf Atlantis, nochmals statt. Was dort geschah, kann man jedoch durchaus als Genmanipulation bezeichnen. Die Folgen davon waren die euch bekannten Fabeltiere und ebenfalls wieder Riesen und Zwerge. Soweit die frühmenschliche Geschichte in Kurzform. Alles andere würde den Rahmen sprengen. Ich möchte jedoch nicht ausschließen, dass wir dir zu einem späteren Zeitpunkt mehr davon erzählen."

„Das wäre schon interessant. Aber du hast recht, dass dies momentan zu viel wäre. Ich kann mir durchaus vorstellen, dass die Geschichte unserer Ursprünge ganze Bände füllen würde. Je nachdem, wie weit man ins Detail geht. Ein paar Fragen habe ich allerdings trotzdem dazu. Seit wann gibt es die Erde?"

Eiolo: „Das lässt sich leider nicht so genau sagen. Denn bevor die Erde feststofflich wurde, existierte sie bereits lange Zeit als ätherischer Himmelskörper. Die Erde war also ein Energie-Planet. Und noch vorher war sie als Gedanke bereits vorhanden. Und um noch einen Schritt in der Entwicklung zurückzugehen, kann ich dir sagen, dass sie schon lange vorher im Geist des Schöpfers existiert hat."

„Und wie lange ist sie nun in sichtbarer Form?"

Eiolo: „In eure Jahre umgerechnet sind es rund 50-60 Milliarden Jahre."

„Das ist viel mehr als unsere Wissenschaftler immer wieder angeben."

Eiolo: „Das stimmt. Sie beziffern allerdings auch nur in etwa jenen Zeitraum, in dem die Erde bereits vollständig feststofflich war. Du fragtest, seit wann die Erde eine sichtbare Form hat. Und das war sie schon, bevor sie komplett feststofflich wurde. Ich möchte nicht sagen, dass die Ansicht eurer Wissenschaftler falsch ist. Sie ist nur unvollständig, da sie keinen Hinweis darauf geben, ab wann sie rechnen oder in welchem Zustand sich die Erde befand, ab der sie das Alter der Erde schätzen."

„So ist also das angegebene Alter von 4,6 Milliarden Jahren eine Hausnummer?"

Eiolo: „So wie jede andere Zahl auch, wenn man keine Bezugsgröße dazu äußert. Ja."

„Die nächste Frage betrifft die von dir angesprochenen Genveränderungen. Was wurde verändert?"

Eiolo: „Das waren zum Beispiel Chromosomen, die eine Veränderung erfuhren. Doch sie griffen auch direkt in die Erbsubstanz der menschlichen DNA ein. Ebenso wurde eure Programmierung, eure Blaupause, wie sie immer wieder von euch genannt wird, dahingehend verändert, dass letztendlich eine Menschenrasse die Oberhand auf dem Planeten Erde bekam, die für die reptiloiden Außerirdischen mehr dienlich war, als die ursprüngliche."

„Ist unsere Geschichtsschreibung der Frühzeit falsch?"

Eiolo: „Als falsch würde ich sie nicht bezeichnen. Viele Zusammenhänge sind von euren Wissenschaftlern durchaus richtig erkannt worden. Doch ist sie unvollständig. Zwischen den einzelnen Evolutionsschritten liegen noch viele weitere, die jedoch den Wissenschaftlern zum einen entgangen sind und zum anderen bewusst weggelassen oder verfälscht wurden, weil sie nicht mit jener Version der Frühzeit zusammenpassten, die sie bereits publiziert hatten und als allgemeines Wissen anerkannt wurde. Diese Versionen werden auch an euren Schulen gelehrt und in Büchern und Filmen weitergegeben. Manche stimmen mehr und manche weniger. Ihr spürt immer mehr und immer deutlicher, was davon der Wahrheit entspricht und was nicht. Ich kann nur nochmals betonen: Hört auf euer Bauchgefühl, auf eure Intuition. Sie sagt euch immer die Wahrheit. Es ist lediglich euer Verstand, der euch immer wieder auf eine andere Spur bringt."

„Ich habe vor etlichen Jahren gelesen, dass die reptiloiden Rassen die Erde verlassen haben. Stimmt das?"

Eiolo: „Ja. Das ist richtig. Aber das haben wir schon behandelt."

„Ah ja. Stimmt. Daran hatte ich jetzt nicht gedacht. Eine weitere Frage habe ich noch bezüglich des von dir erwähnten Atlantis. Was haben wir damals so alles angestellt?"

Eiolo: „Bevor ich diese Frage beantworte, möchte ich noch auf deine letzten Fragen zurückkommen. Die genaue Geschichte der Erde kennen wir oft auch nur aus Aufzeichnungen. Dies sind aufgezeichnete Beobachtungen unserer Vorfahren und aus der Akasha-Chronik. Wir selbst, also Inarda und ich, sind zu jung, um damals schon dabei gewesen zu sein. Nun aber zu deiner Frage. Ihr – und auch du – habt an Genmanipulationen herumexperimentiert – um es mal so zu bezeichnen. Wie vorhin bereits erwähnt, sind die Resultate jene Kreaturen, die ihr als Fabelwesen bezeichnet. Doch das war nicht die einzige Forschung, die ihr betrieben habt. Eine andere waren Strahlenmaschinen. Daran war im Grunde in den ersten Epochen von Atlantis nichts Verwerfliches. Allerdings wurden diese Maschinen dann auch als Waffen eingesetzt und viel Unheil damit angerichtet. Daraus erkennt man wieder, dass alles im Positiven, wie auch im Negativen eingesetzt werden kann."

„Das ist wohl wahr. Ein Messer kann man auch verwenden, um etwas zu zerkleinern oder um einem anderen Menschen damit Leid zuzufügen."

Inarda: „Ich habe eine Frage an dich. Wie siehst du eigentlich die derzeitige Entwicklung der Menschheit? Welche Erfahrungen hast du in Bezug auf die nächsten Schritte, die die Menschen nun gehen werden? Es klingt gerade wie eine Art Paradoxon. Ich weiß. Denn Erfahrungen sind etwas aus der Vergangenheit und die Schritte der Menschen etwas im Jetzt und in der Zukunft."

„Ich sehe die Entwicklung sehr positiv. Sicherlich hat die Menschheit mit Vielem zu ‚kämpfen', das jedoch hauptsächlich von außen an die Menschen herangetragen wird. Wenn wir es schaffen, dass wir uns aus diesen Abhängigkeiten lösen, dann steht uns eine tolle Zukunft bevor. Und dann gibt es noch die Entwicklungen, die sich in unserem Inneren abspielen. Die Bewusstwerdung ist in vollem Gange. Auch das stimmt mich sehr zuversichtlich. Ich denke, dass es mehr denn je diese Entwicklungen auf allen Ebenen, sowohl den äußeren als auch den inneren, braucht, um die Herausforderungen der nächsten Jahre zu meistern und den nächsten Schritt in das sogenannte ‚Goldene Zeitalter' zu gehen."

Inarda: „Das ist recht gut zusammengefasst. Eine kleine Anmerkung habe ich jedoch dazu. In die von dir angesprochene ‚tolle Zukunft' oder in das ‚Goldene Zeitalter' geht ihr in jedem Fall. Dies ist eure Bestimmung. Da könnt ihr gar nichts daran ändern – egal was das Außen oder das Innen dazu sagt oder dafür oder dagegen unternimmt. Einzig und alleine entscheidet sich dadurch der Fortgang und somit die Dauer dieses Prozesses. Aufzuhalten oder gar umzukehren ist er nicht mehr."

„Das stimmt mich gleich noch zuversichtlicher. Es bedeutet also, dass wir es selbst in der Hand haben?“

Inarda: „So ist es.“

„Gerade die Entwicklung der letzten Jahre hat allerdings auch gezeigt, dass der Mensch oft einen Anstoß braucht, einen Trigger, um wirklich in die Gänge zu kommen. Das braucht er scheinbar sowohl für die Bewusstseinsentwicklung, wie auch in allen anderen Lebenslagen. Meiner Meinung nach gehen wir in eine gute Zukunft auch deshalb, weil es immer mehr Menschen gibt, die von sich aus etwas unternehmen. Sogar ohne diesen Anstoß. Und genau das braucht es. Wir müssen ohne Not, ohne triftigen Grund, aktiv werden. Derzeit sind viele noch in der Phase der Reaktion. Wenn wir jedoch in jene der Aktion kommen, immer mehr in diese kommen, dann geben wir für uns selbst den Weg vor. Wir bauen uns sozusagen den Weg oder die Wege selbst. Genau zu diesem Thema habe ich am 14.1.2023 ein Gedicht erhalten – von wo auch immer es kam. Es war einfach da.“

„Wenn das Herz JA oder NEIN sagt,
hat der Verstand nichts zu melden.
Wenn der Verstand nach dem Weg fragt,
wird die Seele zum Helden.
Darum geh den Weg, der dir bestimmt,
ohne rechts und links zu schauen.
Denn wer sich diese Freiheit nimmt,
wird immer die Wege selber bauen."

Inarda: „Es ist auch nicht wichtig, von wo es zu dir kam. Wichtig ist lediglich, dass du es wahrgenommen und aufgeschrieben hast. Herzlichen Dank dafür.“

„Bitte gerne. Ich konnte eh nicht anders. Es war nicht nur ein inneres Gefühl da, dass ich es aufschreiben soll. Nein. Es war viel mehr ein innerer Drang, dies zu tun.“

Eiolo: „Stelle einfach die Frage, die du gerade im Kopf hast.“

„Euch bleibt auch so gar nichts verborgen…“

Eiolo: „Nicht, wenn wir im – wie soll ich es ausdrücken – ‚Beobachtungsmodus‘ sind. Damit meine ich, dass wir uns immer auf einen bestimmten Kommunikationspartner fokussieren, jenem, mit dem wir eben gerade verbunden sind und kommunizieren.“

Thoth, Pyramiden, Bitten, Authentizität

„Nun gut. Mir ging gerade die Frage durch den Kopf, wann denn der Atlanter ‚Thoth' nach Ägypten kam, das ja damals noch gar nicht Ägypten hieß. Kam er überhaupt dorthin?"

Eiolo: „Ja. Er reiste nach Ägypten, nachdem es bereits sicher war, dass Atlantis untergehen wird. Genauso wie heute, gab es damals auch Seher, die ganz genau vorhersagten, dass Atlantis von der Erdoberfläche verschwinden wird. Jene Seher konnten dies jedoch noch viel präziser aussagen, als es die heutigen Medien und Menschen mit hellseherischen Fähigkeiten können. Thoth teleportierte sich vor rund 27.000 Jahren in das Reich am Nil und brachte den Menschen dort sehr viel bei. Unter anderem die Baukunst, das Schreiben und Lesen und auch das Rechnen. Das heißt jetzt nicht, dass die Menschen dort generell davon keine Ahnung hatten. Es gab natürlich auch welche, die sich darauf verstanden. Jedoch bei Weitem nicht alle. Sein besonderer Verdienst – wenn man so will – war jedoch, dass er ihnen auf diesen Gebieten, für die damals dort lebenden Menschen, völlig neue Methoden zeigte. So wurden die damaligen Ägypter in das Schreiben und Lesen einer Symbolsprache eingeführt, die heute bei euch als Hieroglyphen bekannt ist. Hieroglyphen bedeutet so viel wie ‚Heilige Symbole'. Das ist auch deshalb sehr passend, da Thoth anschließend als Gott oder als einer der Götter verehrt wurde. Das Rechnen, die Mathematik, wurde um die Methode der Kreisberechnungen ergänzt. Die Methode, die dafür verwendet wurde, war gänzlich anders, als dies durch eure Berechnungen mit der Zahl PI ausgedrückt werden kann. Das Wissen darüber ist jedoch in Vergessenheit geraten. Ohne jetzt näher darauf einzugehen, geht diese Methode von einem Quadrat in Größe des Durchmessers des Kreises aus, das über den Kreis gelegt wird. Dadurch berührt der Kreis das Quadrat an vier Punkten. Durch die Drehung des Quadrates wird jeder Punkt des Kreises berührt. Weiter möchte ich jedoch nicht darauf eingehen. Das können wir zu einem späteren Zeitpunkt machen. In der Baukunst zeigte Thoth den Bewohnern, wie man Steine und Felsen zu einer vorher festgelegten Form manifestierte. Ich sage deshalb ‚manifestierte', weil es genau das ist, beziehungsweise war. Diese harten Materialien wurden nicht bearbeitet – zumindest nicht im herkömmlichen irdischen Sinne. Es brauchte keine Meißel und Hämmer dazu, keine großen Maschinen. Was es brauchte, war die Vorstellungskraft der Menschen. Die Pyramiden von Gizeh, die damals entstanden, sind ein gutes Beispiel dafür. Zu dieser Zeit gab es zwar bereits die Stufenpyramiden, die jedoch wirklich mehr oder weniger handgefertigt sind. Jene in Gizeh jedoch wurden insofern manifestiert, als die genaue Form, die Größe, der Innenbereich – ja selbst das Wo und Wie – aus der Gedankenkraft heraus entstanden. Mit dem Verstand war es jedoch nicht alleine getan. Thoth und einige andere Wesen WAREN diese Pyramiden. Damit möchte ich ausdrücken, dass sie mit ihrem ganzen Sein diese Bauwerke repräsentierten. Und zwar so lange, bis diese fertig waren. Und das dauerte nur wenige Minuten eurer Zeitrechnung."

„Wahnsinn! Echt!? Unglaublich!"

Eiolo: „Ich kann mir gut vorstellen, dass dies für euch unglaublich klingen mag. Doch ich will euch ein für euch geläufiges Beispiel nennen: Wie lange dauert es, wenn ihr selbst einen ganz tiefen Wunsch hegt, bis das Gewünschte sich in eurer Realität zeigt?"

„Das ist ganz unterschiedlich. Je nachdem, ob wir es uns aus unserem tiefsten Inneren heraus oder rein vom Verstand her wünschen. Und es kommt auch auf die Fokussierungsfähigkeit an. Manche sind so gut darin, dass es sich gleich erfüllt. Bei anderen dauert es etwas länger. Ein Freund von mir erzählte mir letztens am Telefon, dass er finanziell ein katastrophales Jahr hatte. Zusätzlich zum einen oder anderen Unglück kam auch noch viel Pech dazu. Das alles führte dazu, dass er aus tiefstem Herzen sagte: ‚Es ist mir egal, was bisher war. Ich denke nur noch Fülle und lebe Fülle. Ich lebe, denke und handele so, als hätte ich diese Fülle bereits.' Was soll ich sagen? Bis Ende Februar ist er ausgebucht. Er ist überhaupt jemand, der sehr fokussiert bleiben kann."

Eiolo: „Danke für dieses anschauliche Beispiel, das auch noch gleichzeitig zeigt, wie das Manifestieren generell funktioniert. Doch wieder zurück zu Thoth und den Pyramiden von Gizeh. So in etwa lief auch die Manifestation der Pyramiden ab. Dieser innige Wunsch, der in Worten nicht zu beschreiben ist, war sozusagen der Baumeister dieser Werke."

„Mich wundert es nicht, dass unsere Archäologen noch immer keine Erklärung gefunden haben, wie den diese Dinger entstanden sind. Bisher ist alles, wie bei so vielem anderen auch, auf Vermutungen aufgebaut – und auf Lügen, Vertuschung und Verschleierung."

Inarda: „Auch hier werden sich die Schleier bald lüften. Denn je mehr Bewusstsein auf der Erde existiert, desto leichter könnt ihr auch mit den tatsächlichen Wahrheiten umgehen. Und das kann durchaus noch herausfordernd für euch werden."

„In allen Bereichen?"

Inarda: „In vielen Bereichen. Jedenfalls in allen, die euch direkt oder indirekt betreffen. Je mehr Bezug ihr zu etwas habt, desto direkter seid ihr damit konfrontiert und desto mehr Wirkung haben diese wahren Informationen auch für und in euch."

„Wir haben uns schon über die Dankbarkeit unterhalten. In diesem Zusammenhang habe ich eine Bitte an euch. Können wir uns darüber unterhalten, wie ihr das Bitten, das Wort ‚Bitte' seht? Denn ich würde euch sehr gerne darum bitten, die Menschheit in dem, was vor uns liegt zu unterstützen. Ich habe gerade wieder den Film ‚Gespräche mit Gott' gesehen und die Bücher von Neale Donald Walsch habe ich ebenfalls gelesen. Darin heißt es, dass ‚Bitte' ein Ausdruck des Mangels ist. Könnt ihr mir dazu etwas sagen?"

Inarda: „Ja gerne. Das Wort ‚Bitte' zeigt tatsächlich einen Mangel an, beziehungsweise wird von den Menschen meistens nur dann verwendet, wenn ein solcher Mangel besteht. Ihr bittet oder betet meistens um oder für etwas, das ihr nicht habt, unbedingt haben wollt oder zumindest haben möchtet. Sei es mehr Geld, mehr Gesundheit, bessere Beziehungen, mehr Freunde und so weiter. All dies sind Ausdrücke dessen, dass ihr davon zu wenig habt oder glaubt zu wenig zu haben. Also entspringt die Bitte einem Mangeldenken, das tief in euch verwurzelt ist. Du kannst gerne um eine Antwort auf eine Frage bitten. Doch selbst das ist wieder ein Zeichen von einem Mangel an entsprechendem Wissen. Sonst würdest du ja nicht fragen. Wenn jedoch eine Bitte wirklich vom Herzen kommt, aus eurem tiefsten Seelengrund – die Bitte somit authentisch ist – dann sprecht sie aus. Meistens entspringt eine solche Bitte jedoch eher dem Verstand und ist somit meistens nicht wirklich authentisch. Es ist lediglich Verstandes-authentisch und nicht Seins-authentisch. Doch sei dir gewiss, dass wir es so nehmen, wie es kommt und uns keine Gedanken darüber machen, ob ihr Bitte sagt oder nicht. Und das macht auch Gott selbst nicht."

„Ihr habt bereits mehrfach von ‚Authentizität' und ‚authentisch sein' gesprochen. Was bedeutet das genau für euch?"

Inarda: „Es bedeutet nichts anderes als das ‚Selbst Sein'. Alles, was ihr tut, denkt und fühlt, ist derzeit einigen Regeln unterworfen. Aus verschiedensten Gründen müsst ihr euch danach richten. Wenn ihr dies aber tut, dann seid ihr dem Außen unterworfen. Es kommt nicht von euch. Dann, wenn es direkt aus eurem Inneren kommt – und auch dort entsteht – dann seid ihr, ihr selbst. Das meinen wir mit authentisch. Bei uns ist es so, dass wir keiner von außen an uns herangetragenen Regel unterworfen sind. Das heißt aber nicht, dass es bei uns keine Regeln gibt. Doch diese sind in uns entstanden, aus einer Selbstverständlichkeit heraus geboren. Es ist wiederum eine Sache der individuellen Bewusstheit. Wenn etwas auf Liebe aufgebaut ist, dann braucht es solche von außen kommenden Regeln nicht. Denn dann verhaltet ihr euch so, dass ihr niemand anderem und auch nicht euch selbst schadet. Authentizität bedeutet aber auch eure eigene Wahrheit auszusprechen oder in anderer Form den Menschen mitzuteilen. Doch: Drängt eure Wahrheit niemand anderem auf, der eine andere Wahrheit sein Eigen nennt. Denn dies ist der häufigste Grund für Streitigkeiten zwischen zwei Menschen. Lasst die Wahrheit des anderen genauso stehen, wie sie zu euch gekommen ist und stellt eure Wahrheit dazu. So erreicht ihr, dass die eine Wahrheit um die andere Wahrheit ergänzt wird und somit dem Ganzen wieder ein Stück näherkommt."

„Also so in etwa wie der ‚Bohm'sche Dialog', der auch davon ausgeht, dass jeder seinen Teil dazustellt und nicht versucht, den vorhergehenden Sprecher zu widersprechen oder zu berichtigen oder zu übertrumpfen."

Inarda: „Ja. Das ist durchaus richtig. Dies betrifft jedoch alle eure Kommunikationsformen. Also nicht nur das Sprechen. Selbst die Art und Weise, wie Tätigkeiten ausgeführt werden, gehört dazu."

„Also auch die Körpersprache."

Inarda: „Exakt. Auch diese."

Licht und Liebe, Ziel und Absicht

„Manchmal wird mir dieses ‚Licht-und-Liebe-Gerede' schon wirklich zu viel. Muss dies denn immer so betont werden? Wäre es nicht besser, wenn es ganz normal und selbstverständlich wäre, dass wir so miteinander umgehen, dass dies nicht ständig wieder erwähnt werden müsste?"

Inarda: „Da gebe ich dir recht. Viele deiner Artgenossen sind noch nicht bei diesem Punkt angelangt. Doch das meine ich nicht hierarchisch, sondern in der Art und Weise, dass diese Menschen vielleicht in einem bestimmten Bereich noch nicht an dem Punkt angelangt sind, dies wirklich zu verstehen. Dafür sind sie vielleicht in einem anderen Bereich bereits weiter in ihrer Entwicklung. Du hast immer wiedermal erwähnt, dass du gerne hättest, dass ihr euch ganz normal über diese Themen in der Öffentlichkeit oder am Wirtshaustisch unterhalten könntet, wie über Fußball oder Autos. Dieser Prozess ist im Gange. Und wenn du daran denkst, was mittlerweile an Themen möglich ist, dann ist das durchaus erfreulich. Wenn ‚Licht und Liebe' nicht mehr extra erwähnt zu werden braucht, dann HABT und SEID ihr genau das. Nämlich ‚Licht und Liebe'. Wenn ihr dies seid, dann braucht es keine Worte mehr, die dies beschreiben. Wenn jemand ständig davon spricht, dann ist dies ein mögliches Zeichen dafür, dass bei diesem Menschen selbst ein Mangel daran besteht. Doch das könnt ihr machen, wie es für euch richtig ist und es sich für euch gut anfühlt. Wenn ihr das Wünschen und Senden von Licht und Liebe braucht, dann macht es. Die Hauptsache ist, dass ihr auch in diesem Punkt wieder authentisch seid."

„Also ist es irgendwo das Ziel, dass wir gar nicht mehr darüber reden, sondern es einfach tun. Egal was. Hauptsache authentisch, in Liebe, in der Bewusstheit und im bewussten Sein."

Inarda: „Das ist das Ziel. Vielmehr: Das ist die Absicht. Eure Absicht, von der ihr vielleicht noch nichts wisst. Doch auch das macht nichts. Diese Absicht ist das Unausgesprochene, das Dahinterliegende."

„Also sind wir nun beim Unterschied zwischen Ziel und Absicht. Ich denke, das ist zu erläutern. Die meisten Menschen denken schließlich, dass man sich Ziele setzen muss oder soll. Dies ist im Grunde deshalb so, weil es schon immer so war und die Menschen es nicht anders kennen."

Inarda: „Das ist eine ausgezeichnete Idee. Willst du selbst es tun oder sollen wir es machen?"

„Ich beginne und ihr könnt dann ja noch was ergänzen, wenn meine Darstellung unvollständig ist."

Inarda: „Gut. Dann leg los."

„Beschäftigen wir uns zuerst mit der Erklärung des Begriffes ‚Ziel'. Was ist ein Ziel? Es ist der Endpunkt einer Tätigkeit, eines Vorhabens, eines Projektes. Danach ist Schluss damit und es beginnt eventuell etwas Neues. Für einen Läufer ist das Ziel diese Ziellinie zu überschreiten, für einen Bergsteiger den Berg zu bezwingen und auf dem Gipfel zu stehen. Doch was ist dann? Was ist, wenn dieses Ziel erreicht ist? Ist dann alles vorbei? Hier setzt die Absicht ein, wenn man so sagen will. Die Absicht ist das Danach. Es ist das Ziel nach dem Ziel. Wie geht es mir dann, wenn ich diese Ziellinie überschritten habe oder wie soll es mir dann gehen? Das Ziel ist sozusagen der funktionale Schlusspunkt. Die Absicht ist das geistige, emotionale Ziel."

Inarda: „Das beschreibt es recht gut. Doch eine Kleinigkeit fehlt tatsächlich noch. Die Energie sucht sich den Weg zur Erreichung der Absicht selbst. Das Ziel wird vom Protagonisten bestimmt und auch der Weg dorthin. Der Weg hin zur Erreichung der Absicht kann mit Umwegen verbunden sein, mit Hindernissen und Hürden. Euer Gefühl sagt und zeigt euch jeweils, wie und wo der Weg dann weitergeht. Das Ziel und der Weg zum Ziel ist eine verstandesorientierte Entscheidung, während die Absicht und der Weg zur Erreichung der Absicht aus dem Herzen kommt und vom Gefühl gelenkt und geleitet ist."

„Somit ist das Ziel die 3. Dichte und die Absicht die 5. Dichte?"

Inarda: „Ach, immer diese Unterscheidungen, Einteilungen und Kategorisierungen. Ich weiß, dass das für euch selbstverständlich ist. Aber darüber haben wir uns ja bereits unterhalten."

„Ja ich weiß. Dennoch kann ich sagen, dass viele Menschen darüber noch gar nichts wissen. Also von dem, was du eben gesagt hast. Eben weil es für sie so selbstverständlich ist. Und da nehme ich mich nicht aus. Denn ich verfalle auch selbst immer wieder in dieses Schema. Wir Menschen sind schon ein komisches Volk. Wir wissen oft, was wir nicht machen sollen und tun es trotzdem. Eben weil wir nicht daran denken. Es ist oft ein langer und mühsamer Weg, diese Programmierungen aus unserem Gehirn heraus zu bekommen."

Inarda: „Ihr seid nicht ‚komisch', sondern ‚kosmisch'. Ruft euch das immer wieder in Erinnerung. Das genügt. Es gibt nichts, das nicht kosmisch ist. Denn alle und alles stammt aus der gleichen Quelle. Und diese ist jene, die den ganzen Kosmos, alles was Ist sozusagen erfunden hat. Diese Quelle ist es auch, die euch die Möglichkeit gegeben hat, diese Programmierungen zu erkennen und sie aufzulösen oder zu ersetzen. Genauso hat sie euch und allen anderen Wesen des Kosmos auch die Möglichkeit gegeben, überhaupt Programmierungen zu haben. Ihr seid das Licht, das die Erfahrung des Schattens macht. Und dafür seid ihr von allen Sternenvölkern so sehr geachtet. Denn was ihr absolviert, ist wirklich bewundernswert. Viele Zivilisationen haben bereits diesen Weg beschritten und sind durch den Schatten durchgegangen. Sie wissen, was das bedeutet. Und darum wissen sie auch so sehr zu schätzen, was ihr gerade durchmacht."

„Danke, liebe Inarda. Das ist sehr erfreulich und gibt Hoffnung, dass wir es schaffen."

Inarda: „Ihr habt es bereits geschafft. Ihr seid auf einem Weg, auf dem es kein Zurück mehr gibt. Der sogenannte ‚Point of no return' ist bereits überschritten. Ihr könnt nur mehr diesen Weg nach vorne gehen. Natürlich gibt es immer wieder Weggabelungen, an denen ihr euch entscheiden müsst, welchen Weg ihr nehmt. Doch, wie bereits gesagt, ist jeder Weg richtig. Denn jeder lässt euch Erfahrungen machen. Das Wichtigste ist, dass ihr nicht an dieser Weggabelung verharrt und einfach stehen bleibt – dass ihr euch für einen der möglichen Wege entscheidet und diesen auch geht. Mehr braucht es nicht."

„Und genau das ist für viele – und auch immer wieder für mich – das Schwierigste. Sobald wir in die Phase der Entscheidung kommen, dorthin wo wir uns für oder gegen etwas entscheiden müssen, schaltet sich der Verstand wieder ein und geht alles durch. Alle Möglichkeiten, alle Beteiligten oder davon betroffenen Menschen, alle Konsequenzen und so weiter. Und dann passiert es oft, dass wir uns letztendlich nicht für den einen oder den anderen Weg entscheiden können. Also bleiben wir stehen. Aber ist dieses Stehenbleiben nicht auch eine Entscheidung?"

Inarda: „Durchaus. Doch es ist eine Entscheidung, die euch in jenem Status hält, bei dem ihr die ganze Zeit - oder zumindest einige Zeit – schon seid. Hätte das Wesen Erde sich nie für etwas entscheiden können, dann wäre sie vielleicht immer noch in dem Stadium, wo kein Leben darauf möglich gewesen ist. Und dann würde es auch euch nicht geben."

„Seufz... Du hast ja so recht..."

Erfolg

„Derzeit (2.2.2023) tut sich sehr, sehr viel in meinem Leben, meinem Umfeld, ‚Cosmic Society‘, ‚Cosmic Power‘ und so fort. Doch stellt sich mir immer mehr die Frage: Wie oder womit kann oder soll ich meine Rechnungen bezahlen und eine fünfköpfige Familie über die Runden bringen? Was bisher die gemeinsamen Aktivitäten mit Steffi eingebracht haben und was ich in Sachen IT gemacht habe, haben nicht den gewünschten finanziellen Erfolg gebracht. Das lässt mich teilweise zweifeln und verzweifeln. Bin ich auf dem richtigen Weg? Passt das alles so, wie wir es machen? Meistens fühle ich mich auch noch nicht fit genug, um mehr zu tun oder überhaupt irgendwo einen Job anzunehmen, auch wenn es nur Teilzeit sein sollte. Und das Fahrverbot aus medizinischen Gründen macht es auch nicht leichter. Was kann ich tun? Was können wir als Familie tun? Was kann ich gemeinsam mit Steffi tun?“

Inarda: „Das sind viele Fragen auf einmal. Gleich vorweg: Du hast ‚bisher‘ gesagt. Ja. Das stimmt. Bisher hattet ihr noch nicht den Erfolg, den ihr gerne haben möchtet und der euch auch zusteht. Ihr gebt sehr, sehr viel. Das wissen wir – und wissen es auch sehr zu schätzen. Spiritualität und finanzieller Erfolg sind kein Gegensatz. Wir wissen, dass ihr Geld nach wie vor braucht, um euren Alltag bestreiten zu können. Mit der finanziellen Fülle ist es genauso, wie bei jeder anderen Art von Fülle: Ihr müsst es für euch zulassen, damit sie in euer Leben treten kann.“

„Das habe ich schon so oft gehört. Doch hat mir noch niemand wirklich einen brauchbaren Rat geben können. ‚Du musst in dir dein Mangeldenken auflösen.‘ ‚Du musst das Füllegefühl in dir integrieren.‘ ‚Denke in Fülle und fühle sie.‘ Solche Floskeln sind mir mehr als nur geläufig.“

Inarda: „Ich werde jetzt nicht sagen, was Steffi oder deine Frau tun kann. Ich werde mich mit meinen Worten genau an dich richten. Ich werde dir Ratschläge geben, was du tun kannst.“

„Ok. Dann leg mal los.“

Inarda: „Einer der wichtigsten Punkte ist Vertrauen. Vertrauen in dich, in deinen Körper, in das, was du tust, in die ‚Geistige Welt‘ und so fort. Mir ist schon klar, dass du auch das schon sehr oft gehört hast. Und ich weiß auch, dass dies nicht gerade der leichteste und einfachste Schritt ist, wieder Vertrauen in alles und jedes zu haben. Doch, wie gesagt, ist es der wichtigste. Was ich dir jetzt sage, braucht zusätzlich zum Vertrauen zu mir und uns noch etwas anderes. Nämlich, dass du es auch umsetzt. Ich brauche jetzt kein Versprechen oder so etwas von dir. Absolut nicht. Es genügt, wenn du die innere Bereitschaft dafür bekundest – und diese spüre ich jetzt gerade bei dir – wenn auch aus einer gewissen Verzweiflung heraus und mehr aus dem Verstand als vom Herz."

„Ups. Ertappt."

Inarda: „Nun mein Ratschlag: Mache so weiter, wie du es in den letzten beiden Wochen meistens gemacht hast."

„Was???"

Inarda: „Du hast schon richtig gehört. Ich meine damit, dass du gerade in den letzten Wochen große Fortschritte insofern gemacht hast, als du für dich immer mehr zugelassen hast. Du hast dich wieder mehr am Leben, am Alltagsleben, beteiligt. Ja ich weiß. Manchmal ging es dir nicht so gut und dann hast du dich wieder hingelegt. Das ist ja auch in Ordnung so. Von wem denkst du, kam letztens die Antwort auf deine Frage, wie es weitergeht?"

„Wart ihr das, die mir geantwortet haben ‚Back to life'?"

Eiolo: „Ganz richtig. Hast du uns nicht erkannt?"

„Ich habe mir gedacht, dass du das bist, Eiolo. Aber ich war mir nicht sicher."

Inarda: „Gut. Dann ist das mal geklärt. Zurück zu deinen Fragen. Dein nächster Schritt soll oder wird sein, dass du wieder mehr Zeit in deinem Büro verbringst. Dies gibt dir wiederum die Möglichkeit, dich selbst einen Schritt weiter zu bringen und wieder mehr Vertrauen in dich selbst zu erhalten. Du sagst selbst immer wieder: ‚Wenn man es nicht versucht, dann weiß man nicht, ob es funktioniert.' Das ist ein sehr wahrer Satz. Wende ihn auch weiterhin für dich selbst an. Je mehr du dir selbst vertraust, desto mehr steigt auch jegliches Vertrauen und die Zuversicht, dass alles gut wird. Nein. Bereits gut ist. Ich weiß, jetzt kommt der Einwand, dass es ja noch nicht gut ist. Körperlich stimmt das. Doch wenn ich mir deinen Energiekörper ansehe, dann sind dort bereits alle Lücken geschlossen und die dunklen Stellen verschwunden. Dies ist die Voraussetzung für die Gesundung des physischen Körpers. Diese muss dem Energiekörper folgen. Er kann gar nicht anders. Dies war umgekehrt natürlich auch der Fall. Du hattest große Löcher in deinem Energiekörper, die sich dann auf deinen physischen Körper ausgewirkt haben. Doch, wie gesagt, das ist Vergangenheit. Im Jetzt bist du gesund. Glaube daran. Glaube dir selbst. Das ist auch gleichzeitig der 2. Schritt nach dem Vertrauen. Nur wenn du selbst daran glaubst, dann wird es auch so sein. Jesus sagte: ‚Dir geschehe nach deinem Glauben.' Und wenn du selbst daran glaubst, dann wirst du auch bald wieder fahren dürfen. Das wird noch vor Ablauf des einen Jahres sein, also vor Ende Juni. Du wirst es spüren, wann du die entscheidende Untersuchung machen lassen kannst. Dieses Gefühl wird so stark sein, so unwiderruflich, wird sich so unantastbar richtig anfühlen, dass es gar keinen Zweifel mehr gibt. Wann das so weit ist, das kann ich dir nicht genau sagen. Denn es kommt letztendlich auch auf die ersten beiden Schritte, Vertrauen und Glauben, an. Du wirst es sehen."

„In Ordnung. Ich nehme das mal so, wie du es gesagt hast – obwohl jetzt tatsächlich noch Zweifel in mir vorhanden sind. So ganz kann ich es noch nicht glauben. Oft genug haben sich solche Prognosen schon als unrichtig herausgestellt."

Inarda: „Womit wir wieder beim Glauben wären. Hast du damals wirklich daran geglaubt? So ganz und gar aus deinem Innersten?"

„Na ja. Ich habe wohl eher darauf gehofft, als ich daran geglaubt habe."

Inarda: „Genau das ist der Punkt. Hoffen ist eine Sache des Verstandes. Glauben und Vertrauen kommen aus dem Herzen, von deiner Seele, wenn du so willst. Jedenfalls aus deinem Innersten. Beide können natürlich genauso rein verstandes-gesteuert sein. Das ist richtig. Doch du bist ein Mensch, der sehr gut zwischen Verstand und Herz unterscheiden kann. Also nutze diese wunderbare Möglichkeit auch für dich und nicht nur für andere."

„Wieder seufz..."

„Und was ist der nächste Schritt?"

Inarda: „Achte auf deine körperliche Fitness. Ich weiß, das hörst du auch nicht so gerne, aber es ist wichtig. Du weißt ja: ‚Ein gesunder Geist wohnt in einem gesunden Körper.' Herumliegen und herumsitzen bringt dir nicht die Fitness wieder, die du brauchst, um vollständig zu genesen."

„Oh! Jetzt kommt der erhobene Zeigefinger..."

Inarda: „Keinesfalls. Doch manche Dinge muss man dir schon ziemlich eindringlich nahelegen."

„Und nochmals seufz..."

Inarda: „Du wolltest unbedingt wissen, was du tun kannst. Ich habe dir darauf wahrheitsgemäß geantwortet. Und ich werde dies auch weiterhin tun. Und so komme ich zu einem Punkt, der dir im Grunde schon bekannt ist. Es geht um die Standhaftigkeit, etwas durchzuziehen, wovon du überzeugt bist. Doch diese Überzeugung reicht meistens nur bis dahin, wo die ersten Schwierigkeiten auftauchen. Dann steckst du oft zurück und irgendwann landet es wieder in deiner Schublade – in der tatsächlichen oder in der geistig/gedanklichen. Dein Durchhaltevermögen und auch deine Geduld sind oft auf ein Minimum beschränkt. Wie soll da etwas erfolgreich sein? Wie soll sich finanzieller Erfolg einstellen, wenn du dich mehr nach anderen richtest und selbst nur wenig auf die Reihe bekommst? Wie oft hast du dich schon darauf verlassen, dass Steffi etwas tut für dich oder zumindest mitmacht für dich? Siehst du. Wenn du ganz ehrlich zu dir bist, dann weißt du selbst, warum du noch nicht jenen Erfolg hast, den du dir längst verdient hast. Und ehrlich gesagt: Deine Passivität, die du immer wieder an den Tag legst, darfst du auch ablegen. Mir ist sehr bewusst, dass du immer wieder Pausen brauchst. Doch nimm diese nicht als Ausrede für das Nichtstun."

„Warum habe ich überhaupt gefragt..."

Inarda: „Weil du es wissen wolltest. Was ich gesagt habe, ist die Wahrheit. Und das weißt du auch. Du hast jetzt die Aufgabe, damit umzugehen."

„Und wenn ich das alles in mein Leben integriere, dann wird sich auch der Erfolg, also der finanzielle Erfolg, einstellen."

Eiolo: „Lieber Gerhard. Du kennst doch das Gesetz der Anziehung. Was du aussendest, das kommt zu dir zurück. Wenn du aus deinem Innersten heraus an deinen Erfolg, an den Erfolg deiner Familie, an den Erfolg von ‚Cosmic Society', an Steffis Erfolg, glaubst, dann kann es gar nicht anders geschehen, als dass Erfolg das Ergebnis ist. Du bist doch auch überzeugt davon, dass dieses Buch, das aus diesen Informationen entstehen wird, ein Erfolg wird. Wir haben dir ein paar Möglichkeiten der Veröffentlichung genannt. Egal, wie du dich entscheidest. Sei dir gewiss: Wir unterstützen dich in einer Form, dass es nur ein Erfolg werden kann. Das heißt jetzt nicht, dass wir für dich die Bücher verkaufen. Es bedeutet, dass wir dich in jeglich denkbarer Form unterstützen, damit du selbst es tun kannst. Und dazu gehören auch jene Ratschläge, die Inarda dir vorhin mitgeteilt hat. Die Entscheidung, was du davon umsetzt, liegt ganz bei dir. Diese Entscheidungen nimmt dir niemand ab. Auch wir nicht."

„Oh Mann. Das ist alles gerade etwas heftig für mich. Ich weiß noch nicht so recht, ob ich mich für eure Standpauke bedanken soll oder nicht."

Eiolo: „Wir haben schon gesagt, dass es manche Situationen gibt, die ihr zuerst für euch auf Dienlichkeit überprüfen sollt. Dann könnt ihr euch immer noch bedanken. Und das ist jetzt so eine Situation."

„Wenn ich mir das vorher Gesagte so durch den Kopf gehen lasse, dann ist es – bei Befolgung der Ratschläge – im Grunde völlig egal, um welches Projekt oder welche Tätigkeit es sich handelt. Es wird alles in jedem Fall erfolgreich?"

Inarda: „Eine kleine Einschränkung gibt es."

„Also doch ein Haken..."

Inarda: „Ach Gerhard. Nun lass mich einfach ausreden. Diese Einschränkung ist: Es wird alles erfolgreich, das du wirklich aus dem Herzen heraus tust. Projekte, die nur rein aus dem Verstand kommen und die du wegen des Geldverdienens machst, denen wird nicht gerade viel Erfolg beschieden sein. Es geht nicht um das Geldverdienen. Es geht darum, etwas aus Freude zu machen, aus dem Herzen heraus zu machen, mit deinem ganzen Sein dahinter zu stehen. Das ist der Schlüssel, den du in der Hand hast. Benutze ihn und schließe diese Tür für dich, für deine Familie, für ‚Cosmic Society' und für wen auch immer, auf."

„Oh mein Gott!"

Inarda: „Meiner auch..."

Und dann lachten wir alle drei herzhaft, herzlich und sehr lange.

Namen, Frequenzsignatur, Entscheidungsfreiheit

„Werdet ihr auch mit ‚Eiolo' und ‚Inarda' bei euch zu Hause angesprochen?"

Eiolo: „Nein. Wir haben hier keine Namen. Wir erkennen uns an unserer Frequenzsignatur. Diese Namen benutzen wir nur dann, wenn wir sie brauchen. Zum Beispiel, wenn wir mit euch Menschen in Verbindung treten."

„Frequenzsignatur? Das kenne ich von den Wesen in Innererde."

Eiolo: „Richtig. Auch dort werden lediglich die Frequenzsignaturen, die eine Art Code darstellen, verwendet. Genau genommen werden sie von allen Sternenvölkern verwendet, die eine Spur weiter als die Menschen der Erde sind."

„Was meinst du mit ‚eine Spur weiter'?"

Eiolo: „Ihr habt einen Bewusstseinsstand, der Sprache noch als Hauptkommunikationsmittel benutzt. Wesen, die dies nicht mehr brauchen, weil sie sich rein telepathisch austauschen, benutzen alle ihre Frequenzsignaturen."

„Na ja. Wenn man nichts sagt, dann ist ein Name wirklich sinnlos. Das heißt, dass wir Menschen der Erde auch so eine Frequenzsignatur haben. Gibt es überhaupt etwas, das keine hat?"

Eiolo: „Nein. Das gibt es tatsächlich nicht. Egal ob Mensch, Tier, Pflanze, Grashalm, Baum, etwas von euch Geschaffenes, Planet, Meteorit, Asteroid und so fort. Alles hat eine solche Signatur."

„Auch Gott selbst?"

Inarda: „Natürlich. Sonst hätte alles andere – da ja alles aus ihm und von ihm stammt – auch keine."

„Das ist einleuchtend. Gibt es eigentlich etwas, wofür ihr uns Menschen beneidet?"

Eiolo: „Beneiden kann man nicht sagen. Denn Neid ist etwas, das wir nicht kennen. Doch würde ich gerne wissen, wie es sich anfühlt, eines eurer Autos zu fahren."

„Du kannst gerne kommen und mit meinem fahren. Ich darf eh nicht. Dann stelle ich dich als meinen Chauffeur ein."

Inarda: „Deine Frau hat einen sehr liebevollen Umgang mit den Lebensmitteln. Wie sie die Äpfel schält, die Karotten schneidet, das ist nicht einfach nur so ein funktionelles Arbeiten, sondern ein liebevolles Zubereiten. Das würde ich gerne mal probieren und deiner Frau beim Kochen assistieren."

„Da würde sie sich sicher sehr freuen. Ich werde es ihr morgen jedenfalls erzählen."

„Wie ist das eigentlich mit der Entscheidungsfreiheit? Haben wir immer selber die Möglichkeit zu entscheiden oder werden uns manche Entscheidungen auch von ‚oben' abgenommen?"

Inarda: „Wir haben alle die Entscheidungsfreiheit bekommen und die Menschheit im Besonderen. Wie sollte sich Gott anders erfahren können, wenn er seinen Geschöpfen nicht das Recht der freien Entscheidung mitgegeben hätte? Dies ist ein wesentlicher Faktor eures und unseres Seins. Natürlich bedeutet das auch, dass wir die Verantwortung für jede unserer Entscheidungen selbst übernehmen müssen. Das trifft bei uns genauso zu, wie bei euch. Doch gehen wir etwas anders mit dieser Freiheit um, als es viele Menschen tun. Wir nehmen diese Freiheit freudig an. Viele Menschen sind jedoch nicht in der Lage, wirklich Entscheidungen für sich selbst zu treffen. Deshalb gibt es bei vielen eine Art Stillstand in ihrer Entwicklung oder diese schreitet zumindest nur sehr langsam voran. Wir freuen uns über diese Freiheit, wogegen die Menschen immer wieder damit hadern und es eher als Bürde, als Last, empfinden. Viele, gerade Menschen, die sich sehr spirituell wähnen, meinen, dass alles von oben kommt, dass alles an höherer Stelle entschieden wird. Doch dem ist nicht so. Sie schieben ihr eigenes Entscheidungsdefizit nach außen ab, sodass sie auch die Verantwortung selbst nicht übernehmen müssen – und gegebenenfalls sogar jemand anderem die Schuld für ihre missliche Lage geben können. Doch es ist so eine wunderbare Gabe, dass wir alle unsere Entscheidungen frei treffen können. Diese Freiheit ist eines der schönsten Geschenke, die wir für unser Sein erhalten haben."

„Das stimmt allerdings. Selbst zu entscheiden bedeutet auch die Verantwortung selbst zu übernehmen. Das ist tatsächlich oft nicht leicht für uns. Denn wir gehen da ganz gerne alle möglichen Szenarien durch. Ich weiß, das ist wieder eine Sache des Verstandes, der sich immer wieder und überall gerne einmischt."

Inarda: „Es ist vor allem immer wieder das Ungleichgewicht, die Unausbalanciertheit zwischen Herz und Hirn – um es mal so salopp zu beschreiben – welche euch immer wieder in diese Lage versetzt. Schiebt den Verstand nicht weg, sondern integriert ihn als gleichwertigen Partner. Das ist der Rat, den wir euch dazu geben können."

Himmelskörper, Sichtbarkeit, Bewusstsein

„Nun zu einem ganz anderen Thema. Vor Kurzem gab es ja den Vorbeiflug eines Kometen – sehr dicht an der Erde. Was hat es mit diesem Kometen auf sich? Gibt es da vielleicht eine spirituelle Komponente, die erwähnenswert ist?"

Eiolo: „Durchaus. Dieser Komet hat die Erde mehrfach umkreist und ist dann, wie du richtig gesagt hast, dicht an der Erde – sozusagen bei seinem Heimflug – an die Erde herangekommen. Was ich gerade als ‚Heimflug' bezeichnet habe, ist das Wiedereintauchen in den Kosmos, woher er gekommen ist. Doch er hatte eine Botschaft für euch mit im Gepäck, um es mal so zu nennen. Denn auf seiner Reise sammelte er sehr viel kosmische Teile auf, kosmischen Staub, wenn man so will. Dieser Staub ist durchsetzt mit dem Bewusstsein des Alls. So wie er selbst auch. Dieser Staub wurde zu euch auf die Erde gebracht. Er hat ihn sozusagen bei der Umrundung und dem Vorbeiflug an der Erde abgeladen. Dadurch kamen viele neue Energiepartikel zur Erde, die bisher noch nicht vorhanden waren. Es erfolgte dadurch eine Vervollständigung der bereits auf der Erde befindlichen Energien. Diese Energien brauchen einige Zeit, um sich mit euch zu verbinden. Eure physischen Körper brauchen ebenfalls eine gewisse Zeit, um diese neuen Energien zu integrieren. Dies kann sich allerdings wieder in gewissen Symptomatiken auswirken. Schwindel und Schlaflosigkeit sind nur zwei davon."

„Wozu braucht der Mensch diese Energien und was bewirken sie?"

Eiolo: „Wie gesagt. Es sind ergänzende Energien. Das bedeutet, dass ihr sozusagen ein Update erfahrt, das euch weiter in ein Bewusstsein bringt, das immer mehr dem bewussten Sein entspricht. Also in einen Zustand, der eurem – von euch so bezeichneten – Aufstiegsprozess sehr förderlich ist."

„Was ist der Aufstiegsprozess für euch?"

Inarda: „Wir nennen es Bewusstwerdungsprozess. Denn es ist kein ‚hinauf' in dem Sinne, was dieses Wort üblicherweise für euch bedeutet. Es geht nicht irgendwo hinauf, wie auf einen Berg. Vielmehr ist es eine Erweiterung, die sich hier abspielt. Und wenn wir dazu etwas beitragen können, dann freut uns das. Doch es ist nicht wichtig, ob wir oder jemand anderes euch dabei unterstützen. Das Wichtigste ist, dass ihr euch weiter ausdehnt. Sowohl aus spiritueller, als auch aus energetischer Sicht."

„Wir sind über jede Unterstützung froh. Ich fühle es ebenfalls als Erweiterung. Es macht für mich absolut Sinn, diesen Prozess so zu bezeichnen. Denn irgendwie hat sich die Bezeichnung ‚Aufstieg' für mich noch nie passend angefühlt."

Inarda: „Man kann es auch als Ausdehnung bezeichnen. Das sagt ebenfalls das aus, was es tatsächlich ist."

„Ich habe nun eine weitere Frage, die sich mit dem Weltgeschehen – zumindest im weiteren Sinne – beschäftigt. Wann werdet ihr oder jemand anderer aus den Sternenvölkern euch unwiderlegbar zeigen?"

Eiolo: „Diese Frage musste ja irgendwann kommen..."

„Jetzt ist sie da."

Eiolo: „Diese Frage wird uns interessanterweise immer nur von den Erdenmenschen gestellt. Andere Völker, die sich in etwa auf dem gleichen Entwicklungsstand befinden, fragen das nie. Aber gut. Ich werde dir auch diese Frage beantworten. Doch das ist gar nicht so einfach. Die Fragestellung deutet darauf hin, dass ihr ein Thema mit ‚Geduld' habt."

„Da möchte ich jetzt dazwischen grätschen. Ja. Die Geduld ist oder wird oft ziemlich strapaziert. Immer wieder wird uns euer Kommen prophezeit. Doch bisher ist das noch nicht eingetreten. Ich weiß. Es gibt verschiedenste Aufzeichnungen, Fotos und sogar Filmaufnahmen, die Begegnungen von Menschen mit Außerirdischen zeigen. Doch das liegt in der Vergangenheit. Was ist mit der Gegenwart?"

Eiolo: „Definieren wir zuallererst den Begriff ‚Außerirdische'. Die meisten Menschen assoziieren damit Wesen, die nicht so aussehen, wie ihr. Das ist durchaus verständlich. Denn genau solche Wesen werden euch ja in der Regel in Filmen gezeigt. Dort sind hauptsächlich Greys, kleine und große, zu sehen. Oder auch teilweise schaurig aussehende Typen. Habt ihr schon mal darüber nachgedacht, ob die Außerirdischen wirklich so aussehen müssen? Was ist, wenn sie sich in keiner Weise – oder zumindest nicht offensichtlicher Weise – von euch unterscheiden? Was ist, wenn sie praktisch genauso aussehen, wie ihr selbst?“

„Ja. Viele von uns schon. Mir – und da bin ich bei Weitem nicht alleine – ist durchaus bekannt, dass es Wesen gibt, die unser Aussehen haben.“

Eiolo: „Also könnt ihr gar nicht sagen, ob nicht jemand, der euch auf der Straße begegnet, ein irdischer oder außerirdischer Mensch ist. Ihr wartet auf eine offizielle Bestätigung. Das ist uns klar. Eure Regierungen und Medien hatten schon längst die Möglichkeiten, wirklich mehrere Chancen, gehabt, unsere Existenz öffentlich zu machen. Doch das wurde jedes Mal verhindert. Denn es wäre gegen deren Agenda. Diese besagt, dass die Existenz nicht bekannt gegeben werden darf. Es müsste sonst eure ganze offizielle Geschichte umgeschrieben werden und die Medien und Politiker würden mit einem Schlag ihre Existenzberechtigung verlieren. Nicht die physische, sondern jene Position, die sie öffentlich innehaben. Was ich damit sagen will ist, dass es keine öffentliche oder offizielle Bekanntgabe unserer Existenz geben wird. Wir sind ungeachtet dessen immer schon auf der Erde in physisch sichtbarer Form in Erscheinung getreten. Und das wird auch weiterhin so sein, beziehungsweise verstärkt werden.“

„Deshalb kannst du uns auch keinen Zeitraum für euer Erscheinen geben?“

Eiolo: „Richtig. Ihr werdet sie jedoch erkennen, wenn sie euch begegnen. Jeder Mensch, der dafür bereit ist, wird noch in diesem Jahr eine solche Begegnung haben. Ob ihr sie dann erkennt, das liegt an euch und kann ich nicht abschätzen.“

„Nun gut. Das ist schon mal etwas, mit dem ich – und wohl auch viele andere – etwas anfangen können.“

Eiolo: „Und noch etwas: Es wird mit ziemlicher Sicherheit auch keine Massenlandungen geben. Zumindest vorerst nicht. Die Mitglieder der ‚Galaktischen Föderation‘ beraten zwar immer wieder darüber, doch so wirklich einig sind sie sich noch nicht. Die meisten sind der Meinung, dass so ein Ereignis bei vielen Menschen einen ziemlichen Schock auslösen würde, der für den Gesamtprozess nicht dienlich sein würde.“

„Dem kann ich durchaus etwas abgewinnen. Manchmal braucht es jedoch genau so einen Schockmoment, damit das gesehen wird, was gesehen werden soll."

Eiolo: „Auch dies wurde in einer der letzten Sitzungen erörtert. In drei bis vier Monaten eurer Zeitrechnung wird darüber abgestimmt. Wie gesagt. Derzeit sind jene in der Mehrzahl, die von einer solchen Vorgehensweise abraten."

„Ich wäre gerne wiedermal bei einer Sitzung der ‚Galaktischen Föderation' dabei. Lässt es sich einrichten, dass ich zumindest wieder als unbeteiligter Zuhörer dabei sein kann, wie vor ungefähr 10 Jahren?"

Eiolo: „Ich werde den Vorschlag in Betracht ziehen und weiterleiten. Die Erfahrung und Voraussetzungen erfüllst du jedenfalls dafür."

„Danke! Damals bin ich ja – nach einer kurzen Phase der direkten Beteiligung an den Gesprächen – freiwillig ausgeschieden. Doch irgendwie juckt es mich doch wieder sehr dabei zu sein."

„Gibt es eigentlich etwas, das nicht Bewusstsein ist? Ich meine diese Frage durchaus so, wie ich sie gestellt habe. Also nicht in der Form, dass es Bewusstsein hat, sondern tatsächlich in jener, das nicht Bewusstsein IST."

Inarda: „Das ist eine gute Frage. Ich möchte dir mit einer Gegenfrage antworten. Gibt es etwas, das nicht von Gott, dem Schöpfer, der Quelle, kommt?"

„Wohl nicht."

Inarda: „Genauso ist es auch mit dem Bewusstsein. Alles IST Bewusstsein. Und genau das wird immer wieder in einer Form verstanden, die ihr als falsch einstufen würdet. Ihr selbst seid Bewusstsein. Ihr habt es nicht. Ihr seid es. Darüber haben wir uns bereits unterhalten, aber wir können gerne nochmals darüber reden. Denn ganz dürfte es noch nicht zu dir durchgesickert sein, wie wir es sehen."

„Ja schon. Es ist eher eine Frage, die ich nicht für mich stelle, sondern für die Leser."

Inarda: „Bist du getrennt von den Lesern? Fühlst du dich als jemand anderer, als die Leser? Ich denke nicht. Somit stellst du jede Frage auch für dich selbst. Wir haben über Thoth und der Erschaffung der Pyramiden gesprochen, und dass er diese so schnell manifestieren konnte, weil er diese Pyramiden war. Sein ganzes Sein war zu diesem Zeitpunkt diese Pyramiden. Somit seid ihr immer Bewusstsein. Ob ihr das nun auch so seht oder nicht, ist im Grunde nicht wirklich wichtig und ändert auch nichts daran. Es gibt nichts außerhalb des Bewusstseins."

„Ok. Das war deutlich. Danke dir."

Inarda: „Das Beispiel mit Thoth zeigt auch, dass ihr immer das am einfachsten und schnellsten manifestiert, das ihr selbst seid. Bewusstsein seid ihr jedoch immer – genauso, wie ihr immer Mensch seid."

Aktueller Anlass, Monopolarität, Gott

„Aus aktuellem Anlass (es ist gerade der 3.2.2023 um 21 Uhr): Ich habe gerade wieder eure Methode zum Integrieren der aktuellen Energien angewendet, die ihr mir gegeben habt. Seither habe ich sie schon öfter praktiziert. Sie hilft mir sehr gut. Nochmals vielen Dank dafür. Jetzt ist es so, dass ich kalte Hände und Füße habe. Doch unter den Achseln schwitze ich. Was hat das zu bedeuten?“

Inarda: „Zum einen ist es ein Zeichen, dass es wirkt. Das Schwitzen bedeutet, dass die überschüssige Energie, also jene, die zu viel in den Körper aufgenommen wurde, auf diesem Weg wieder aus dem Körper hinausgeht. Der Satz: ‚Ich integriere alles in meinem Körper, das mir dienlich ist.‘ sagt ja aus, dass vieles im oder vom Körper aufgenommen wird. Manchmal kann es jedoch sein, dass dadurch zu viel Energie im Körper angesammelt wird. Und dies wird auf diesem Wege wieder ausgeschieden. Die kalten Hände und Füße stehen damit nicht im Zusammenhang – zumindest nicht direkt. Es deutet darauf hin, dass in deinem Kreislauf ein Ungleichgewicht besteht. Dies hat vor allem damit zu tun, dass derzeit deine Umgebungstemperatur und dein Umfeld nicht optimal sind. Du hast die Beine unter einer Decke und die Hände heraußen. Sonst könntest du ja am Laptop nicht schreiben. Dies bewirkt aber, dass die Füße eine ganz andere Temperatur unter der Decke vorfinden, als dies die Hände tun. Nimm die Beine unter der Decke hervor. Dann wird es sich bald wieder ausgleichen. Ein bisschen Zeit musst du deinem Körper schon dafür einräumen. Es wirkt nicht sofort.“

„In Ordnung. Ich habe die Beine jetzt heraußen. Mal schauen. Danke. Aber warum schwitze ich gerade unter den Achseln?“

Inarda: „Durch das Reiben wird unter anderem das Lymphsystem aktiviert. Unter den Achseln befinden sich einige Lymphknoten. Deshalb erfolgt diese Ausscheidung unter den Achseln bei diesen Lymphknoten.“

„Also jetzt, nach einer Nacht, kann ich sagen, dass ich genau das erlebt habe. Deine Beschreibung passt genau. Danke.!

Inarda: „Na siehst du…“

„Nun habe ich ein ganz anderes Thema, das ich gerne mit euch besprechen möchte. In ‚Gespräche mit Gott' wird davon gesprochen, dass das Eine nicht ohne das Andere existiert, bzw. existieren kann. Es gibt kein Rechts ohne Links, kein Falsch ohne Richtig und so fort. Wie wird das, wenn wir nach dem Polsprung in die Monopolarität gehen?"

Eiolo: „Wir haben davon gesprochen, dass die Erde nach dem Polsprung von der Bipolarität in die Monopolarität gehen wird. Doch wir haben auch besprochen, dass die Dualität trotzdem vorhanden bleiben wird. Und genau um diese Dualität geht es. Die von dir angeführten Beispiele zeigen diese Dualität auf. Die dualen Dinge bleiben bestehen. Denn um das eine zu erkennen, braucht es das andere. Stell dir vor, es ist überall Licht. Wie würde das Licht erkennbar sein, wenn überall Licht ist? Wenn die Sonne scheint, dann schaltet ihr ja auch das Licht in euren Häusern und Wohnungen nicht zusätzlich ein. Wenn es ausreichend hell ist, ist dies ja auch nicht notwendig. Erst dann, wenn es dunkel wird, wird der Schein einer Kerze wirklich sichtbar. Somit erkennt sich auch die Kerze dann selbst, wenn es im Außen dunkel wird. Genauso ist es auch bei euch. Das Eine ist – wie gesagt – nicht ohne das Andere erkennbar. Sogar die Erde selbst hat den Tag – die Wachphase – und die Nacht – die Schlafphase. Genau wie ihr selbst. Es geht um das Erkennen. Um das Erkennen des jeweils anderen Teils in euch und um euch herum. Verstehst du, was ich meine?"

„Ich denke schon."

Eiolo: „Gut. Dann fahre ich fort. Gott selbst – und ich bleibe jetzt bei dem Begriff ‚Gott' – hat es so eingerichtet, dass ihr beide Seiten erfahren sollt. Und ihr alleine, jedes Wesen, ist dafür verantwortlich, was und wie die jeweilige Seite gelebt wird. Ihr könnt euch für das Böse oder das Gute entscheiden. Es ist eure Wahl. Dies trifft natürlich in gleicher Weise genauso auf uns und auf jedes andere von Gott erschaffene Wesen zu. Doch ich bleibe nun bei euch in meinen Ausführungen – bei den Menschen der Erde. Gott wollte und will sich in allen Aspekten erfahren. Dies geht aber nur, wenn alle die Freiheit haben, beide Seiten zu leben. Die Entscheidung, welche Seite ihr wählt, habt ihr selbst. Für diese Entscheidung müsst ihr aber auch selbst die Verantwortung übernehmen. Gott sagt nicht, dass ihr dieses oder jenes nicht tun dürft, weil das böse ist.

Nein. Er lässt euch die Wahl. Er schreitet auch nicht ein, wenn ihr im Streit mit jemandem liegt oder wenn es gar Krieg gibt. Denn auch dies sind Aspekte, die Gott selbst nur durch euch erfahren kann. Diese vollständige Freiheit zu haben, ist natürlich auch mit einer großen Verantwortung verbunden. Und auch diese Verantwortung ist wiederum ein Aspekt, den Gott erfahren will. Es sind immer eure oder unsere Entscheidungen, die die Gesamtheit des Seins Gottes ausmachen. Er urteilt nicht. Er verdammt euch nicht. Er lobt euch auch nicht. Er nimmt es so, wie es eben ist. Ohne Wenn und Aber."

„Heißt das, dass wir alles tun können, wie es uns beliebt?"

Eiolo: „Ja. Und das trifft auf alle Wesen zu. Uns mit eingeschlossen. Gott bestraft euch auch nicht für ein Vergehen. Denn ein Vergehen ist etwas, das lediglich aus eurer Beurteilung heraus ein Vergehen ist. Nicht in den Augen Gottes. Denn auch so etwas ist einfach, wie es ist. Eure Kirchen und Glaubenssysteme sprechen immer wieder von einem strafenden Gott. Doch wie kann er ein strafender Gott sein, wenn er alles einfach so nimmt, wie es ist? Das geht gar nicht. Diese Ansicht wurde nur von Menschen ausgedacht, um euch kleinzuhalten und damit ihr ewig in einer Schuld lebt, die euch zu einer manipulierbaren und hörigen Masse machen. Doch auch die Freiheit dieser Religionen ist eine Freiheit, die von Gott so eingerichtet wurde. Es ist ein weiterer Erfahrungsaspekt für ihn. Das Konzept eines strafenden Gottes wurde auch eingerichtet, um euch in den Begriffen ‚Himmel' und ‚Hölle' denken zu lassen. Es gibt im Grunde beides nicht. Es gibt keine Hölle und auch keinen Himmel. Es ist, wie es ist. Wenn ihr etwas Falsches macht – aus der menschlichen Ansicht heraus – dann kommt ihr nicht in die Hölle. Genauso wenig kommt ihr in den Himmel, wenn ihr etwas Richtiges macht. Denn wer beurteilt, was falsch und was richtig ist? Doch nur ihr selbst. Die Menschen tun das, nicht Gott. Wenn es keine Hölle gibt, dann kann es auch keinen Himmel geben. Zumindest nicht in der Form, wie dieser Begriff von euch verwendet wird und ihr ihn mit Inhalten füllt. Es kann nicht Frieden ohne Krieg geben. Genauso kann es kein Falsch ohne ein Richtig geben. Alles, wirklich alles, sind Konstrukte, die der Mensch selbst geschaffen hat. Von Gott stammt die Möglichkeit, dies zu tun. Und, wie gesagt, trifft das alles auch auf alle anderen Wesen zu."

„Ich verstehe, was du damit sagen willst. Doch: Warum hat Gott überhaupt so etwas wie Krieg in sein Konzept der Möglichkeiten aufgenommen?“

Eiolo: „Das hat er ja gar nicht.“

„Nicht? Warum gibt es das dann?“

Eiolo: „Gott hat allen Wesen einfach freie Hand gegeben. So frei, dass alles gemacht werden kann. Krieg ist eine Entscheidung des Menschen. Gott hat Krieg nicht irgendwo in einem Konzept niedergeschrieben. Er hat dem Menschen einfach alle Freiheiten gegeben. Was jemand mit dieser Freiheit anfängt, ist seine Entscheidung.“

„Er hat also quasi gesagt: ‚Ich erschaffe den Menschen und was er macht, ist mir egal.‘?“

Eiolo: „Ja, so kann man es kurz zusammengefasst sagen. Bis auf ein kleines Detail. Er hat nicht gesagt, dass es ihm egal ist. Denn damit hätte er bereits wieder eine Bewertung in sein Tun integriert. Er hat gesagt: ‚Ich erschaffe den Menschen nach meinem Ebenbild.‘ Nicht mehr und nicht weniger.“

„Langsam, aber sicher verstehe ich das Konzept. Das ist wohl auch der Grund, warum wir auch nicht und nichts beurteilen sollen, sondern einfach so nehmen, wie es ist. Das ist oft schwierig genug.“

Inarda: „Wir wissen über eure Schwierigkeiten damit. Etwas zu beurteilen wurde euch von Geburt an eingedrillt. ‚Das ist schlecht. Das ist böse. Das darfst du aus diesen und jenen Gründen nicht.‘ sind wohl Sätze, die ihr vom Babyalter an immer wieder gehört habt. Doch verurteilt eure Eltern nicht dafür. Sie wussten es nicht anders. Denn auch sie haben wiederum von ihren Eltern das Gleiche erfahren. Doch ihr, ihr derzeit auf der Erde lebenden Menschen, habt nun die Möglichkeit es anders zu machen. Ihr habt das Wissen darüber, welche Wirkung Be- und Verurteilungen haben können. Und ihr habt die Zeitqualität sozusagen auf eurer Seite, die den entsprechenden Prozess unterstützt. Das ist eure Chance. Und ihr seid auf einem sehr guten Weg.“

„Naja. Gerade was dieses Be- und Verurteilen anbelangt, so scheint es uns tatsächlich in die Wiege gelegt worden zu sein. Es ist sozusagen in unserer

DNA angelegt. Zumindest sieht es immer wieder so aus. Interessanterweise wird ja dies nicht nur für aktuelle Situationen angewendet, sondern sehr gerne auch was die Zukunft und die Vergangenheit anbelangt. Es wird frisch und fröhlich die Zukunft schon verurteilt und verdammt – oder zumindest schlecht gemacht – bevor sie überhaupt da ist. Das Gleiche passiert mit der Vergangenheit. Auch hier wird oder werden Situationen schlecht geredet. Zumindest im Nachhinein. Wir Menschen sind schon eine komische Spezies..."

Inarda: „Du machst gerade etwas, das die häufigste Be- und Verurteilung darstellt. Nämlich dies mit sich selbst zu tun. Danke für dieses anschauliche Beispiel. Wie oft be- oder verurteilt ihr euch selbst für das, was ihr getan oder nicht getan, gesagt oder nicht gesagt, gefühlt oder nicht gefühlt, habt? In diesem Punkt habt ihr noch viel Potenzial, es anders zu machen."

Bewusstes Denken, Akasha-Chronik, Himmel

„Ja ich weiß. Es ist auch das irgendwie in uns eingepflanzt worden. Und es ist schwer, dies wieder aus unseren Gehirnen herauszubekommen. Es ist einfach so selbstverständlich für uns, dass wir gar nicht darüber nachdenken, bevor wir es tun."

Eiolo: „Und damit kommen wir zum nächsten Punkt: zum ‚bewussten Denken'. Die meisten eurer Gedanken haben mehrere Faktoren gemeinsam. Zum einen sind sie unbewusst. Zum anderen sind sie unkontrolliert. Und nochmals zum anderen ist die Denkweise für euch in der Form selbstverständlich. Dies alles veranlasst euch dazu, eure Gedanken gar nicht mehr zu überprüfen. Wenn ihr sie gedacht habt, dann ist das für euch so in Ordnung. Das ist ja grundsätzlich passend. Doch versucht bitte mal euch eine Frage zu stellen. Egal, welche ihr wählt. Diese Frage beantwortet ihr dann spontan. Und dann stellt euch die Frage nochmals und denkt sowohl über die Frage selbst, als auch über die Antwort nach. Akzeptiert erst dann eine Antwort, wenn sie sich gut und richtig für euch anfühlt. Ich bin mir sicher, dass die Antwort dann ganz anders ausfällt, als im ersten Fall. Zumindest wird das sehr, sehr häufig der Fall sein."

„Ja. Das ist sicher so. Ich habe es schon mehrmals so gemacht. Es war sogar jedes Mal so, dass der bewusste Denkvorgang ein anderes Ergebnis brachte. Sogar, wenn ich über eine Frage mehrmals nachgedacht habe, kam immer wieder ein anderes Ergebnis heraus. Welches soll man dann nehmen?"

Eiolo: „Das, was sich für euch am besten anfühlt."

„Ah ja..."

Eiolo: „Das Beste ist, wenn ihr dies nur einmal macht, nur noch einmal nachdenkt über die Frage. Vor allem dann, wenn ihr bei mehrmaligem Nachdenken Schwierigkeiten habt, euch für eine Antwort zu entscheiden. Doch auch das könnt ihr mit Nachfragen überprüfen. Oder ihr wählt eine andere Methode der Ermittlung, wenn ihr Probleme habt, euren eigenen

Gedanken und Antworten zu vertrauen. Zum Beispiel könnt ihr ein Pendel zur Hand nehmen und es austesten."

„Ihr beide seid super! Danke für eure praktischen Ratschläge, die ihr immer wieder in eure Antworten einbaut. Das bringt mich zu einer – na ja, nicht ganz ernst gemeinten – Frage: Habt ihr eigentlich auf jede Frage eine Antwort?"

Inarda: „Du bist lustig. Deshalb möchte ich dir auch in lustiger Weise antworten: Eine Antwort haben wir immer, aber es ist nicht sicher, ob sie immer zur gestellten Frage passt. Um wieder auf eine etwas ernstere Ebene zu gehen, möchte ich dir jedoch auch sagen, dass wir nicht immer eine Antwort haben. Wir haben auch in diesen Informationen schon gesagt, dass wir manches nicht wissen. Das ist ganz normal. Doch was heißt es, etwas nicht zu wissen? Es bedeutet lediglich, dass es mit dem derzeitigen Wissensstand nicht beantwortbar ist. Und das sollte allen wieder Ansporn sein, sich zu informieren, andere Quellen zu befragen. Wir sind nicht allwissend. Wenn wir etwas nicht wissen, dann befragen wir oft die Akasha-Chronik. Und das ist etwas, das ihr auch selbst tun könnt. Und wenn ihr es nicht selbst könnt, dann habt ihr einige Menschen, die das sehr gut können und machen."

„Was ist eigentlich eure Definition für die Akasha-Chronik? Was ist sie für euch? Sie wird ja immer wieder als eine Art universelle Datenbank beschrieben. Ich bin schon lange in der IT tätig und weiß genau, wie Datenbanken funktionieren und aufgebaut sind."

Eiolo: „Die Akasha-Chronik ist nichts anderes als das euch und alles umgebende Feld. Wenn ihr einen Gedanken denkt, dann ist er nicht weg. Er ist zwar vielleicht aus eurem Kopf heraußen, doch ist er nun im Feld, im Universum, vorhanden. Nichts verschwindet einfach. Alles ist für immer da. Der Vergleich mit einer Datenbank für die Akasha-Chronik ist gar nicht so abwegig. Doch dürft ihr sie nicht mit jenen Datenbanken vergleichen, die ihr auf euren Computern habt. Dies sind sogenannte relationale Datenbanken. Die Akasha-Chronik ist jedoch eine universelle Datenbank. Dort braucht es keinen Schlüsselbegriff, keinen Index oder so etwas in der Art. Am besten kann man es vielleicht noch mit einer Volltextsuche vergleichen. Jeder Gedanke, jedes Gefühl, jede Handlung, einfach alles, wird in dieser Datenbank abgelegt. Es kann gar nicht anders sein, denn nichts verschwindet einfach oder löst sich auf. Alles ist Energie und diese kann lediglich transformiert werden, in einen anderen Seinszustand gebracht werden oder sich selbst dazu bringen. Die Akasha-Chronik ist somit etwas, das man auch als das übergeordnete Bewusstsein bezeichnen kann. Oder noch besser: das Bewusstsein selbst. Noch anders formuliert: Die Akasha-Chronik IST Bewusstsein. Sie ist niemals von euch getrennt. Sie ist in euch. Sie ist ein Teil von euch – von dem, das ihr selbst seid. Ich betone es nochmals: Dies ist für jedes Wesen in allen Universen so."

„Also wird auch das Negative darin gespeichert?"

Eiolo: „Natürlich. Absolut alles. Wobei es nicht als Negatives oder Positives gespeichert wird. Es ist einfach, wie es ist. Die Energie selbst ist nie negativ oder positiv. Sie ist einfach. Und genau so befindet sie sich auch in der Akasha-Chronik. Wo sollte sie auch sonst sein? Energie ist im Feld und das Feld ist Energie. Alles ist Energie."

„Du hast vorhin gesagt, dass es den Himmel nicht gibt oder nicht in der Form, wie wir uns das vorstellen. Was meinst du damit? Ist es falsch zu sagen, dass man in den Himmel kommt, wenn man ein gutes Leben gelebt hat? Das würde so manche Vorstellung, ja so manches Ziel der Menschen, so richtig zertrümmern. Von den Religionen und Glaubenssystemen ganz zu schweigen."

Eiolo: „Was ich damit meinte ist Folgendes: Ihr stellt euch vor – und es wurde euch ja auch regelrecht so eingepredigt – dass ihr gottgefällig, fromm, brav, ohne Sünde, nichts Falsches machend, und was weiß ich noch alles, sein müsst damit ihr in den Himmel kommt. Erkennst du das Muster? Erkennst du, was dahintersteht? Nun. Es sind von Menschen gemachte Regeln, die euch in eine bestimmte Richtung zu lenken versuchen – und dieses auch oft erfolgreich tun und getan haben. Doch es sind keine Regeln, keine Gebote, die Gott euch auferlegt hat. Denn was ist gottgefällig? Was ist fromm? Was müsst ihr tun, um als brav bezeichnet zu werden? Es sind alles von Menschen erstellte und ersonnene Regeln, die zur Unterdrückung der Massen geschaffen wurden. Nicht mehr und nicht weniger. Lass uns –

zum besseren Verständnis – darüber sprechen, was der sogenannte Himmel wirklich ist. Wenn ihr die Seite wechselt, vom physischen Leben in das nicht-physische Leben wechselt, dann seid ihr, genauso wie im physischen Leben, immer mit Gott verbunden. Es geht gar nicht anders. Denn Gott ist alles. Und jedes Wesen ist auch alles. Es gibt nichts, das von Gott getrennt ist. Wenn nun die Seele den Körper verlässt, dann kehrt sie in einen Seinszustand zurück, aus dem sie gekommen ist – erweitert um die Erfahrungen des gerade erlebten Lebens. Es ist völlig egal, ob ihr ein Bettler oder ein Multimillionär ward, ein Täter oder Opfer, eine Frau oder ein Mann, ein Herrscher oder Untertan. Jede Seele macht ihre Erfahrungen, die sie in jenes Reich mitnimmt, das vielfach auch als Nirwana bezeichnet wird. Gerade der Ausdruck ‚Nirwana' trifft es meiner Meinung nach sehr gut. Denn er bedeutet so viel wie ‚Allerfassendes'. Und schon alleine daran ist zu sehen, dass alles und jedes, jede einzelne Seele, darin aufgenommen wird. Es kann gar keine Nichtaufnahme erfolgen. Es geht schlicht und einfach nicht."

„Hmmm... Das bedeutet also, dass die Seele gar nicht wirklich dorthin geht, da sie immer dort ist. Was ja auch im Grunde gar nicht anders sein kann, wenn alles Eins ist."

Eiolo: „Du sagst es. Genauso verhält es sich. Alles ist Eins und Eins ist Alles. Und deshalb ist die Angst vor dem physischen Tod auch völlig unbegründet. Dort, wo ihr nach eurem physischen Ende hingeht, dort seid ihr schon. Ihr meint immer, dass es von Gott bestimmt ist, wann ihr geht. Doch das stimmt so nicht ganz. Es ist eure Entscheidung – die Entscheidung eurer Seele. Wenn sie alle Erfahrungen gemacht hat, wegen der sie hergekommen ist, wessen sie inkarniert ist, dann geht sie wieder aus dem Körper, den sie sich gewählt hat, um genau diese Erfahrungen machen zu können. Ihr sagt oft, dass ihr an einem bestimmten Ort zu einem bestimmten Zeitpunkt sein müsst, um eure letzte Erfahrung, das irdische Ableben, machen zu können. Das stimmt nur teilweise. Denn es ist auch die Situation, die hier eine Rolle spielt. Ihr müsst euch deshalb an diesem Ort zu dieser Zeit befinden, damit genau diese letzte Erfahrung von eurer Seele gemacht werden kann. Ob dieser Abgang nun durch Krankheit oder Unfall, oder was auch immer, hervorgerufen wird, ist dabei nicht von Belang. Diese letzte Erfahrung... Das bedeutet auch, dass die Seele somit alle Erfahrungen, die sie in diesem Körper machen kann, abschließt. Danach sucht sie sich einen anderen Körper oder geht in eine Seinsform der Körperlosigkeit über. Dies kann wieder auf der Erde sein oder irgendwo anders in den Weiten des Alls. Jene Erfahrungen, die eine Seele in einem physischen Körper macht, sind für diese Seele – um es wieder mit einem eurer Wörter auszudrücken – unbezahlbar. Was so viel bedeutet, dass so viele Erfahrungen nur dadurch gemacht werden können, weil sie eben in einen Körper geschlüpft ist. Ihr macht mit eurem Körper so viel. So unglaublich tolle handwerkliche Arbeiten, so viele sportliche Dinge und vieles mehr. Oder ihr schreibt gerade ein Buch, so wie du. Dies alles wäre in einer nichtphysischen Form nicht möglich. Doch sind diese Erfahrungen für eine Seele so immens wichtig, um sich selbst als Ganzes zu erleben und zu erweitern."

„Ich danke dir von ganzem Herzen für diese tolle Beschreibung und deine so klar verständlichen Worte. So oft wurde bereits darüber geschrieben und gesprochen. Doch habe ich es noch selten in dieser Klarheit gehört. Nochmals Danke!"

Inarda: „Das machen wir sehr gerne. Sofern wir es wissen, beantworten wir gerne deine Fragen und liefern dazu die Erklärungen im Rahmen unserer eigenen Möglichkeiten."

Entscheidungsfragen

Eiolo: „Ist dir eigentlich bekannt, dass jede Entscheidung immer auch eine dritte Komponente beinhaltet, auch wenn sie scheinbar nur zwei Antwortmöglichkeiten beinhaltet?"

„Ja. Das ist mir klar. Aber ich bitte dich, es trotzdem nochmals zu erklären. Vielleicht ist ja jemand unter den Lesern, die es noch nicht so genau wissen."

Eiolo: „Nun gut. So soll es sein. Wie viele Antwortmöglichkeiten gibt es bei einer Ja-Nein-Abfrage? Die meisten würden wohl mit zwei antworten. Doch es sind mehr. Es sind zumindest drei. Denn jede Entscheidungsfrage beinhaltet auch die Möglichkeit, sich nicht zu entscheiden. Auch das ist eine Entscheidung. Wie wir vorhin schon mit der Weggabelung erläutert haben, ist es sogar eine sehr wichtige Entscheidung sich nicht zu entscheiden. Sie hält euch dort, wo ihr seid. Diese Entscheidungsmöglichkeit sich nicht zu entscheiden beinhaltet noch einen weiteren Aspekt. Dadurch wird erst sichtbar, dass es auch die Entscheidung selbst gibt. Jeder Ausdruck des Nicht – wie zum Beispiel: das Nicht-Bewusstsein, die Nicht-Liebe, der Nicht-Frieden und so fort versetzt euch erst in die Lage zu erkennen, dass es Bewusstsein, Liebe, Frieden und so weiter überhaupt gibt. Ich hoffe, du kannst mir folgen."

„Ja. Kann ich. Vielleicht kannst du es uns wieder mit einem praktischen Beispiel näherbringen."

Eiolo: „Nun gut. Lass mich überlegen... Du möchtest ein Haus bauen und stehst vor einer Fläche, auf der das Haus entstehen soll. Was siehst du?"

„Eine Wiese, Gras, Blumen, Sträucher, Bäume..."

Eiolo: „Und was siehst du noch?"

„Das verstehe ich jetzt nicht."

Eiolo: „Du siehst, dass auf dieser Fläche noch kein Haus steht."

„Ja klar. Sonst könnte ich ja genau hier kein Haus bauen."

Eiolo: „Siehst du, wie wichtig es ist auch das Nicht zu sehen?"

„Oh ja! Jetzt hat es Klick gemacht!"

Eiolo: „Doch es geht noch weiter. Du hast den Plan, das fertige Haus, schon in Gedanken in dir. Du stellst dir bereits vor, wie das Haus auf dieser Fläche stehen wird, welche Ausrichtung es haben wird, vielleicht auch schon den Garten. Du siehst deine Kinder in diesem Garten spielen und vieles mehr. Das Haus ist also bereits in geistiger oder ätherischer Form auf diesem Grundstück vorhanden. Jetzt bedarf es nur noch der Umsetzung des Planes und der Gedanken, der Realisation, dieses Vorhabens genau hier ein Haus zu bauen. Du siehst es in allen Details. Genau dies hat auch Thoth – wie vorhin beschrieben – in Ägypten gemacht. Genau die gleiche Vorgangsweise. Nur, dass er schneller damit fertig war, als du mit dem Hausbau brauchen wirst. Aber: Erkennst du, erkennt ihr, die Vorgangsweise und den Ablauf einer solchen Manifestation? So erfolgt vom Nicht-Seiend die Umsetzung in das Seiende."

„Geniales Beispiel. Das kann man bei allem anwenden, das man vorhat zu tun. Wenn ich jetzt sage, dass es der innigste, der tiefste Wunsch sein muss, um etwas zu manifestieren. Stimmst du mir dann zu."

Eiolo: „Absolut. Wie schon mehrmals gesagt: Seid das, was ihr erschaffen wollt. Das bedeutet, Schöpfer zu sein. Und ihr seid die Schöpfer eurer eigenen Realität. Das bedeutet aber auch, dass ihr eure Schöpferkraft zuerst annehmen müsst – ohne Zweifel, ohne Gedanke was sein könnte. Seid es."

„Ich verstehe nun die Prinzipien des Manifestierens immer besser. Wenn man etwas IST, dann wird es auch so SEIN. Nicht werden. Es IST ja dann schon so."

Eiolo: „Das ist völlig richtig. Und das ist, wie wir vorgehen, wie wir etwas erschaffen: Zuerst ist der Gedanke, dann das Gefühl und dann die Umsetzung. Um es mit anderen Worten zu sagen: Geist, Seele und Körper. Der Gedanke allein würde noch nicht zu einer Umsetzung führen. Der ist dann einfach da und ist dann wieder weg. Das Gefühl alleine bewirkt vielleicht den starken inneren Wunsch, den Herzenswunsch, etwas zu machen. Und die gedankenlose und gefühllose Tat würde genau solche gedankenlose und gefühllose Dinge entstehen lassen. Es braucht, wie man sieht, immer alle drei Teile, um zu einem Ganzen zu kommen. Körper, Geist und Seele. Richtigerweise müsste es Geist, Seele und Körper heißen – oder manchmal auch Seele, Geist und Körper. Denn der Realisation, der Umsetzung, gehen immer die beiden vorherigen Schritte voraus."

„Und wenn die Umsetzung fehlt, dann landen Projekte und Ideen wiedermal in der Schublade..."

Schockbewältigung

Eiolo: „Das kennst du ja recht gut und wir haben uns auch schon darüber unterhalten. Nun habe ich eine Idee: Frage doch bitte Steffi, was sie gerne wissen möchte, welche Frage sie an uns hat. Und gleichermaßen kannst du das natürlich auch in die Gruppe schreiben, mit der du diese enge Verbindung pflegst."

„Das ist eine sehr gute Idee. Es ist zwar nicht gerade so, dass mir die Fragen schon ausgehen, doch auch Steffi und die Gruppenmitglieder hier einzubinden, finde ich fantastisch."

Eiolo: „Na dann warten wir mal ab, was kommt. Doch inzwischen können wir ja mit deinen Fragen weitermachen. Was hältst du davon?"

„Ja gerne. Sobald etwas kommt, füge ich es hier ein und stelle euch die entsprechende Frage."

Eiolo: „Genauso machen wir es."

„Eine Teilnehmerin der besagten Gruppe fragte mich gerade, wie sie mit einer schwierigen Situation, die scheinbar derzeit bei ihr zugange ist, umgehen soll. Ob diese sich folgenlos lösen wird und wie sie selbst mit dem dadurch entstandenen Schock umgehen soll. Welche Situation das genau ist, wollte sie mir nicht mitteilen. Das ist aber auch so in Ordnung für mich. Möchte diese Frage jemand von euch beantworten oder könnt ihr sie überhaupt beantworten?"

Inarda: „Ja. Die Frage kann beantwortet werden. Ich nehme an, dass du unsere Antwort dann auch in die Kommunikation mit ihr aufnimmst. Ich weiß allerdings nicht, ob es vollständig möglich ist darauf einzugehen, sodass es ihr auch eine Hilfestellung ist. Ich werde es versuchen."

„Danke, liebe Inarda."

Inarda: „Als Erstes möchte ich darauf eingehen, was überhaupt ein Schock ist. Es ist dies die Wirkung eines unerwarteten Ereignisses oder einer unerwarteten Situation in euren Körpern. Vor allem im Gehirn. Dort setzt sich der Gedanke, dieses Ereignis fest und löst Reaktionen in den verschiedenen Bereichen des Körpers aus, die sehr unangenehm sein können. Betroffen sind hier vor allem die Nieren und die Leber. Doch auch das Herz kann darauf reagieren und wird es in den meisten Fällen auch tun. Doch das Wesentlichste ist das Gehirn – das Denken. Es ist ja im Grunde nicht das Ereignis selbst, sondern die Reaktion darauf, die diesen Schock auslöst. Das Ereignis ist grundsätzlich so wie es ist. Nicht mehr und nicht weniger. Das Gehirn schaltet jedoch sofort auf diesen Schockmodus. Meistens gehen davon Betroffenen unendlich viele Gedanken durch den Kopf. Diese führen immer wieder zu weiteren Gedanken und diese zu weiteren und so fort. Soweit mal die sogenannte Amnesie. Doch was kann sie tun? Sie soll, ja muss, unbedingt ihre Gedanken zum Stillstand bekommen oder zumindest diesen permanenten Gedankenfluss beruhigen. Manchen hilft Meditation. Ihr hilft Ablenkung jeglicher Art. Die Hauptsache ist, dass sie bewusst etwas anderes denkt, beziehungsweise mit etwas anderem konfrontiert wird, dem sie ihre Aufmerksamkeit schenken muss. Das wird zwar schwierig sein, denn auch da gehen immer wieder die vorherigen Gedanken durch den Kopf. Darum: Ersuche sie, dass sie nicht gleich nach ein paar Minuten aufgibt. Filme – am besten solche, bei denen das Mitdenken gefragt ist – wirken oft Wunder. Mir ist schon klar, dass dann, wenn wieder Ruhe einkehrt, das Gedankenkarussell sich wieder zu drehen beginnt. Das kennst du ja auch zur Genüge. Vor allem in der Nacht, im Bett, ist das sehr störend. Wenn sie die Möglichkeit hat, auch in der Nacht – mit Ohrhörern – etwas laufen zu lassen, worauf sie sich konzentrieren kann, dann schläft sie sicher irgendwann ein. Der Schlaf wird ihr helfen, die Gedanken zu sortieren. Vor allem jene wie: ‚Was habe ich falsch gemacht?' oder sonstige Gedanken, die in Richtung Selbstvorwürfe gehen. Sie hat überhaupt nichts falsch gemacht. Es war nicht ihre Entscheidung. Sie kann im Grunde diese Situation nur als Ereignis annehmen, das sie nicht hätte abwenden können. Bitte richte ihr liebe Grüße aus. Vielleicht hilft es ihr ein bisschen."

„Ok. Danke Inarda. Das werde ich sofort weitergeben."

„Sie bedankt sich bei dir und wird mir über das Resultat berichten."

Inarda: „Du kannst dir auch gerne die Methode des Reibens, die wir dir vorgeschlagen haben, weitergeben."

„Gute Idee. Das werde ich noch gleich machen."

„Sie ist gerade sehr glücklich, dass ich ihr diesen Tipp weitergegeben habe. Das macht auch mich sehr glücklich."

Inarda: „Und mich auch."

Solar Plexus, Energiezentren, Engel, Entschuldigung

„Heute (5.2.2023) scheint bereits seit der Früh die Sonne. Dies hat mich dazu inspiriert über unser Sonnengeflecht, den Solar Plexus, etwas nachzudenken. Stimmt es, dass dieses Chakra unter anderem dazu dient, die innere Sonne in uns leuchten zu lassen?“

Inarda: „Ja. Das ist durchaus richtig. Doch ihr braucht sie nicht leuchten zu lassen, wie du es formuliert habe. Es leuchtet immer. Doch manchmal ist sie von Problemen, Sorgen und Ängsten überdeckt. Das ist dann so, als würden sich Wolken vor die Sonne schieben. Auch da leuchtet die Sonne immer noch. Sie ist nur für euch nicht zu sehen. Doch sie leuchtet nach wie vor über den Wolken. Beim Solar Plexus ist es ähnlich. Auch dieser leuchtet, wie gesagt, immer. Manchmal halt hinter den ganzen Alltagsthemen, mit denen ihr so häufig konfrontiert seid.“

„Was mich direkt zur nächsten Frage führt. Haben unsere Chakren noch eine andere Funktion, als Energiezentren unseres Körpers zu sein?“

Inarda: „Ja. Sie haben tatsächlich nicht nur eine andere Funktion, sondern einige andere. So dienen sie euch zur Ausbalancierung eures Körpers. Das bedeutet, dass ihr dadurch den aufrechten Gang beibehalten könnt, beziehungsweise überhaupt aufrecht gehen könnt. Vielleicht habt ihr schon bemerkt, dass immer dann, wenn ein Schwindelgefühl in euch auftritt, eines dieser Chakren verschlossen oder zumindest überdeckt ist mit irgendwelchen Belastungen. Es ist sozusagen eine Wechselwirkung zwischen Schwindel, aufrechtem Gang und einem nicht oder nur teilweise geöffneten Chakra. Wenn ihr dann darüber nachdenkt, was durch den Schwindel alles passieren könnte oder was denn die Ursache dafür ist, dann verstärkt sich dieses Verschließen des Chakras noch mehr. Also denkt nicht darüber nach, sondern nehmt den Schwindel, wie er ist. Es ist alles gut und in Ordnung so, wie es ist. Ein weiterer Aspekt ist, dass die Chakren auch für euren Hormonhaushalt zuständig sind. Auch hier ist nur dann eine Ausgeglichenheit zu erleben, wenn auch die Chakren ausgeglichen sind. Im Grunde haben sie mit allem zu tun, das eure Leistungsfähigkeit, eure Tatkraft, eure Sexualität, euer Beziehungs- und Liebesleben und eure

Gesundheit anbelangt. Sie sind eben eure Energiezentren. Und das wirkt sich in jedem Lebensbereich aus."

„Kann es sein, dass die Chakren auch eine Rolle spielen, wenn jemand sehr verschlossen ist und Hilfe – egal in welcher Form – für sich nicht zulassen will?"

Eiolo: „Natürlich. Das Wort ‚verschlossen' sagt ja bereits aus, dass etwas im Inneren verschlossen ist. Verschlossenheit ist etwas, das im Inneren ihren Ursprung hat. Ebenso, wie alles andere, das im Außen sichtbar ist. Die Chakren spielen dabei eine wesentliche Rolle, da – wie in diesem Fall – diese überdeckt sind. Womit auch immer. Die Energie kann nicht frei fließen. Es kommt zu einem Energiestau. Und dieser wird im Außen erkennbar, da irgendwo diese Energie einen Ausgang, einen Ausweg, sucht. In jenem Fall, den du gerade im Kopf hast, betrifft es gleich mehrere Chakren. Nämlich alle drei unteren Chakren. Also Wurzelchakra, Sakralchakra und Solar Plexus. Bei diesem betreffenden Menschen sind diese drei Energiezentren mit Sorgen und sich selbst gestellten Fragen vernebelt – um es mal so auszudrücken. Darum kann dieser Mensch auch keine Hilfe zulassen, beziehungsweise für sich in Anspruch nehmen. Es braucht eine gewisse Offenheit, einen gewissen Energiefluss, um dies zuzulassen und anzunehmen."

„Wenn das so ist – was ich auch nicht bezweifle – dann stellt sich mir gerade die Frage: Wie kann man einem Menschen helfen, der diese Hilfe ablehnt?"

Eiolo: „Das ist gar nicht so einfach. Ich weiß. Einer der wichtigsten Punkte dabei ist die Frage: Warum soll diesem Menschen geholfen werden? Welche Intention hat jemand, der diese Hilfe anbietet? Wenn es aus dem eigenen Ego heraus sein soll, weil man ja will, dass es dem Menschen gut geht, dann ist das nicht gerade der ratsamste Weg. Wenn man selbst etwas will, unbedingt will, dann ist es immer eine Sache des eigenen Verstandes. Hier rate ich eines: Macht es nicht um eurer selbst willen, sondern weil euch das Wohl des anderen wirklich am Herzen liegt – und nicht am Gehirn."

„Gut. Das verstehe ich. Was kann man aber wirklich konkret tun?"

Inarda: „Ihr könnt ein Umfeld schaffen, indem sich dieser Mensch wohlfühlt – wohler als derzeit. Ein Umfeld, das mit Verständnis und Liebe gefüllt ist. Ein Umfeld, das auch mit etwas gefüllt ist, dass als Vertrauen bezeichnet wird und an dem es wohl derzeit am meisten fehlt. Habt Vertrauen, dass auch hier alles gut geht. Habt keine Zweifel daran. Und vermittelt das durch euer Verhalten, euer Denken, euren Umgang miteinander. Dadurch gebt ihr genau das ins Feld. Ihr gebt immer jenes ins Feld, das ihr selbst ausstrahlt. Das tut ihr natürlich auch hier. Und dieser andere Mensch, der andere Körper, kann gar nicht anders, als diese Energie aufzunehmen. Doch erwartet nicht, dass es sofort zu einem sichtbaren Ergebnis kommt. Es hat einige Zeit gebraucht, bis es so wurde, wie es jetzt ist. Und es dauert auch eine gewisse Zeit, bis die Veränderung – die übrigens wieder im Inneren beginnt – auch im Außen sichtbar wird. Also braucht es auch eure Geduld dafür."

„Kann man mit Globuli oder Schüßlersalze oder ein sonstiges homöopathisches Mittel diesen Vorgang unterstützen?"

Inarda: „Sagtest du nicht, dass dieser Mensch nichts nehmen will und keine Hilfe annehmen will? Aber gut. Ich will dir auch diese Frage beantworten. Wenn es etwas gibt, wenn dieser Mensch etwas nimmt, dann sind die Schüßlersalze Nummer 7 eine gute Wahl, da sie mithelfen den Körper und somit das Energiesystem – wieder zu harmonisieren und auszugleichen. Letztendlich braucht es beides. Also das vorhin Gesagte und die Harmonisierung mit Hilfe der Schüßlersalze."

„Vielen Dank, liebe Inarda und lieber Eiolo. Das war sehr hilfreich – beziehungsweise wird es das sein. Ihr seid wirklich Engel – wenn ich das so sagen darf."

Inarda: „Nun. Engel sind wir im eigentlichen Sinne nicht. Aber du darfst es natürlich so sagen. Wir sind humanoide Wesen. So wie ihr auch."

„Das bringt mich gleich zur nächsten Frage: Warum werden Engel immer oder fast immer in weiblicher Form dargestellt? Und das, wenn ich mir diese Bemerkung erlauben darf, teilweise in sehr aufreizender Weise. Ich dachte, sie sind androgyn."

Inarda: „Engel werden bei euch so dargestellt, da es sich in der weiblichen Form um einen ästhetischen Eindruck handelt und mehr Menschen anspricht als die männliche Form. Gut. Teilweise sind diese Darstellungen sicher etwas übertrieben oder zu aufreizend. Aber es ist eure Wahl. Wir reden euch da nichts drein. Und ja. Viele Engel sind androgyn. Das ist richtig. Doch das trifft nur in der Weise zu, wie ihr sie euch in körperlicher Form vorstellt. Die meisten Engel sind reine Energiewesen. Manche nehmt ihr in weiblicher Form und manche in männlicher Form war und wieder andere in androgyner. Das könnt und sollt ihr auch so handhaben, wie ihr wollt. Es geht bei den Darstellungen selbst nicht um das Körperliche, sondern um den Eindruck und die Wirkung der Darstellung und jener Energie, die ihr damit in Verbindung bringt."

„Was meinst du mit ‚jener Energie, die ihr damit in Verbindung bringt'? Soll das heißen, dass wir Menschen den Engeln gewisse Fähigkeiten zuerkannt oder zugeschoben haben?"

Inarda: „Zum Teil ja. Einige haben tatsächlich diese Fähigkeiten. Doch ich meine es etwas anders. Diese Engel könnten jede beliebige Fähigkeit habe. Doch wenn ihr nicht an diese Fähigkeit eines ganz bestimmten Engels glaubt, dann wäre das völlig egal. So ist es auch bei allem, das ihr nutzt. Wenn ihr einer Bohrmaschine nicht die Fähigkeit zusprechen würdet ein Loch zu bohren, dann wäre diese Fähigkeit ebenfalls völlig egal. Oder Medikamente, homöopathische Präparate, oder Heilverfahren und so fort – alle haben nur diese Wirkung, wenn ihr ihnen diese zubilligt."

„Wie ist das bei euch? Habt ihr auch eine Verbindung zu Engeln und wie sieht diese aus? Gibt es bei euch zum Beispiel Krankheiten, bei denen ihr euch mit Erzengel Raphael in Verbindung setzt?"

Inarda: „Natürlich haben wir auch eine Verbindung zu Engeln. So wie jedes andere Sternenvolk auch. Doch nehmen wir sie etwas anders wahr. Wir nehmen sie in Energie wahr und nicht wie menschliche Wesen. Das Konzept Krankheit gibt es bei uns nicht. Darüber haben wir uns schon unterhalten. Somit hat Erzengel Raphael, da du ihn als Beispiel angeführt hast, eine andere Bedeutung. Er steht bei uns für die allumfassende Harmonie – für das perfekte Zusammenspiel aller Kräfte unseres

Lebensraumes und des Universums. Jedes Sternenvolk nimmt die Engel etwas anders wahr. Ihr verbindet sie halt direkt mit einer Fähigkeit."

„Das heißt, ihr seht uns ebenfalls als Sternenvolk?"

Eiolo: „Selbstverständlich tun wir das. Ihr seid ein Sternenvolk. Und wenn ihr zu uns kommt oder wir uns über euch unterhalten, dann seid ihr sozusagen ‚Außerplejadische'. So wie wir für euch Außerirdische sind. Doch wir verwenden diesen Ausdruck nur sehr selten. Ihr seid für uns die ‚Brüder und Schwestern vom Planeten Erde'."

„Ihr sagt tatsächlich ‚Erde' zu unserem Planeten und nicht Gaia oder Terra oder sowas?"

Eiolo: „In unserer ‚Sprache' ist es völlig irrelevant, wie ihr den Planeten nennt. Wie schon gesagt, unterhalten wir uns rein anhand der Frequenzsignatur, wenn wir über jemanden oder über etwas miteinander kommunizieren."

„Richtig. Das sagtet ihr schon. Tut mir leid."

Eiolo: „Warum entschuldigst du dich? Es gibt nichts, wofür du dich oder irgendjemand sich entschuldigen müsste. Denn eine Entschuldigung sagt ja aus, dass ihr einen Fehler gemacht habt. Da es jedoch keine Fehler, sondern lediglich Erfahrungen gibt, ist auch eine Entschuldigung nicht nötig."

„Das heißt, wir brauchen uns für nichts und bei niemandem entschuldigen?"

Eiolo: „Nein. Absolut nicht. Wenn ihr es jedoch tun wollt, dann tut es. Meistens sind solche Entschuldigungen jedoch nur Floskeln und kommen nicht aus dem Herzen. Und wenn ihr im Herzen, in voller Bewusstheit, sein würdet, dann würdet ihr nichts sagen oder tun, wofür ihr dann das Gefühl habt – oder euer Verstand sagt – dass nun eine Entschuldigung angebracht wäre."

Absolut und Relativ, Schuld, Erwartungshaltung

„So kann man es auch sehen... Warum gibt es in unserem Sprachgebrauch Falsch und Richtig?“

Inarda: „Weil ihr das so geschaffen habt. Es wurde von euren Systemen – sowohl kirchlicher, wie auch politischer und gesellschaftlicher Natur – geschaffen, um die Menschen zu unterdrücken und ihre Macht zu demonstrieren. Wenn etwas in ihrer Definition als falsch angesehen werden konnte, dann hatten sie auch die selbstgewählte Berechtigung Strafen auszusprechen. Interessanterweise war es allerdings immer so, dass – wenn ein Machtwechsel durchgeführt wurde – das als richtig erklärt wurde, was vorher falsch war. Wie du siehst, sind eure Begriffe, mit denen ihr etwas be- oder sogar verurteilt sehr relativ.“

„Gibt es auf der Erde auch das Absolute im Gegensatz zum Relativen?“

Eiolo: „Das könnte ich jetzt mit Jein beantworten, wie ihr es gerne tut. Doch ich werde auf diese Frage genauer eingehen. Das Relative ist, wie gesagt, alles das in einem dualen System vorhanden ist. Und es betrifft auch alles, das als dual angesehen werden kann. Das Absolute ist alles, das unveränderlich ist. Das Einzige, das auch auf der Erde als absolut bezeichnet werden kann, ist Gott. Doch selbst da habt ihr es geschafft, es als relativ zu betrachten. Gott ist überall. Egal, wie ihr ihn bezeichnen mögt. Ich bleibe mal bei diesem Begriff. Und da nichts und niemand von ihm getrennt ist und alles Eins ist, kann Gott nur in Allem und Jedem sein und somit auch das Absolute darstellen.“

„Und noch etwas zum Entschuldigen: Es beinhaltet auch das Wort ‚Schuld‘. Das ist auch nicht so toll, oder?“

Inarda: „So kann man es auch ausdrücken. Mit einer Entschuldigung sagt ihr aus, dass ihr für etwas, für das Gesagte oder Geschehene, schuldig seid. Über das Konzept ‚Schuld‘ und auch ‚Karma‘ haben wir schon gesprochen. Im jetzigen Kontext ist es so, dass ihr euch Schuld aufladet, euch sozusagen zugesteht und in euch integriert, sobald ihr eine Entschuldigung aussprecht. Natürlich könnt ihr tatsächlich eine Schuld in euch spüren. So wurde es euch gelehrt. So wurde es euch von euren Eltern, den Lehrern, von der gesamten Gesellschaft, den Religionen und allen anderen Systemen, immer und immer wieder eingetrichtert. Ihr seid schuld! Es hört sich bei jedem der angeführten Personenkreise immer anders an – so wie es für diese in ihr Konzept passt. Denn das Konzept, das hinter der Schuld steckt, heißt Bestrafung. Sie wollen euch immer klein halten. Und dies erreichen sie durch die Bestrafung. Ein perverses Konzept in unseren Augen. Ihr seid nicht von Geburt an schuldig. Lasst euch das nicht mehr einreden und bitte schaut, dass ihr diese Programmierung aus euch herausbekommt. Denn das Ablegen dieses Glaubenssatzes macht euch zu dem, was ihr in Wirklichkeit seid: Freie Menschen mit freiem Geist."

„Es ist oft sehr schwierig, sich selbst umzuprogrammieren. Was ratet ihr uns, um das bewerkstelligen zu können?"

Inarda: „Wenn ihr etwas sagt oder tut, wofür ihr euch normalerweise entschuldigt, dann tut es einfach nicht mehr. Das wird sich zwar sowohl für euch, als auch beim jeweils Anderen ungewohnt anfühlen. Das ist klar. Bei euch wird es sich so anfühlen, als wäre es ja unbedingt notwendig sich jetzt zu entschuldigen. Es kann sein, dass ihr sogar ein schlechtes Gewissen deswegen habt. Doch das geht vorbei. Es wird der Zeitpunkt kommen, da es für euch Normalität sein wird. Für jene, die sich eine Entschuldigung erwarten, wird es vielleicht verstörend sein. Doch das ist deren Erwartungshaltung, die von euch eine Entschuldigung verlangt. Doch eines sei auch noch angemerkt: Das ist kein Freibrief um tun und lassen können, was immer euch beliebt. Gut, diese Freiheit habt ihr natürlich grundsätzlich. Es ist jedoch ebenfalls eine Sache des Bewusstseins. Denn, wenn das Bewusstsein eine Entwicklungsstufe erreicht hat, bei der ihr ganz bewusst niemanden mehr verletzt, zu niemandem etwas sagt, das diesen Menschen verletzt und euch normalerweise dann leidtut, dann wird sich diese neue Programmierung ganz normal anfühlen und ihr werdet auch nicht mehr darüber nachdenken. Sprecht und handelt in Liebe – so wie ihr selbst angesprochen und behandelt werden wollt. Hinterfragt euch selbst immer wieder, bevor ihr etwas tut oder sagt. Und zwar so lange, bis der neue Weg zur Selbstverständlichkeit wird."

„Also in dem Sinne, wie es Neale Donald Walsch in seinem Buch ‚Gespräche mit Gott' geschrieben hat: Stellt euch die Frage ‚Was würde die Liebe tun?'"

Inarda: „Genau so."

„Eine liebe Freundin von Steffi und mir hat in einer Mail geschrieben, dass sich Leute schon melden und nachfragen, wenn sie nach 4 Minuten die Mail noch immer nicht beantwortet hat. Und in diesem Zusammenhang hat sie eine durchaus interessante Frage gestellt: ‚Was ist mit den Leuten los?' Könnt ihr diese Frage beantworten?"

Eiolo: „Nun. Ich könnte natürlich einfach sagen, dass es die Ungeduld ist, die viele Menschen befallen hat. Doch das würde euch nicht weiterhelfen. Darum werde ich ausführlicher darauf eingehen. Ihr habt so viele Kommunikationsmöglichkeiten geschaffen, dass es euch mittlerweile Stress verursacht. Dies betrifft nicht nur den Schreiber, sondern auch jenen Menschen, der der Empfänger dieser E-Mail oder der Botschaft in einer eurer sogenannten Social-Media-Plattformen ist. Der Schreiber ist in einer bestimmten Erwartungshaltung gegenüber dem Angeschriebenen. Er ist in einem Stressprogramm aufgrund seiner Erwartungen, die er mit dem Senden der Nachricht quasi mitschickt. Dies bekommt der Empfänger zusätzlich zum Geschriebenen sozusagen frei Haus mitgeliefert. Denn auch mit solchen Meldungen wird eine Energie mit übertragen. Nämlich die Energie des Absenders. Je mehr Ungeduld, also die Erwartungshaltung, in eine Sendung integriert ist, desto mehr Stress verursacht dies auch beim Empfänger. Doch das beantwortet deine Frage nur teilweise. Es erklärt lediglich den funktionalen Teil, der hier abläuft. Doch es steckt mehr dahinter. Ihr Menschen seid in einer generellen, ständigen Erwartungshaltung – nämlich euch selbst gegenüber. Dies trifft zumindest bei den meisten Menschen zu. Ihr selbst wollt immer wieder von euch selbst etwas einfordern, das möglicherweise zum aktuellen Zeitpunkt gar nicht verfügbar oder möglich ist. Nehmen wir als Beispiel das Kuchenbacken. Ihr wollt einen bestimmten Kuchen backen und bemerkt, dass euch eine Zutat fehlt. Und schon geht der Stress los. Ihr könnt eure Erwartung an euch selbst nicht erfüllen. Dies betrifft nicht nur den Kuchen selbst, sondern auch, dass ihr das Fehlende nun besorgen müsst, um ihn zu backen. Das bedeutet, dass ihr wegfahren müsst, die Zutat besorgen, ihr aber gar keine Zeit habt dafür, der Kuchen somit auch nicht zeitgerecht fertig wird usw. Dabei habt ihr euch schon so sehr darauf gefreut. Erkennst du den Mechanismus wieder?"

„Ja. Den erkenne ich. Doch es erklärt noch nicht wirklich das Warum. Warum sind die Menschen so?“

Eiolo: „Auch darauf möchte ich gerne antworten. Die Menschen sind so, weil sie so programmiert sind.“

„Wir sind also wieder bei den Programmierungen von vorhin.“

Eiolo: „Das ist richtig. Jede Verhaltensweise, die ihr an den Tag legt, ist eine Programmierung. Viele davon habt ihr euch selbst eingespeichert. Dabei ist es egal, ob diese von außen an euch herangetragen wurden oder aus euch selbst herauskommen. Wobei auch hier der Funke dafür wahrscheinlich ursprünglich von außen kam. Wenn nun ein Mensch unbedingt meint, er müsse sofort eine Antwort auf seine Nachricht erhalten, dann hat das zum einen mit der Stresssituation des Absenders zu tun und zum anderen damit, dass ihr euch immer wieder als Empfänger davon in Stress versetzen lässt lasst. Im Grunde ist es doch völlig egal, was der Absender will. Antwortet darauf, wann es für euch in Ordnung ist. Wenn ihr das immer und immer wieder so praktiziert, dann stellt sich eine Art ‚Wurschtigkeitsgefühl‘ – wie ihr es oft nennt – ein. Ich liebe dieses Wort... So wie ihr als Empfänger reagiert, so setzt ihr dies auch ins Feld. Genauso macht es natürlich auch der Absender. Doch die Gelassenheit hat mehr Kraft als die Erwartungshaltung. Je mehr Gelassenheit im Feld ist, desto wahrscheinlicher ist es, dass auch der Absender beim nächsten oder übernächsten Mal gelassener reagiert. Zusammenfassend kann ich dir sagen: Nehmt es, wie es ist und macht euch keine Gedanken darüber, warum und wieso jemand etwas tut. Achtet lediglich darauf, wie ihr selbst reagiert.“

„Vielen Dank Eiolo. Darf ich das so weitergeben?“

Eiolo: „Ich bitte dich sogar darum.“

„Es ist schon ein Wahnsinn, was manche meinen, dass andere tun müssten oder sollten.“

Inarda: „Nun. In gleicher Weise könnte man auch sagen: Es ist ein Wahnsinn, wie darauf reagiert wird.“

„Ja eh…"

Inarda: „Wir fragen uns immer wieder: Warum tut ihr das? Warum reagiert ihr so, wie ihr reagiert? Die Antwort, die wir darauf gefunden haben ist, dass es zwei Aspekte gibt. Der erste ist die Konditionierung und der zweite sind eure Glaubenssätze. Beides spielt bei euch eine sehr große Rolle – eine zu große, wie wir meinen. Und beides hängt auch oft zusammen. Eine permanente Konditionierung erschafft Glaubenssätze. Wenn man euch etwas nur lange genug einredet oder von der Mehrheit oder von den Medien immer und immer wieder in euch hineingedrückt wird, dann übernehmt ihr das irgendwann und predigt es genauso weiter. Es ist zu eurem Glaubenssatz geworden, den ihr gar nicht mehr hinterfragt und ihn auch noch oft mit Nachdruck an euer Umfeld weitergebt. Ihr kommt nicht mal mehr auf die Idee, dass ihr es hinterfragt. Da wird in euren Social-Media-Kanälen damit herum geschossen, dass sich die Balken biegen. Ob es nun wahr ist oder nicht, ist euch dabei völlig egal. Es wurde euch ja so eingebläut, dass es wahr ist. Das ist überhaupt so das Thema mit euren Medien. Die einen sagen so, die anderen so. Und jeder pocht darauf, dass es die Wahrheit ist. Die Wenigsten sehen noch die dritte Möglichkeit, nämlich jene, dass vielleicht sogar beide Seiten recht haben – oder keine. Egal ob eure Mainstream-Medien oder eure Alternativ-Medien, alle haben eines gemeinsam. Sie wollen die Menschen informieren. Oft machen beide Seiten dies mit eher untauglichen Mitteln. Jeder will recht haben. Jede Seite will die Massen für sich begeistern und auf seine Seite ziehen. Habt ihr das wirklich nötig? Ihr wurdet – genauso wie wir – mit einem freien Willen ausgestattet. Dies gibt euch die Möglichkeit, für euch selbst zu entscheiden. Ihr müsst nicht auf die anderen hören. Absolut nicht! Doch das Hinterfragen bedeutet auch, dass man die Verantwortung für sich selbst wieder übernehmen muss. Es ist so praktisch, wenn man sich einfach nach dem Außen, nach der Masse richten kann. Die wird schon wissen, was richtig oder falsch ist. Wisst ihr selbst, was für euch richtig oder falsch ist? Könnt ihr für euch selbst diese Unterscheidung überhaupt noch treffen?"

„Höre ich da eine gewisse Kritik heraus?"

Bewertung

Eiolo: „Wenn du es so nennen willst, ja. Doch ich meine es nicht bewertend. Das liegt mir fern. Ich meine es als Feststellung. Eure, und auch deine, Gedanken wittern hier etwas, das ihr wieder beurteilen könnt. Wenn euch danach ist, dann beurteilt es. Allerdings wäre es wesentlich besser es einfach so zu nehmen, wie ich es eben gemeint habe und lasst die Beurteilung weg. Und das ist ja gerade bei euch Menschen das spannende. Immer und bei jedem Ereignis, wenn jemand etwas sagt oder schreibt, gibt es sofort welche, die es beurteilen, anstatt das Ereignis, das Gesagte, das Geschriebene, einfach so zu nehmen, wie es ist: als Ereignis, als Gesagtes, als Geschriebenes. Nicht zu beurteilen ist eine der größten Herausforderungen, vor der ihr steht. Ich will damit nicht sagen, dass dies für alle Menschen zutrifft. Nein. Viele sind bereits auf dem Weg davon zu lassen. Viele jedoch kommen aus diesem Gedankenkarussell aber auch noch nicht raus."

„Du hast ja recht. Du hast ja so recht. Wir fallen immer wieder in dieses Schema rein. Und sogar jene, die meinen, dass sie da schon drüberstehen, tun dies ebenfalls immer wieder."

Inarda: „Das mit dem ‚Drüberstehen' ist so eine Sache. Denn dies ist im Grunde wiederum eine Bewertung. Es bedeutet ja, dass dies im Vergleich zu den Mitmenschen der Fall ist. Sich selbst über andere zu stellen, ist noch dazu sehr vom Ego gesteuert. Gut. Viele werden jetzt sagen: ‚Ich stehe ja nicht über jemanden drüber, sondern über etwas. Nämlich über die Bewertung.' Und was ist das dann? Ist das nicht ein Spiel, eine Reaktion eures Egos? Sehr ihr, wie schnell es geht und ihr in alte, bereits überwunden geglaubte Schemas, hineinfallt?"

„Krasses Beispiel. Aber sehr anschaulich und vielleicht sogar für manche auch aufrüttelnd, um genau darüber mal nachzudenken. Ist eine Bewertung immer schlecht oder nur dann, wenn die Bewertung im Grunde in eine Beurteilung mündet oder selbst eine solche darstellt?"

Inarda: „Keines von beiden und doch beides zusammen. Im irdischen Leben kommt ihr derzeit nicht umhin, dass ihr etwas bewertet. Das ist mir und uns völlig bewusst. Ich ersuche euch lediglich zuerst darüber nochmals nachzudenken, bevor ihr eine solche Bewertung und Beurteilung aussprecht. Weißt du, lieber Gerhard, es geht auch nicht darum, ob ihr das macht oder nicht. Wie gesagt, habt ihr den freien Willen auch dafür bekommen. Ihr könnt sagen, schreiben, denken, tun, was immer ihr wollt. Das ist eure volle Freiheit. Nur: Tut dies bitte nicht unbewusst. Tut es in vollem Bewusstsein. Dadurch werdet ihr merken, was so etwas bewirkt. Denn gerade diese Bewertungen, Beurteilungen und Verurteilungen sind die häufigsten Auslöser für Streitereien, Zwistigkeiten und sogar Kriege. Es ist ein sich selbst über den anderen stellen, seine eigene Wahrheit als die allgemeingültige darzustellen. Und es ist ein Vorgang, den anderen als etwas Minderes als euch zu definieren – und euch selbst zu erhöhen. Es sind Spiele des Egos, das bei euch einen sehr großen Stellenwert insofern hat, als ihr euch oft lieber danach richtet, als nach eurem Herzen als Ausdruck eurer Seele."

„Dem habe ich nichts mehr hinzuzufügen..."

Erdmagnetfeld, HAARP, Sieg, Bestimmung

„Heute (7.2.2023) spielt es sich wieder heftig ab im Erdmagnetfeld. Wir haben einen geomagnetischen Sturm. Was mich zur nächsten Frage bring: ‚Was davon ist kosmisch, also natürlich induziert und was davon ist künstlich über HAARP hergestellt?'"

Zur Erinnerung: Am 6.2.2023 war das große Erdbeben in der Türkei und in Syrien. An die 50.000 Menschen kamen dabei ums Leben. Im Vorfeld hat es eine Art Blitze gegeben, die eine künstliche Ursache hatten.

Eiolo: „Es ist beides. Eure HAARP-Anlagen, wie ihr sie nennt, reagieren auf solche Ereignisse im Erdmagnetfeld. Das bedeutet, dass sie diese dann verstärken. Nur selten werden geomagnetische Stürme von solchen Anlagen ausgelöst. Ich will es jedoch nicht zu hundert Prozent ausschließen. Das kann ich gar nicht. Was letzte Nacht im Erdmagnetfeld los war und auch heute noch anhält, ist tatsächlich von solchen Anlagen verstärkt. Dies erkennt ihr am einfachsten über die Symptomatik, die eure Körper zeigen. Die einen fühlen ein inneres Zittern. Andere wiederum fühlen sich innerlich aufgedreht. Wieder andere fühlen sich so müde, dass sie auf der Stelle einschlafen könnten. Wenn diese oder auch andere Symptome stärker als üblich ausgeprägt sind, dann sind künstlich induzierte Strahlungen dabei. Natürliche, also kosmische, Strahlungen sind nie dazu ausgelegt euch zu schaden, sondern euch zu dienen, zu erwecken, zur vollständigen Bewusstheit zu führen. Künstliche Strahlungen bewirken genau das Gegenteil. Deshalb habt ihr auch die angesprochenen Symptome. Es findet sozusagen ein Widerstreit dieser beiden Kräfte statt – also der dienlichen und der euch nicht dienlichen Kräfte. Eure Körper reagieren auf diesen Widerstreit."

„Wie können wir uns davor schützen?"

Eiolo: „Damit, was ich schon mal erläutert habe. Mit dem Reiben auf eurer Brust."

„Ok. Damit also. Gut. Dann werde ich das auch hier probieren."

Eiolo: „Probiere es nicht. Mach es."

„Ja. Schon gut. Ich mache es. Ihr nehmt aber auch alles ziemlich wörtlich."

Eiolo: „So, wie du auch immer wieder. Doch bei Themen, die eine bestimmte Handlung von dir einfordern, nimmst du es nicht so genau und hättest gerne eine eher oberflächliche Betrachtung. Damit können wir und werden wir dir nicht dienen. Sei dir jedenfalls sicher, dass dieses Verhalten viele Menschen betrifft. Sehr viele."

„Jetzt kommt wieder der erhobene Zeigefinger..."

Eiolo: „Heute bist du aber etwas aufgekratzt. Na ja. Bei den derzeitigen Energien ist das auch nicht weiter verwunderlich. Auch dies ist ein Zeichen dafür, dass künstlich erzeugte Strahlungen mit im Spiel sind. Strahlungen, die ganz bewusst so ausgerichtet sind, dass sie auf euer Bewusstsein und das gesamte Bewusstsein von allem einwirken. Zumindest sollen sie das tun. Es gibt Mächte, die eure Bewusstwerdung verhindern wollen. Denn diese würde gegen deren Pläne sein. Ich kann euch jedoch versichern, dass sie das Spiel, das hier immer und immer wieder inszeniert wird, von euch bereits gewonnen ist. Bitte beachte auch hier die Wortwahl. Sie IST bereits gewonnen. Sie WURDE nicht und WIRD nicht gewonnen, sondern IST es bereits."

„Was soll mir und uns das jetzt genau sagen?"

Eiolo: „Es soll euch sagen, dass auch dieses Gewinnen ein fortlaufender Prozess ist und der Jetzt-Zustand eben dieser Sieg ist. Es geht immer um den aktuellen Zustand. Nie um einen vergangenen oder einen zukünftigen. Ihr – und wir alle – könnt nur im Jetzt leben. Ihr könnt ja auch nur jetzt atmen. Ihr könnt den aktuellen Atemzug nur jetzt machen – und nicht in der Vergangenheit oder in der Zukunft. In der Vergangenheit habt ihr auch geatmet. Das ist gut, denn es hat euch zum Jetzt-Zeitpunkt gebracht. In der Zukunft werdet ihr auch atmen. Auch das ist gut, denn das bewirkt den Fortbestand eures Lebens. Doch dafür ist das Atmen im Jetzt erforderlich. Somit zählt nur das Jetzt. Das ist genauso, wie wir euch bereits anhand des Zieles und des ersten Schrittes zur Erreichung des Zieles erklärt haben."

„Du hast recht. Atmen in der Vergangenheit geht genauso wenig, wie atmen in der Zukunft. Man kann nur jetzt atmen. Guter Vergleich. Danke.

Aber nochmals zurück zu den HAARP-Anlagen. Warum machen Menschen so etwas? Warum wollen immer wieder Menschen anderen Menschen schaden? Das betrifft natürlich nicht nur diese Anlagen, sondern kann auch als generell verstanden werden."

Eiolo: „Tja. Das fragen wir uns auch immer wieder... Ich werde versuchen, diese Frage aus unserer Sicht zu beantworten. Doch möchte ich in diesem Zusammenhang noch einmal darauf hinweisen, dass diese Antwort weder vollständig sein muss, noch wir auf die Richtigkeit bestehen. Darum habe ich gesagt ‚aus unserer Sicht'."

„Ja. Ist schon klar. Ich denke, dass das alle verstehen werden."

Eiolo: „Gut. Dann komme ich nun zur Beantwortung der Frage. Es gibt einige wenige Menschen unter euch, die eine – sagen wir es mal so – dunkle Agenda verfolgen. Wir haben uns schon darüber unterhalten, dass es dunkle Wesen auf der Erde gibt, beziehungsweise gab, da sie sich bereits zurückgezogen haben, die von anderen Sternensystemen zur Erde kamen. Diese haben Menschen gesucht, die sie in ihren Bann ziehen konnten. Und sie haben diese auch gefunden. Diese Menschen machen nun weiter mit dieser Agenda. Sie können gar nicht anders, da sie nie etwas anderes erfahren haben und somit so sehr von der Richtigkeit ihrer Taten überzeugt sind, dass sie gar nicht bemerken, dass zum einen ihre Lehrmeister bereits die Erde verlassen haben und zum anderen es auch noch etwas anderes gibt – dass es auch das Licht, also die für sie andere Seite der Medaille gibt. Viele der Sternensysteme wurden von den Dunklen in einem offenen Kampf angegriffen. Bei der Erde würde das nicht viel bringen. So entschieden sie sich auf subtilere Weise vorzugehen und euren Planeten zu indoktrinieren. Beides dient oder diente dem gleichen Zweck. Nämlich der Übernahme des Planeten. Wie gesagt, haben diese Wesen ihre gelehrigsten und loyalsten Schüler mit der Fortführung der Agenda betraut. Sie kennen das Wort ‚Menschlichkeit' nicht in ihrer wahren und vollen Bedeutung. Sie wissen nicht, was es heißt, wahre Solidarität zu zeigen und zu leben. Und sie wissen nichts über die wahre Liebe. Sie kennen nur ihre Agenda – und diese ist so ausgelegt, dass die dunklen außerirdischen Mächte, ab einem bestimmten Punkt dieser Agenda, die Macht über die Erde übernehmen können. Doch dieser Zeitpunkt wird nie kommen. Dafür habt ihr mit eurer Bewusstwerdung, eurem Erwachen, bereits gesorgt. Darum befinden sich die Ausführenden der Agenda derzeit auch in einem gewissen Panikmodus und schlagen einfach umher. Da ist nichts mehr, oder kaum etwas, noch wirklich koordiniert. Es ist nur mehr ein Rundumschlag. Ihr sagt ja selbst, dass verletzte Tiere am gefährlichsten sind, da sie einfach nur mehr wild herumschlagen. Genau das trifft auch auf diese Menschen zu. Sie sind in einem Panikmodus, da sie mittlerweile erkennen, dass sie immer schwächer und schwächer werden. Ja. Das, was sie derzeit machen, ist ein Zeichen ihrer Schwäche. Und darum habe ich vorhin auch gesagt, dass ihr bereits gewonnen habt. Ihr habt mit eurem Licht, mit eurer Bewusstwerdung, diese Wesen so geschwächt, dass sie sich nur mehr so zu wehren ‚hoffen'. Es ist wirklich ihre Hoffnung. Doch diese schwindet immer mehr. Und je mehr sie schwindet, desto wilder schlagen sie herum. Der Zeitpunkt, an dem sie sogar auch dafür zu schwach werden, rückt immer näher und ist auch teilweise schon eingetreten. Es sind nur mehr eine Handvoll, die noch die Kraft haben, sich einigermaßen auf den Beinen zu halten. Doch auch diese werden noch im Laufe dieses irdischen Jahres vor Erschöpfung zusammensinken und ihre Agenda somit aufgeben müssen. Ich weiß, das klingt jetzt wie eine Prophezeiung. Doch was ich hier sage, ist eine Beobachtung."

„Stärken wir sie mit unseren Gedanken oder weil wir immer wieder darüber schreiben oder sprechen?"

Eiolo: „Was ihr damit aufrechterhaltet, ist die Wirkung auf euch. Nicht diese Menschen selbst. Die Ausführenden der Agenda sind im Grunde völlig egal. Entscheidend ist immer, wie die Inhalte der Agenda auf euch wirken und in euch wirken. Oder noch genauer gesagt: Inwieweit ihr diese Wirkung für und in euch erlaubt. Und das nicht nur auf Verstandesebene, sondern auf eurer Herzens- und Gefühlsebene. Das bedeutet: Auch ein darüber denken, schreiben und sprechen ist eine Form der Resonanz. Wenn ihr in diese geht, dann verstärkt ihr es. Das trifft auf alles und jedes zu. Worauf ihr den Fokus legt, das verstärkt ihr. Aber das kennt ihr ja."

„Das kennen wir und hören es auch zur Genüge. Das Schwierige, also womit ich und sicher auch viele andere Schwierigkeiten haben ist, dass wir es im Alltag immer wieder vergessen. Wir denken oft nicht daran und sagen oder denken unbewusst Sachen, die wir dann natürlich auch in gleicher Weise anziehen. Ob wir diese nun wollen oder nicht. Es hapert halt immer wieder mit dem bewussten Denken und das ist wohl die Grundlage des Manifestierens – und auch der Grund dafür, dass wir immer wieder Situationen in unser Leben ziehen, die wir überhaupt nicht haben wollen oder zumindest nicht in der Form."

Inarda: „Ja. Damit liegst du durchaus richtig. Es kommt dabei vor allem auf die Formulierung an. Wenn ihr zum Beispiel sagt: ‚Ich will finanziellen Erfolg.', dann bekommt ihr diesen auch – irgendwann. Denn ihr sagt zwar damit aus, dass ihr diesen wollt. Es sagt aber nichts darüber aus, wann dies für euch eintreffen soll. Außerdem sagt das ‚will' auch nur aus, dass ihr das wollt. Gut. Wollen könnt ihr ja. Wenn ihr jedoch formuliert: ‚Ich habe finanziellen Erfolg.' oder ‚Ich habe ab jetzt finanziellen Erfolg.', dann sagt ihr damit dem Universum, dass der Erfolg bereits da ist oder ab jetzt da ist. Ihr gebt einen Zeitpunkt, nämlich den aktuellen Augenblick, bekannt und setzt somit die Maschinerie – um es mal so zu nennen – sofort in Gang. Erkennt ihr den Unterschied? Das Universum wird euch somit sofort Gelegenheiten geben, diesen finanziellen Erfolg einzufahren. Umsetzen müsst ihr die Gedanken, die eingegebenen Möglichkeiten, dann schon selbst. Diese Arbeit nimmt euch das Universum nicht ab. Je öfter ihr eine Affirmation in dieser Richtung anwendet, desto rascher wird das Universum diesen Auftrag auch umsetzen."

„Ich glaube, das haben wir alle schon dutzende Male gehört..."

Eiolo: „Und warum setzt ihr es dann nicht um und jammert stattdessen, dass ihr von diesem oder jenem zu wenig habt, dass die anderen so viel davon haben, dass alles so ungerecht und so ungerecht verteilt ist und so weiter und so weiter...?"

„Ja ich weiß. Das sind wohl auch Glaubenssätze. Vielleicht solche, dass wir Menschen insgeheim denken, dass wir es nicht wert sind. Oder wir haben es die ganze Zeit einfach falsch gemacht."

Eiolo: „Das mag sein. Doch lasst euch bitte sagen: Ihr seid nicht irgendwie minder. Ihr seid so viel mehr, als ihr euch zutraut und immer wieder vorstellt zu sein. Wie sollte es auch anders sein? Ihr wurdet genauso wie alle anderen Sternenvölker von Gott als sein Ebenbild geschaffen. Glaubt ihr wirklich, er erschafft etwas Minderes als sich selbst? Traut ihr Gott das zu, dass er seine Schöpfungen, die ja wie gesagt sein Ebenbild darstellen, so kreiert, dass sie weniger als er selbst sind?“

„Das wird er wohl kaum tun. Also sind es wiederum lediglich unsere Gedanken, besser gesagt ist es unser Ego, das unbedingt glaubt, dass es mehr ist als der Schöpfer.“

Inarda: „Es gibt im Grunde kein Mehr und auch kein Weniger. Es gibt kein weniger oder mehr wert. Es gibt auch kein Richtig oder Falsch. Dies alles sind, wie du es ausdrückst, Spiele eures Egos. Dem habt ihr viel zu lange euer Leben übergeben und euch danach gerichtet. Nun seid ihr am Weg, dies abzulegen. Mal gelingt es euch besser, dann wieder schlechter. Das ist normal. Ihr seid in einem Übergangsprozess, der euch letztendlich in eure wahre Bestimmung führt.“

„Was ist unsere Bestimmung?“

Inarda: „Eure Bestimmung hier auf der Erde ist die Bewusstwerdung. Denn damit kommt ihr der Quelle immer näher. Der Mensch braucht nicht unbedingt zu sterben, um Gott ganz nahezukommen. Ihr seid nicht nur am Weg, sondern ihr seid immer in seiner Nähe. Erkennt endlich an, dass Gott in euch ist und ihr in Gott.“

„Jetzt kommt wieder der erhobene Zeigefinger...“

Inarda: „Nein. Wir wollen euch in keinem Fall schelten. Das liegt uns fern. Wir wollen allerdings – und das eben teilweise mit Nachdruck – auf bestimmte Umstände aufmerksam machen. Manchmal muss man jemanden kräftig rütteln, dass und bis er wach wird. Wir sind sozusagen Helfer bei diesem Erweckungsprozess.“

„Ok. Ok. Schon in Ordnung. Manchmal müssen wir wirklich kräftig geschüttelt werden, bis wir unsere Augen aufmachen, uns den Sand aus den Augen reiben und sie uns dann auswaschen, um wirklich klar sehen zu können. Doch bei manchen kann man rütteln und schütteln, wie man will. Die werden nicht wach und laufen allem, das von den Medien kommt oder von einer sogenannten Obrigkeit gesagt wird, einfach hinterher ohne selbst zu denken. Ist ja praktisch. Man braucht eben selbst nicht denken und auch die Verantwortung nicht übernehmen. Man kann immer sagen: ‚Der hat ja gesagt…' oder ‚Das wurde so gesagt…' oder auch ‚Das ist ja Gesetz…'. Und das ist für viele so praktisch, dass sie von nichts und niemandem aufgeweckt werden können. Die werden nie den Bewusstwerdungsweg beschreiten."

Inarda: „Dann ist es ihre Entscheidung. Lasst sie bei ihrer Entscheidung. Niemand hat jemals gesagt, dass alle mitgehen werden. Die einen werden sich auf einer neuen Erde wiederfinden. Die anderen auf ihrer gewohnten. Und so wird jeder das bekommen, das er gewählt hat."

„Ihr seht das Ganze ziemlich entspannt, oder?"

Eiolo: „Warum sollten wir nicht entspannt sein? Zum einen kennen wir so etwas wie Anspannung nicht, zum anderen sehen wir, welche Entwicklung ihr gemacht habt. Und diese ist hocherfreulich."

„Sagst du das jetzt, um uns ein bisschen aufzubauen?"

Freiheiten, Annehmen, Loslassen, Reibung

Eiolo: „Nein. Ganz und gar nicht. Ich sage es, weil es so ist. Schau dich um. Wann konntest du offen über Spiritualität oder über Energiearbeit oder über das Rutengehen oder Pendeln sprechen, ohne dass du gleich schief angeschaut wurdest oder überhaupt abgelehnt? Wie lange ist es her, dass du dir selbst den Mund verbieten musstest, um innerhalb deiner Verwandtschaft oder im Freundeskreis über diese Themen zu reden? Seit wann kannst du solche Wahrheiten frei sagen?"

„Naja. Das ist noch nicht so lange her, seit ich mich traue, es wirklich offen und frei zu tun. In Teilbereichen ging es vorher auch schon. Aber so komplett frei... Das sind gerade ein paar Jahre und es wird immer besser und es werden immer mehr, die es nicht nur hören, sondern die auch wirklich zuhören. Ob sie es auch verstehen, das sei mal dahingestellt. Das Rutengehen ist schon länger in der Gesellschaft akzeptiert. Vor 40 Jahren, als ich damit angefangen habe, war es allerdings noch so, dass dies nur beim Wassersuchen der Fall war. Kaum ging es um das Austesten von Wohnhäusern, Wohnungen oder Baugrundstücken wurde diese Akzeptanz gleich um einiges weniger. Viele meiner Freunde und Bekannten wussten lange nicht, was ich da genau mache."

Inarda: „Und wenn du ihnen erzählen würdest, was du gerade machst? Also, wenn du ihnen sagen würdest, dass du die ganze Zeit mit uns kommunizierst?"

„Tja. Wenn ich es sagen würde, dann würden mich wohl noch so manche eher schief anschauen und es gar nicht für möglich halten. Interessanterweise wird es von den meisten akzeptiert, dass Neale Donald Walsch die ‚Gespräche mit Gott' hatte und das auch in Buchform veröffentlicht hat. Aber bei mir wären sie wohl sehr skeptisch. Es kann doch nicht sein, dass das jemand macht, den sie kennen. Doch auch dies ist mittlerweile so, dass es weniger werden, die es kaum einsehen. Wahrscheinlich muss ich aber auch selbst da noch mutiger werden und es frei heraussagen, wenn so etwas thematisiert wird."

Inarda: „Du hast den Mut dazu. Das spüre ich sehr deutlich."

„Mittlerweile stimme ich dieser Aussage sogar zu."

Eiolo: „Mach es. Probiere es aus. Dann siehst du die Reaktionen. Und du wirst überrascht sein, wie viele durchaus etwas damit anfangen können."

„Dein Wort in Gottes Gehörgang... Aber ja. Du hast recht. Wenn man etwas nicht probiert, dann weiß man auch nicht, wie darauf reagiert wird."

Inarda: „Und wie du auf deren Reaktion reagierst."

„Ja. Auch das. Ich weiß schon, dass ich da nicht immer so gelassen reagiere oder reagiert habe. Auch wenn ich nichts gesagt habe, so hat es mich doch noch lange Zeit innerlich gewurmt – wie wir zu sagen pflegen."

Inarda: „Du bist speziell in den letzten Monaten wesentlich gelassener geworden. Das ist nicht nur sehr schön, sondern auch sehr gut für dich und dein Umfeld."

„Manchmal reagiere ich allerdings nicht so gelassen. Da habe ich noch einiges an Arbeit vor mir."

Inarda: „Nein. Das hast du nicht."

„Wie bitte? Ich brauche das nicht zu bearbeiten? Oder wie darf ich das verstehen?"

Inarda: „In gewisser Weise ist es schon zu bearbeiten. Aber nicht als Arbeit – nicht als Muss und nicht als Darf. Die beste Form es zu bearbeiten – wenn wir jetzt mal bei diesem Begriff bleiben – ist es, es einfach zu vergessen."

„Also annehmen und loslassen. Meinst du das?"

Inarda: „Genau das meine ich. Und dies nicht nur in deinem Fall, sondern generell. Wenn du glaubst, dass du an etwas arbeiten musst oder darfst, dann hast du immer und ständig das Thema, um das es geht, im Kopf. Wenn du es aber annimmst, wie es ist, dann verschwindet es von selbst. Ich weiß, dass das nicht gerade eure einfachste Übung ist. Doch es ist die wirksamste und wirkungsvollste. Du weißt ja: Alles woran ihr denkt, ist so lange präsent, wie ihr daran denkt."

„Und das ist schwer genug. Denn manches ruft sich von selbst immer wieder in Erinnerung. Meistens durch irgendwelche Symptomatiken."

Inarda: „Nein. Von selbst nicht. Wenn ihr schon an etwas arbeiten wollt, dann an eurem Bewusstsein. Denn je weiter dieses ausgeprägt ist, desto einfacher ist auch das Annehmen. Du kannst dich doch sicher noch daran erinnern, wie das bei und mit deinen Wutanfällen war."

„Ja. Kann ich. Da habe ich es tatsächlich geschafft, dass ich sie als einen Teil von mir voll und ganz angenommen habe. Dann verschwanden sie wie von selbst."

Inarda: „Genau so funktioniert es. Nehmt das, was euch belastet und nicht mehr dienlich ist, voll und ganz an. Nehmt alles an, was ihr nicht mehr wollt und weghaben wollt. Es war alles irgendwann mal wichtig für euch. Sonst wäre es nicht bei euch gewesen. Das meiste davon diente eurer Entwicklung. Diente dazu, dass ihr genau zu dem Punkt gekommen seid, dass ihr es nicht mehr wollt. Und in weiterer Folge dazu, es anzunehmen und durch diese Annahme aufzulösen. Dies betrifft sowohl mentale Themen, wie auch eure körperliche Heilung. Die Methode, die wir dir gezeigt haben, beziehungsweise angesprochen haben, hilft euch dabei."

„Also wieder das Reiben."

Inarda: „Ja."

„Ihr habt vom Reiben auf der Brust gesprochen. Gibt es noch andere Stellen, die man gut damit ‚bearbeiten' kann?"

Inarda: „Die gibt es tatsächlich. Denn ihr könnt dies überall verwenden. Ob nun am Kopf, an den Schultern, am Bauch oder wo auch immer. Es unterstützt euch überall."

„Und welchen Satz sollen wir jeweils verwenden?"

Inarda: „Im Grunde gibt es lediglich zwei Anweisungen, die ich euch dazu geben möchte. Die erste ist: Verwendet nur Sätze, die mit ‚Ich bin' oder ‚Ich habe' beginnen. Und die zweite ist: Denkt oder sprecht danach aus, was euer tiefster innerer Wunsch ist. Sagt nicht, was ihr nicht wollt. Sondern wirklich nur das, was ihr wollt."

„Alles klar. Dann werde ich das so anwenden. Ich habe ja ein paar Baustellen, bei denen ich das gut ausprobieren kann. Und was diese Sätze anbelangt, so sind der eigenen Kreativität scheinbar keine Grenzen gesetzt. Das ist sehr gut."

Inarda: „Richtig. Was immer für euch gerade passend ist oder euch passend erscheint ist gut und richtig. Ihr werdet spüren, was für euch gerade passend ist."

Materie

„Danke, liebe Inarda. Das wird sicher mir und so manch anderen eine große Hilfe sein. Ich möchte nun wieder zu einem – wie soll ich sagen – physikalischen Thema kommen. Was ist Materie? Was ist Anti-Materie aus eurer Sicht?“

Eiolo: „Das lässt sich sehr einfach beantworten und ist doch sehr komplex. Materie ist all das, was man angreifen kann. Anti-Materie ist all das, was man nicht anfassen kann. Soweit die einfache Erklärung. Nun wird es etwas komplizierter. Deine Frage impliziert auch die Frage: ‚Was ist Materie?‘“

„Ja. Das habe ich ja eben gefragt.“

Eiolo: „Ich meinte damit: ‚Was ist Materie wirklich?‘ Materie, also was angreifbar ist, ist zum größten Teil nichts anderes als Nicht-Materie – also Anti-Materie. Eure Forscher bezeichnen lediglich das als Anti-Materie, das sich zwischen den Planeten befindet. Da irren sie sich jedoch gewaltig. Denn jede Materie besteht bis zu 98 Prozent aus Anti-Materie. Der Raum zwischen den Materieteilchen ist riesengroß. Würde man das ganze Universum zusammenpressen – was dem ursprünglichen Zustand entsprechen würde – dann bliebe nicht viel übrig. Vielleicht etwas in der Größe eines Stecknadelkopfes oder eines Balles. Das lässt sich nicht so genau sagen. Aber das ist auch nicht wichtig. Es soll einfach demonstrieren, dass alles im Wesentlichen aus Nicht-Materie besteht. Selbst Steine haben diese Dichte – oder besser gesagt Nicht-Dichte. Sie sehen nur so aus, als wären sie fester und härter. Doch sind auch sie in ihren kleinsten Bauteilen den gleichen Regeln unterworfen, wie scheinbar weicheres Material. Dies hängt vor allem mit der Molekularstruktur eines Materials zusammen. Zumindest ist das die Meinung eurer Wissenschaftler. Tatsächlich hängt es mit der Energiedichte zusammen. Doch diese ist nicht messbar. Vor allem nicht mit den Messinstrumenten, die von der Wissenschaft verwendet werden. Diese gehen bei ihren Messungen immer von Materie aus. Nicht-Materie kann damit nicht erfasst werden. Auch die modernsten Teilchenbeschleuniger können nur Materie feststellen. Diese zwar mittlerweile fast in ihrer kleinsten Form, jedoch noch nicht ganz. Und wenn diese kleinsten Partikel wirklich gefunden werden, dann ist alles darüber

Hinausgehende – oder Darunterliegende – nur mehr Energie. Und das ist der eigentliche Stoff, aus dem alles ist. Anti-Materie ist, um auch auf diese Frage noch einzugehen, alles nicht Sichtbare, das Feld, welches alles Potenzial beinhaltet, die Akasha-Chronik, das Bewusstsein – und welchen Namen du auch immer verwenden magst."

„Das bedeutet also, dass wir selbst in der Hauptsache Nicht-Materie sind und alles um uns herum auch. Dann frage ich mich: ‚Warum messen wir dann der Materie so viel Bedeutung zu, wenn es doch den absolut geringsten Anteil ausmacht?'"

Eiolo: „Ganz ehrlich: Das fragen wir uns auch... Um wieder etwas sachlicher zu werden, möchte ich auch auf diese Frage eingehen. Ihr messt, also das ist unsere Erfahrung, der Materie deshalb so viel Bedeutung zu, weil ihr darauf trainiert wurdet, es zu tun. Vor tausenden von Jahren war das noch anders. Da wusstet ihr Menschen noch, dass alles Energie ist. Manche wissen es auch heute noch und kennen das Prinzip der Levitation. Diese beruht genau auf dieser Erkenntnis. Dies ist auch der Grund, warum damals Steinblöcke transportiert werden konnten, deren Gewicht eure heutigen Maschinen bei Weitem nicht schaffen. Damals wurden diese Steinplatten und Steinblöcke nicht transportiert. Sie wurden levitiert. Nicht-Materie, Energie, hat kein Gewicht."

„Und was ist mit den rund 2 Prozent Materie? Wenn ein solcher Steinblock, sagen wir 100 Tonnen wiegt, dann bleiben ja letztendlich doch immerhin noch 2 Tonnen Materie übrig. Und: Warum bringt so ein Block dann überhaupt 100 Tonnen auf die Waage?"

Eiolo: „Blöcke in dieser Größe werden nicht gewogen. Es wird ein kleiner Teil davon hergenommen und aufgrund des angezeigten Gewichts dessen wird hochgerechnet. Oder – und das ist die häufigste Variante – wird das spezifische Gewicht aufgrund einer Felsprobe ermittelt. Dieses spezifische Gewicht sagt aus, wie viele Kohlenstoffmoleküle in einer bestimmten Zusammensetzung vorhanden sind. Da dieses Gewicht in einer Zeit ermittelt wurde, in der die Messinstrumente noch nicht ganz so präzise waren, stimmt die Messung nicht. Sie wird aber trotzdem noch als das Maß aller Dinge hergenommen. Wenn man mit einem falschen Wert rechnet, dann ist auch das Ergebnis falsch. Was jedoch noch dazukommt ist die Tatsache, dass die Menschen früher noch wussten, wie sie solche Blöcke in fast reine Energie umwandeln konnten und wie sie diese in einen schwebenden Zustand versetzen konnten. Einfach weil sie wussten, dass es Materie im Grunde nicht gibt. Oder besser: Sie wussten nicht, dass es außer Energie noch etwas gibt. Denn niemand hatte es ihnen gesagt. Ihr wisst, dass es auch Materie gibt. Und was habt ihr daraus gemacht? Ihr geht davon aus, dass die Materie alles ist. Ihr habt diese zum wesentlichen Bestandteil eurer Welt und eurer Vorstellung von allem gemacht."

„Das erinnert mich an den Spruch: ‚Alle sagten, dass das nicht geht. Dann kam einer und tat es, weil er nicht wusste, dass es nicht geht.'"

Eiolo: „Ja. So kann man es durchaus sehen. Es ist wirklich zutreffend."

Test überstanden, Geduld, Energien, Geld

Heute ist der 9.2.2023. Mir ging es den ganzen Tag nicht so gut. Schwindel, Nackenschmerzen, teilweise leichte Kopfschmerzen, waren nur einige der Symptome, mit denen ich es heute zu tun hatte. Darum habe ich vor Kurzem Eiolo gefragt, was denn da heute los war. Denn ein M-Klasse-Flare nach dem anderen und permanenter geomagnetischer Sturm sind ja nicht gerade das, was mein Körper brauchen kann.

Eiolo: „Der heutige Tag, so wie auch der vorher, waren für dich sehr aufreibend und ungemütlich. Das ist uns durchaus bewusst. Doch hast du beide Tage gut überstanden. Es war sozusagen auch ein Test für dich, damit du siehst, was du alles imstande bist zu schaffen."

„Es war ein Test? Ich komme mir jetzt vor wie ein Motor auf dem Prüfstand."

Eiolo: „Natürlich war es das hauptsächlich für dich. Für alle anderen waren es M-Klasse-Flares und ein geomagnetischer Sturm nach dem anderen. Nicht mehr und nicht weniger. Sie waren einfach da. Uns ist durchaus bewusst, dass Menschen wie du sich schwer damit tun, mit all diesen Einströmungen umzugehen. Doch haben wir auch dafür gesorgt, dass wir im Notfall eingreifen können, falls es zu heftig für dich wird. Wie wir das genau gemacht haben, darauf wollen wir nicht näher eingehen. Sei dir versichert, dass du immer auf uns zählen kannst."

„Ich danke dir und danke euch von ganzem Herzen."

Eiolo: „Bitte gerne. Natürlich könnt ihr alle immer auf uns zählen. Das ist für uns sozusagen eine Selbstverständlichkeit."

„Ich dachte, dass der Februar für uns einfacher wird, was die Energien anbelangt. Doch derzeit sieht es so gar nicht danach aus."

Eiolo: „Ja, ich weiß, dass das vielfach gesagt wurde. Doch euer sogenannter Februar hat erst begonnen. Es wird einfacher. Das stimmt. Denn ihr werdet immer stärker. Immer mehr kommt ihr in eure Kraft, eure Schöpferkraft. Und das wird sich insofern fortsetzen, dass ihr die einströmenden Energien immer leichter in euch integriert."

„Ist das wirklich so? Ich habe derzeit einen gegenteiligen Eindruck."

Inarda: „Wartet noch etwas ab, bevor ihr ein Urteil darüber fällt."

„Immer diese Warterei. Ich kann es schon nicht mehr hören."

Inarda: „Das ist eines eurer Haupthindernisse. Die Geduld ist nicht unbedingt eure große Stärke. Doch Zeit ist relativ. Mir ist durchaus bewusst, dass ihr diese Veränderungen, die immer wieder angekündigt werden und wurden, schneller ablaufen sehen wollt. Doch ihr macht euch keine oder nur selten darüber Gedanken, ob das auch wirklich gut und sinnvoll für euch sein würde. Denn eines ist klar: Wenn es schneller gehen soll, dann bekommt ihr auch mehr von diesen Energien zur gleichen Zeit ab. Und ob das so hilfreich sein würde, wage ich zu bezweifeln."

„Da hast du sicher recht. Es ist so schon oft heftig genug."

Inarda: „Schüttet nicht gleich das Kind mit dem Bade aus, wie ihr gerne zu sagen pflegt. Denn alles ist in göttlicher Geschwindigkeit. Und vergesst nicht, dass nicht nur die Erde selbst in einen höheren Bewusstseinsstand geht. Sie macht es mit allen Menschen, die auf der Erde leben. Und das ist einmalig und hat es so noch kaum auf einem Planeten gegeben. Ihr seid zwar nicht die ersten, doch seid ihr jene, die sich scheinbar am schwersten damit tun. Das ist auch für uns eine ziemliche Herausforderung. Ihr schafft es, beziehungsweise habt ihr das schon. Wir bitten euch um euer Vertrauen, dass alles in einem göttlichen Plan in göttlichem Tempo abläuft."

„Da tun wir uns tatsächlich oft etwas schwer. Das stimmt – leider. Und wie geht es jetzt weiter?"

Eiolo: „So, wie es der Plan ist. Für viele von euch werden die nachfolgenden Monate noch ziemlich auf- und durchrüttelnd sein. Wenn etwas im Umbruch ist, dann bleibt kein Stein auf dem anderen. Und das erlebt ihr gerade in allen euren Systemen. Somit werden auch alle mit ihren eigenen Themen konfrontiert. Niemand bleibt hier ausgenommen. Allerdings sehen das viele Menschen nicht so und suchen für alles einen Schuldigen im Außen. Ein solcher ist schnell gefunden. Da braucht man sich nur eure Nachrichtensendungen anzusehen. Die sind voll von Meldungen, in denen man Schuldige erkennen kann. Genauer gesagt glaubt man sie zu erkennen. Doch die Ursache der Themen seid immer ihr selbst. Und wenn ich sage ‚ihr', dann schließe ich uns und alle anderen Sternenvölker mit ein. Jedes Wesen ist für sich die Quelle der eigenen Ursachen. Sie werden von jedem Wesen selbst geschaffen. Sonst würden sich auch die Lösungen nicht für alle individuell auftun. Und genau darum geht es. Was hättet ihr davon, wenn es Lösungen geben würde, die pauschal für alle sein würden? Würden sie für euch als Individuum passen?"

„Manche schon. Wir sind ja auch von so manchen Themen pauschal betroffen. Die Erhöhung der Energiepreise zum Beispiel. Oder die politischen Dinge, die gerade so auf der Weltbühne passieren."

Inarda: „Die Frage ist immer, ob ihr damit in Resonanz geht. Scheinbar tut ihr das vielfach. Mir ist schon klar, dass die Zeiten auf der Erde oft nicht einfach sind für euch. Und oft höre ich euch sagen: ‚Die haben leicht reden.'. Ja. Wir haben leicht reden. Das stimmt schon. Wir möchten euch jedoch damit eine Sichtweise vermitteln, die euch zeigt, dass ihr euch keine oder zumindest nicht so viele Sorgen machen braucht. Vertrauen ist hier wirklich der Schlüssel. Vertrauen vor allem in euch selbst. Nein, wir haben keine generelle Lösung für all eure Probleme. Was würdet ihr lernen, wenn euch eure Probleme jemand aus der ‚Geistigen Welt' abnehmen würde? Nichts. Ihr würdet anschließend wieder genauso oder zumindest so ähnlich weitermachen. Denn ihr kennt ja nichts anderes. Ihr hättet nur die Erfahrung aus der Vergangenheit, die euch in all diese Schlamassel gebracht hat. Mit diesem derzeit stattfindenden Lernprozess könnt ihr andere, neue Erfahrungen machen und habt somit eine Wahlmöglichkeit. Ihr könnt so weitermachen wie bisher oder aufgrund des Gelernten in eine neue Richtung gehen. Die Wahl liegt ganz bei euch."

„Gibt es einen richtigen Weg?"

Inarda: „Nein. Es gibt weder einen richtigen noch einen falschen Weg. Es gibt lediglich eine Entscheidung für einen Weg. Und der ist individuell. Es steht euch aber frei, die Wahl in jeder Sekunde neu zu treffen. Dies ist mit eurem ‚freien Willen' gemeint, den ihr habt. Wie gesagt, ist auch keine Entscheidung eine Entscheidung."

„Manchmal habe ich das Gefühl, dass der freie Wille nicht ganz so frei ist. Das war vor allem in den letzten Jahren immer wieder der Fall."

Inarda: „Der freie Wille bedeutet nicht, dass euer Verstand der wesentliche Faktor ist, sondern euer Herz, euer Bauchgefühl, eure Intuition. Geht diesen Weg. Dann werdet ihr immer jene Entscheidung für euch treffen, die euch am dienlichsten ist. Erinnere dich an dein eigenes Gedicht. Es ist so wahr. Die eigenen Wege zu bauen heißt auch sie selbst zu gehen. Geht nicht einen Weg, weil das vielleicht bedeutet, dass ihr etwas oder jemanden zurücklassen müsst. Sondern geht diesen Weg, WEIL ihr etwas oder jemanden zurücklassen müsst."

„Was bedeutet das jetzt?"

Inarda: „Euer ganzes Leben habt ihr Menschen und Situationen gesammelt, um euch geschart, von denen ihr meintet, dass ihr diese braucht. Hinterfragt es, ob das wirklich so ist. Hinterfragt, ob diese euch noch länger dienlich sind. Wenn nicht, dann lasst ihr sie auf dem neuen Weg zurück. Ich weiß, das ist nicht ganz einfach. Denn ihr seid es gewohnt, diese Menschen oder Situationen um euch zu haben. Mistet euer Leben aus und sortiert es neu. Damit geht ihr den neuen Weg mit wesentlich leichterem Gepäck."

„Jetzt könnte ich wieder anmerken: ‚Leicht gesagt.'"

Inarda: „Ich wusste, dass das jetzt kommt. Dies ist der Punkt, an dem ich nochmals zu den Energien zurückkommen möchte. Denn diese beiden Themen habe direkt etwas damit zu tun. Aufgrund dieser Einströmungen erkennt ihr leichter, was euch noch dienlich ist und was nicht. Und es erleichtert auch das Ausmisten, von dem ich vorhin sprach. Es ist noch nicht so lange her, da konntet ihr das noch nicht oder nur mit teilweise großen Schmerzen, inneren Schmerzen. Jetzt löst ihr euch bereits wesentlich leichter davon – und es wird noch leichter."

„Na dann hoffe ich mal, dass das so stimmt."

Inarda: „Höre ich da etwas Zweifel daran?"

„Ja. Manchmal habe ich das Gefühl, dass es immer noch so schwer ist und sich kaum etwas daran geändert hat."

Inarda: „Das verstehe ich. Es ist nicht einfach einem Prozess zu vertrauen ohne zu wissen was kommen wird. Genau darin besteht jedoch das Vertrauen, worum wir euch um eurer selbst Willen bitten. Wir wünschen uns nichts sehnlicher, als dass ihr für euch einen Weg findet, dass ihr euch für einen Weg entscheidet, der euch wirklich dient. Ein Weg, der den Weg für eine neue Erde ebnet und erschafft. Ihr seid die Schöpfer eurer eigenen Wirklichkeit. Macht das Beste daraus, das ihr euch vorstellen könnt – sozusagen die beste Version von euch und der Erde."

„Wenn wir schon dabei sind, dass wir über die beste Version von uns und der Erde sprechen, dann frage ich euch jetzt: ‚Was ist die größte Hürde, die es für uns gibt, die dies verhindert?'"

Eiolo: „Es ist das Geld, eure Finanzsysteme. Dabei geht es nicht darum, dass es Geld nach wie vor bei euch gibt – was kaum mehr irgendwo der Fall ist. Es geht darum, wie ihr Geld verwendet und was und wie ihr darüber denkt. Geld selbst ist einfach eine Energieform. Nicht mehr und nicht weniger. Es dient euch als Tauschmittel, das sich unabhängig von Waren einsetzen lässt. Und dann gibt es diese undurchsichtigen Kanäle, dieses Verstecken des Geldes. Das Geld, das rein als irgendwelche Zahlen auf euren Bankkonten existiert."

„Das nicht goldgedeckt ist."

Eiolo: „Das auch. Doch das ist das geringste Problem dabei. Viel wesentlicher ist das, was ihr als Schwarzgeld bezeichnet. Diese undurchsichtigen Transaktionen, von denen ihr keine Ahnung habt. Da werden Billionen verschoben, ohne dass irgendwer etwas mitbekommt. Das ist das Hauptübel in eurer Welt. Ihr habt den Spruch: ‚Folge dem Geld, dann findest du die Wahrheit.' Dieser Spruch sagt sehr viel Wahres aus. Im Grunde habt ihr genau zwei Möglichkeiten, dass diese dunklen Machenschaften aufhören. Die erste ist die komplette Abschaffung des Geldes. Darauf gehe ich anschließend noch genauer ein. Und die zweite Möglichkeit ist die vollständige Transparenz aller Transaktionen. Diese Möglichkeit möchte ich als Erstes beleuchten."

„Na da bin ich ja gespannt. Über die völlige Abschaffung des Geldes habe ich mir selbst schon einige Gedanken gemacht. Aber über die völlige Offenlegung noch nicht wirklich."

Eiolo: „Was bedeutet nun völlige Offenlegung? Wenn jede Transaktion, jede Zahlung, jedes Gehalt, jede Spende, jeder Kauf und jeder Verkauf und so fort vollständig transparent dargestellt werden müsste, was glaubst du, wie schnell dann diese dunklen Geschäfte, wie ihr sie jetzt habt, zum Stillstand kommen würden. Das würde bereits am nächsten Tag so sein."

„Du meinst damit also eine riesige weltweite Datenbank, die wirklich jeden Geldfluss, egal ob per Bargeld, Kredit- oder Bankomatkarte, oder auch die Transaktionen an den Börsen, einfach alles, beinhalten soll? Wie soll das gehen? Damit könnte man zwar vieles kontrollieren, aber nicht, wenn jemand einem anderen in bar ein Kuvert mit Geld zusteckt. Und so würde halt der Schwarzgeldverkehr flott weitergehen. Also da bin ich wirklich sehr skeptisch."

Eiolo: „Zurecht, wie ich meine. Doch würde ein solches System diesen Schwarzgeldfluss drastisch reduzieren. Derzeit werden bei Weitem die meisten solcher Geschäfte über Konten abgewickelt, von denen kaum jemand etwas weiß. Dies würde alles wegfallen, weil es dann ja sichtbar wäre. Die Erfahrung von anderen Sternenzivilisationen hat gezeigt, dass auch diese Bargeldflüsse für dunkle Zwecke bald aufhören, da durch die Transparenz leicht erkennbar wird, wer dafür infrage kommt. Sie alle würden ihre Gerechtigkeit erfahren. Dazu braucht es kein Gefängnis oder eine andere juristische Bestrafung. Die größte Strafe wird für jene sein, wenn sie das Geld auf diejenigen verteilen müssen, die zu wenig davon haben oder denen sie es genommen habe."

„Die Gesichter stelle ich mir gerade lustig vor..."

Eiolo: „Keine Schadenfreude, bitte."

„Na gut. Dann eben keine. Aber wie stellst du dir das vor? Kann dann all das, was derzeit über Steuern finanziert wird, von den Regierungen bezahlt werden?"

Eiolo: „Da gibt es sicherlich eine Reihe von Möglichkeiten. So könnten zum Beispiel jene Betriebe, die am meisten Geld verdienen, einen Teil davon an den Staat abliefern. Aber der größte Teil der derzeitigen Aufwendungen aus dem sogenannten Staatshaushalt würde sowieso übrig bleiben."

„Warum das?"

Eiolo: „Weil es keinen Staat gibt, der keine dunklen Geschäfte macht. Und auch der Staat müsste ja seine Transaktionen offenlegen. Dadurch würden zum Beispiel auch die wahren Ausgaben für Rüstung und Krieg an das Tageslicht befördert. Schon alleine mit diesem Geld kann man sehr viel Gutes erreichen."

„Hmmm... Kann schon sein. Dies trifft dann wohl auch für die meisten anderen Staatsausgaben zu – und für die Gehälter der Politiker, die ein Ausmaß erreicht haben, dass sich die Balken biegen. Da bekommen manche oder sogar viele das im Monat, was viele sogenannte ‚Normalbürger' im Jahr nicht verdienen. Und das ist nur an den offiziellen Werten gemessen."

Eiolo: „Und jetzt stell dir vor, dass sie alles offenlegen müssten. Wäre das nicht ein wunderbarer Anfang?"

„Ein Anfang wäre es in der Tat. Doch du hast auch noch von einer zweiten Möglichkeit gesprochen, nämlich von jener, dass gar kein Geld mehr gebraucht würde. Kannst du auf diesen Punkt bitte genauer eingehen?"

Eiolo: „Ja. Das hatte ich angekündigt und werde dies auch jetzt machen. Stell dir eine Welt ohne Geld vor. Kannst du das?"

„Ja. Ich kann es mir schon vorstellen. Doch viele andere können es nicht. Ich habe in meinem Bekanntenkreis schon öfter darüber gesprochen. Sie meinten dann, dass dann auch niemand mehr zur Arbeit gehen würde. Oder es kamen Anmerkungen wie: ‚Wie soll ich dann meine Miete bezahlen?'"

Eiolo: „Wie du weißt, wäre auch keine Miete mehr zu bezahlen. Aber lass uns der Reihe nach vorgehen. Was würde es bedeuten, wenn es kein Geld mehr gäbe? Die meisten der anderen Sternennationen haben für sich dieses System bereits umgesetzt und deshalb kann ich auch von Erfahrungen berichten, die dort gemacht wurden. Alle Menschen, denen die Arbeit in der jetzigen Form Freude macht, würden weiterhin ihrer Tätigkeit nachgehen. Doch die Arbeitswelt, wie ihr sie kennt, würde sich drastisch verändern. Niemand müsste mehr zur Arbeit und dort den ganzen Tag verbringen. Die Betriebe würden auch nicht mehr darauf aus sein, noch mehr zu produzieren, um mehr Gewinne zu machen. Es würde nur mehr das hergestellt werden, das wirklich gebraucht wird. Und das ist viel weniger als derzeit gefertigt wird. Die Menschen würden nicht mehr wie Sklaven oder Leibeigene behandelt, wie dies in vielen Firmen derzeit der Fall ist. Die Güter würden in großen und kleinen Lagerhallen deponiert werden, wo sich jeder bei Bedarf etwas holen kann. Wenn es nicht mehr gebraucht wird, dann würde es auch nicht auf dem Müll wandern, sondern wieder dorthin, wo sie es geholt haben. Es gibt bereits solche Modelle auf der Erde – oder besser gesagt im Inneren der Erde. Also in Innererde."

„Das ist mir bekannt. Dort funktioniert dieses System bestens."

Eiolo: „Es funktioniert überall bestens. Die Menschen würden nur mehr das machen, was ihnen Freude macht. Dies hätte natürlich auch große Auswirkung auf die Qualität und die Haltbarkeit der Produkte. Es würde beides in sehr hohem Maß steigen. Öffentliche Einrichtungen würden von jenen gewartet, denen es Freude macht, sich handwerklich zu betätigen. Die notwendigen und anfallenden Arbeiten in diesem Bereich würden die Menschen selbst organisieren. Das geht natürlich nicht von heute auf morgen. Doch sie würden es tun. Sie tun es überall, wo es kein Geld mehr gibt. Und es funktioniert wunderbar. Dienstleistungen sind ebenfalls wie Waren zu sehen. Dem einen macht es Freude, jemandem etwas zu lehren. Dem anderen ist die Betreuung der Senioren und der Kinder wichtig. Jene, die nichts mehr tun könnten, weil sie vielleicht zu alt oder zu schwach sind, würden trotzdem versorgt werden. Einfach deshalb, weil es Menschen gibt, denen das Wohl dieser Menschen am Herzen liegt. Niemand wäre mehr obdachlos, weil es dann keine Miete mehr gibt. Niemand würde am Tropf eines Staates hängen und nach Förderungen und öffentlicher Versorgung schreien, weil es einfach nicht mehr notwendig ist. Ich könnte noch viele solcher Beispiele anführen, doch ich denke, das ist nicht mehr nötig."

„Da hast du recht. Es darf auch jeder selbst darüber nachdenken, was er oder sie tun könnte und würde, ohne dafür Geld zu bekommen. Ich denke, das wäre sehr viel. Man muss sich nur ansehen, was alles ehrenamtlich gemacht wird und wie viele Menschen sich bereits jetzt freiwillig dort einbringen."

Eiolo: „Genauso ist es."

„Das Bedauerliche ist, dass sich noch kaum jemand darüber wirklich Gedanken gemacht hat. Schon gar nicht auf Regierungsebene. Die wollen das wohl nicht, denn mit Geld kann man ja so leicht jemanden manipulieren und ganze Bevölkerungsschichten unterdrücken. Außerdem werden beide von dir angesprochenen Möglichkeiten nur dann wirklich funktionieren, wenn die ganze Welt mitmacht."

Eiolo: „Das muss nicht mal unbedingt sein. Es beginnt im Kleinen. Das hat es ja auch bei euch schon. Ich verweise nur auf die Tauschkreise, die sich überall bei euch gebildet haben. Oder auf die freiwilligen Sozialeinrichtungen und Vereine, die gerade in den letzten Jahren wie Pilze aus dem Boden geschossen sind. Und es gibt bereits produzierende Gewerbe, die ihre Waren genauso zum Tausch mit anderen Gütern bereitstellen. Der Anfang ist also gemacht. Diese Ideen werden sich immer mehr ausbreiten, bis die sogenannte ‚kritische Masse' erreicht wird. Dann wird es zum Selbstläufer. Doch auch dies ist, wie beide Möglichkeiten, eine Sache des Bewusstseins. Wenn dieses einen bestimmten Schwellenwert dafür erreicht, dann wird auch das eine Selbstverständlichkeit für euch sein."

„Ich hoffe, dass dies sehr bald der Fall sein wird. Denn gerade das Geld macht vielen Menschen Probleme. Vor allem dann, wenn zu wenig davon zur Verfügung steht. Es kommt zu massiven Sorgen und Ängsten, vor allem zu Existenzängsten. Die Angst Rechnungen nicht mehr bezahlen zu können, Kreditraten nicht zahlen zu können oder einfach das Einkaufen der Lebensmittel, wird und ist für viele wirklich eine Qual. Nicht selten wirkt sich das auch auf ganze Familien aus, auf Partnerschaften, Ehen, Kinder. Sie alle sind von dieser Geldnot betroffen."

Mangel

Inarda: „Manche sagen: ‚Geld ist genug da. Es haben nur immer die anderen.‘ Na ja. Im Grunde stimmt das sogar. Denn wenn es anders verteilt wäre, dann hätten jene Menschen, denen es derzeit an Geld mangelt, eben diesen Mangel nicht. Und da sind wir auch schon beim wesentlichsten Hintergrund: Dem Gefühl, zu wenig zu haben.“

„Also das Mangelthema...“

Inarda: „Genau. Genau darum geht es. Zu wenig von etwas zu haben ist eine eurer Hauptsorgen, ja eure Hauptangst. Und da spielt Geld eine wesentliche Rolle. Denn mit den vorhin geschilderten beiden Möglichkeiten gäbe es sehr wohl eine Chance aus dieser Spirale auszusteigen. Und man sieht an euren Ängsten die Bedeutung des Geldes für euch am besten. Gerade wenn es als zu wenig empfunden wird, ist das Geldthema oft das dominierende. Wenn ihr genug davon habt, dann denkt ihr nicht darüber nach. Sobald dies aber nicht mehr der Fall ist, dominiert es euren Alltag, eure Gespräche, euer Denken und so weiter. Im Grunde nicht das Geld selbst, sondern viel mehr die Abwesenheit dessen – also der Mangel. Was glaubt ihr, dass ihr damit produziert? Richtig. Mangel. Es kann gar nicht anders sein. Ich rufe nochmals das Gesetz der Anziehung in Erinnerung. Alles, worauf der Fokus gelegt wird, wird verstärkt. Wir unterhalten uns nun schon wieder über das Gesetz der Anziehung. Wie oft müssen wir es euch noch sagen? Wie oft braucht ihr die Erfahrung noch?“

„Wofür?“

Inarda: „Bis ihr beginnt, anders zu denken. Es sind nur eure Gedanken. Nicht mehr. Aber es ist auch nicht weniger. Verändert euer denken. Mir ist schon klar, dass dies für euch eine der schwierigsten Übungen ist. Aber: Seid ihr überhaupt bereit dazu? Seid ihr wirklich bereit, euer Denken, eure Programmierung zu verändern?

Manchmal habe ich den Eindruck, dass ihr das nicht wollt. Doch dann sehe ich wieder, dass ihr es macht. In manchen Bereichen, bei manchen Themen, gelingt es euch besser, bei anderen weniger gut. Das ist in der Übergangsphase, in der ihr euch befindet, ganz normal. Macht euch keinen Druck und schon gar keinen Stress damit. Alles kommt, wenn es so weit ist, dass es passt. Und dann geht es fast von selbst."

„Bei dem einen Thema früher, beim anderen später."

Inarda: „Du kannst nicht erwarten, dass alles auf einmal und ganz plötzlich geht. Das wäre zu viel. Diese Programmierung wurde ja auch nicht an einem Tag in euch festgeschrieben."

„Das ist wohl wahr."

Herkunft, Fragen

„Gerade habe ich von einer lieben Freundin die Erlaubnis bekommen, dass ich ihre Frage, die sie vor ein paar Tagen gestellt hat, und ihr auch beantwortet habt, hier hereinzustellen. Genauer gesagt, waren es mehrere Fragen. Ich würde sie gerne nun hier niederschreiben. Ist das in Ordnung für euch?"

Eiolo: „Ja. Natürlich."

„Sie schrieb mir: Was ich wirklich gerne wissen möchte ist, ob meine Eltern auch von den Plejaden stammten. Ein Bauchgefühl sagt mir, dass es so ist."

Eiolo: „Ihre Eltern, sowie fast die ganze Ahnenreihe, kommen von den Plejaden. Wenn man ganz weit zurückgeht, dann kommt man zu einer Verbindung von einer Sirianerin mit einem Arkturianer. Aber da muss man wirklich sehr weit zurückgehen. Erst vor 17 Generationen sind die ersten von den Plejaden auf die Erde gewechselt. Sie hatten sich damals dazu entschieden. Doch das ist lediglich so, wenn man ihre irdische Ahnenreihe zurückverfolgt. Rein kosmisch gesehen waren sie allerdings schon öfter hier auf der Erde. So war sie auch hier, als Jesus auf der Erde wandelte. Die beiden haben sich auch persönlich gekannt."

„Dann wollte sie noch wissen, ob sie in früheren Leben Nachkommen hatte und ob sie mit ihrem Seelenbruder bereits früher eine Verbindung hatte."

Eiolo: „Ja. Sie hatte mal Nachkommen, mal hatte sie keine, mal war sie Mann, mal war sie Frau. Soweit wart ihr alle schon alles. Was ihren Seelenbruder anbelangt, so war er mal ihr Bruder, mal ihr Mann und mal war sie es selbst."

„Vielen Dank für die Beantwortung der Fragen. Ich bekam auch einige Fragen, die ich jedoch nicht hier hereinstelle. Denn sie waren zu persönlich."

Eiolo: „Diese nicht hier mit aufzunehmen, ist eine gute Entscheidung. Das ist völlig in Ordnung."

An dieser Stelle möchte ich eine kurze Anmerkung einbringen. Auch wenn ich, wie im nachfolgenden Fall, die Erlaubnis habe, dass ich den Namen der oder des Fragestellers erwähnen darf, werde ich das nicht tun. Mir ist es wichtig, dass die Anonymität gewahrt bleibt. Ich weiß nicht, wer das Buch lesen wird, wer sich mit den angesprochenen Themen und Fragen beschäftigen wird. Somit ist für mich die Wahrung der Anonymität sehr wichtig. Genauso wenig werde ich Orte oder Gegenden erwähnen, sofern diese bei der Fragestellung dabei waren oder sind. Ich habe auch Eiolo und Inarda gebeten, dass sie meinem Beispiel folgen. Sie haben beide zugestimmt.

Dem ersten, der beiden folgenden Fragesteller, habe ich jenen Ausschnitt dieses Buches zukommen lassen, der sich mit dem Thema Geld und der Arbeit beschäftigt. Dies sei noch erwähnt, damit das Folgende im entsprechenden Kontext gesehen werden kann.

Fragesteller: „Ich würde gerne wissen, ob meine Entwicklung so weiterläuft, wie sie sich zurzeit darstellt. Oder ob ich meinen Weg noch intensiver ändern sollte. Einerseits verbinde ich mich noch mit materiellen Aufgaben, um etwas Einkommen zu generieren. Andererseits bin ich auch auf dem Weg, den auch ihr (Er meint damit Steffi und mich.) eingeschlagen habt. Ich treffe mich alle vier Wochen mit meiner kleinen offenen Gruppe für alle Ebenen. Schaue mich nach gemeinschaftlichen Lebensformen um und halte mit ihnen Kontakt. Ich treffe mich mit einem Freund vom ‚Kreis MenschSein' und deren Strukturen, in denen der Hintergrund das Leben der Ahnen und die Verbundenheit der Urvölker ist. Ich beteilige mich am ‚Lebensbaumweg', in dem es um die Verteilung von Erzeugnissen aus Sardinien geht, in dem wir ein Verteilernetzwerk aufbauen. Das sind zurzeit meine Lebensinhalte. Ich spüre auch, dass die materielle Ebene nicht mehr meine Aufgabe ist. Ich konnte einigen Menschen schon bei ihren Problemen in ihren Körpern helfen, weil ich die Wahrnehmung dazu habe. Trotz dessen brauche ich noch finanzielle Einkünfte."

Eiolo: „Vereinfache dein Leben. Das heißt, dass du momentan zu viel tust, damit es dich wirklich glücklich macht und du dich darauf voll fokussieren kannst. Materielle Dinge, wie Geld, sind für euch noch wichtig. Das ist uns bewusst. Momentan verzettelst du dich sowohl bei deinen Aufgaben, die du übernommen hast, als auch mit dem Geld. Ich weiß schon, dass dir alle Aktivitäten Freude und Spaß machen. Doch was erfüllt dich davon wirklich? Wenn du eine Entscheidung dahingehend triffst, welche Aktivität du weiterführst, dann entscheide nicht danach, was dir am meisten Geld bringt, sondern danach, wo es dein Herz am meisten hinzieht. Dann wirst du auch den materiellen Erfolg ernten. Denke in dem, was du machen willst und nicht in dem, was du jetzt nicht hast."

Fragesteller: „So wie es dargestellt wurde, ist es auch meine innere Einstellung, weil ich oft vor der Situation stehe und mich frage, was nehme ich denn jetzt? Wonach schätze ich den Aufwand denn ein? Welchen Kostenrahmen kann ich denn da ansetzen? Alles Fragen, die meinem Inneren fremd sind. Wenn ich es aus dem Bewusstsein meines Herzens tue und von dort aus den Blick darauf richte, dann ergibt sich für mich da kein Wert, den man in Zahlen ausdrücken könnte. Es ergibt sich einfach nur das Glücksgefühl es getan zu haben und um nichts mehr. Dies trage ich schon mein Leben lang in mir und so fällt es mir auch schwer einen Wert in finanzieller Form zu bestimmen. Das fällt mir sehr schwer, da ich im Inneren nicht so veranlagt bin. Ich bin offen für Gemeinschaft und Gemeinschaftlichkeit. Mit ein paar Leuten hatten wir eine alte Wassermühle ins Auge gefasst, auf der wir unser weiteres Leben gestalten wollten. Dies hat wegen des Geldes eine andere Wendung genommen und hat sich aber noch nicht ganz von uns gelöst. Zumindest von mir nicht. Ich habe immer noch eine Verbindung zu diesem Ort, so als wenn er immer noch für uns bereitstünde. Ein Gefühl, als würde ich dort schon natürlich leben und sehe mich dort arbeiten. Ist das nur eine Vision oder besteht die Verbindung schon länger und wartet nur auf den Moment, dass es realisiert werden kann? Es gibt nämlich einen weiteren Interessenten, der einem Kauf zugestimmt hat. Wird dieser Kauf wirklich vollzogen? Nach meinem Gefühl stellen sich gewisse Hürden und Widerstände auf. Ist da meine Wahrnehmung real oder werde ich getäuscht? Könntest du dies wohl mal abfragen, lieber Gerhard?"

Eiolo: „Der von dir genannte Ort hat eine besondere Beziehung zu dir – und du zu ihm. Du weißt ja – zumindest spürst du es in deinem Innersten, dass du schon mal dort gelebt hast. Deshalb siehst du dich auch dort arbeiten. Ob es dieser andere, von dem du sprichst, kaufen wird, das ist noch nicht in Stein gemeißelt. Wenn du dich mit allem, Herz und Hirn sozusagen, dafür entschieden hast und dir jetzt schon Bilder davon gezeigt werden, dann wirst du es auch bekommen. Bitte achte lediglich darauf, dass dieses Wollen nicht alleine eine Kopfsache wird. Es ist wichtig, dass du es fühlst, dass du diesen Ort fühlst. Ja, dass du dieser Ort bist. Dann werden auch – auf welchen Wegen auch immer – die entsprechenden Mittel zu dir kommen, um diesen Ort wieder den Deinigen nennen zu können. Doch auch hier möchte ich eine Anmerkung machen: Sieh das ‚Deinige' nicht in einer besitzergreifenden Weise. Sieh es in einer Weise, die die fröhlichen Gesichter, das Lachen der Kinder, das Lächeln der Erwachsenen, an diesem Ort in den Vordergrund rückt. Visualisiere also nicht dein Ziel, sondern deine Absicht."

Fragestellerin: „Lieber Gerhard. Ich habe eine Frage. Ich habe irgendwo gelesen oder gehört, dass wir es auf der neuen Erde wesentlich leichter haben werden, mit den Sternenwesen Kontakt – auch Sichtkontakt – zu haben. Durch die Schwingungserhöhung soll es dann auch möglich sein, sogar Kontakt zu unseren Lieben, die uns voraus gegangen sind, aufnehmen zu können. Da mich das, wie du weißt, selbst betrifft, würde ich schon gerne wissen, ob das so stimmt."

Inarda: „Die sogenannte ‚neue Erde' ist ein erhöhter, besser gesagt ein erweiterter, Seinszustand. In diesem habt ihr auch eine erweiterte Wahrnehmung. Dies betrifft natürlich auch eine andere Sichtweise – eine Sichtweise in dem Sinne, dass ihr mehr seht. Das ist nicht nur mit euren Augen, sondern auch mit allen Sinnen so. Das heißt, dass das Sehen, wie ihr es kennt, sich erweitert und verbindet sich mit allen euch bekannten und unbekannten Sinnen. Was auch bedeutet, dass ihr nicht nur mit den Augen, sondern mit eurem ganzen Sein ‚seht'. Die Wahrnehmung von sogenannten Außerirdischen und euren Vorfahren mit eingeschlossen. Doch dies alles könnt ihr jetzt schon. Ihr braucht dazu nur das Denken aufgeben, dass ihr es nicht könnt. Mir ist durchaus bewusst, dass sich dies für euch schwierig oder gar unmöglich anmutet. Habt ihr es schon versucht, nichts zu denken? In eurem sogenannten Alphazustand, den ihr zum Beispiel zum Zeitpunkt des Einschlafens und Erwachens habt, seid ihr genau in jenem Zustand, in dem ihr diese Wahrnehmungsfähigkeit habt. Ob euch das nun bewusst ist oder nicht. Derzeit meistens eher nicht. Auch in euren Träumen seht ihr jene, mit denen ihr gerne Kontakt haben wollt. Dieser Zustand wird sich mehr und mehr in euren Alltagszustand integrieren. Erwartet es nicht. Genießt es, wenn es so ist."

„Im Namen der Fragesteller sage ich euch ganz herzlich ‚Danke' für die Beantwortung der Fragen. Sie sind absolut begeistert!"

Inarda: „Das haben wir sehr gerne gemacht. Doch alle könnten es auch selbst. So wie jeder andere Mensch auch. Die Kontaktaufnahme ist nicht auf wenige Menschen, auf sogenannte Medien oder Hell-Wahrnehmende, begrenzt. Ihr könnt es alle, wie gesagt. Hört nur damit auf zu glauben, dass ihr es nicht könnt. Wieder sind wir bei einem Glaubenssatz, der euch häufig so eingeredet wurde."

„In Fragen, die ich nicht hier reinstellen darf, die also privat gestellt wurden, war zu bemerken, dass zwei Hauptthemen als Fragen formuliert wurden. Die eine beschäftigte sich mit dem Thema Geld. Die andere mit dem Thema Kontakt mit außerirdischen Wesen, vor allem mit den Plejadern – so wie auch bei den letzten beiden Fragestellern, deren Fragen ich eben in dieses Buch mit aufgenommen habe. Könnt ihr mir sagen, warum gerade diese beiden Themen so große Bedeutung für die Menschen haben?"

Eiolo: „Beides sind für euch – oder für viele von euch – essenzielle Themen. Vor allem sieht man daran auch, welche Bedeutung Geld für euch noch immer spielt. Doch dies haben wir vorhin schon behandelt. Der zweite Teil der Frage bezieht sich auf die Herkunft. Viele, der auf der Erde inkarnierten Wesen, kommen tatsächlich von den Plejaden. Sie haben sozusagen dort ihre geistige Heimat. Es ist auch nicht weiter verwunderlich, dass viele, die als ihren Heimatplaneten – genauer gesagt das Heimat-Sternensystem – die Plejaden angeben, auch dort ihren Ursprung haben. Dieser Ursprung kann sich in verschiedenster Weise darstellen. Die meisten haben sich bewusst dafür entschieden, dass sie sich von uns verabschieden, um auf der Erde inkarnieren zu können. Auch das ist für uns nicht verwunderlich. Denn nur bei euch können sie jene Erfahrungen machen, die man als Aufstiegsprozess betiteln kann. Deshalb bist auch du selbst hier. Du, wie auch viele, viele andere der derzeitigen Menschen, waren schon oft auf der

Erde inkarniert. Ihr wart in den verschiedensten Epochen in den unterschiedlichsten Weltgegenden inkarniert. Jedes Mal kamt ihr mit neuen Eindrücken und mit neuen Erfahrungen zurück. Die Plejaden und die Erde haben ein sehr inniges Verhältnis zueinander. Selbst das ist nicht weiter verwunderlich. Denn wir sind wie ihr und ihr seid wie wir. Beide sind wir humanoide Wesen mit fast gleichem Aussehen. Würden wir bei euch auf irgendeiner Straße unterwegs sein, so würdet ihr uns nicht von den Euren unterscheiden können."

„Und umgekehrt ist es wohl auch so."

Inarda: „Nicht ganz. Denn wir nehmen viel mehr die Energie eines Wesens wahr, als ihr das tut. Bei uns fällt ihr sehr wohl auf. Doch wir behandeln euch nicht als Fremde, sondern als Unseresgleichen. Wogegen, wenn ihr uns auf euren Straßen erkennen würdet, dann würden wir als Fremde, als Ausländer – oder was auch immer in der Richtung – behandelt werden. Aber sicher nur in ganz wenigen Fällen als Euresgleichen."

„Das ist wohl wahr. Bei uns werden Fremde, also wenn sie als solche erkannt werden, oft abgelehnt. Dies hat sich in den letzten Jahren durch die ganze Flüchtlingsproblematik sicher noch verstärkt. Alles Fremde wird mittlerweile vielfach einfach abgelehnt. So gesehen, ist es wieder gut, dass wir – oder zumindest die meisten von uns – die Energie eines Wesens nicht wahrnehmen oder nicht so sehr wahrnehmen, wie ihr das tut."

Inarda: „Auch das wird sich ändern und ist eine Sache des Bewusstseins. Und wenn sich dieses Bewusstsein weiter ausdehnt, was es auch tut, werdet ihr uns nicht mehr als Fremde ansehen. Genauso wenig, wie die Vertreter der anderen Sternenvölker."

„Ich freue mich auf den Tag, an dem es soweit ist und die Weltbevölkerung euch mit offenen Armen empfängt."

Eiolo: „Darauf freuen wir uns auch."

„Ist es eigentlich generell so, dass ein Mensch, der sich zu einem bestimmten Sternensystem hingezogen fühlt, tatsächlich von dort kommt?"

Eiolo: „Das kann man zwar grundsätzlich so sagen, doch ist es nicht in jedem Fall so. Denn viele haben auch deshalb eine innere Beziehung zu einem Sternensystem, weil sie sich dort lange aufgehalten haben, dort ausgebildet wurden, dort einen Teil ihres Lebens aus den verschiedensten Gründen verbracht haben, bevor sie sich zu einer Inkarnation auf der Erde entschieden haben. Manche haben auch Beziehungen zu mehreren Sternensystemen. Dies sind in der Regel die Weltenwandler und Weltenlehrer. Sie waren auf verschiedensten Planeten, um zu lernen – oder besser gesagt – um viele unterschiedliche Erfahrungen zu machen. Ihr alle seid nun auf der Erde inkarniert, weil ihr hier gebraucht werdet. Ihr habt euch für die Erde entschieden, da eure Erfahrungen, die ihr auf den anderen Sternensystemen gesammelt habt, nun genau hier, genau an dem Ort wo ihr jetzt seid, gebraucht werden. Ihr seid alle an jenem Ort und zu diesem Moment des Jetzt dort, wo ihr am besten wirken könnt. Und dafür seid ihr hergekommen. Ihr seid hier um die Menschen zu unterstützen durch diesen Prozess zu gehen. Ihr seid so etwas, das ihr Geburts- und Entwicklungshelfer nennen würdet. Und genau das ist es auch. Ihr seid genau das.“

„Wow! Ich bin begeistert! Das sind so wunderschöne und tolle Worte. Mir fehlen sie gerade.“

Bewusstwerdung, Meisterschaft

„Gibt es noch etwas, worüber wir noch nicht gesprochen haben?“

Inarda: „Ja. Wir haben uns noch nicht darüber unterhalten, warum das alles so ist, worüber wir uns in diesem ganzen Dialog unterhalten haben.“

„Das ist wohl wahr. Jedoch erinnere ich mich daran, dass ihr sehr häufig von Bewusstsein und Bewusstwerdung gesprochen habt. Hat das damit zu tun?“

Inarda: „Ja. Auch.“

„Gut. Womit noch?“

Inarda: „Es stimmt schon, diese von dir erwähnten Zustände und Prozesse eine wesentliche Rolle spielen. Doch diese haben auch einen Ursprung. Und diesen Ursprung kann man als das ‚Erinnern‘ bezeichnen. Immer mehr erinnert ihr euch daran, welche Erfahrungen ihr schon gemacht habt. Sei es in einem früheren Leben auf diesem Planeten oder sei es in einem anderen Sternensystem. Ihr bringt alle so viele Erfahrungen mit, an die ihr euch mehr und mehr erinnert. Diesen Vorgang kann man mit Fug und Recht als Prozess bezeichnen. Denn je mehr ihr euch erinnert, desto bewusster werdet ihr. Und je bewusster ihr seid, desto mehr habt ihr die Möglichkeit euch zu erinnern. Es ist ein ewiger Kreislauf. Dieser wird von euch vielfach als Aufstieg bezeichnet. Das ist, wie vorhin schon mal erwähnt, in dem Sinne durchaus richtig. Wir würden es als Erweiterung bezeichnen – als Erweiterung des Bewusstseins und als Erweiterung des Wissens, das als Erfahrung erlebt wird. Wissen ist sozusagen nur die halbe Miete. Das erfahrene Wissen ist der nächste Schritt in der Bewusstseinserweiterung. Darum achtet bitte darauf, dass das Wissen nicht nur in euren Gehirnen existiert, sondern auch erfahren wird. Sprecht und schreibt über eure ganz persönlichen Erfahrungen, in denen ihr dieses Wissen angewendet habt. Sprecht und schreibt über Erinnerungen an Erfahrungen des Wissens, das ihr in dieses Leben mitgebracht habt. Das ist Authentizität. Gelebte Authentizität. Das ist ein wesentlicher Schritt zur Meisterschaft, für die ihr hierhergekommen seid. Einer Meisterschaft, die ihr mit den hier zu sammelnden Erfahrungen weiter vervollständigt. Euer physischer Körper dient euch dabei in besonderer Weise. Denn viele dieser Erfahrungen könnten, wie bereits erwähnt, ohne diesen gar nicht gemacht werden. Darum ehrt ihn. Bedankt euch jeden Tag bei ihm, dass er euch tagein tagaus so wundervolle Dienste leistet."

„Weil du gerade die Meisterschaft angesprochen hast: Wie erreicht man Meisterschaft?"

Inarda: „Meisterschaft ist ein Seinszustand. Ihr erreicht sie nicht. Ihr seid es bereits."

„Wie meinst du das?"

Inarda: „Nun. Jede und jeder von euch hat bereits einen gewissen Grad der Meisterschaft erreicht. Dies ist auch gar nicht anders möglich, da wir alle Eins sind. Und damit seid ihr auch das, was als Meister bezeichnet wird. Nichts ist voneinander getrennt. Und niemand ist mehr oder weniger als seine Mitmenschen. Nichts ist mehr oder weniger als jedes Wesen, das irgendwo im Universum existiert. Ihr seid euch nur oft dieser Tatsache nicht bewusst."

„Und wir leben nicht danach. Ist es das, was du uns damit sagen wills?"

Inarda: „Da ihr euch dessen nicht bewusst seid, lebt ihr euer Leben, das eurem Bewusstheitsstand entspricht. Und ja. Ihr lebt euer Leben genau aus diesem Nicht-Bewusstsein heraus. Würdet ihr aus dem vollen Bewusstseinspotenzial, das euch zur Verfügung steht, leben, so würdet ihr wesentlich mehr in die Beobachterrolle schlüpfen, als in die der Beurteilung. Beobachten heißt, es so wahrzunehmen, wie es ist. Und nicht – wie ihr es jetzt macht – zu interpretieren, was ihr wahrnehmt. Genau das macht einen wahren Meister aus: Die Beobachtung dessen, was ist."

„Also sind wir noch keine wahren Meister?"

Inarda: „Wie gesagt. Ihr seid in einem gewissen Meisterschaftszustand. Doch es ist noch Luft nach oben – um es mal mit einem Ausdruck zu bezeichnen, den ihr dafür wählen würdet. Jedes Wesen hat immer die Möglichkeit, ihren Meisterschaftsgrad zu verbessern. Ihr seid auf einem sehr guten Weg, dies zu tun."

„Also seid ihr auch dabei, euren Meisterschaftsgrad zu verbessern?"

Inarda: „Natürlich. Dachtest du wirklich, dass wir perfekt sind? Dabei stellt sich die Frage, was überhaupt perfekt zu sein bedeutet und wer Perfektheit überhaupt definiert. Es gibt nur ein Wesen, das dieser Beschreibung entspricht. Und selbst dieses ist ständig bestrebt noch mehr Seinszustände zu erfahren, mehr Aspekte über sich und für sich zu erfahren."

„Du meinst Gott, oder?"

Inarda: „Richtig. Selbst er würde sich niemals als perfekt definieren. So etwas wie Perfektheit gibt es nicht. Wenn wirklich annähernd etwas als perfekt bezeichnet werden kann, dann ist es das, dass niemals etwas perfekt sein kann und immer Veränderungs- und Erweiterungspotenzial in sich trägt."

„Also ist die Schöpfung nie abgeschlossen und geht immer weiter."

Eiolo: „So ist es. Du hast das völlig richtig gesagt. Oder etwas anders gesagt: Das Vollkommene ist die Unvollkommenheit. Jeder Mensch, jedes Wesen, ist die großartigste Version dessen, die er oder es gerade imstande ist zu sein. Wenn euch das bewusst wird, dann habt ihr einen ganz wichtigen Schritt in eurer Entwicklung getan. Dann habt ihr euch selbst so anerkannt, wie ihr seid. Und ihr habt jeden anderen und alles andere ebenfalls so anerkannt, wie er oder es gerade ist. Diese Anerkennung ist der beste Weg, Streit und Zwietracht – und sogar Kriege – zu vermeiden. Und ihr seid euch auch mit euch selbst im Reinen. Gebt euch selbst die größte Wertschätzung und macht dies auch bei allen anderen in gleicher Weise. Dies ist der beste Weg, aus dem Mangeldenken herauszukommen. Zumindest ist das unsere Erfahrung."

„Ja ich weiß. Wir denken immer, dass wir von diesem und jenem zu wenig haben. Bei den einen ist es zu wenig Gesundheit, bei dem anderen ist es zu wenig Geld und beim Nächsten ist es zu wenig Zeit. Wir Menschen sind schon irgendwie ein komisches Volk. Da wissen wir, dass uns dies nicht guttut und trotzdem machen wir es immer und immer wieder. Und das hauptsächlich deshalb, weil wir es nicht oder kaum schaffen unser Denken umzustellen. Warum ist das so?"

Eiolo: „Es ist eure Konditionierung, eure Programmierung, die von euren Eltern, der Schule, der Gesellschaft und den Systemen in euch immer wieder regelrecht hineingehämmert wurde. Seid geduldig mit euch selbst. Erwartet nicht, dass so etwas mit einem Wimpernschlag einfach aufhört, nur weil ihr das eine oder andere Mal daran denkt anders zu denken. Es hat auch nicht bloß einen Tag gedauert, bis es sich in euch festgesetzt hat. Also ist es auch nicht weiter verwunderlich, dass es nicht mit einem Male weg ist. Bleibt dran. Denkt bewusst bewusst. Das ist jetzt kein Sprachfehler. Ich meine es genauso, wie ich es gesagt habe. Bewusstes bewusstes Denken bedeutet, dass ihr euch des bewussten Denkens bewusst werdet. Achtet auf eure Gedanken. Seid euch eurer Gedanken bewusst. Seid euch auch bewusst, welche Wirkung diese Gedanken in euch und für euch haben. Das ist für viele die größte Herausforderung. Doch genau dadurch werdet ihr zum Beobachter eures Seins. Dies geht so weit, dass ihr irgendwann sogar euer Beobachten beobachtet. Das ist dann ungefähr so, als wärt ihr ein Vogel, der auf einem Zaun sitzt und einen Wurm beobachtet. Und gleichzeitig schaut ihr euch selbst zu, wie ihr auf dem Zaun sitzt und einen Wurm beobachtet."

„So weit sind wir wohl noch lange nicht."

Eiolo: „Manche von euch sind schon so weit. Andere werden folgen. Alle werden dies können, wenn es für sie an der Zeit ist, dass sie es können. Also macht euch keine Gedanken darüber, ob ihr das nun schon könnt oder nicht. Wenn nicht, dann könnt ihr vielleicht etwas anderes, das andere wiederum nicht können. Jedes Wesen ist auf jenem Bewusstseinsstand, den es gerade braucht. Und etwas Können oder nicht können ist Ausdruck dieses Bewusstseinsstandes. Wobei ich das jetzt nicht wertend meine, sondern in der Form, dass jedes Wesen individuell zu sehen ist. Es definiert seinen Bewusstseinsstand selbst. Dabei gibt es kein Besser oder Schlechter. Nur ein Anders."

Interpretation, Dialog

„Gut, dass du das noch dazugesagt hast. Ich wollte schon fast einhaken, wegen Bewertung und so..."

Eiolo: „Du nimmst alles sehr wörtlich. Stimmts?"

„Ja. Sollte ich nicht?"

Eiolo: „Das ist schon in Ordnung. Wir versuchen immer wieder die Ausführungen so zu gestalten, dass wir uns bemühen es mit eurem Vokabular zu sagen. Es ist uns sehr wichtig, dass ihr es auch versteht. Es gibt allerdings so Vieles, das es fast unmöglich macht so rüberzubringen, wie es wirklich ist. Die Sprache ist hier sehr begrenzend. Gefühle und Emotionen lassen sich nur schwer in Worte fassen. Das Gleiche gilt auch für Wahrnehmungen, die so gesehen werden sollen, wie sie sind – ohne den Filter der Interpretation zu durchlaufen. Und das ist praktisch unmöglich."

„Warum ist es unmöglich?"

Eiolo: „Nun. Ich sollte wohl genauer sagen, dass es für die meisten von euch unmöglich ist. Das trifft es genauer. Denn es ist bei Weitem nicht unmöglich. Die meisten der fortgeschrittenen Sternenvölker können dies – automatisch. Sie filtern nicht. Sie nehmen und sehen alles so, wie es ist. Je mehr nun die Menschen wieder in das ‚Herz-Denken' kommen, desto mehr sind sie auch dazu fähig, dies in dieser Weise zu sehen. Doch sobald die Sprache ins Spiel kommt, ist es immer eine Interpretation."

„Das verstehe ich sehr gut. Ich weiß noch sehr genau, wie es bei mir war, als sich 2008 der ‚Aufgestiegene Meister' Hilarion bei mir meldete. Ich glaubte es schlicht und ergreifend zuerst nicht. Ich kannte ihn auch nicht. Erst, als ich dann den Namen im Internet recherchierte, wusste ich, dass es ihn tatsächlich gibt. Und dann glaubte ich es nicht, dass er sich bei mir gemeldet hat."

Eiolo: „Dabei hattest du einen großen Vorteil. Du kanntest ihn nicht. Deshalb hattest du gute Chancen, es zu glauben. Hätte sich ein dir bekannter Aufgestiegener Meister bei dir gemeldet, dann würdest du es wohl bis heute nicht glauben. Deshalb haben sich auch Inarda und ich bei dir gemeldet. Weil du uns auch nicht kanntest."

„Das ist wohl wahr. Und ich bin euch so dankbar, dass ihr euch bei mir gemeldet habt."

Inarda: „Und wir sind dir dankbar, dass du uns wahrgenommen und uns zugehört hast – und dies weiterhin tust."

„Diese Zwiegespräche mit euch – eigentlich ein Trigespräch – ist so inspirierend für mich. Es ist so, als würde ich mit Freunden in lockerer, ungezwungener Art reden. Und genau das seid ihr für mich: wunderbare, enge Freunde."

Inarda: „Und du bist für uns ein wunderbarer, enger Freund."

„Irgendwie spüre ich, dass sich dieser Dialog, dieser Teil der ‚Informationen' langsam dem Ende nähert. Ist das tatsächlich so?"

Inarda: „Nun. Das kommt darauf an, wie viele Fragen du noch an uns hast. Der Dialog zwischen uns endet nie. Wir sind immer da. Wir sind immer bei dir. Doch nicht immer nimmst du uns wahr."

„Ich weiß. Ich habe es lange, nämlich ganze sieben Monate, nicht getan und jetzt habe ich innerhalb von vier Wochen mehr als das Doppelte von dem geschrieben, das ich vorher hatte. Es ist echt unglaublich für mich, dass dies so wunderbar läuft."

Inarda: „Du bist offen dafür. Wir wissen, dass die sieben Monate davor für dich nicht einfach waren und dies auch jetzt noch immer wieder der Fall ist. Doch wir hatten dir versprochen, dir zu helfen."

„Und das habt ihr auch getan. Ich weiß gar nicht, wie ich euch dafür danken kann oder soll."

Inarda: „Uns zuzuhören und diese Dialoge aufzuschreiben, ist für uns Dank genug. Es wird ein wunderbares Buch daraus entstehen. Das ist eine große Freude für uns. Weißt du, lieber Gerhard, es ist bei Weitem nicht selbstverständlich, dass sich jemand dafür bereit erklärt. Wir haben auch andere Menschen kontaktiert. Doch nur du warst bereit deine Zeit dafür zu investieren diese Niederschrift zu machen. Das ehrt uns und ehrt dich. Du bist sozusagen dazu auserwählt, dieses Material in die Welt hinauszutragen. In welcher Form dies auch immer geschehen mag, ist nicht von Belang. Zumindest vorerst nicht. Die Wege dafür werden sich ergeben, wenn du – so wie bisher – deine Energie darauf fokussierst. Bist du bereit dazu?"

„Oh ja. Das bin ich von ganzem Herzen!"

Inarda: „Dann lass uns mit dem Dialog fortfahren. Denn nun möchte ich etwas von dir wissen: Welchen Stellenwert hat – aus irdischer Sicht – dieses Material für dich?"

„Einen ganz, ganz hohen. Ich habe bereits Ausschnitte daraus einigen Menschen zu lesen gegeben. Sie waren alle richtig begeistert! Eine sagte sogar, dass es das Beste ist, das sie nach den ‚Gesprächen mit Gott' jemals gelesen hat. Die Klarheit der Aussagen, die einfachen und verständlichen Formulierungen und Beispiele haben sie fasziniert. Ich selbst traue mich nicht, dies mit den ‚Gesprächen mit Gott' zu vergleichen. Das wäre aus meiner Sicht zu anmaßend, wenn ich das tun würde."

Inarda: „Ich verstehe. Du bist also nicht so sehr von der Qualität des Materials überzeugt?"

„Das meinte ich damit nicht. Ich bin von der Qualität absolut überzeugt. Doch der Vergleich an sich ist für mich eher schwer zu begreifen und nachzuvollziehen. Ich bin nicht Neale Donald Walsch."

Inarda: „Bei ihm spielte es sich in sehr ähnlicher Form ab. Nur, dass er eben mit Gott sprach. Sind wir in deinen Augen weniger als Gott?"

„Nein, nein. Bitte versteht das nicht in dieser Richtung. Ich weiß, dass wir alle Eins sind. Mir ist bewusst, dass es keine Trennung und damit auch keine wie auch immer geartete Abstufung gibt. Weder zwischen uns noch in Bezug auf Gott."

Inarda: „Gut. Denn genau so ist es. Wir sind Eins. Wir können gar nicht nicht Eins sein. Denn alles, absolut alles, hat seinen Ausgangspunkt bei Gott. Wir genauso, wie du und alle und alles andere, das irgendwo existiert. Egal ob in physischer oder nicht-physischer Form. Aber nun lege eine Pause ein. Du brauchst sie."

„Gut. Das werde ich machen."

Schlaf, Seele, Leben, Tod

Inarda: „Na? Ausgeschlafen?"

„Was ist das?"

Inarda: „Guter Scherz. Aber es bringt mich zum nächsten Thema. Warum seid ihr immer wieder, trotz durchgeschlafener Nacht, am Morgen müde? Dies zieht sich oft über den ganzen Tag."

„Das würde mich eh interessieren. Also, wie ihr das seht."

Inarda: „Das meiste davon, was ich euch jetzt sage, wird euch durchaus bekannt sein. Der Hauptgrund ist immer wieder, dass ihr in eurem Schlaf in anderen Welten unterwegs seid. Das hat sich in den letzten Monaten noch wesentlich verstärkt. Es betrifft vor allem die sogenannten ‚Weltenwandler'. Also jene von euch, die zwischen den Welten hin und her springen. Dieses Wort ‚Weltenwandler' hat aber auch noch eine andere Bedeutung. Es ist auch ein Ausdruck dafür, dass ihr mithelft, die Welt zu wandeln, sie zu verändern. Das ist nicht immer einfach – so wie sich eure Welt gerade präsentiert. Doch für eure Seele ist es sehr erholsam, wenn sie sich nachts aus eurem Körper zurückzieht und im Universum neue Energie tankt. Der Aufenthalt in eurem Körper ist für die Seele sehr anstrengend. Da braucht sie sozusagen immer wieder eine Auszeit. Diese gönnt sie sich in euren Tiefschlafphasen. Bei vielen von euch finden diese allerdings kaum mehr statt. Der Grund dafür liegt vielfach in der Tatsache, dass ihr im Tagesbewusstsein mit so vielen Themen konfrontiert seid, die euch auch in der Nacht nicht zur Ruhe kommen lassen. Wenn ihr dann auch keine Tiefschlafphase habt, kann sich die Seele nicht aus eurem Körper verabschieden und erholen. Deshalb seid ihr dann am Morgen oft so müde, als hättet ihr nicht geschlafen. Dabei war es eure Seele, die sich nicht erholen konnte. Ein weiterer Grund, der bei vielen von euch vorkommt ist, dass ihr im Schlaf sehr aktiv seid. Die Gedanken rattern und rattern. Euer Gehirn muss so viele Eindrücke verarbeiten, dass es die Schlafphasen dafür nutzt. Ein ruhiger Geist schläft auch gut. Darum kann ich euch nur raten, dass ihr bereits während des Tages immer wieder Pausen einlegt, in denen sich der Geist beruhigen kann. In welcher Form ihr das macht, ob eine kurze

Meditation oder Musik zu hören, die euch gefällt oder was auch immer. Wichtig dabei ist lediglich, dass die Gedanken etwas zur Ruhe kommen. Dann kann sich euer Gehirn schon während des Tages etwas entspannen und muss das nicht zur Gänze in der Nacht, während eures Schlafes, machen. Sich über irgendetwas Sorgen zu machen, ist wirklich Gift für euren Geist und euer Gehirn. Denn die Sorgen bewirken die Produktion giftiger Stoffe in eurem Körper. Dies äußert sich – je länger die Sorgen anhalten – als Unwohlsein, als Magen- und Darmbeschwerden, Kopfschmerzen oder auch Verspannungen jeglicher Art. Darum versucht so oft wie möglich euren Geist schon vor dem Schlafen zu beruhigen. Wenn der Geist in die Ruhe kommt, dann hat er auch die Möglichkeit euch mit schönen und guten Träumen zu beschenken. Diese zeigen euch dann oft Situationen, die eure Seele bei ihrem Ausflug erlebt. Aber auch Situationen aus Vorleben oder zukünftige Leben werden euch in dieser Phase gezeigt. Meistens könnt ihr euch nicht mehr daran erinnern. An welche ihr euch erinnern sollt, ist in der Absicht des Traumes mit eingewebt. Darüber habt ihr keine bis ganz wenig Kontrolle. Jeder Traum, der erinnert wird, hat eine bestimmte Bedeutung für euch. Darum könnt ihr euch auch daran erinnern. Wenn allerdings der Stress, Sorgen, Gedanken und so fort eure Schlafphase bestimmen, dann kommt es zwar auch vor, dass ihr träumt. Doch das ist dann ein guter Nährboden für das, was ihr als Albträume bezeichnet. Diese entstehen ebenfalls durch die Vergiftung des Körpers, wie die anderen Symptome, die ich bereits angeführt habe. Im Grunde könnt ihr euch noch so gesund ernähren, wenn ihr euch mit Sorgen und diesen ganzen negativen Emotionen herumquält, dann hat dies die gleichen Vergiftungserscheinungen zur Folge wie ungesundes Essen und Trinken. Euer Körper ist wie ein Motor, der mit einem gewissen Treibstoff angetrieben wird. Gebt ihr ihm etwas anderes, dann kommt er ins Stottern. Dieses Andere können in eurem Fall eben sowohl die Nahrung an sich, wie auch die negativen Elemente – Emotionen, Stress, Sorgen und so fort – darstellen. Auch diese bringen mit der Zeit euren physischen Körper dazu, dass er nicht mehr so gut funktioniert. Doch bevor dies passiert, zeigen sie bereits Wirkung in eurer Aura, in eurem Energiekörper. Das ist auch der Grund, warum dann manche Menschen, die die Aura sehen können, dunkle oder schwarze Flecken darin feststellen. Jeder davon hat das Potenzial euren physischen Körper zu beeinflussen, sobald er durch euer Energiefeld durch ist. Und das wird er auch tun. Solange sich dies in eurer Aura abspielt, kann so ein Loch noch verschlossen werden. Sobald er aber in euren Körper übergeht, sind andere Maßnahmen erforderlich, die dann oft langwierig und mit Schmerzen verbunden sind. Darum mein Rat: Achtet auf eure Aura, euer Energiefeld. Denn dies ist für euren Körper essenziell. Noch besser ist es natürlich, die Ursachen überhaupt zu vermeiden. Doch das ist oft in eurer Gesellschaft ein schwieriges Unterfangen."

„Du sagst es. Du hast gesagt, dass die Seele in der Nacht den Körper verlässt. Dazu habe ich noch ein paar Fragen. Darf ich?"

Inarda: „Nur zu."

„Also. Ich habe gehört, dass nicht der Körper aufgrund seiner Erschöpfung oder Müdigkeit schlafen will, sondern dass die Seele der Auslöser dafür ist, weil sie sich in die von dir erwähnte Regenerationsphase begeben will. Ist das richtig?"

Inarda: „Ja. Das ist richtig. Die Seele geht aus dem Körper. Sie will das tun, das ich vorhin erwähnt habe. Und das tut sie manchmal nicht nur in der Phase des Schlafes."

„Was bedeutet das? Heißt das, dass dies auch während des Tages passieren kann?"

Inarda: „Ja. Das kommt durchaus vor."

„Wenn dem so ist – und daran zweifle ich nicht – bedeutet das, dass dies die Phasen sind, die wir als Bewusstlosigkeit bezeichnen?"

Inarda: „Dies ist eine der Möglichkeiten. Ja."

„Das heißt aber dann auch, dass Ohnmacht, Krampfanfälle oder auch epileptische Anfälle, die mit einer Bewusstlosigkeit einhergehen, die gleiche Ursache haben können, oder?"

Inarda: „Du sagst es. Wenn sich die Seele überfordert fühlt, dann kann sie dies, wie von dir beschrieben, auch tun. Und sie tut es auch. Manchmal braucht die Seele diese Erholungsphase auch während des Tages. Wenn ihr Stress habt, viele negativen Emotionen in euch aufgenommen habt, euch zu körperlichen Leistungen veranlasst seht, die im Grunde bereits eure Leistungsfähigkeit übersteigen, dann ist auch die Seele davon betroffen. Zu solchen Zeiten kann es durchaus vorkommen, dass sie sich dazu entscheidet, den Körper zu verlassen und sozusagen auf Erholungsurlaub geht. Je nach dem Grad der vorher angeführten Belastungen kann es mehrere Minuten bis mehrere Stunden dauern bis die Seele wieder in ihr Gefährt, euren Körper, eintritt. Koma ist nichts anderes, als eine lange Abwesenheit der Seele."

„Puh... Das habe ich so noch nie gehört."

Inarda: „Du hast auch noch nie danach gefragt."

„Das ist allerdings richtig."

Eiolo: „Ich habe dazu noch eine Anmerkung. Würdet ihr mehr auf euren Körper hören, dann würde vieles von dem, was Inarda und du gerade besprochen habt, nicht passieren. Eure Gesellschaft ist allerdings so aufgebaut, dass oft keine Zeit bleibt und die Möglichkeit dafür – also jener, auf euren Körper zu hören – nicht besteht. Ihr habt es geschafft, dass der Leistungsdruck, dem ihr an euren Arbeitsplätzen ausgesetzt seid, Pausen kaum zulässt. Ja, ihr erlaubt es euch selbst oft nicht, denn ihr müsst ja noch dieses und jenes tun, dieses und jenes abarbeiten und so fort. Menschen, die sehr sensibel sind – ihr bezeichnet sie als hochsensibel – sind von so einem Ausstieg der Seele häufiger betroffen als andere. Das heißt jedoch nicht, dass dies bei allen Hochsensiblen vorkommt. Es kommt auch darauf an, wie die körperliche Verfassung ist. Und es kommt auch darauf an, wie euer Energiekörper mit solchen Belastungen umgehen kann. Auch da gibt es wesentliche Unterschiede. Doch eines lässt sich generell sagen: Ja. Der Ausstieg der Seele aus dem Körper kann tatsächlich auch während des Tages passieren. Wie bereits angemerkt, ist es für die Seele nicht gerade einfach in einem physischen Körper zu sein."

„Warum macht das die Seele dann überhaupt, dass sie sich diese Belastung antut?"

Eiolo: „Weil es so geplant war – von Anfang an. Alle Wesen wurden mit einer Seele ausgestattet. Oder genauer gesagt: Jede Seele wurde mit einem

Wesen ausgestattet. Denn die Seele ist nicht etwas, das sich innerhalb des Wesens befindet, sondern das Wesen befindet sich innerhalb der Seele."

„Das ist ja interessant. Das habe ich so auch noch nie gehört oder gelesen."

Eiolo: „Doch. Das hast du. Du hast es schon mal in den ‚Gesprächen mit Gott' gelesen."

„Ach ja. Tatsächlich. Daran habe ich nicht mehr gedacht. Danke, dass du mich daran erinnert hast. Ich sollte diese Bücher wohl nochmals lesen."

Eiolo: „Das ist sicherlich eine ausgezeichnete Idee. Darin wird sehr vieles besprochen, worüber wir uns hier unterhalten."

„Diese Bücher wurden in den 90er Jahren des letzten Jahrhunderts geschrieben. Ist unsere Unterhaltung sozusagen ein Update?"

Inarda: „Wie immer du es auch bezeichnen magst. Wir würden eher sagen, dass es eine Weiterführung dieses Dialoges ist, der damals stattgefunden hat. Doch es ist mehr. Es ist auch die Sichtweise einer Zivilisation, die den Prozess, den ihr gerade durchläuft, selbst schon durchlaufen hat. Und so können wir unsere Erfahrungen nun an dich – an euch – weitergeben."

„Dafür danke ich euch beiden von ganzem Herzen."

Eiolo und Inarda: „Wir danken dir für das Zuhören und allen Lesern für das Lesen."

„Ich habe da noch eine Frage, die sich in mir förmlich hoch drängt. Was ist Leben aus eurer Sicht?"

Eiolo: „Leben ist ein immerwährender Prozess des Erschaffens."

„Ok. Ich denke, das braucht jetzt etwas Erklärung."

Eiolo: „Gerne. Beginnen wir bei der Zeugung. Dies ist ein Akt des Erschaffens. Sozusagen – aus der physischen Sicht – der erste Schritt. Der zweite ist das Werden im Körper der Mutter. Es bilden sich immer mehr Zellen, immer mehr Organe. Das Baby wächst und wächst. Der nächste Schritt ist jener, den ihr Geburt nennt. An diesem Punkt bitte ich Inarda fortzufahren."

Inarda: „Sehr gerne. Die Geburt eines Kindes ist der erste für euch sichtbare Schöpfungsakt. Ihr seht, dass ein neues Leben das Licht der Welt erblickt. Es wächst heran, entwickelt sich immer weiter und weiter, bis es zum Erwachsenen wird. In dieser ganzen Lebensphase erschafft ihr euer Dasein immer mehr und mehr. Ihr erschafft euch sozusagen eure eigene Realität. Diese ist zwar oft von den Eltern und vom Umfeld geprägt, doch es ist eure Sache, ob ihr die Unterweisungen annehmt oder nicht. Es sind eure Entscheidungen. Entscheidungen haben immer in direkter Form mit dem Erschaffen zu tun. Denn je nachdem, wie ihr euch entscheidet, erschafft ihr euer Leben selbst. Das kann in diese oder in jene Richtung gehen. Je nach eurer Entscheidung. Und wie bereits angesprochen, ist es auch eine Entscheidung, keine Entscheidung zu treffen."

„Das heißt, dass wir durch unsere Entscheidungen unsere eigene Realität erschaffen."

Inarda: „Ja. Und das tut ihr fortwährend. Jede Sekunde."

„Wie geht es dann weiter? Irgendwann kommen wir zu dem Punkt, wo wir dir Erde wieder verlassen. Wir nennen es Tod. Ist das auch eine Entscheidung?"

Eiolo: „Ja. Es ist sogar eine sehr bewusste Entscheidung. Doch es ist weder die Entscheidung eures Körpers, noch eures Geistes. Es ist eine Entscheidung eurer Seele. Sie entscheidet sich dann wieder an ihren Ursprungsort zurückzugehen, wenn sie alle Erfahrungen, die sie in dieser Existenz machen konnte, gemacht hat. Somit verlässt sie den Körper, um später wieder in einer anderen Form neue Erfahrungen zu machen. Somit gibt es auch keinen Tod. Es ist lediglich eine Wandlung der Form. Ihr seht es als sterben deshalb an, weil der physische Körper reglos zurückbleibt. Das kommt daher, weil ihr euch als euer Körper seht und nicht als eure Dreisamkeit. Also in Seele, Geist und Körper. Würdet ihr es so sehen – und auch in dieser Reihenfolge – dann würdet ihr nicht nur diese Tatsache anerkennen, sondern auch wissen, dass ihr niemals sterbt. Ja niemals sterben könnt. Und das unterscheidet euch von uns. Wir haben bereits darüber gesprochen, dass wir uns bewusst entscheiden, diese Wandlung der Form einzugehen und durchzuführen. Wir gehen diesen Weg ganz bewusst und in Freude. Währenddessen er für euch als schmerzhaft und mit tiefer Trauer einhergeht und empfunden wird."

„Ihr seid also nicht traurig, wenn euch ein geliebtes Wesen verlässt?"

Inarda: „Nein. Überhaupt nicht. Warum sollten wir? Wir wissen, dass es nun gewählt hat in ihrer Entwicklung den nächsten Schritt zu machen. Und das ist etwas, das wir feiern."

„Interessantes Konzept..."

Inarda: „Es ist kein Konzept. Es ist Wissen und Erfahrung. Wir halten auch nicht an einem anderen Wesen fest. Wenn sich zum Beispiel meine Eltern entscheiden würden, eben diesen nächsten Schritt zu gehen, dann halte ich auch nicht an ihnen fest. Ich werde den Tag feiern, an dem sie sich dazu entscheiden – gerade, weil ich sie liebe. Es ist gar nicht so einfach, dies in Worte zu fassen, dieses Gefühl wirklich so rüberzubringen, wie es wirklich ist. Sprache kann das nicht."

„Ich weiß. Wörter können niemals ausdrücken, was man in seinem Innersten fühlt. Danke, dass du und dass ihr beide es trotzdem immer wieder versucht. Wenn man jedoch diese Worte beim Lesen auch fühlen kann, dann bekommt man am ehesten einen Eindruck davon, was wirklich mit euren Aussagen gemeint ist."

Inarda: „Wer lesen kann, der lese. Wer fühlen kann, der fühle. Sprache ist so begrenzt und so begrenzend. Dabei ist es völlig egal, welche Sprache es ist. Jede lässt zwar Wörter und Sätze als Verstandeskonstrukt zurück, doch gehen diese durch eure Filter im Verstand. Und damit werden sie zur Interpretation. Diese Interpretationen erzeugen zwar auch wieder Gefühle in euch. Doch ob diese dann noch dieselben sind, wie jene des Senders, wage ich zu bezweifeln. Meistens sind sie es nicht."

„Tja. Das volle Spektrum bekommt man eben nur bei telepathischen Verbindungen übermittelt, wie wir bereits ausgeführt haben. Gehen wir wieder zurück zum Anfang der Frage. Ich habe gefragt, was Leben ist. Gibt es da von eurer Seite noch etwas anzumerken."

Eiolo: „Leben ist nicht nur ein immerwährender Prozess des Erschaffens. Es ist auch ein Prozess der Bewusstseinsentwicklung. Beides geht üblicherweise Hand in Hand. Je nach dem Grad der Bewusstheit werden andere Dinge erschaffen, andere Gedanken gedacht, Gefühle anders gefühlt. Nehmen wir als Beispiel jenes, dass euch beim Autofahren die Vorfahrt genommen wird. Etwas, was wohl alle oder zumindest die meisten schon erlebt haben und dadurch kennen. In einem niedrigen Bewusstseinszustand regt ihr euch auf, tobt, beginnt zu fluchen und überschüttet den Autofahrer, der das gemacht hat, mit allen möglichen Kraftausdrücken. Je höher eure Bewusstheit ausgeprägt ist, desto weniger macht ihr dies. Die Kraftausdrücke werden weniger. Das Schimpfen lässt nach. Das geht so weit, dass ihr einfach froh seid, dass nichts passiert ist. In einer weiteren Stufe segnet ihr die gesamte Situation und erkennt, dass der andere Autofahrer ihr selbst seid. Denn nichts und niemand ist voneinander getrennt. Ihr beginnt im Verlauf des Prozesses nachzudenken, was diese Situation mit euch zu tun hat. Wo nehmt ihr euch selbst die Vorfahrt – vielleicht auch im übertragenen Sinn. Und zwar so, dass sich euer Ego immer wieder in den Vordergrund schiebt und sich an die erste Stelle setzt – eure Intuition ignorierend. Eure Intuition, euer Bauchgefühl, sollte immer sozusagen Vorfahrt haben."

„Gutes Beispiel. Das ist wirklich klar verständlich erklärt. So wie alles in diesem Dialog."

Inarda: „Wir bemühen uns alles in einer Form zu schildern, die mit den begrenzenden Möglichkeiten der Sprache machbar ist."

„Das weiß ich sehr zu schätzen. Kommen wir zum nächsten Thema. Da war vom Leben, aber auch vom Tod, die Rede. Doch in der Hauptsache vom Leben. Was passiert genau, wenn wir sterben."

Eiolo: „Niemand stirbt. Die Seele lässt den Körper los. Das ja. Doch, so wie im Leben, ist nicht der Körper an sich das Lebendige, sondern die Seele. Beim Tod trennt sich wie gesagt die Seele vom Körper. Doch da die Seele das Lebendige ist und diese lediglich sich vom Körper trennt, kann man nicht von einem Sterben sprechen. Die Seele geht zurück zu ihrem Ursprung, dorthin, wo sie ursprünglich hergekommen ist. Je nachdem wie müde die Seele ist, kann sie sich alle Zeit nehmen, die sie braucht, um sich wieder zu regenerieren. Sehr müde ist sie dann, wenn der Körper, den sie umhüllt hatte, sich ständig und immer gegen die Seele entschieden hat und regelrecht Raubbau betrieben hat. Ihr kennt es als Raubbau an eurem Körper. Doch der Körper ist nicht alleine betroffen. Es sind auch Geist und Seele darin involviert. Für diese ist es ebenfalls sehr anstrengend, wenn jemand nur dem Genuss von Alkohol, Rauchwaren oder gar Drogen frönt. Und dann braucht die Seele eben eine etwas längere Pause, bevor sie bereit ist ihren nächsten Schritt in der Entwicklung zu tun. Dieser nächste Schritt kann eine weitere Inkarnation auf der Erde sein. Doch viele entscheiden sich auch auf einem anderen Planeten, in einem anderen Sonnensystem, zu inkarnieren. Das kommt darauf an, was sie als nächstes erfahren wollen."

Wahlmöglichkeiten, Reinkarnation

„Kann sich jede Seele selbst aussuchen, was sie als Nächstes machen will?"

Eiolo: „Ja. Denn der freie Wille wurde der Seele von ihrem Ursprung an zugesagt und endet damit nie. Zivilisationen mit einem nicht so ausgeprägten Bewusstseinsstand, wie die irdische Menschheit, glauben immer wieder diesen freien Willen nicht zu haben. Sie schaffen Regeln und Gesetze, die rein für den Verstand bestimmt sind. Und dieser hat so die Möglichkeit sich an etwas anzuhalten, ja festzuklammern, sodass er selbst nicht denken und keine Entscheidungen treffen muss. Er braucht sich lediglich nach diesen Vorgaben zu richten. Der freie Wille wird dabei völlig ignoriert. Wobei allerdings dazugesagt werden muss, dass dies nur die halbe Wahrheit ist. Denn auch das Richten nach den Vorgaben ist im Grunde eine Entscheidung. Der freie Wille lässt auch die Entscheidungsmöglichkeit zu, dass sich der Verstand nach diesen Regeln und Gesetzen richtet."

„Also hat der freie Wille die absolute Wahlmöglichkeit und jede Entscheidung, wirklich jede, ist dadurch möglich, weil der freie Wille diese zulässt?"

Eiolo: „So kann man es sagen. Ja."

„Das bedeutet dann, dass nichts, was wir denken, fühlen und tun außerhalb dieses freien Willens geschieht?"

Eiolo: „Richtig. Und das ist deshalb so, weil der freie Wille ein Aspekt der Seele ist und die Seele selbst alles in sich trägt, was ihr von ihrem Schöpfer bei der Erschaffung mitgegeben wurde."

„Ich erinnere mich, dass ich mal gehört oder gelesen habe, dass alle Seelen im selben Moment, im selben Schöpfungsakt, erschaffen wurden. Warum wird dann immer wieder von jungen und von alten Seelen gesprochen?"

Inarda: „Sie wurden tatsächlich alle im gleichen Moment, in dem einen Moment des Jetzt, geschaffen. Junge Seelen sind solche, die in voller Absicht alle Erfahrungen, die sie bisher gemacht haben, ablegen und wirklich alles vergessen, um die Erfahrung des völlig Neuen zu machen, bevor sie wieder als Baby inkarnieren. Das war ein etwas komplizierter Satz. Also: Wenn sich eine Seele dazu entscheidet, dass sie völlig unbedarft inkarnieren möchte, dann hat sie die Möglichkeit alle bis zu diesem Zeitpunkt gesammelten Erfahrungen einfach zu vergessen. Dadurch hat sie die Möglichkeit genau diese Erfahrung, also jene des totalen Neustarts zu machen. Immer wieder entscheiden sich Seelen dazu, denn damit ist für sie alles neu. Sie kennen nichts und können alles, was sie auf der Erde erlernen, in vollen Zügen in sich aufnehmen. Sogenannte alte Seelen erinnern sich an frühere Leben, frühere Inkarnationen. Sie gehen nicht oder nur teilweise durch den Schleier des Vergessens. Das ist der größte Unterschied zwischen jungen und alten Seelen. Es ist das Vergessen."

„Wenn alle Seelen im selben Moment erschaffen wurden, dann bedeutet dies aber, dass es im Grunde von Anfang an so viele Menschen hätte geben müssen wie jetzt. Derzeit wird die Weltbevölkerung auf etwas über 8 Milliarden geschätzt. Im Jahr 2000 waren es knapp über 6 Milliarden. Wo kommen diese 2 Milliarden Menschen her?"

Eiolo: „Sie kommen von anderen Sternensystemen. Diese hatten sich in der vorherigen Inkarnation entschieden, auf einem anderen Planeten zu leben. Jetzt wollen viele davon mithelfen und euch in eurem Prozess der Transformation unterstützen. Andere wiederum wollen einfach dabei sein."

„Ok. Irgendwie ist es auch logisch, dass Seelen, die auf anderen Planeten waren, sich entscheiden auf der Erde zu inkarnieren und dass dadurch bei uns die Bevölkerungsanzahl steigt. Ich selbst möchte nicht mehr auf der Erde inkarnieren."

Inarda: „Wenn das auch der Wunsch deiner Seele ist, dann wird es auch so sein."

„Ist das auch ein Zeichen des freien Willens, dass man dann inkarnieren kann, wo man will?"

Inarda: „Natürlich. Es steht jedem Wesen vollkommen frei, wo es als Nächstes gerne sein will. Und jedem Wesen ist auch vollkommen bewusst, was es gerne noch an Erfahrungen machen will. Das ist der Hauptaspekt für die Entscheidung wohin. Denn die Seele wird lediglich auf einem solchen Planeten inkarnieren, auf dem es auch möglich ist, die angestrebten Erfahrungen zu machen."

„Gut. Das ist klar. Würde ja auch anders keinen Sinn ergeben. Aber warum wurde die Reinkarnationslehre aus so vielen Religionen, und auch aus der katholischen, einfach gestrichen?"

Eiolo: „Der Klerus ‚musste' das tun, um ihre Lehre von einem strafenden Gott aufrechterhalten zu können. Dadurch hatte er die Möglichkeit Regeln und Gesetze aufzustellen, wie die Beichte, den Ablass und so fort, und auch das Konzept der Hölle und des Fegefeuers beizubehalten. Man muss sich das wirklich einmal vorstellen. Da wird etwas erfunden, um Gott, der alles nach seinem Ebenbild erschaffen hat, schlecht zu machen. Und dann richtet sich die Kirche nach einem bösen Gott und behauptet das Gegenteil. Ich würde dies als ziemlich dreist bezeichnen. Wer würde schon zu einem Gott beten, der strafend, unbarmherzig, böse und so weiter ist? Mit so jemanden würde man doch gar nichts zu tun haben wollen. Ihr braucht nur in eurem Umfeld zu schauen. Mit solchen Menschen würdet ihr jeden Kontakt abbrechen und ihn nicht auch noch anbeten. Doch es ging und geht um Kontrolle. Dadurch, dass Gott als strafend dargestellt wurde und wird, konnten die Menschen in eine bestimmte Richtung gelenkt werden. Diese Richtung war, dass einige Wenige über die Masse die Macht hatte - und vielfach noch hat - sie zu unterdrücken, ihnen das Geld aus den Taschen zu ziehen und sonstige menschenunwürdige Taten zu begehen. Von einer Gotteswürdigkeit ganz zu schweigen. Sie nennen sich Männer Gottes, doch verhalten sich oft wie der Leibhaftige selbst. Dieser ist ebenfalls eine Erfindung der Menschen, um andere zu unterdrücken. Es ging dem Klerus immer nur um Macht und Geld. Die Reichen konnten sich von den Sünden freikaufen. Jene, die das nicht konnten, würden im Fegefeuer landen. So sagte man es ihnen. Dieser sogenannte Ablasshandel war absolut menschenfeindlich. Dann wurden die Novenenkerzen und die Novenengebete eingeführt, um – wenn schon nicht für sich selbst, dann wenigstens für die anderen lieben Verstorbenen – eine Möglichkeit zu schaffen, dass auch der einfache Bauer oder Arbeiter die Chance hatte, ein gutes Wort bei Gott einzulegen, um deren Zeit im Fegefeuer zu verkürzen.

Wenn dabei die eine oder andere Münze in einem dafür aufgestellten Behältnis landete, dann war es schon mal der erste Schritt zu dieser Verkürzung. Man muss sich das echt mal zu Gemüte führen. Da wird den einfachen Menschen das Geld aus der Tasche gezogen für etwas, das es gar nicht gibt. Denn es gibt weder die Hölle, noch das Fegefeuer. Die Reinkarnation – und das war der Grund für die Streichung dieser Lehre – stellt die Möglichkeit dar, dass alle Erfahrungen nicht in einem Leben gemacht werden müssen, sondern sie sich auf viele verschiedene Leben verteilen können. In einem Leben wäre dies nie und nimmer möglich. Und dann wäre das Konzept von einem strafenden Gott auch nicht mehr haltbar gewesen."

„Das erklärt einiges, wenn nicht sogar alles."

Eiolo: „Doch immer mehr erkennen die Menschen diese Lügen, die ihnen aufgetischt wurden und noch immer werden. Dies betrifft alle Systeme – nicht nur jene der Religionen."

„Wenn es aber die Hölle und das Fegefeuer gar nicht gibt, wieso hält sich diese Lehre seit langer Zeit schon so sehr in den Gehirnen der Menschen?"

Inarda: „Es ist genauso eine Programmierung, wie vieles andere auch. Wenn etwas oft genug wiederholt wird, dann wird es mit der Zeit zum Allgemeingut, das von euch als Allgemeinwissen bezeichnet wird. Dabei ist es egal, ob die Aussagen nun richtig oder falsch sind. Und sie werden dann von Generation zu Generation weitergegeben – ebenfalls egal, ob sie richtig oder falsch sind. Die Eltern haben es so von ihren Eltern übernommen und geben es an ihre Kinder weiter. Sie wissen es ja nicht anders. Also macht euren Eltern und Großeltern deshalb keinen Vorwurf. Sie haben letztendlich nur ihren Wissensstand an euch übermittelt. Ihr selbst habt die Chance – und das macht ihr vielfach auch – hinter diese ganzen Lehren zu blicken, euch selbst Gedanken bezüglich der Richtigkeit zu machen. Wir können euch nur dazu ermuntern, dies auch tatsächlich zu tun. Uns ist durchaus bewusst, dass manche dieses Hinterfragen gar nicht machen wollen. Denn, wenn sich herausstellt, dass sie in die Irre geführt wurden und erkennen wie es wirklich ist, dann müssten sie an und in ihrem Leben etwas ändern. Und das wollen viele nicht. Sie wären dann ja anders, hätten eine andere Meinung, als ihr Umfeld. Sie scheuen sich vor den Konsequenzen, die so etwas haben könnte. Anders zu sein hat bei euch leider oft die Konsequenz nicht mehr ernst genommen zu werden und so aus der Gesellschaft ausgeschlossen zu werden. Dies ist für die meisten von euch untragbar. Andere wiederum verleugnen sich selbst. Dies geschieht dann, wenn diese Menschen in sich die Wahrheit wissen, aber dennoch die gesellschaftlich akzeptierte Meinung nach außen hin vertreten. Dieser Zwiespalt führt dann unweigerlich in ein Dilemma, das sich als Burnout oder anderen Symptomen äußert. Es braucht Mut, die Wahrheit auch nach außen zu tragen. Sehr viel Mut."

Zweifel, Sünde, Erfahrung, Erinnerung

„Ja. Mut braucht es zwar immer wieder. Allerdings wird es auch jedes Mal einfacher. Umso öfter man es macht, umso leichter geht es. Und irgendwann wird es dann einfach normal, diese Wahrheiten auszusprechen. Wird das irgendwann mal anders? Ich meine, es tut sich energetisch so viel in den letzten Wochen und Monaten. Und doch habe ich immer wieder das Gefühl, dass im Außen nichts davon sichtbar ist. Je nachdem wie ich selbst gerade drauf bin, sehe ich diese Veränderungen. Doch es gibt auch Zeiten, da bin ich fast am Verzweifeln. Da frage ich mich dann, ob die Menschheit es überhaupt schafft, diesen sogenannten Aufstiegsprozess zu bewirken und durchzuführen. Manchmal habe ich echt meine Zweifel."

Inarda: „Das verstehen wir sehr gut. Doch lass dir sagen: Es ist so vieles schon anders geworden. Schau dich um und höre in dich selbst hinein. Dort findest du die Wahrheit."

„Das ist halt oft schwierig, dass ich in mich selbst hineinschauen kann. Genauso ist es auch, wenn ich euch für mich selbst etwas frage. Da habe ich immer wieder das Gefühl, dass ich nicht mit euch rede, sondern sich mein Verstand einschaltet und von ihm die Antwort kommt. Ich weiß oft einfach nicht, was ich dagegen tun kann. Ich weiß in solchen Fällen nicht, ob ich mir sicher sein kann, dass die Antwort tatsächlich von euch kommt."

Inarda: „Wenn du dir unsicher bist, dann prüfe es mit deinem Pendel. Das hast du ja immer neben dir liegen. Ich weiß, dass du bei anderen Fragen, dich betreffend, der Reaktion des Pendels mehr vertraust als deiner Intuition."

„Stimmt. Das habe ich neben mir liegen und teste sehr viel aus und nach. Aber auf die Idee, es in einem solchen Fall auch zu tun, bin ich noch nicht gekommen. Danke, liebe Inarda."

Inarda: „Bitte gerne. Wir kennen dich nun doch schon eine ganze Weile und wissen wie es dir geht und was du gerne machst. Das macht es uns ziemlich einfach, dass wir auch solche Fragen von dir beantworten."

„Und ihr kennt mich nicht nur schon eine ganze Weile, sondern auch ziemlich gut, wie mir scheint."

Inarda: „Das ist wohl wahr. Aber das kannst nur du selbst feststellen. Es freut mich jedenfalls, dass du es so wahrnimmst."

„Ach ihr Lieben. Manchmal frage ich mich wirklich, was ich täte, wenn ich euch nicht hätte."

Inarda: „Auch wenn wir nicht gerade in dieser Art wie jetzt kommunizieren, sind wir immer bei dir. Dessen kannst du dir gewiss sein. Und deine Ausdauer und Zielstrebigkeit bei der Aufzeichnung dieses Dialogs ist für uns eine wahre Freude. Du bist ein wunderbares Sprachrohr für uns. Wie schon gesagt, bist du der Einzige, der auf unsere ‚Anfrage' geantwortet hat."

„Warum haben euch andere nicht wahrgenommen?"

Inarda: „Aus den verschiedensten Gründen. Gefühlt war es bei den meisten so, dass sie sich nicht angesprochen fühlten, weil sie uns nicht kannten, weil sie nur mit bekannten ‚Persönlichkeiten' aus der ‚Geistigen Welt' kommunizieren wollen und tausend andere Gründe mehr."

„Ganz ehrlich gesagt, bin ich ziemlich froh darüber. Denn dadurch seid ihr zu mir gekommen und ich darf diese Gespräche mit euch führen. Das ehrt mich sehr und ich bin euch – und jenen, die es abgelehnt haben, mit euch zu reden – sehr dankbar dafür. Von ganzem Herzen zutiefst dankbar."

Eiolo: „Und wir sind dir dankbar, dass du uns ‚erhört' hast. Aus diesem ganzen Dialog wird ein Buch entstehen. Dazu haben wir dir auch schon einige Vorschläge gemacht, wie die Veröffentlichung vonstattengehen kann. Uns ist durchaus auch bewusst, dass es noch viel Arbeit ist bis zur Fertigstellung. Doch du schaffst das. Und wir helfen dir dabei."

„Nochmals Danke!"

Inarda: „Nochmals. Bitte gerne."

„Lasst uns nun wieder zu den Themen und Fragen zurückkehren, die ich noch gerne mit euch besprechen möchte. So habt ihr vorhin gesagt, dass es die Hölle und das Fegefeuer nicht gibt. Könnt ihr mir mehr darüber sagen? Warum die Kirche das eingeführt hat, habt ihr schon erwähnt. Aber noch nicht, wie der Klerus die Menschen dazu gebracht hat, dies auch zu glauben. Es ist eine Sache, dies in einem Konzil zu beschließen, aber eine andere, dies auch den Menschen zu vermitteln."

Eiolo: „Zu dieser Zeit – es zog sich natürlich über einen längeren Zeitraum – war es eine Sünde, nicht in die Kirche zu gehen. Durch den Gang in die Kirchen hatten die Priester die Möglichkeit, diese neuen ‚göttlichen Gesetze' von ihren Kanzeln zu predigen. Das war äußerst wirksam. Denn jene, die der Kirche fernblieben, wurden dann nicht nur als Sünder bezeichnet, sondern die fleißigen Kirchgänger sagten auch zu ihnen: ‚Du kommst in die Hölle oder zumindest ins Fegefeuer, wenn du nicht in die Kirche gehst. Du musst deine Sünden beichten, wenn du der ewigen Verdammnis entkommen willst.' Dies machte dem einfachen Volk dermaßen Angst, dass sie wieder die Kirchen besuchten und so hörten sie es dann selbst von den Priestern."

„Also über die Priester. Na ja. Internet gab es ja zu der Zeit noch nicht."

Eiolo: „Noch lange nicht."

„Kennt ihr bei euch ein Konzept, das bei uns als ‚Sünde' bezeichnet wird?"

Inarda: „Nein. Das kennen wir nicht. Es gibt auch keine Religionen bei uns. Wir wissen und haben die Erfahrung gemacht, dass wir Eins sind mit Gott. Warum sollten wir da Religionen haben? Es gibt so viele völlig unterschiedliche Glaubensrichtungen bei euch. Und jede behauptet für sich die Wahrheit zu kennen. Das lässt uns immer wieder den Kopf schütteln. Wenn man um die Einheit aller Wesen weiß, dann braucht es keine Religionen und Religionsbekenntnisse. Dies sind Konstrukte, die für uns völlig unverständlich sind. Wir wissen zwar um das Warum und das Wie. Doch wirklich begreifen können wir es nicht, da wir diese Erfahrungen noch nie gemacht haben. Wissen ohne Erfahrung ist nicht das, was wir anstreben. Denn nur die Erfahrung macht das Wissen lebendig. Ihr wisst viel. Das ist richtig. Doch nicht nach diesem Wissen zu handeln, nicht den Versuch zu unternehmen, die entsprechende Erfahrung zu machen, sind letztlich nur leere Worte. Nehmen wir zum Beispiel unseren Dialog hier. Du weißt schon lange, dass es die Möglichkeit gibt, mit Wesen, die du nicht siehst, zu kommunizieren. Doch du weißt noch nicht so lange, wie es sich anfühlt, dies auch tatsächlich zu tun. Der Erste, der dich kontaktiert hat, war Hilarion. Das war vor nicht ganz 15 Jahren. Seither weißt du, wie sich das anfühlt. Vorher hättest du zwar schon darüber erzählen können. Doch es wären nur Worte ohne Substanz gewesen. Wir haben dich kontaktiert, eben weil du über das Stadium des Wissens hinausgegangen bist. Du hast die entsprechende Erfahrung gemacht. Dies kommt nun Eiolo und mir sehr zugute. Und auch dir selbst. Und natürlich auch den Lesern. Denn durch die Erfahrung, die du gemacht hast, ist es auch authentisch. Und dies ist, wie wir schon einige Male besprochen haben, wesentlich mehr wert als es nur zu wissen, dass es dies gibt. Es gibt bei euch den Spruch: ‚Erfahrung macht den Meister.' Und so ist es auch. Genau so."

„Erfahrung... Ja. Das ist sicher einer der wichtigsten Punkte überhaupt. Vor allem bei der Übermittlung des Wissens. Doch es gibt viele Bereiche, in denen es mir gar nicht möglich ist, die entsprechende Erfahrung zu machen."

Inarda: „Welche Bereiche sind das?"

„Wir haben uns zum Beispiel über den Polsprung unterhalten. Einen solchen habe ich noch nie mitgemacht und deshalb auch keine Erfahrung damit. Also habe ich lediglich das Wissen darüber, das ich mir angelesen, angesehen und mit euch besprochen habe."

Inarda: „Gut. Bleiben wir bei diesem Beispiel. Du sagst, dass du keine Erfahrung damit hast, sondern dir lediglich Wissen davon angeeignet hast. Das stimmt für dieses Leben. Doch du warst schon so oft hier. Du hast schon viele, viele Leben hier auf der Erde gelebt. Und ja. Du warst auch hier, als sich ein solcher Polsprung ereignet hat. Das bedeutet, dass du nicht jede Erfahrung in diesem Leben machen musstest, um das Wissen authentisch zu vermitteln. Du kannst es genauso mit in dieses Leben gebracht haben. Du bist eine sogenannte alte Seele, von der wir vorhin gesprochen haben. Du bist nicht durch das Vergessen gegangen. Für dich ist dieses Leben eine Erinnerung daran, was du schon erlebt und erfahren hast. Und dies zeichnet dich als Weltenlehrer aus. Deshalb bist du ein Weltenlehrer. Du kannst von allem, worüber wir hier sprechen, aus der eigenen Erfahrung heraus dein Wissen weitergeben. Du kannst dich an elf frühere Leben erinnern. Das wissen wir. Doch die Anzahl der Inkarnationen auf der Erde ist wesentlich höher. Ich kann dir keine genaue Zahl nennen, doch sind es mehrere Hundert."

„Ich war schon hunderte Male hier auf der Erde?"

Eiolo: „Ja. Es ist allerdings nicht von Belang, von welchem deiner früheren Leben du welche Erfahrung mit in dieses Leben gebracht hast. Du hast diese Erfahrungen gemacht und erinnerst dich immer mehr und mehr daran. Auch wenn es dir selbst nicht als Erinnerung vorkommt. Alles, was du liest, hörst oder siehst, dient dem Erwecken dieser in dir verborgenen Erinnerungen. In eurem Telepathie-Seminar sagt ihr, dass ihr den Menschen helft, sich an diese Fähigkeit wieder zu erinnern. Und genauso trifft es auch für dich selbst zu. In allen Bereichen. Und darum hast du auch die Erfahrung des Polsprungs bereits gemacht."

„Ist das bei vielen Menschen so?"

Eiolo: „Es ist bei sehr vielen Menschen so. Nur bei jenen nicht, die durch den Filter des Vergessens insofern durchgegangen sind, um als neue oder junge Seelen auf der Erde zu inkarnieren. Doch selbst da gibt es Unterschiede. Denn bei manchen wurden nur Teile davon sozusagen gelöscht. An jene, die nicht gelöscht wurden, können sie sich nach und nach wieder erinnern. Sie brauchen – genau wie du – einen Trigger, wie ihr es oft nennt - einen Auslöser für diese Erinnerung. Ihr mögt es oft nicht als Erinnerung erkennen. Es fühlt sich für euch oft neu an. Es fühlt sich vielleicht so an, als hättet ihr gerade wieder etwas Neues gelernt oder erfahren. Doch das ist es nicht. Es ist das, was die Erinnerung in euch wieder wachruft."

„So hat mir das noch niemand erklärt. Ich bin ziemlich baff. Ich dachte, dass alle durch den Schleier des Vergessens gehen."

Eiolo: „Dieser Schleier bedeutet, wie diese Bezeichnung schon aussagt, dass ein Schleier – wie ein Nebel über diese Erinnerungen gelegt wurde. Wenn du nachts aus dem Fenster siehst, dann siehst du den Wald gerade nicht. Doch dieser ist noch immer da. Du kannst ihn momentan nicht sehen, doch er ist da. Du weißt, dass er da ist. Du erinnerst dich daran, dass er da ist. Genauso ist es auch mit dem ‚Schleier des Vergessens' gemeint. Jene, die ihr als junge Seelen bezeichnet, wird die Erinnerung vollständig oder teilweise gelöscht. Und das ist etwas völlig anderes, als wenn ein Schleier darübergelegt wird."

„Das wird viele Leser überraschen. Denn es wurde immer wieder gesagt, dass dies das Gleiche ist. Ich bin gerade ziemlich erstaunt und begeistert zugleich. Und doch fühlt es sich so wahr, so stimmig an. So, als hätte ich das schon immer gewusst."

Eiolo: „Somit habe ich eine deiner Erinnerungen wieder wachgerufen. Dies ist auch ein sehr gutes Merkmal zu erkennen, ob etwas eine Erinnerung ist oder nicht. Wenn es sich als Wahrheit anfühlt, wenn es für euch stimmig ist – auch wenn ihr zum ersten Mal damit konfrontiert seid – dann ist es eine Erinnerung, die wieder wachgerufen wurde."

Liebe, Gemeinschaft

„Nun habe ich eine andere Frage: ‚Wir spüren diese Magie überall. Überall um uns herum ist diese Magie, die man Liebe nennt. Liebe ist die stärkste Kraft, die bewegende Kraft. Ich würde sogar sagen, die einzige WIRKliche Kraft im Universum. Die einzige Kraft, die wirklich wirkt und etwas bewirkt. Vielleicht braucht es wirklich nur andere, neue Gedanken, um dies erkennen zu können. Liebe ist alles, was wir haben. Wenn dies immer mehr Menschen erkennen, dann wird diese Magie WIRKlichkeit.' Diesen Text habe ich heute in eine Telegram-Gruppe geschrieben. Doch nun denke ich mir, dass die Liebe vielleicht doch nicht die einzige Kraft ist, die wirkt. Was ist mit der Angst? Die wirkt doch auch. Mehr als uns vielleicht lieb ist."

Inarda: „Du hast es wunderbar formuliert und gibt mir einen guten Einstieg in die Beantwortung deiner Frage. Die Liebe wirkt im gesamten Universum. Es gibt – universal gesehen – nichts anderes als die Liebe. Angst ist, so wie die Liebe, ebenfalls eine Emotion, die in euch wirkt. Im Gegensatz zur Liebe wirkt die Angst allerdings nur in euch und nicht im ganzen Universum. Das Universum kennt keine Angst. Ja, es weiß nicht mal was das ist. Denn sie hat die entsprechende Erfahrung noch nie gemacht. Angst wirkt – und das teilweise ziemlich ausgeprägt – rein in eurem Körper. Ihr könnt eure Mitmenschen damit anstecken. Das ja. Doch ist die Angst immer rein körperbezogen. Der Grund dafür ist, dass sie aus euren Gedanken entsteht. Es sind immer nur eure Gedanken, die Angst hervorrufen. Das Universum denkt nicht. Es ist einfach. Es ist pures Sein. Und deshalb kann es Emotionen, die auf Gedanken beruhen, gar nicht kennen und nachvollziehen."

„Das ist einleuchtend."

Eiolo: „Inarda hat soeben davon gesprochen, dass ihr andere Menschen mit der Angst sozusagen anstecken könnt. Dies ist in der Weise gemeint, dass ihr mit euren ausgesprochenen Gedanken bei Menschen um euch herum diese Angst in ihnen auslöst. Die gesprochenen Worte an sich bewirken dies noch nicht. Es ist immer die Reaktion auf das Gesprochene, auf die Worte, die vom Zuhörer interpretiert werden und aufgrund dessen dann eine Emotion wie Angst ausgelöst wird. Je nachdem, wie wenig oder stark der Zuhörer damit in Resonanz geht."

„Danke für die Klarstellung. Ich wollte schon nachfragen."

„Ihr wisst ja, dass ich mit Steffi das Netzwerk ‚Cosmic Society' leite. Wie geht es mit der kosmischen Gesellschaft weiter? Und dabei meine ich jetzt nicht nur unser Netzwerk."

Inarda: „Immer mehr zeigt sich, dass aus der kosmischen Gesellschaft eine kosmische Gemeinschaft wird. Ihr Menschen seid auf einem guten Weg dorthin. Euer Netzwerk ist für viele ein Wegweiser in diese neue Zeit. Da passt auch euer Untertitel ‚Unsere Reise in die neue Zeit' sehr gut. Der Unterschied zwischen einer Gesellschaft und einer Gemeinschaft ist der, dass eine Gesellschaft aus Einzelwesen besteht, die nur dann zusammenarbeiten, wenn es unbedingt erforderlich ist. Ansonsten agiert jedes Individuum für sich. Eine Gemeinschaft zeichnet sich dadurch aus, dass bei allem, was das Individuum denkt, plant, tut, immer das Gesamte im Auge behalten wird. Niemand fügt dem anderen irgendwelchen Schaden zu. Gemeinschaften sind am Wachstum, an der Weiterentwicklung, der gesamten Gruppe interessiert und orientiert. Nur das gemeinsame Wachstum ist für sie wirkliches Wachstum. Gesellschaften sind am persönlichen Wachstum interessiert. Darüber hinaus ist es den meisten ziemlich egal, wie es jemand anderem geht. Gesellschaften sind vom Ego gesteuert. Gemeinschaften sind vom Herzen gelenkt. Eure ‚Cosmic Society' wird, so wie auch alle anderen Gruppierungen und Einzelpersonen, die ihren Fokus auf die Zusammenarbeit ausgerichtet haben, noch eine wesentlich größere Rolle spielen, als dies derzeit der Fall ist."

„Das klingt sehr gut und vielversprechend."

Eiolo: „Wir versprechen es nicht. Das können wir gar nicht. Doch wir beobachten die Entwicklung auf der Erde. Und diese geht genau in diese Richtung. Somit kann es für euch und die anderen Gruppierungen und Einzelpersonen nur ebenfalls in die angesprochene Richtung gehen."

„Wird dies auch in finanzieller Hinsicht zu bemerken sein?"

Inarda: „Haltet den Fokus auf das Gemeinsame gerichtet. Stellt nicht das Geld an erste Stelle. Dann wird sich auch eure finanzielle Situation zum Besseren wenden. Und haltet den Fokus auch auf das, was ihr mit Freude macht. Dies ist immer ein Schlüssel für den Erfolg. Alles, was ihr mit Freude macht und nicht wegen des Geldes, kann nur Erfolg anziehen. Natürlich stellt sich hier auch die Frage, was für euch Erfolg ist. Wenn es eure persönliche Entwicklung ist und die Entwicklung der Menschheit, dann kommt ihr automatisch aus dem Mangeldenken und der Fokussierung auf finanzielle Mittel heraus. Somit wirkt wieder das Gesetz der Anziehung und ihr werdet dadurch Erfolg in allen Bereichen eures Daseins ernten."

„Ich bin da ehrlich gesagt noch immer etwas skeptisch. Die Erfahrungen der letzten Jahre haben eher das Gegenteil gezeigt."

Inarda: „Vergiss diese Erfahrungen, die ihr in den letzten Jahren diesbezüglich gemacht habt. Es ist eine neue Zeit, eine neue Ära, angebrochen. Diese schafft nicht nur neue Voraussetzungen, sondern auch neue Chancen. Lebt euer Potenzial. Denn das ist riesig. Vertrauen ist der zweite Schlüssel, den ihr in der Hand habt."

„Na gut. Wir werden es versuchen."

Inarda: „Versucht es nicht. Macht es."

„Ok. Ok..."

Eiolo: „Du zweifelst ja auch nicht an dem, was wir dir sagen. Warum machst du es bei dem, was du tust?"

„Da spielt wohl das Ego wiedermal mit. Vom Herzen her weiß ich es ja. Aber der Verstand..."

Eiolo: „Der spiegelt euch oft etwas vor, dass gar nicht da ist. Lies gerne nochmals nach, was wir diesbezüglich bereits besprochen haben."

„Das werde ich machen. Danke."

„Inarda, du hast vorhin von der Fokussierung auf die Gemeinschaft gesprochen. Gilt das auch für bestimmte Themen. Du weißt ja, dass wir eine sehr große Themenvielfalt bedienen und dementsprechend sind auch die Tätigkeiten und Projekte sehr vielfältig. Sollen wir da auch etwas abspecken und uns auf einige wenige Tätigkeiten konzentrieren."

Inarda: „Das ist nicht entscheidend. Das wirklich Entscheidende ist, dass ihr das, was ihr tut, mit Freude macht. Wenn das genau diese Vielfalt ist, dann behaltet sie in dieser Weise bei."

Seelenpartner, Fortschritt, Selbstliebe

„Ich möchte nun ein Thema ansprechen, das mir schon lange am Herzen liegt. Immer wieder ist die Rede von Seelenpartnern, von Seelenverwandtschaft, Dualseelen und so fort. Was ist hier wirklich der Unterschied? Wie können wir unterscheiden, wer was ist?“

Inarda: „Ist das wichtig? Ist es wirklich wichtig, dass ihr wisst, in welcher Beziehung jemand zu euch steht? Ich meine das keinesfalls vorwurfsvoll. Mir ist es allerdings immer wieder schleierhaft, warum das eine so große Rolle bei euch spielt. Doch ich will versuchen dir diese Frage zu beantworten. Zuerst werde ich jedoch erläutern, in welcher Beziehung überhaupt Seelen zueinander stehen. Alle Seelen wurden in ein und demselben Schöpfungsakt erschaffen. Das haben wir vorhin bereits besprochen. Das ist die Ausgangsbasis meiner Erläuterungen. Wenn wir dies berücksichtigen, dann gibt es keine Seele, die mehr oder weniger mit allen anderen Seelen verwandt ist. Alle sind eine Seele. Allerdings habt ihr das vergessen. Ihr fühlt euch zu der einen oder anderen Seele mehr hingezogen, als zu anderen. Das ist ganz natürlich – ja sogar logisch. Das kommt daher, weil ihr im Laufe eurer Leben mit einer bereits mehr Zeit verbracht habt, als mit anderen. Somit fühlt ihr euch mit dieser Seele mehr verbunden. Dies geht sogar so weit, dass ihr das Gefühl habt, jemanden schon ewig zu kennen. Auch, wenn ihr diesem Menschen gerade zum ersten Mal begegnet seid. In einem solchen Fall sprecht ihr dann oft von Seelenverwandtschaft oder von einer Dualseele. Wenn ihr euch ineinander verliebt und eine Partnerschaft eingeht, dann wird der gleiche Mensch zum Seelenpartner. Es ist aber noch immer der gleiche Mensch, wie der, den ihr vorher anders genannt habt. Was hat sich geändert? Nur weil er oder sie jetzt euer Partner ist, ändert sich das Seelenverhältnis? Ist das nicht etwas absurd? Doch daran ist zu erkennen, dass es im Grunde völlig egal ist, welche Bezeichnung ihr wählt – oder ob ihr diese Beziehung überhaupt in irgendeiner Form bezeichnet. Es bleibt der gleiche Mensch. Mir ist durchaus bewusst, dass ihr immer wieder eine Bezeichnung für alles Mögliche vergebt, um Unterscheidungen zu treffen. Doch Unterscheidungen sind Einteilungen. Und Einteilungen sind ein Instrument der Spaltung. Ihr kategorisiert immer und alles. Wir und andere

Sternenvölker tun das nicht. Denn, wenn alles Eins ist, warum sollten wir eine solche Spaltung betreiben? Wir sehen keinen Sinn darin."

„Also sollten wir mit diesen Einteilungen aufhören, oder?"

Eiolo: „Es ist eure Wahl. Allerdings ist es ratsam, überhaupt die gesamte Rollenverteilung zu beenden. Denn diese ist, die euch spaltet. Ihr selbst betreibt diese Spaltung mit Vorliebe und denkt euch nichts dabei. Als Beispiel möchte ich die Sache mit der Nationalität verwenden. Ihr bezeichnet euch als Deutsche, als Österreicher, als Amerikaner, als Engländer uns so fort. Ist es nicht völlig egal, aus welchem Land jemand kommt? Und warum habt ihr überhaupt diese Unterteilung in Länder? Es sind Instrumente der Macht und Kontrolle. Doch diese braucht ihr nicht. Ihr seid eine Menschheit. Ihr seid nicht dafür hier euch zu spalten, sondern um euch zu vereinen. Jedoch: Hättet ihr diese Trennung nie erlebt, so wüsstet ihr auch nicht, was Vereinigung bedeutet. Gäbe es das eine nicht, so würde es auch das andere nicht geben. Doch wieder zurück zu deiner Frage. Bei uns gibt es diese Unterteilung in Seelenpartner, Dualseelen und so fort nicht. Wir wissen, dass wir alle miteinander verwandt sind. Und ja. Wir wissen, dass wir alle Eins sind. Es ist nicht nur dieses Wissen alleine. Wie bereits an früherer Stelle erwähnt, spielt auch die Erfahrung eine Rolle. Selbst diese haben wir in Bezug auf die Einheit gemacht. Wir haben uns als Einheit erlebt, während die irdische Menschheit gerade dabei ist, die Trennung zu erleben. Viele können sich ein Leben ohne diesen Aufspaltungen nicht vorstellen. Noch nicht. Innerhalb der verschiedensten Systeme, die ihr installiert habt, wird es immer mehr und mehr zu Veränderungen kommen, die in Richtung der Einheit gehen. Das Entscheidende ist jedoch, dass ihr die Einheit in euren Herzen installiert. Wenn ihr selbst es schafft Seele, Geist und Körper wieder in Einklang zu bringen, dann wird sich dies auch im Außen zeigen. Denn auch jedes System hat diese drei Aspekte. Sie werden allerdings derzeit in der Reihenfolge Körper, Geist und Seele gelebt. Das heißt, dass derzeit das Materielle, das Körperliche, im Vordergrund steht. Die Seele spielt – wenn überhaupt – eine sehr untergeordnete Rolle. Dabei hat sogar jedes System eine Seele. Auch wenn diese oft nicht oder nur minimal zu bemerken ist. Beginnt bei euch selbst. Dann wird auch die Seele der Systeme wieder mehr und mehr sichtbar."

„Das heißt also, dass es völlig egal ist, welchen Beziehungsstatus wir jemandem einräumen."

Eiolo: „So kann man es zusammengefasst sagen. Ja."

„Und am besten wird es dann wohl sein, wenn wir die ganzen Einteilungen, Kategorisierungen und alle anderen trennenden Begriffe, zur Gänze aus unserem Wortschatz verbannen."

Inarda: „Quält euch bitte nicht damit. Sobald ihr daran denkt, was ihr nicht tun sollt oder dürft, verstärkt sich das Thema. Du kennst das Resonanzgesetz ja bestens."

„Und wenn so ein Begriff einer ist, der uns im täglichen Leben hilft, etwas voneinander zu unterscheiden? Wenn es eine Feststellung oder Beobachtung ist, dass zum Beispiel der eine Christ und der andere Moslem, der eine weiß und der andere dunkelhäutig, der eine Europäer und der andere ein Asiat ist? Sollen wir solche Einteilungen auch nicht treffen?"

Eiolo: „Das ist eine durchaus interessante Frage, die wir uns im Einzelnen ansehen müssen. Eines vorweg: Wir verbieten euch sicher nicht, solche Einteilungen in eurem täglichen Sprachgebrauch zu verwenden. Wir machen euch lediglich darauf aufmerksam, dass sie im Grunde nicht notwendig sind und euch nicht dienlich, weil sie Begriffe und Elemente der Spaltung der Menschheit darstellen. In deiner Frage sprichst du die Religionen, die Hautfarbe und die geografische Zugehörigkeit an. Religionen und geografische Einteilungen sind von Menschen gemachte Systeme, die den Keim der Spaltung bereits in sich tragen. So wurden sie angelegt. Hingegen ist die Unterscheidung der Hautfarbe ein beobachtbarer Faktor – eine Eigenschaft. Dies hat an sich noch nichts mit irgendwelchen Trennungen zu tun. Diese gedeihen erst in euren Gedanken, in dem ihr diese Aspekte beurteilt. Ihr assoziiert die Hautfarbe mit hochstehend oder minderwertig, mit Inländer und Ausländer, ja sogar mit besser oder schlechter. Du siehst, es sind in diesem Fall lediglich eure beurteilenden Gedanken, die diese Spaltung hervorrufen."

„Gott hat im dritten Band von ‚Gespräche mit Gott' zu Neale Donald Walsch gesagt, dass wir Menschen uns auf der 12-Yard-Linie befinden. Das war, als

Neale fragte, wo wir uns in unserer Entwicklung befinden, wenn man es mit einem Football-Feld vergleicht. Nun, ich kenne mich bei Football nicht aus und habe auch keinen Bezug dazu. Darum frage ich jetzt, da nun doch etliche Jahre seit der erwähnten Frage ins Land gezogen sind, wo wir uns derzeit befinden. Und zwar gemessen an einer 100 Meter langen Linie."

Eiolo: „Das ist sehr unterschiedlich zu beantworten. Wenn ich eure Systeme betrachte, dann sind einige davon noch keine 5 Meter weit. Andere haben die 10-Meter-Marke überschritten und wiederum andere sind in etwa bei 20 Meter angelangt. Wenn ich jedoch eure individuelle Entwicklung betrachte, dann sieht die Sache schon ganz anders aus. Die Frage ist zwar in beiden Situationen, dass man auch festlegen muss, was den die 100 Meter darstellen. Was also das Ganze ist. Wir brauchen ja einen Vergleichswert, anhand dessen wir ein ‚wie weit sind wir' festmachen können. Deshalb nehme ich das für den Menschen in dieser Inkarnation mögliche Bewusstseinspotenzial als Maßstab. Und daran gemessen sind manche schon sehr weit fortgeschritten und andere hinken hinterher. Die am weitesten Fortgeschrittenen liegen bei 60 bis 70 Meter. Die anderen sind bei 10 bis 20 Meter. Du siehst also, dass auf individueller Ebene die Streuung wesentlich größer oder breiter ist, als bei den systembezogenen."

„Worauf kommt es in diesem Entwicklungsprozess eigentlich wirklich an? Ist es sinnvoll, wenn man ständig nur ‚nach oben' orientiert ist?"

Inarda: „Das ist genauso wenig sinnvoll, als wenn ihr nur auf die Erde fokussiert wärt. Es braucht beides und das in einer ausgewogenen Art und Weise. Betet, meditiert, so viel ihr wollt. Doch vergesst dabei nicht, dass ihr Menschen seid. Menschen, die einen Planeten bewohnen und diesen zu verwalten haben. Das, was ihr Erdung nennt, ist genauso wichtig, wie die ‚Anbindung nach oben', wie dies von euch genannt wird. Für Menschen, die nur nach oben orientiert sind, hast du einen witzigen Ausdruck auf Lager."

„Ähm... Soll ich den jetzt hier reinschreiben?"

Eiolo: „Ja. Warum auch nicht. Scheust du dich davor?"

„Na ja. Dieses ganze Material wird veröffentlicht. Ich weiß nicht, ob das dann bei allen so gut ankommt."

Eiolo: „Wenn jemand darauf reagiert, dann zeigt dies, dass der- oder diejenige in Resonanz damit geht oder ist. Das heißt, es gibt eine Betroffenheit. Und diese bedeutet wiederum, dass ein Mangel an Erdung besteht. Sonst würde dieser Mensch gar nicht darauf reagieren. Es ist somit als Hinweis zu sehen, an dieser Situation etwas zu ändern. Also los. Trau dich."

„Na gut. Ich bezeichne oft jene, die eben nur nach oben orientiert sind als ‚Halleluja-Fraktion'. So. Nun ist es heraußen."

Inarda: „Sehr gut. Du hast dich getraut. Nun. Es war sozusagen eine kleine Mutprobe von uns an dich. Denn wie wir früher schon mal gesagt haben, braucht es für den Weg, den du gehen wirst und bereits gehst, jede Menge Mut. Dies betrifft auch die Veröffentlichung dieses Dialogs. Du hast das Wort, das du immer wieder verwendest, ausgesprochen und damit Mut gezeigt. Wir hoffen, dass dir das zeigt, dass du auch für alles andere den Mut hast, den du brauchst."

„Na toll. Jetzt bekomme ich auch noch eine Mutprobe auferlegt."

Inarda: „Du brauchst das für dich. Es geht um dein ganz persönliches Selbstvertrauen. Es geht um das Vertrauen in dich und das Vertrauen in dein Selbst. Und dass du das hast, kannst du nur dir selbst beweisen."

„Ja das Selbstvertrauen. Bei manchen Themen ist es mehr und bei anderen wieder weniger vorhanden. Mir ist durchaus bewusst, dass es dieses braucht. Da sind wir, die wir auf diesem Weg sind, wohl alle momentan ziemlich gefordert."

Inarda: „Bleibt bei euch. Bleibt in eurer Mitte. Dann habt ihr auch das Vertrauen in euch selbst. Und dies ist die Voraussetzung dafür, dass ihr euren Mitmenschen und der ‚Geistigen Welt' vertrauen könnt. So wie ihr nur jemand anderen lieben könnt, wenn ihr euch selbst liebt."

„Über die Selbstliebe wollte ich eh noch mit euch sprechen. Selbstliebe hat für viele so den Beigeschmack, dass damit das Ego ziemlich bedient wird. Ist das wirklich so? Oder gibt es da Kriterien, die etwas anderes aussagen?“

Inarda: „An Selbstliebe ist nichts Egoistisches. Zumindest dann nicht, wenn auch die Selbstliebe aus dem Herzen kommt. Wenn sie vom Verstand herrührt, dann hat es sehr wohl mit dem Ego zu tun. In einem solchen Fall würde ich jedoch nicht von Selbstliebe sprechen. Dann ist es eher eine Selbsterhöhung, oft sogar eine Selbstüberhöhung. Wenn dies jemand lebt, dann dient es lediglich dazu, sich selbst besser dastehen zu lassen als andere Menschen. Das hat nichts mit Liebe zu tun. Eine solche Überhöhung ist gleichzeitig eine Erniedrigung des anderen. Die Selbstliebe ist etwas, das ebenfalls bedingungslos ist. Eine Erniedrigung oder Überhöhung des Selbst ist ein Instrument zur Machtausübung. Und das kann man beim besten Willen nicht als bedingungslos bezeichnen.“

„Selbstvertrauen, Selbstwert und Selbstliebe hängen ja sehr eng zusammen. Sie bedingen sich sogar. So ist zumindest mein Gefühl.“

Inarda: „Da hast du recht. Alle drei haben jedoch eines gemeinsam: Selbstbewusstsein – sich seines Selbst bewusstes Sein. Das ist der Schlüssel. Die drei von dir genannten Aspekte können ohne ein gutes Selbstbewusstsein gar nicht existieren.“

„Wenn wir als Menschheit uns wirklich weiterentwickeln sollen, wo sollten wir damit aus eurer Sicht beginnen?“

Inarda: „Ihr entwickelt euch weiter. Es ist kein Sollen, sondern etwas, das ihr gar nicht aufhalten könnt. Niemand kann das und niemand will das. Der Prozess, der hier im Gange ist, lässt sich gar nicht aufhalten. Das ganze Universum ist in ständiger Entwicklung. Stillstand ist unmöglich. Damit ist es keine Frage, was ihr tun sollt. Stellt euch immer wieder die Frage, was euch dienlich ist. Und das meine ich durchaus auf jedes Individuum bezogen. Das, was jedem Einzelnen von euch dienlich ist, ist dem Gesamten dienlich.“

„Und was ist das, was ihr da der gesamten Menschheit empfehlen könnt?“

Eiolo: „Vieles davon haben wir bereits besprochen. Vieles kann aus den gegebenen Beispielen abgeleitet werden. Doch einen Rat kann ich euch mitgeben: Bleibt so wie ihr seid und verschließt euch nicht der Veränderungen und dem Neuen."

„Widerspricht sich das nicht?"

Eiolo: „Nein. Es ergänzt sich. Ihr seid auf einem wunderbaren Weg. Behaltet diesen Weg bei und nehmt alles wahr, das sich bei euch und um euch herum verändert und als Neues präsentiert. Nehmt aber nur das an, das euch selbst – eurem Selbst – wirklich dient. Ein Zuviel würde euch überfordern. Deshalb der Appell, dass ihr nur das für euch annehmen und integrieren sollt, was ihr wirklich für euch braucht und brauchen könnt. Wir sehen, dass viele von euch von der Fülle der auf euch einprasselnden Informationen überfordert sind. Ihr müsst nicht alles aufnehmen. Dieser Versuch ist ein Anzeichen dafür, dass ihr – oder zumindest viele von euch – oft ziemlich orientierungslos seid. Ihr saugt die ganzen Informationen, egal von wo sie kommen, auf wie ein Schwamm. Doch auch ein Schwamm kann nur eine bestimmte Menge Wasser aufnehmen. So ist es auch bei euch. Bitte achtet darauf."

„Sollen wir uns nach dem richten, das in der Bibel steht, um einen Leitfaden für unser Leben zu erhalten?"

Eiolo: „Die Bibel wurde von Menschen geschrieben, die Jesus nicht mal persönlich kannten. Dies trifft zumindest für die meisten von ihnen zu. Sie wurde geschrieben, nachdem Jesus euren Planeten physisch verlassen hat. Damit könnt ihr davon ausgehen, dass zwar die erwähnten Ereignisse auf Tatsachen beruhen, nicht aber die Schlussfolgerungen, die darin erzählt werden. Auch am Ablauf der besagten Ereignisse stimmt einiges nicht. Die Bibel ist eine – wie soll ich sagen – Orientierungshilfe. Nicht mehr und nicht weniger. Alle Aussagen, die von einem strafenden Gott, von einem Satan oder Teufel, von der Hölle oder vom Fegefeuer berichten, sind von den Autoren dieses Werkes hinzugedichtet wurden. Für alle Textstellen, die euch in Sorge und Angst versetzen, gilt das ebenfalls. Jesus war die lebendig gewordene Liebe Gottes. Wie kann da etwas nicht in Liebe sein?"

„Diese Aussagen werden so manchen aber nicht wirklich schmecken."

Eiolo: „Damit kann ich leben."

„Ich auch. Denn ich sehe es sehr ähnlich. Schon seit langer Zeit habe ich genau das Gefühl, dass es so ist, wie du es beschrieben hast. Danke für die Bestätigung. Kannst du uns irgendetwas empfehlen, das wir statt der Bibel lesen oder anschauen sollten?"

Eiolo: „Nicht statt der Bibel, sondern zusätzlich."

„In Ordnung. Zusätzlich."

Eiolo: „Wir haben schon mehrfach über ‚Gespräche mit Gott' von Neale Donald Walsch gesprochen. Diese von Gott inspirierten Bücher sind sehr zu empfehlen. Natürlich gibt es auch noch andere. Doch für den einen passt dies und für den anderen das. Also soll jeder Mensch selbst entscheiden, was wirklich passend ist. Ihr fühlt es. Vertraut eurem Bauchgefühl, eurer Intuition. Wenn euch etwas Unbehagen bereitet oder ein ungutes Gefühl in der Magengegend verursacht, dann legt es weg. Dann ist es derzeit nicht oder nichts für euch. Das heißt nicht, dass es nicht irgendwann mal passt. Es heißt lediglich, dass dies im gegenwärtigen Moment nicht der Fall ist. Oft ist es bei euch so, dass ihr etwas komplett ablehnt, wenn es für euch momentan nicht passt."

„Wir sind schon eine komische Spezies..."

Inarda: „Eine überaus liebenswerte Spezies."

„Danke Inarda. Das ist lieb von dir. Manchmal, wenn ich mir unseren Dialog so durch den Kopf gehen lasse, denke ich mir schon, dass wir noch so weit hinten sind und frage mich dann, wie wir das alles aufholen sollen und wie lange das wohl dauern wird."

Arbeit, Schöpfer

Inarda: „Deprimiert es dich?“

„Deprimieren nicht gerade. Aber es macht mich nachdenklich.“

Inarda: „Ihr seid auf einem wunderbaren Weg. Das kann ich euch versichern. Mit etwas mehr Vertrauen in euch selbst und in die sogenannte ‚Geistige Welt‘ schafft ihr es. Ja, ihr könnt es gar nicht nicht schaffen. Denn das ‚Goldene Zeitalter‘, wie ihr es immer wieder nennt, ist eure Bestimmung. Es ist bereits in euch. Erinnert euch daran. Erinnert euch an jene Zeit, zu der ihr diesen Zustand der Glückseligkeit bereits hattet. Ihr habt ihn auch jetzt. Erlaubt euch glücklich zu sein. Erlaubt euch zu Lachen und zu Lächeln, jemanden zu umarmen, zu küssen. Ja, auch die Freuden eures Körpers zu genießen. Macht alles, was euch Freude macht. Und wenn ihr etwas tun müsst, das euch keine Freude macht, dann verändert es so, dass es euch Freude macht. Damit meine ich nicht in erster Linie eure Arbeit an sich, sondern vielmehr eure Einstellung dazu.“

„Mit welcher Einstellung soll ich die Buchhaltung oder andere administrativen Tätigkeiten verrichten? Was habe ich davon, wenn ich Zeit in die Buchhaltung investieren muss, nur damit mir der Staat wieder etwas wegnehmen kann. Ich muss für ihn arbeiten und ihn auch dann noch dafür bezahlen.“

Eiolo: „Mir ist durchaus bewusst, dass das eher schwer zu verstehen ist. Ich versuche es dir aus energetischer Sicht darzulegen.“

„Ich bitte darum.“

Eiolo: „Nun gut. Geld – wie du weißt – ist Energie. Energie kann nur in Bewegung sein. Es gibt keinen Stillstand in Bezug auf Energie. Alles ist schließlich Energie. Wenn Geld nicht in Bewegung ist, dann kommt es zu einem energetischen Zustand, den ich ‚Stockung‘ nennen möchte. Wenn also Geld nicht fließt, dann kommt es zur besagten Stockung. Der Staat ist ein Konstrukt, welcher mit eurem Geld, das ihr in diesem Fall Steuern nennt, weiterarbeitet. Oft kommt euch das wieder zugute. Wenn auch auf

Umwegen. Du weißt ja, was von der sogenannten ‚öffentlichen Hand' finanziert wird."

„Ja schon. Aber vieles davon wollen wir gar nicht haben. Oder zumindest viele von uns nicht."

Eiolo: „Das verstehe ich. Ihr hättet auch ein System schaffen können, das erforderliche öffentliche Investitionen direkt von euch finanziert werden. Ihr könntet den Straßenbau, um ein Beispiel zu nennen, selbst finanzieren, indem ihr das Geld zusammenlegt und dann eine entsprechende Firma damit beauftragt."

„Das würde nie funktionieren. Da käme bei vielen wieder das persönliche Interesse zum Tragen."

Eiolo: „Siehst du. Und somit habt ihr dem Staat den Auftrag erteilt, das Geld einzusammeln und solche Vorhaben aus einem gemeinsamen Topf zu finanzieren. Ihr tut somit etwas für das Gemeinwohl. Vielleicht kannst du es mal von dieser Seite betrachten. Möglicherweise hilft es dir, wenn du das nächste Mal die Buchhaltung machst."

„Na ja. Mal schauen. Ich will das ganze System nicht mehr. Ich will – und da bin ich bei Weitem nicht alleine – dass wir Bürger frei sind von allen Einschränkungen, Indoktrinierungen, Unterdrückungen und so fort. Wir wollen wahre Freiheit. Das ist unser innigster Wunsch."

Inarda: „Lebt diese Freiheit. Lebt sie für euch selbst und in euren Familien. Du wirst und ihr werdet diese Systeme nicht von einem Tag auf den anderen ändern können. Es beginnt immer bei euch selbst. Und wenn viele bei sich selbst damit beginnen, dann wird es in eurer Gesellschaft zur Regel. Oder besser gesagt zu einer Selbstverständlichkeit."

„Das kann sich noch lange dahinziehen."

Inarda: „Das muss nicht sein. Du kennst ja den Schneeballeffekt. Es wird immer schneller und schneller gehen, dass sich eure Gesellschaft verändert, weil immer mehr und mehr Menschen sich der Gemeinschaft zuwenden. Und dies sowohl im Denken, wie auch im Handeln und im

Fühlen. Ihr könnt euch die ‚Neue Erde' nur selbst erschaffen. Ihr seid Schöpfer. Vergesst das nie."

„Ach, was täten wir ohne euch, die ihr uns immer wieder daran erinnert, dass wir selbst die Schöpfer unseres Lebens und unserer Lebensumstände sind."

Eiolo: „Ihr hättet jemand anderen, von dem ihr erinnert werdet. Wir wissen, dass die Tatsache, dass ihr Schöpfer seid, für euch oft schwer zu verstehen ist. Doch: Hat uns alle Gott nicht nach seinem Ebenbild geschaffen? Und was ist Gott? Er ist der Schöpfer. Nachdem er uns nach seinem Ebenbild geschaffen hat, können wir auch nur Schöpfer sein. Es geht gar nicht anders."

„Du hast ja so recht. Wir vergessen es nur immer wieder, wie du sagst, dass wir mit allem, was wir tun, denken, sagen und fühlen unsere eigene Realität und somit auch unsere Wirklichkeit erschaffen. Ändern wir das Fühlen, so ändert sich das Denken. Ändern wir das Denken, so ändert sich das Sagen. Und ändert sich das Sagen, so ändert sich auch unser Tun. Ändern wir schließlich unser Tun, so ändert sich auch das Gefühl – wieder. Damit schließt sich der Kreis und er beginnt von vorne."

Inarda: „Das ist sehr gut und sehr zutreffend beschrieben. Gratuliere."

„Danke. Im Grunde ist alles eh so einfach. So genial einfach. Und wir haben es immer mehr und mehr geschafft, unser Leben zu verkomplizieren. Die wirklich guten Dinge sind einfach. Diesen Grundsatz haben wir in den letzten Jahrzehnten nur zu oft vergessen. Da dachten wir immer, dass es umso besser ist, je komplizierter etwas ist."

Eiolo: „Jahrzehnten? Nun. Ich würde sagen, dass dies euer Prinzip seit mehreren tausend Jahren darstellt. Begonnen hat alles damit, dass ihr irgendwann meintet, ihr müsstet etwas ‚verwalten'. Das war dann der Beginn dessen, was nun die meisten eurer Lebensumstände bestimmt."

„Das glaube ich dir aufs Wort. Wir verwalten uns zu Tode. Alles muss irgendwo erfasst sein. Alles muss in eine Schublade gesteckt werden können. Und die Menschen, die das machen, müssen auch noch bezahlt werden. Und es nimmt so viel Zeit weg, die man anders besser, produktiver oder kreativer nutzen könnte. Gibt es bei euch so etwas wie eine Verwaltung?"

Eiolo: „Nein. Das gibt es nicht. Da jeder für sich selbst die Verantwortung übernommen hat und nichts tun würde, was irgendjemand anderen Schaden zufügen würde, ist dies auch nicht notwendig. Es gibt niemanden, der – um es mit einem eurer Ausdrücke zu sagen – einen anderen übers Ohr hauen würde. Wir müssen nicht wissen, ob von etwas noch genug da ist oder es bald ausgeht. Wir nehmen es so, wie es ist. Und es ist immer genug von allem und für alle da."

„Ihr könnt es ja auch einfach mit einem Fingerschnippen selbst erschaffen, was ihr braucht."

Eiolo: „Das ist zwar richtig, jedoch machen wir es eher selten. Wir erfreuen uns am Wachstumsprozess der Pflanzen und Bäume. Wir lieben es, mit unseren Händen etwas entstehen zu lassen. Uns macht es große Freude, unser eigenes Tun selbst zu beobachten."

„Ihr schaut euch selbst bei der Arbeit zu?"

Eiolo: „Das habe ich nicht gesagt. Ich habe gesagt, dass wir uns dabei selbst beobachten. Das bedeutet, dass wir jeden Handgriff in vollem Gewahrsein, in vollem Bewusstsein, ausführen. Wir machen nichts einfach so nebenbei. Das ist uns gar nicht möglich. Jeder Gedanke ist ein bewusster Gedanke. Jede Tat ist eine bewusste Tat. Beobachten heißt bei uns nicht, dass wir dies nur mit den Augen tun. Vielmehr ist es ein bewusstes Wahrnehmen mit allen unseren Sinnen. Genauer gesagt: mit allem, was unser Sein ausmacht."

„Wow! Das ist Bewusstheit, wie ich sie mir auch für uns Menschen vorstelle. So diese totale Bewusstheit. Alles mit allem zu erleben und zu erfahren... Das ist für mich eine wundervolle Vorstellung – und wohl für viele Leser auch. Dieses ganzheitliche Erleben... Schon die Vorstellung davon ist einfach fantastisch. Und irgendwie fühlt es sich so vertraut an. So, als wäre dies bereits ein Teil von uns. Etwas, das in uns integriert ist."

Inarda: „Du hast recht. Das ist es auch. Ihr hattet schon immer diese Möglichkeit. Sie ist und war immer in euch vorhanden. Ihr habt dies nur vergessen. Doch jetzt erinnert ihr euch wieder. Immer mehr und mehr erinnert ihr euch daran, wer ihr wirklich wart und wer ihr wirklich seid. Oder besser gesagt: WAS ihr wirklich seid. Denn es geht nicht um das WER, also welche Person ihr seid, sondern um das WAS ihr seid. Erinnert euch daran, dass ihr immer ein göttliches Wesen wart und seid und immer sein werdet."

„Warum lässt Gott dann das ganze Leid, die ganzen Probleme, die Sorgen und alles sonstige Negative zu?"

Inarda: „Du klingst ganz schön frustriert."

„Ein bisschen schon. Denn, wenn wir nach seinem Ebenbild geschaffen wurden, dann sollten wir ja auch dem gerecht werden. Und zwar insofern, als wir dann auch diese negativen Sachen gar nicht kennen."

Inarda: „Ich habe nicht gesagt, dass Gott diese nicht kennt. Er hat euch und uns alle aus dem Grunde geschaffen, weil er sich selbst in allen Aspekten selbst erfahren wollte und will. Und er hat euch und uns allen den freien Willen gegeben. Das bedeutet auch, dass ihr jene Erfahrungen machen könnt, die ihr wollt. Nicht das Leid und alles, was du aufgezählt hast, hat er euch geschickt oder gegeben, sondern lediglich die Möglichkeit dazu es selbst so zu wählen. Ihr habt jeden Augenblick die Möglichkeit euch neu zu entscheiden. Doch viel lieber bleibt ihr in der Opferrolle und suhlt euch in euren Problemen. Es ist ein sehr trügerischer Aspekt von Sicherheit dort zu bleiben, wo man ist und was man kennt. Kommt raus aus der Vorstellung, dass alles schlecht ist. Warum ist das so schwierig für euch, die Wahl zu treffen, dass alles in göttlicher Ordnung ist und euch dienlich?"

„Das klingt nach ziemlichem Unverständnis."

Inarda: „Manchmal können wir solche Dinge wirklich nicht so ganz verstehen, beziehungsweise nachvollziehen, weil uns die dahinterliegenden Konzepte völlig fremd sind. Wir können es zwar beobachten, aber wirklich verstehen, das geht oft nicht. Wir haben nie die entsprechenden Erfahrungen gemacht. Und du weißt ja, dass Wissen von etwas zu haben nicht das Gleiche ist, wie auch die entsprechenden Erfahrungen dazu zu machen."

„Ja. Das ist mir soweit klar."

Wirkung, Sport, Lebensstil, Zahnrad

Eiolo: „Ich möchte in diesem Zusammenhang noch etwas grundsätzlich anmerken. Wir sind nicht Gott und nicht allwissend. Auch kann es sein, so wie es Inarda gerade erklärt hat, dass wir zwar das Wissen haben, aber nicht die dazugehörigen Erfahrungen gemacht haben. Dies alles unterscheidet uns von euch. Doch im Grunde unterscheidet uns nichts. Wir sind alle Eins. Ihr habt jene Erfahrungen und wir haben teilweise andere Erfahrungen gemacht. Damit haben wir – und alle anderen Sternenvölker dazu – so viel Potenzial, dass man es schon fast als unendlich bezeichnen kann. Wir alle können aus einem so großen Topf an Möglichkeiten auswählen, dass es eine wahre Freude ist. Doch was macht die Menschheit seit tausenden von Jahren? Sie wählt immer wieder das, was sie schon kennt. Immer wieder die gleichen Ereignisse, die mit einem neuen Namen versehen, der Bevölkerung als etwas Neues verkauft werden. Viele von euch glauben, dass es sich tatsächlich um etwas Neues handelt. Euer Gedächtnis ist sehr kurzfristig ausgelegt. Das machen sich auch eure Systeme und Institutionen zunutze. Vieles, das diese euch aufoktroyieren, ist langfristig angelegt. Und zwar so, dass kein zeitlicher Zusammenhang zwischen der gesetzten Ursache und der entsprechenden Wirkung mehr herstellbar ist. Manchmal gelingt dies jedoch nicht, wie ihr gerade miterlebt."

„Du sprichst die mRNA-Impfungen und deren Nebenwirkungen an?"

Eiolo: „Ja. Ich muss einfach jetzt das Thema ansprechen, das euch seit drei Jahren täglich beschäftigt. Doch es gilt grundsätzlich für vieles, das ihr immer wieder erlebt und mit dem ihr konfrontiert seid. Das Setzen einer Ursache und die Wirkung werden so lange wie möglich auseinandergezogen. Ihr habt, was diese Dinge anbelangt, auch ein ziemlich kurzes Gedächtnis – wenn ich mir diese Bemerkung erlauben darf. Wie schon besprochen, leben wir wesentlich länger. Richtigerweise müsste ich sagen: Wir machen länger Erfahrungen im physischen Körper als ihr. Denn so etwas wie den Tod gibt es nicht. Nun. Wie auch immer. Es ist ein wesentlicher Faktor in eurem Verständnis, dass, wenn die Wirkung einsetzt, sich kaum mehr jemand an die Ursache erinnert. Dies ist im aktuellen Fall gründlich danebengegangen. Die Wirkung – und ich spreche jetzt absichtlich nicht von Nebenwirkung – hat sofort eingesetzt, sodass ein zeitlicher Zusammenhang zur Injektion hergestellt werden kann. Ja, sogar muss. Ich sage deshalb nicht Nebenwirkung, weil es keine Nebenwirkung gibt. Jedes Medikament, jede Injektion, jedes pharmazeutische Produkt, hat jene Wirkungen, für die es gemacht wurde. Natürlich wird eine erwünschte Wirkung vorgeschoben. Sonst würde es ja niemand kaufen und verwenden. Doch gemacht wurde es, um genau jene Wirkungen auszulösen, die als Nebenwirkungen oder Kontraindikationen auf den Beipackzetteln stehen. Denn dann wird auch dafür wieder etwas gekauft und die Pharmaindustrie hat noch mehr Gewinn. Und genau darum geht es. Es geht nur um Gewinnmaximierung, wie ihr das nennt. Doch es ist eure Entscheidung, ob ihr diese Produkte verwendet oder nicht. Ihr habt immer die freie Wahl."

„Danke für deine deutlichen Worte. Im Grunde wird für die schlechtesten Produkte am meisten Werbung gemacht und am lautesten geschrien. Was für ein perfides Spiel! Kann man diesen Industriezweigen nicht einfach den Hahn abdrehen?"

Eiolo: „Wir können und werden hier nicht eingreifen. Und auch sonst wird es niemand tun. Denn das wäre ein Eingriff in euren freien Willen. Dieser ist unantastbar. Doch ich gebe euch den Rat, dass ihr euer Denken ändern sollt und dann erzeugen eure Entscheidungen andere Resultate. Ihr selbst, und nur ihr, habt es in der Hand, das Ganze zu beenden und einen Riegel vorzuschieben. Doch so lange noch so viele Menschen daran glauben, wird es diese Industriezweige geben. Aber auch hier gibt es einen wunderbaren Hoffnungsschimmer. Und dieser hat wieder mit eurer Bewusstwerdung zu tun. Je mehr ihr in eure Bewusstheit kommt, je mehr ihr euch dessen bewusst werdet und je mehr Menschen erwachen, desto mehr werden auch diese Systeme hinterfragt und die Entscheidungen in eine andere Richtung getroffen."

„Ich denke, dass damit auch alles über diesen Themenbereich gesagt ist. Wir wollen nicht irgendwie schulmeisternd wirken und auftreten. Jeder trägt selbst die Verantwortung für die eigenen Entscheidungen."

Eiolo: „Danke."

„Wenden wir uns einem anderen Thema zu. Was mich wirklich brennend interessieren würde: Gibt es bei euch sportliche Betätigungen und Wettbewerbe?"

Inarda: „Sportliche Betätigungen gibt es. Ja. Doch sie werden nicht als Wettbewerbe ausgeführt. Dieses Schneller, Höher, Weiter, Stärker, wie es bei euch üblich ist, kennen wir nicht. Denn es gibt dabei immer nur einen Gewinner und viele Verlierer. Vor langer Zeit kam jemand von uns auf die Idee, einen Laufwettbewerb zu veranstalten. Doch das wurde gleich wieder eingestellt. Denn der Schnellste und alle anderen nachfolgenden Läufer wartete auf den langsamsten vor der Ziellinie und alle überquerten diese Linie gemeinsam. Für uns ist es die größte Freude, wenn jeder Freude hat. Niemand steht über jemand anderen. Und niemand hat auch nur den leisesten Gedanken daran, sich über einen anderen stellen zu wollen. Wir sind eine Einheit. Wir verstehen uns als Einheit, weil alle in Gewahrsein des Einsseins agieren."

„Also habt ihr gar nichts, das für euch spannend ist?"

Inarda: „So ein Spannungsgefühl kennen wir nicht. Ich weiß, für euch ist es oft ein Nervenkitzel solche Wettbewerbe anzusehen oder einen Film zu sehen, den ihr als spannend bezeichnet. Warum sollten wir das tun? Spannung bedeutet, dass es eine Belastung für die Nerven darstellt, was wiederum Substanzen im Körper produziert, die giftig sind. Somit würden wir unseren Körper selbst vergiften. Und das ist für uns undenkbar."

„Darum lebt ihr auch so lange."

Inarda: „Das ist ein Grund dafür. Ja. Aber nochmals: Wir entscheiden selbst, wann wir unseren physischen Körper ablegen, um in einer neuen Form neue Erfahrungen zu machen. Genauer gesagt ‚hören' wir auf unsere Seele. Sie bestimmt letztendlich den Zeitpunkt. Wenn sie in der aktuellen Form alle Erfahrungen gemacht habt, die sie machen kann, dann geht sie zurück zu ihrem Ursprung und entscheidet sich dort, in welcher Form und wo sie die nächsten Erfahrungen machen will."

„Darf ich noch etwas zu eurem Lebensstil fragen?"

Inarda: „Nur zu."

„Ihr habt gesagt, dass ihr es feiert, wenn sich eine Seele entschließt weiterzugehen. Wie sieht eine solche Feier aus und feiert ihr viel?“

Inarda: „Ich möchte den ersten Teil deiner Frage beantworten. Es ist in einem solchen Fall keine Feier, wie ihr sie kennt, sondern eine innere Feier. Das heißt, dass wir diese Seele mit einer inneren Freude verabschieden. Es ist eben eine Feier, die jedes Wesen bei uns für sich macht. Und sonst. Ja. Wir feiern sehr viel. Doch diese Feiern sehen bei uns gänzlich anders aus. Wir feiern jeden Tag. Genauer gesagt feiern wir den Tag selbst. Es ist eine Begrüßung des Tages, wenn du so willst, die wir machen. Diese läuft in aller gebotenen Stille ab. Es ist eine Art Meditation. Solche Feiern, wie bei euch, mit Musik, Essen und Getränken, gibt es bei uns nicht. Für uns ist das Leben selbst eine große, endlose Feier.“

„Das Leben bei euch ist schon ganz anders, als bei uns. Und jetzt, da du davon sprichst, kann ich mich sogar wieder an gewisse Szenen erinnern. Es sind Erinnerungen an Aufenthalte bei euch. Ich fühle gerade diese innere Freude, die innere Feier. Es war damals so wunderbar und ist es jetzt wieder. Unbeschreiblich...“

Eiolo: „Wir wollten, dass du dich wieder daran erinnerst. Und wir wussten, dass dies der Fall sein wird, wenn wir darüber reden. Wir freuen uns sehr darüber, dass du dich daran wieder erinnerst.“

„Ich erinnere mich an diesen meditativen Zustand, der sich so ganz anders angefühlt hat, als dies unsere Meditationen vermögen. Diese unendliche Stille. Diese unendliche Freude im Herzen, die wirklich auch körperlich spürbar war. Es war so, als würde jede einzelne Zelle und darüber hinaus diese Freude, diese Liebe, wahrnehmen, aufnehmen und ausstrahlen. So tief habe ich noch nie empfunden. Nicht vorher und auch nicht nachher. Oder ich kann mich einfach nicht mehr daran erinnern. Ihr seid schon wirklich ganz besondere Wesen.“

Inarda: „Du bist einer von uns.“

„Ich habe gerade Tränen in den Augen vor Freude und wünsche mir nichts sehnlicher, als euch wieder zu besuchen. Einfach nur zu Besuch zu euch kommen, das würde mir schon genügen. Ich möchte nicht ganz bei euch bleiben. Denn hier auf der Erde habe ich noch eine Aufgabe zu erfüllen. Und diese möchte ich abschließen."

Inarda: „Du hast noch einige Aufgaben auf der Erde zu erfüllen. Doch all dies kann man durchaus zu einem Begriff oder einem Satz zusammenfassen: Du bist ein Teil des laufenden Prozesses, dem noch wesentlich mehr Bedeutung zukommen wird, als es derzeit der Fall ist. Das weißt du im Grunde schon."

„Ich spüre es immer wieder. Das ist wahr. Und dann zweifle ich wieder daran oder vergesse es überhaupt wieder. Manchmal kann ich es wirklich nicht glauben. Und das, obwohl es mir immer und immer wieder gesagt wird. Dabei bin ich nicht wichtig, sondern dass der Prozess an sich weitergeht. Und das tut er. Mit und ohne mich. Ich bin da nur ein kleines, unbedeutendes Zahnrad in dem ganzen Getriebe."

Inarda: „Wenn bei einer Maschine das kleinste Zahnrad zum Stillstand kommt, dann steht die ganze Maschine. Es stimmt schon, dass der laufende Prozess trotzdem weiterlaufen würde. Doch, bitte lieber Gerhard, fange endlich an deine Bedeutung für die Menschen anzuerkennen. Erkenne und steigere deinen Selbstwert. Du bist genauso wichtig, wie alle anderen Menschen. Niemand ist weniger wichtig. Und ihr alle, jede und jeder von euch, ist in gleicher Weise wichtig."

„Ich danke dir, liebe Inarda."

Aktuelles, Wetter, Sprache, Völker

„Was mir auffällt ist, dass wir uns kaum über aktuelle Themen unterhalten. Ist das bewusst so? Ist es Absicht?"

Eiolo: „Aktuelle Ereignisse sind flüchtige Ereignisse. Soweit diese Bedeutung für euren weiteren Bewusstwerdungsprozess haben, wurden sie in diesem Dialog angesprochen. Wesentlich wichtiger sind jedoch jene Themen, die euch den Fokus auf eure weitere Entwicklung, auf den Prozess, auf euch selbst richten lassen. Wir möchten euch nicht belehren, sondern euch helfen Orientierung zu finden und euch Möglichkeiten eurer Potenzialentfaltung aufzeigen. Die meisten eurer aktuellen Themen haben im Grunde keine Bedeutung. Genauer gesagt, haben sie nur jene Bedeutung, die ihr diesen Themen zumesst."

„Wie ist das eigentlich mit unserem Wetter? Wie sehr hängen das kosmische Wetter und das irdische Wetter zusammen?"

Eiolo: „Da gibt es sehr starke Zusammenhänge. Alles, was sich im Kosmos und speziell in eurem Magnetfeld abspielt, hat direkte Auswirkung auf die irdische Wetterlage. Jeder geomagnetische Sturm ist auch auf der Erde selbst wirksam. So ein Sturm kommt etwas zeitverzögert auf die Erde und bewirkt meistens stürmische Wetterbedingungen auf der Erde. Dies ist nicht überall so. Es ist regional sehr unterschiedlich. Je nach Grundwetterlage und atmosphärischer Grundbedingungen treten Sturm, extremer Regen, aber auch sonstige ungewöhnliche Wettererscheinungen auf der Erde auf. Die Erde ist ja Teil des Kosmos und somit sind auch die Auswirkungen nicht voneinander getrennt zu betrachten. Es hängt alles zusammen."

„Das habe ich mir schon gedacht. Ich beobachte das ja schon sehr lange."

Inarda: „Und solche Wetterbedingungen haben auch Auswirkung auf den Gemütszustand und körperlichen Zustand der Menschen. Je extremer die kosmischen Bedingungen, desto gereizter sind viele Menschen. Die körperlichen Symptome gehen auch hier über Schlafstörungen, Kopfschmerzen, Nacken- und Schulterschmerzen, bis zu Blutdruckproblemen. Bestehende Wunden können ebenfalls wieder oder vermehrt zu schmerzen beginnen. Nicht zu vergessen die vermehrten Schlaganfälle und Herzinfarkte, die in solchen Situationen auftreten."

„Na super... Da ist ja wieder alles möglich. Wird das irgendwann mal besser, dass sich die Menschen mehr an diese immer heftiger werdenden Bedingungen gewöhnen?"

Inarda: „Generell werden die Energien, die auf die Erde – und somit auch auf alle Lebewesen – einströmen, stärker. Doch, wie bereits gesagt, werdet auch ihr immer stärker. Noch vor einem Jahr eurer Zeitrechnung hätten euch diese Energien völlig lahmgelegt."

„Wir gewöhnen uns wohl immer mehr daran."

Inarda: „So ist es. Und nun stelle dir vor, dass der von euch als Aufstiegsprozess bezeichnete Wandel noch schneller ablaufen würde. Dann würdet ihr es gar nicht aushalten. Der Plan ist, dass die Erde mit den Menschen und allen Wesen in die erweiterten Bewusstseinsbereiche geht. Das bedingt, dass die Energien in einem Maß einströmen, wie es jetzt geschieht. Es läuft alles nach einem göttlichen Plan."

„Manchmal wirkt es für uns eher etwas planlos. Doch wir wissen, dass dies nicht der Fall ist – dass eben alles nach Plan läuft. Wie sollte es auch anders sein. Der gesamte Prozess ist richtig, so wie er ist. Ist das derzeitige Weltraumwetter für uns Menschen schädlich?"

Eiolo: „Nein. Als schädlich kann man es nicht bezeichnen. Dies ist nur in euren Gedanken so. Wenn ihr denkt, dass es euch schadet, dann schadet es euch auch. Wenn ihr es jedoch als natürliches Ereignis anseht, dann wirkt es neutral. Seht ihr es als etwas an, das euch dienlich ist, dann ist es das auch für euch. Es kommt immer darauf an, wie ihr über etwas denkt. Eure Gedanken sind es, die immer wieder dazu neigen, etwas als schlecht oder schädlich zu qualifizieren. Und damit schafft ihr eure eigene Realität."

„Wie ist das mit dem Wetter eigentlich bei euch?"

Eiolo: „Das kommt darauf an, welches Wetter wir uns für eine bestimmte Gegend wünschen – oder besser gesagt, bestimmen, welches Wetter dort sein soll."

„Wie meinst du das? Manipuliert ihr das Wetter?"

Eiolo: „Nicht in dem Sinne, wie ihr Manipulation versteht. Wir schaffen uns das Wetter selbst. Das bedeutet, dass wir es begrenzt regnen lassen können, wenn zum Beispiel Pflanzen Wasser brauchen. Wir können aber auch so etwas, das ihr Sonnenschein nennen würdet, produzieren. Dies machen wir alles insofern, als wir unseren Fokus als Kollektiv in eine bestimmte Richtung lenken. Wir brauchen keine Technologie dazu und entscheiden dies auch als Kollektiv, welches Wetter wo sein soll."

„Ihr habt schon erwähnt, dass der Sonnenschein bei euch im Grunde vom Planeten selbst produziert und ausgestrahlt wird. Doch für den Regen braucht es doch auch bei euch Wolken, oder? Habt ihr so etwas wie eine Atmosphäre?"

Eiolo: „Man kann es durchaus als Atmosphäre bezeichnen. Ja. Sie hat allerdings eine etwas andere Zusammensetzung als bei euch. Zum einen reflektiert sie das von unten kommende Licht und zum anderen kann sie auch Wolken entstehen lassen, wenn wir irgendwo Regen brauchen. Das ist schwer in euch geläufigen Worten zu erklären. Diese Atmosphäre hat bei uns die Bezeichnung ‚Reniaka', was bei euch so viel heißen würde wie ‚jenes göttliche Gebilde, das uns und unseren Lebensraum umgibt'. Wie du bereits weißt, verwenden wir Sprache nur sehr selten. Im Grunde könnt ihr euch das Regnen bei uns in etwa so vorstellen, wie bei euch das Blumengießen. Das wird ja auch bei euch ganz gezielt ausgeführt."

„Wäre mal interessant, ein ganzes Wörterbuch zu erstellen. Sowas wie ‚Deutsch – Plejadisch / Plejadisch – Deutsch."

Eiolo: „Das ist schlichtweg unmöglich. Denn bei uns wird, wie gesagt, Sprache nur sehr selten verwendet und Gefühle lassen sich schwer in Worte fassen. Wenn wir mit jemanden von anderen Sternensystemen kommunizieren, verwenden wir auch hauptsächlich Telepathie. Bei anderen gibt es auf dem gesamten Planeten nur eine Sprache. Mit euch ist es am schwierigsten. Ihr habt so viele Sprachen, von denen jedoch keine einzige wirklich dazu geeignet ist, Gefühle in Worte zu fassen. Die einzigen Sprachen, die das konnten, habt ihr fast ausgerottet. Das waren die Sprachen eurer Ureinwohner und indigenen Völker. So ist zum Beispiel die ursprüngliche Sprache der Hopi-Indianer sehr ähnlich der unseren. Die ursprünglichen Mayas sprachen eine Sprache, die jener auf unserem Schwesterstern Alcyone sehr ähnlich ist."

„Das heißt, dass auf jedem der sieben Sterne des Plejadensystems eine andere Sprache gesprochen wird?"

Eiolo: „Nun. Es ist die gleiche Sprache. Ihr würdet ‚Dialekt' zu den vorhandenen Sprachunterschieden sagen."

„Heißt das, dass die Mayas und die Hopi-Indianer zur Gänze von den Plejaden abstammen?"

Eiolo: „Die Mayas, ja. Die Hopi-Indianer, wie diese Bevölkerungsgruppe von euch genannt wird, stammen teilweise von den Plejaden. Sie sind eine Mischung aus verschiedenen Sternenvölkern, die sich zu einer Einheit verbunden haben und so eine ganz eigene Kultur entwickelt haben. Beide haben jedoch gemeinsam, dass sie sehr hoch entwickelte Wesen sind."

„Gibt es auf der Erde noch wirklich unberührte, ursprüngliche Völker?"

Eiolo: „Ja. In eurem Amazonasgebiet gibt es noch einige Gruppen, die von eurer Zivilisation noch nicht entdeckt wurden. Diese leben in absoluter Einheit mit der Natur und wissen nicht einmal, dass es außerhalb des Regenwaldes so etwas gibt, das ihr Zivilisation nennt. Wenn einmal eines eurer Flugzeuge über dieses Gebiet fliegt, dann bringen sie das nicht mit der restlichen Welt in Verbindung, da sie ja nicht wissen, dass es noch etwas gibt. Sie sehen es als Zeichen ihres Schöpfers, der dabei ist, jemanden von ihnen abzuholen oder zu bringen. Das heißt, dass sie dies mit dem Tod eines Stammesmitglieds oder mit der Geburt eines Kindes in Verbindung bringen."

„Spannend. Von euch erfahre ich immer wieder etwas, das ich bisher nicht wusste."

Inarda: „Das ist der eine Zweck dieses Dialogs. Der andere ist, dich wieder an das eine oder andere zu erinnern. Das gilt natürlich nicht nur für dich persönlich, sondern für alle, die dies lesen."

„Gibt es auch auf anderen Kontinenten oder in anderen Gebieten der Erde solche Gruppen, die noch keine Zivilisation kennen oder gar nicht wissen, dass es so etwas überhaupt gibt?“

Inarda: „Ja. Die gibt es tatsächlich. In Europa gibt es diese Gruppierungen nicht mehr. Doch in den Weiten der Tundra und Taiga, sowie in den praktisch nicht besiedelten Teilen des gesamten Himalaja-Gebietes und in den Urwäldern Afrikas gibt es sie noch. Sie alle haben eine Anbindung zur Natur und zum Göttlichen, die man nur als absolut bezeichnen kann. Ja. Sie verstehen sich und sehen sich als Teil dessen. Sie benehmen sich nicht so wie ihr, die ihr glaubt davon getrennt zu sein. Jene Gruppen sind auch deshalb Teil der Natur, weil sie von ihr leben. Alles, was sie zum Leben brauchen, beziehen sie daraus. Ob nun ihre Nahrung oder ihre Kleidung oder auch das Baumaterial für ihre Hütten und Unterschlupfe. Einfach alles. Sie kämen nicht mal im Traum auf die Idee, ihrer Umwelt in irgendeiner Form zu schaden. Und sie kämen auch nicht auf die Idee, jemanden aus der Gruppe zu schaden. Sie leben so sehr in der Einheit mit allem, dass ihnen nicht einmal sogenannte wilde Tiere oder giftige Schlangen etwas antun.“

„Faszinierend. Ich bin ehrlich gesagt sehr froh, dass es solche Stämme überhaupt noch gibt. Wenigstens hat unsere sogenannte Zivilisierung noch nicht überall zugeschlagen. Was mich immer wieder stört ist, dass naturverbundene Gruppen immer wieder abschätzig als primitiv bezeichnet werden. Dabei sind sie das gar nicht. Und manchmal frage ich mich, ob nicht sogar wir die primitiveren Menschen sind. Technologie, Gesetze und Regulierungen machen noch lange kein hoch entwickeltes Volk aus. Ich hoffe nur, dass diese Stämme nicht oder zumindest noch lange nicht von irgendwelchen Forschern entdeckt werden. Sonst gibt es diese Gruppen bald nicht mehr.“

Wandel, Universen, Manipulation

Inarda: „Warum weinst du?"

„Ach liebe Inarda. Ich bin gerade so tief gerührt. Ich habe gerade einen Teil des dritten Bandes von ‚Gespräche mit Gott' gehört. Wir Menschen haben wirklich so ziemlich alles falsch gemacht, was wir falsch machen konnten. Diese Erkenntnis tut immer wieder ganz schön weh. Und dann sind in diesem Hörbuch auch Passagen, die sind so Hoffnung gebend, so liebevoll. Es ist dann so, als hätten wir gar nichts falsch gemacht, sondern hätten lediglich diese Erfahrungen gemacht, die wir gegenwärtig machen. Ja machen müssen. Wenn wir nicht die Dinge so gemacht hätten, wie wir sie gemacht haben, hätten wir jemals erkannt, wie wir den ganzen Wandlungsprozess überhaupt hätten erschaffen können. Ich weiß nicht, ob es stimmt. Aber ich habe das Gefühl, dass wir Menschen einen großen Anteil an diesem Prozess haben."

Inarda: „Oh ja. Das habt ihr. Du kennst ja den wunderbaren Spruch: ‚Sei der Wandel, den du gerne in der Welt sehen möchtest.' Dieser sagt genau das aus, was du fühlst. Ihr selbst ward es, die den Wandel herbeigeführt haben und durch den ihr nun durchgeht."

„Ihr, die ‚Geistige Welt', spielt da aber auch eine große Rolle. Ohne euch würden wir das wohl nicht schaffen."

Inarda: „Wir freuen uns, wenn wir euch beratend zur Seite stehen dürfen. Doch wir würden niemals direkte Lösungen für eure Probleme präsentieren. Was wir machen können, ist, dass wir euch zu Lösungen hinführen, beziehungsweise euch Werkzeuge in die Hand geben, damit ihr die Lösung selbst erkennen könnt. Würden wir euch die Lösungen geben, dann würden wir uns einmischen und so euren freien Willen untergraben. Das wollen wir nicht. Jeder Schritt ist und bleibt eure freie Entscheidung. Ihr könnt uns jederzeit um unsere Sichtweise fragen. Das schon. Diese soll euch eine Möglichkeit zu einem bestimmten Thema aufzeigen. Ob ihr das so annehmt oder nicht, liegt ganz bei euch. Wir können euch unterstützen. Doch werden wir nicht die Arbeit für euch erledigen. Und wir werden nicht für euch denken und fühlen. Das ist eure Aufgabe. Wir werden euch immer wieder an eure Erfahrungen erinnern, sodass sie in euch wieder aufsteigen und ihr sie wieder umsetzen könnt. Es ist alles in euch. Es ist alles da."

„Das klingt jetzt wie ein Schlusswort."

Eiolo: „Ich spüre, dass du noch einige Fragen hast. Doch ist es tatsächlich so, dass wir bald zum Ende dieses Dialogs kommen."

„Das stimmt. Ein paar Fragen habe ich noch. Doch nun möchte ich euch danken. Danke für eure Anwesenheit und Unterstützung. Es tut immer wieder so gut, mit euch zu reden."

Inarda: „Es ist uns eine Freude dies zu tun."

„Eine Frage, die ich an euch noch habe, ist: Gibt es mehrere Universen? Und wenn ja, wie viele?"

Eiolo: „Ja. Es gibt sehr, sehr viele. Die genaue Zahl ist uns nicht bekannt. Doch gehen wir davon aus, dass es in Richtung unendlich geht. Ich sage deshalb ‚in Richtung unendlich', weil es eine nicht vorstellbare Menge ist. Andererseits ist es aber wieder endlich. Es ist sozusagen ‚die Endlichkeit der Unendlichkeit'. Es klingt vielleicht für dich jetzt wie ein Paradoxon. Doch kommt es auf die Betrachtungsweise an. Unendlich ist es in dem Sinne, dass es eine unbegreifliche Anzahl ist. Endlich in jenem, dass es tatsächlich irgendwo endet. Das ist auch wieder etwas, das nur schwer zu beschreiben ist. Stell es dir vor, wie einen Ameisenhaufen. Die Zahl der Ameisen ist nicht abschätzbar. Und doch endet sie irgendwo. Wenn du jedoch auf diesen Ameisenhaufen schaust, siehst du dann alle Ameisen? Wohl kaum. Du siehst den Haufen. Selbst wenn du den Haufen bis ins Kleinste zerlegen würdest, könntest du nicht sagen, ob alle Ameisen zu dem Zeitpunkt überhaupt in dem Haufen sind. Sie können gerade irgendwo unterwegs sein. Somit wüsstest du, bei exakter Zählung auch nicht, ob es alle sind. Und so ist es auch mit den Universen."

„Kennt ihr den Begriff ‚Multiversum'?"

Eiolo: „Ja. Den kennen wird. Er sagt im Grunde genau das vorher Beschriebene aus."

„Das heißt dann auch, dass es eine unendliche Anzahl von Zivilisationen gibt?"

Inarda: „Das ist richtig. Die Absicht Gottes ist es, sich in allen nur möglichen Aspekten zu erfahren. Nur durch seine von ihm erschaffenen Wesen kann er überhaupt Erfahrungen machen. Je mehr Wesen, je mehr Zivilisationen er in den unendlichen Universen geschaffen hat, desto mehr Erfahrungen macht er. Auch die Anzahl der Erfahrungen ist unendlich. Unvorstellbar unendlich."

„Wenn Gott sich in allen Individuationen erleben möchte, dann ist jede Veränderung in uns ebenfalls bereits eine neue Erfahrung für ihn. Das heißt dann auch, dass er ständig neue Erfahrungen macht. Unsere Systeme wollen uns immer über einen Kamm scheren. Sie wollen uns gleichrichten, weil wir so besser kontrollierbar und manipulierbar sind. Doch das geht natürlich nicht. Und darum ist auch jedes derartige System zum Scheitern verurteilt. Es hat sozusagen schon verloren, wenn es an den Start geht."

Eiolo: „Das ist eine sehr gute Einschätzung und Beschreibung. Denn genauso verhält es sich. Sobald irgendein System alle in eine Richtung drängen will, ist es auch schon vorbei mit diesem System. Diese Wirkung ist oft nicht sofort bemerkbar. Manchmal braucht es auch einige Jahre oder gar Jahrzehnte dafür. Denn die Angst, die in dieser Gleichmacherei impliziert ist, wirkt oft sehr nachhaltig. Ohne dieser Angst würde es kein System schaffen, die Menschen auch nur einen Tag in die gleiche Richtung marschieren zu lassen. Zuerst wird Zweifel gesät. Aus dem Zweifel entsteht die Angst. Und diese Angst ist der Nährboden für jede Kontroll- und Manipulationsmöglichkeit. Wir können euch nur immer wieder raten, dass ihr eure sorgenvollen Gedanken, eure Zweifel und eure Angst ablegt."

„Viele lassen sich scheinbar sehr gerne manipulieren. Denn dann brauchen sie ja nicht selber denken, sondern werden sozusagen gedacht. Es wird für sie gedacht. Doch damit gibt man die Verantwortung für sich ab. Doch wer will schon Verantwortung für sich übernehmen? Es ist doch so toll, wenn man immer jemand anderen die Schuld geben kann. Hier ist ein grundsätzliches Umdenken bei vielen Menschen notwendig."

Inarda: „Das ist durchaus richtig. Doch bewegt ihr euch immer mehr und mehr dorthin, dass ihr die Verantwortung wieder für euch selbst übernehmt. Wie bereits gesagt, ist dies einer der Schlüssel zu eurem Erfolg."

„Und wir müssen unsere gedankliche Ausrichtung darauf lenken, was wir wollen und nicht darauf, was wir nicht wollen."

Inarda: „Auch das ist richtig. Doch das Denken alleine ist nicht genug. Noch besser ist es, wenn es auch gefühlt wird."

Blitze, Selbstverantwortung

„Das ist klar. Nun zu etwas ganz Anderem. Eiolo, du hast mir vor ungefähr zwei Wochen einiges zum Erdbeben in der Türkei, das am 6.2.2023 stattfand, mitgeteilt. Genauer gesagt war diese Mitteilung ein oder zwei Tage später. Zu diesem Zeitpunkt war noch keine Rede von Blitzen, die vorher über dem Gebiet auftraten. Auch gab es keine Bilder oder Videos davon. Du hast trotzdem schon darüber gesprochen, was mich im Nachhinein ziemlich zum Staunen gebracht hat. Nun würde ich dein Statement dazu gerne hier hereinstellen. Ursprünglich hatten wir ausgemacht, dass es nicht hier aufgenommen werden soll. Doch irgendwas drängt mich nun doch dazu. Darf ich es hier reinstellen?"

Eiolo: „Wir hatten es deshalb so vereinbart, weil wir nur so wenig wie möglich auf das Tagesgeschehen eingehen wollten. Doch die angesprochenen Tatsachen sind immer mehr ein Thema und deshalb ist das angesprochene Erdbeben lediglich ein Beispiel für viele nachfolgenden Erdbeben. Ja. Du kannst es hier hereinschreiben."

„Danke."

Eiolo: „Kurz vor dem Erdbeben gab es Blitze, die aus einem Druck-Effekt (Piezo-Effekt, Anmerkung) ausgelöst wurden. Der angesprochene Druck wurde dadurch ausgelöst, dass ein enormer Druck von oben auf die Erde ausgelöst wurde. Dieser Druck wurde zwar aufgrund kosmischer Strahlung ausgelöst, jedoch von künstlicher Strahlung wesentlich verstärkt. Der eigentliche Druck, also der kosmische Druck, hätte diese Blitze nicht auslösen können. Der Zweck dieser Blitze oder dieses Drucks waren, dass die Türkei für ihre Haltung – wie soll ich sagen – bestraft wurde. Doch das war nicht der einzige Grund. Der Druck hatte auch weltweite Wirkung, die von vielen als körperliche Symptome wahrgenommen wurde. Jene, die das Ganze inszeniert haben, wissen sehr genau Bescheid, was auf energetischer Ebene gerade auf der Erde passiert. Es sind im Grunde Panikreaktionen derer, um die weitere Entwicklung der Menschen zu stoppen. Doch dies gelingt nicht. Es kann gar nicht gelingen. Das Erdbeben selbst wurde rein künstlich ausgelöst, denn in dieser Gegend gibt es keine Bruchlinie, die die entsprechende Spannung gehabt hätte, um so etwas auszulösen. Dafür wurde allerdings eine Technologie eingesetzt, die den meisten Menschen noch gar nicht bekannt ist. Es geht dabei um eine Technologie, die Antigravitationswellen produziert und gezielt eingesetzt werden kann. Es wird dabei ein Teil der Erde fast zum Stillstand gebracht, wogegen ein anderer beschleunigt wird. Durch diesen Geschwindigkeitsunterschied wird so ein Erdbeben künstlich erzeugt."

„Damit wollen wir es für dieses Thema auch wieder belassen."

Eiolo: „Gut."

„Irgendwie frage ich mich allerdings gerade, was das mit dem vorherigen Thema, mit der Selbstverantwortung zu tun hat."

Eiolo: „Auf den ersten Blick hat es damit nichts zu tun. Wenn wir es jedoch genauer betrachten, dann erkennen wir, dass dies durchaus passend ist. Denn es ist eine Auswirkung dessen, wie wenig von euren Systemen die Übernahme der Selbstverantwortung geduldet wird. Wenn jemand etwas tut oder sagt, das vom System nicht geduldet wird, werden Maßnahmen getroffen, die – wie wir an diesem Beispiel sehen – durchaus schmerzlich sein können. So wird generell mit Eigenverantwortung umgegangen. Im Kleinen, wie im Großen. Doch bitte lasst euch davon nicht von eurem Weg abbringen. Denn die Übernahme der eigenen Verantwortung ist ein wesentlicher Baustein eurer Weiterentwicklung, die euch in die richtige Richtung bringt. Lasst euch bitte nicht davon abhalten, eure Selbstverantwortung zu leben."

„In Ordnung. Damit möchte ich dieses Thema aber wirklich endgültig beschließen."

Inarda: „Stellt euch bitte selbst die Frage, in welchen Bereichen ihr selbst die Verantwortung für euer Leben noch nicht übernommen habt. Damit habt ihr einen guten Ansatzpunkt, entsprechende Veränderungen herbeizuführen."

Eiolo: „Nun habe ich eine Frage an dich. Wie seht ihr unsere Rolle in eurem Prozess der Bewusstseinsentwicklung?"

„Ich kann hier nur von mir ausgehen. Ich finde es wunderbar, dass ihr uns beratet. Doch es wäre – aus meiner Sicht – ein Fehler, wenn wir uns nur auf die Aussagen der ‚Geistigen Welt' verlassen würden. Denn das würde bedeuten, dass wir damit unsere Eigenverantwortung nicht an die irdischen Systeme, sondern eben an euch abgeben. Damit wären wir wieder im Außen und wir hätten wieder jemanden, dem wir die Schuld zuschieben könnten, wenn etwas nicht so läuft, wie wir es uns vorstellen. Das wäre sicher kontraproduktiv für unsere eigene Weiterentwicklung. Ihr habt eure Rolle in dem ganzen Prozess ja schon sehr gut beschrieben. Und so sehe ich es auch. Aber, wie gesagt, kann ich hier nur für mich und nicht für alle sprechen. Hier wird wohl jeder eine etwas andere Sichtweise haben. Davon gehe ich zumindest aus. Ich weiß aber auch, dass es viele gibt, die sich rein auf die Aussagen der ‚Geistigen Welt' verlassen und ihr Leben darauf ausrichten oder ausgerichtet haben. Doch das ist ihre eigene Verantwortung. Ich habe mich jedenfalls dafür entschieden, dass ich eure Ratschläge gerne annehme, sie jedoch immer für mich prüfe, ob sie mir gerade dienlich sind oder ich diese einfach als Informationen sehe. Wenn es so ist, dann kann ich diese immer noch, zu einem späteren Zeitpunkt, für mich umsetzen. Also dann, wenn ich glaube, dass es mir nun dient."

Eiolo: „Das ist eine gute Einstellung. Sie birgt jedoch die Möglichkeit in sich, dass ihr euch nicht mehr an die Informationen erinnert, wenn ihr sie brauchen würdet."

„Das ist mir klar. Und ja. Das könnte tatsächlich passieren. Ich hoffe, dass wir – und jeder Leser für sich – uns noch erinnern oder zumindest an dieses Buch, um es nachzulesen."

Eiolo: „Wir bemerken immer wieder, wie schnell ihr etwas vergesst, das euch im Grunde dienlich ist. Ihr fallt immer wieder in euren Alltagstrott hinein und macht so weiter, wie ihr es gewohnt seid. Sobald euch diese Tatsache wirklich bewusst wird oder ist, habt ihr auch die Chance es zu ändern. Dann beginnt ihr mit dem bewussten Fühlen, Denken und Handeln."

„Da du das gerade wieder ansprichst. Ihr habt schon früher erwähnt, dass wir im Grunde die Reihenfolge meistens verdreht anwenden. Und zwar in der Reihenfolge: denken, handeln, tun. Nun habe ich aber gehört, dass man zuerst handeln soll. Ist das so oder gilt das nur für bestimmte Umstände und Situationen?“

Inarda: „Wenn ein Kind in einer gefährlichen Situation ist, weil es zum Beispiel bei einem Fluss steht und hineinzufallen droht, denkt ihr dann vorher nach, ob ihr es dort wegholen sollt?“

„Wohl kaum. Wir würden es wohl reflexartig dort wegholen.“

Inarda: „Genau. Also handelt ihr, bevor ihr denkt. Somit ist es in einem solchen Fall ein Handeln, Fühlen und Denken – diese Reihenfolge. Denken und fühlen treten sehr oft gleichzeitig auf. Das Tun variiert von der Reihenfolge her. In anderen Situationen ist die Reihenfolge wieder anders. Wenn es allerdings um das Manifestieren geht, wenn ihr irgendetwas erreichen wollt, dann ist die das Fühlen das Wichtigste und steht somit an erster Stelle. Fühlt es, als würdet ihr es schon haben oder erreicht haben, was ihr gerne möchtet. Dann tritt die Veränderung wesentlich schneller ein. Nochmals: Seid die Veränderung selbst, die ihr erfahren wollt.“

Portaltag, energetischer Angriff, Sein, Macht

„Was war denn in der letzten Nacht (die Nacht vom 21. auf den 22.2.2023) wieder los? Ich konnte kaum schlafen."

Eiolo: „Ihr habt heute am 22.2.2023 eurer Zeitrechnung wieder einen Portaltag – einen ziemlich mächtigen noch dazu."

„Was bedeutet das?"

Eiolo: „Das heißt, dass die Energieeinströmungen aus den kosmischen Bereichen sehr stark waren. Vor allem kamen sie aus dem Zentrum der Galaxie. Auch wir haben dies gespürt. Für etwa zwei Stunden wurden bei uns sehr starke magneto-optische Wellen verzeichnet. Eure irdischen Messgeräte reagieren darauf nicht. Aber eure physischen Körper bekommen diese Wellen ziemlich stark ab. Vor allem Menschen wie du, die eine erhöhte magnetische Teilchenanzahl in ihrem Körperwasser haben. Magneto-optisch bedeutet, dass es sich um eine Wechselwirkung von Licht mit Materie im magnetischen Feld handelt. Das heißt, dass das einströmende Licht diese Magnetpartikel angeregt hat und diese sehr aktiv wurden. Darauf empfindsame Körper reagieren mit solchen Schlafstörungen, da meistens der Blutdruck und die Herzfrequenz nach oben gehen. Oft sehr stark nach oben. Dies kann auch zu heftigem Pochen des Herzens, Kopfschmerzen, Nackenschmerzen und zu einer erhöhten Frequenz der Lungentätigkeit führen. Das kann man durchaus mit dem Hecheln eines Hundes vergleichen. Vor allem Letzteres war bei dir der Fall. Dadurch wurde eine Art Panikreaktion in deinem Körper ausgelöst, die schließlich zu großer inneren Unruhe führte und dich nicht einschlafen ließ. Wir kennen dieses Phänomen und unsere Körper können solche Einströmungen absorbieren. Damit meine ich, dass unsere Körper diese Strahlungen erkennen und in uns dienliche Energie umwandeln. Das wiederum ist mit dem Aufladen einer Batterie vergleichbar."

„Und warum können wir das nicht?"

Eiolo: „Unsere Körper sind nicht so grobstofflich wie eure. Je grobstofflicher ein Körper ist, desto weniger ist er dazu in der Lage. Was ich damit sagen will ist, dass wir ja selbst mehr Licht in uns haben, als ihr. Ich bitte euch, dies nicht falsch zu verstehen. Grobstoffliche Wesen haben immer weniger Licht direkt in ihrem Körper gespeichert. Ihr seid hier aber in einer sehr guten Entwicklungsrichtung unterwegs. Umso lichter ein Körper, desto mehr Licht kann er auch empfangen."

„Das ist mir klar, dass ihr lichter seid als wir. Wenn ich das richtig verstehe, dann ist es so, als würde dem einströmenden Licht das Licht des Körpers entgegen strahlen und so die Wirkung abschwächen oder verändern. Also erzeugt es eine Art Gegenlicht."

Eiolo: „Ja. Das ist eine gute Beschreibung."

„War sonst noch was?"

Eiolo: „Ja. Es war ein energetischer Angriff auf dich."

„Was!?"

Eiolo: „Du hattest gestern ein Treffen über das Internet, das wunderbar inspiriert war und voller Energie war. Es war sehr schön, das zu beobachten. Doch nicht allen Wesen war das in dieser Form recht. Deshalb versuchten sie dich im Nachhinein zu attackieren."

„Na toll. Kann ich den gar nichts dagegen machen und warum ist das so, dass ich immer wieder solche energetischen Angriffe habe?"

Eiolo: „Ich möchte zuerst auf den zweiten Teil deiner Frage eingehen. Nun. Viele von euch spielen in dem ganzen Prozess, den ihr Aufstieg nennt, eine wichtige Rolle. Das ist jetzt kein Streicheln eures Egos. Im Gegenteil. Es zeigt auf, welche Verantwortung ihr übernommen habt. Was dich anbelangt, lieber Gerhard, so bist du mit deinen Aktivitäten doch schon recht bekannt und das wird sich mit diesem Buch noch wesentlich steigern. Dadurch wird auch eure ‚Cosmic Society' weiter an Bekanntheit und Verbreitung gewinnen. Dies wollen jedoch manche verhindern. Sie wissen genau, dass ihr, Steffi und du – und auch alle anderen – euch nicht davon beirren lasst. Was kannst du gegen diese Angriffe tun? Nun. Es ist nicht so einfach zu erklären. Ein wesentlicher Faktor ist das Gerät, dass du jetzt gerade wieder verwendest. Ich möchte hier den Namen nicht nennen. Es verhilft dir zu mehr Stabilität. Mehr Stabilität bewirkt auch, dass du mehr und mehr in deine eigene Kraft kommst. Und mit dieser Kraft kannst du für dich negative Frequenzen davon abhalten, dass sie dich beeinflussen können."

„Danke, dass du den Namen nicht genannt hast. Denn ich möchte keine Werbung hier machen."

Eiolo: „Eines kann ich allerdings noch dazu sagen: Diese Geräte sind ‚kosmisch inspiriert'. Viele von euch brauchen noch eine technische Unterstützung. Alle Menschen könnten die damit zur Verfügung gestellten Frequenzen auch ohne Hilfsmittel erzeugen und anwenden. Dazu seid ihr jederzeit in der Lage. Ihr braucht es euch lediglich zutrauen, anwenden und diese Frequenz dann halten. Doch genau beim Halten der Frequenz habt ihr eure größten Schwierigkeiten."

„Du sagst es. Es geht zwar immer wieder, dass wir einen gewissen Zustand beibehalten. Bei dem einen mehr, beim anderen weniger. Da haben wir noch ein breites Übungsfeld."

Inarda: „Mir fällt immer wieder auf, dass ihr an manche Dinge zu verkrampft und zu verbissen herangeht. Das ist kontraproduktiv. Wenn es nicht mit Leichtigkeit geht, dann ist es besser, wenn ihr es lasst. Es bringt nichts, etwas erzwingen zu wollen. Weder im ‚normalen' Leben, noch in euren Beziehungen und schon gar nicht, wenn es um Seinszustände geht. Denn dieses Erzwingen ist vom Ego gesteuert und hat nichts mit eurem eigentlichen Sein zu tun. Denn auch hier gilt: Seid die Veränderung, die ihr erfahren wollt. Oder – um es anders zu sagen: Seid die Erfahrung, die ihr erleben wollt."

„Du weißt immer wieder darauf hin, dass wir das sein sollen, was wir uns wünschen oder erfahren wollen. In ‚Gespräche mit Gott' sagt Gott, dass wir die beste Version von dem sein sollen, das wir uns in unseren Visionen vorstellen können. Gehen deine Aussagen in diese Richtung?"

Inarda: „Ja, das tun sie. Denn das ist euer Hauptproblem, wenn ich es mal so sagen darf. Ihr wisst oft gar nicht, wer ihr sein wollt. Oft ist es so, dass ihr zwar eine Ahnung davon habt, WIE ihr sein wollt. Oder besser gesagt habt ihr die meiste Ahnung davon, wie ihr nicht sein wollt. Das kommt immer wieder dann zum Tragen, wenn ihr mit euch selbst unzufrieden seid. Dann wisst ihr genau, dass ihr so nicht sein wollt. Doch: Habt ihr eine Vorstellung von dem, WAS ihr SEIN wollt? Meistens nicht. Und wenn, dann ist so eine Vorstellung immer nur von kurzer Dauer. Und dann kommt schon das Nächste. Wie soll das Universum wissen, was ihr wirklich wollt? Wie soll es eine Ahnung davon haben, wer und was ihr wirklich sein wollt? Ihr seid meistens so sprunghaft, dass sich selbst das Universum schwertut euch zu unterstützen. Damit braucht ihr euch nicht wundern, dass Gebete, Wünsche und Affirmationen nicht in Erfüllung gehen."

„Ich weiß. Den Fokus wirklich zu halten, ist nicht gerade eine unserer großen Stärken. Traurig aber wahr."

Inarda: „Ihr seid so machtvolle Wesen. Wenn euch eure Macht nur etwas mehr bewusst wäre, wenn ihr euch eurer Macht bewusst wäret, dann... Ja, dann würde euer Leben um vieles einfacher. Leider seid ihr das allerdings sehr wenig oder viel zu selten. Macht hat nichts mit dem Ego zu tun und auch nicht mit Kontrolle. Die Macht, die ich meine, ist jene, die weder kontrolliert noch jemanden etwas aufoktroyieren will. Diese Macht ist Liebe und Liebe ist die Macht, die in jedem Wesen steckt. Ja, was jedes Wesen IST. Erinnert euch daran. Erinnert euch an das, was euch euer Herz immer wieder versucht zu sagen. Hört auf euer Herz und ihr werdet das erleben, das ihr selbst als Selbstermächtigung bezeichnet. Das hat, wie gesagt, nichts mit eurem Ego zu tun. Nur wird es immer wieder verwechselt. Jene Macht, die eure Systeme auf euch ausüben, ist eine Macht, die mit Gewalt durchgesetzt wird. Zumindest wird dies immer wieder versucht. Das ist die Macht, die aus dem Ego kommt. Ich würde das als Machtbesessenheit bezeichnen. Ja. Viele oder einige von euch sind besessen von dem Gedanken, auf jemanden Macht ausüben zu können. Ob es nun eure Regierungen, eure Religionen, eure Konzerne oder eure Gesellschaft sind, die dies versuchen. Oder ob es in euren Familien so gehandhabt wird: Machtbesessenheit ist Machtbesessenheit. Macht, die von außen kommt, der Druck, der von außen aufgebaut wird, ist euch niemals dienlich. Nur jene Macht, die von eurem Herzen kommt, die aus eurem Innersten für euch selbst entspringt, ist jene Macht, die euch wirklich dienlich ist. Denn das ist die Eigenmacht, die Eigenermächtigung, die euch weiterbringt."

„Das verwechseln wohl wirklich viele. Wir leben in einer Zeit, in der die von dir angesprochenen Systeme mit ihren Machtdemonstrationen die Menschen immer wieder in Angst und Panik versetzen wollen. Dass dies aber nicht mehr wirklich funktioniert – zumindest bei vielen nicht – sieht man auch anhand der derzeitigen Entwicklungen der Situationen. Die Menschen lassen sich nicht mehr alles gefallen. Sie wehren sich mit Händen und Füßen dagegen. Und sie wehren sich mit kreativen Ideen."

Inarda: „Die Menschheit ist im Erwachen und das ist sehr erfreulich. Manche sind aber noch so sehr im Kampfmodus, dass dies automatisch Widerstand hervorruft. Dieser Kampfmodus ist auf Sicht gesehen weder dem Individuum dienlich, noch der ganzen Situation und schon gar nicht dem gesamten Prozess."

„Ja dieser Prozess... Er ist schon immer wieder sehr herausfordernd. Manchmal weiß ich gar nicht, wie ich manche Ereignisse bewerten soll, wie ich sie einschätzen soll. Es macht mich einfach traurig, wenn ich Berichte darüber lese oder höre, was so um uns passiert."

Emotionen, Berufung

Inarda: „Das verstehe ich sehr gut. Doch sei dir gewiss, dass alles letztendlich zu eurem Besten ist. Und noch etwas: Nehmt die Situationen so, wie sie sind, wie sie sich für euch zeigen. Dass ihr Emotionen habt und diese auch immer wieder zeigt, ist ganz natürlich. Ihr seid menschliche Wesen, die Gefühle und Emotionen haben. Zeigt sie. Doch bewertet sie nicht. Weder die Situationen selbst, noch die Gefühle und Emotionen."

„In den letzten Jahren hatte ich immer wieder das Gefühl, dass viele Menschen ihre Emotionen nicht zeigen oder sie so abgestumpft sind, dass gar keine mehr da sind. Sind die Menschen wirklich nicht mehr fähig, Emotionen zu zeigen?"

Inarda: „Du sagst es ganz richtig. Viele lassen ihre Emotionen nicht zu. Sie sehen sie als Schwäche an. Das betrifft auch in gleicher Weise die Gefühle. Gefühle und Emotionen sind, wie du weißt, nicht das Gleiche. Wir haben diese Unterschiede ja bereits besprochen. Wir merken aber auch, dass dieses Zulassen der Emotionen wieder immer mehr wird. Ja. Die Menschen waren – und sind es vielfach noch – abgestumpft. Eine schlechte Nachricht jagte in den letzten Jahren die andere. Es war eine Art Selbstschutz, eine Art Mauer, die viele Menschen um sich aufgebaut haben. Diese beginnt zu bröckeln und bei manchen ist sie schon fast ganz oder überhaupt ganz weg. Umso wichtiger ist es für euch, aus der Bewertung herauszugehen und die Dinge so zu nehmen, wie sie sich euch zeigen."

„Also sollen wir das Denken komplett ausschalten?"

Inarda: „Nein. Das natürlich nicht. Doch ist es – und ich meine das jetzt auch so, wie ich es sage – absolut notwendig, dass ihr das Denken noch mehr eurem Herz überlasst. Euer Verstand ist ein wunderbares Werkzeug, wenn es um funktionale Dinge geht. Doch das Herz ist es, wenn es um Angelegenheiten geht, die nicht mit dem Verstand erklärt werden können. Herz und Hirn in Einklang zu bringen, das sollte euer Bestreben sein."

„Emotionen wirklich zuzulassen, beziehungsweise dann damit umzugehen, ist auch immer wieder alles andere als einfach. Mich wundert es nicht, dass viele – und zu einem Teil habe ich das ja auch gemacht – eine Mauer um sich hochgezogen haben. Manchmal wirkt sie wie ein Schutzmantel. Allerdings ist sie oft auch ein Hemmnis. Und zwar dann, wenn man damit auch positive Emotionen aussperrt und nicht nur die negativen."

Eiolo: „Damit sprichst du etwas ganz Wesentliches an. Wenn ihr euch wirklich telepathisch mit anderen Wesen, egal ob mit Menschen, Tieren, Pflanzen oder mit der ‚Geistigen Welt', unterhalten wollt, dann muss diese Mauer weg. Telepathie ist die einzige ganzheitliche Kommunikationsform, die euch zur Verfügung steht. Wenn irgendetwas von dieser Ganzheitlichkeit ausgesperrt wird, dann kann Telepathie nicht mehr funktionieren. Du hast es selbst erlebt, wie das ist. In den sieben Monaten, in denen du uns nicht wahrgenommen hast und nichts geschrieben hast, war es genauso. Die Mauer, die du um dich aufgebaut hattest, war für dich selbst nicht zu durchdringen. Und auch was von außen kam, wurde dadurch abgeblockt."

„Dafür haben wir aber in den letzten Wochen umso mehr geschafft."

Eiolo: „Da hast du allerdings recht."

„Diese Mauer, von der du sprichst, ist – so vermute ich mal – auch sehr hinderlich, um die eigene Berufung zu finden und zu leben, oder?"

Inarda: „Du sagst es. Solange ihr diese Mauer nicht abbaut, wird es schwierig für euch die tatsächliche Berufung zu erkennen. Eine Möglichkeit ist, dass ihr hineinfühlt, ob die Tätigkeit, die ihr derzeit ausübt, euch wirklich Freude macht – innere Freude. Um dies wirklich feststellen zu können, ist es auch wichtig, dass ihr dabei komplett aus dem Verstand, aus eurem Alltagsdenken, herausgeht. Doch selbst das gestaltet sich wohl als schwierig, wenn ihr diese Mauer hochgezogen haben. Doch um die Berufung zu erkennen, muss sie nicht komplett abgerissen werden. Es genügt, wenn ihr über sie hinüberschauen könnt. Und zwar im wahrsten Sinne des Wortes. Sobald die Augen oder der Kopf über diese Mauer schauen, könnt ihr schon weiter sehen."

„Ja. Ok. Aber das sagt noch nicht aus, wie die Menschen zu ihrer Berufung finden."

Inarda: „Geduld, lieber Gerhard. Geduld. Das vorher Gesagte ist sozusagen die Grundvoraussetzung, dass der Prozess der Berufungsfindung überhaupt in Gang kommen kann. Sobald ihr über die Mauer seht, könnt ihr den nächsten Schritt machen."

„Der da wäre?"

Inarda: „Schaut euch in eurem normalen Alltag um, bei euren Hobbys. Schaut euch an, was ihr gerne macht, was euch Freude bereitet. Schaut euch an, womit ihr euch gerne beschäftigt, was ihr gerne anseht, anhört oder lest. Mit welchen Themen beschäftigt ihr euch sehr gerne? Wenn ihr diese Fragen beantwortet habt, dann seid ihr eurer Berufung bereits einen großen Schritt näher. Es kann durchaus sein, dass sich hier mehrere Themen zeigen. Schreibt sie auf. Somit habt ihr eine gute Basis für die weitere Auswahl. Nun gibt es mehrere Möglichkeiten. Geht jedes dieser Themen durch und fühlt in euch hinein. Oder – wenn ihr euch auf das eigene Gefühl nicht verlassen wollt – testet es kinesiologisch aus. Oder ihr pendelt es aus, beziehungsweise lasst es austesten. Jenes Thema, das die stärkste Resonanz hervorruft, ist das Thema eurer Berufung. Wenn ihr dies ermittelt habt, dann wisst ihr, wohin die Reise für euch geht. Es ist nicht ausgeschlossen, dass ihr dann denkt: ‚Wie soll ich das den machen?' oder ‚Wie kann ich denn damit meinen Unterhalt verdienen?' Das sind in eurem irdischen Leben durchaus menschliche Fragen. Schaut euch in eurer Umgebung um und prüft, wo ihr die ermittelte Fähigkeit oder das ermittelte Thema am besten einbringen könnt. Vielleicht macht ihr euch damit sogar selbstständig oder baut es nebenbei auf. Auch das ist natürlich möglich."

„Na, das klingt ja schon mal sehr praktikabel. Gibt es etwas, das dabei zu beachten ist oder wir beachten sollten?"

Inarda: „Ja. Das gibt es durchaus. Geht so weit wie möglich aus dem Denken in das Fühlen. Das erleichtert diesen Prozess ungemein. Ich weiß. Wenn ihr euch mit der Frage der Berufung auseinandersetzt, dann kommen sofort auch die Gedanken, Sorgen oder sogar Ängste bezüglich der Existenz. Das darf sein. Lasst dies zu. Es darf sein. Wehrt euch nicht dagegen, denn sonst verstärkt ihr es. Wenn es euch möglich ist, dann nehmt diese Ermittlung einfach als Information. Eine solche ist es ja auch. Nicht mehr und nicht weniger. Was ihr damit macht, könnt nur ihr selbst entscheiden."

„Alles klar. Ich denke, das wird sicher einigen helfen, die gerade dabei sind ihre Berufung zu finden. Danke dir."

Photonenring, Energiestrahl, Energielevel

„Nun zu etwas ganz Anderem. Ich habe Informationen erhalten, dass sich unser Planet auf das Zentrum des Energiestrahls im Photonenring zubewegt. Und das ziemlich rasant. Wie seht ihr das?"

Eiolo: „Jedes Zentrum einer Galaxie ist mit einem sogenannten Photonenring umgeben. Es handelt sich dabei um einen extrem energiereichen Ring, der in der gesamten Galaxie wirksam ist. Innerhalb dieses Ringes gehen mehrere Energiestrahlen wie Speichen eines Rades vom äußeren Rand des Rings zum Mittelpunkt – also zu dem, was ihr ‚Schwarzes Loch' nennt. Die Erde und alle Himmelskörper eures Sonnensystems gehen gerade durch diesen Ring. Da diese sich jedoch versetzt voneinander um die Sonne bewegen, kommen sie auch unterschiedlich im Photonenring und somit an diesem Energiestrahl an. So befindet sich die Erde gerade am Rande eines solchen Energiestrahls und ist in diesen im letzten Jahr eurer Zeitrechnung eingetreten. Derzeit bewegt sich die Erde direkt in die Mitte dieses Strahls. Der Strahl ist so stark, dass er die Erde etwas von seiner Bahn ablenken wird. Sie wird auch in ihrer Umlaufbahn etwas gebremst und wird sich somit etwas länger in der Mitte dieses Strahls aufhalten. Beim Eintritt in den Energiestrahl wurde sie bereits abgebremst und beim Austritt wird sie wieder beschleunigt, sodass es keine Abweichung in der Umkreisungsgeschwindigkeit um die Sonne geben wird. Da dies auch bei den anderen Planeten so der Fall sein wird oder bereits der Fall war, bleibt die Gesamtkohärenz gewahrt. Energetisch bedeutet dies für euch derzeit – und noch mehr in den nächsten Monaten – sehr viel. Das heißt, dass ihr zum einen im Laufe des kommenden Monats März, spätestens im April, direkt in der Mitte dieses Strahls sein werdet und somit die Wirkungen in einem Maße zu spüren bekommt, die euch wahrlich neu sein werden. Für jene, die allerdings bereits zu Zeiten Lemurias auf der Erde inkarniert waren, wird es wie eine Erinnerung sein. Die Wirkung – oder besser gesagt die Wirkungen – werden sehr vielfältig sein. Es wird zu extremen Wetterphänomenen genauso kommen, wie auch direkte Veränderungen in euch und um euch herum. So wird es für viele dazu kommen, was ihr Spontanheilung nennt. Viele werden plötzlich einfach wissen, was zu tun ist. In euren Systemen wird es konfuse Zustände geben, die teilweise zum Zusammenbruch dieser Systeme führen werden."

„Wie werden wir Menschen das mitbekommen? Gibt es da einen Unterschied bei bewussten und unbewussten Menschen?"

Eiolo: „Jene, die du als bewusst bezeichnest, werden am wenigsten davon spüren und merken. Für diese wird es sich wie ganz normale Veränderungen anfühlen. Für jene allerdings, die sich noch nicht auf diesem Bewusstseinlevel befinden, werden diese Veränderungen zu Fassungslosigkeit, Unverständnis und möglicherweise zu einer Art Panik führen, weil sie damit nicht umgehen können."

„Mich wundert gerade, dass du jetzt doch eine Prognose abgegeben hast. Obwohl du früher mal gesagt hast, dass du das nicht machst."

Eiolo: „Es ist keine Prognose, wie ihr dies versteht. Es ist eine Beobachtung, die wir machen und daraus unsere Schlüsse ziehen."

„Kannst du uns noch etwas Konkreteres über die Wirkung des Energiestrahls oder zum Photonenring sagen?"

Eiolo: „Nun. Es wird zu einer allgemeinen Anhebung des Bewusstseins kommen. Das Interessante dabei wird aber sein, dass ihr das gar nicht so empfinden werdet. Ihr werdet nicht plötzlich in der Früh aufstehen und wissen, dass euer Bewusstsein gestiegen ist. Es wird sich für euch genauso normal anfühlen wie vorher. Es ist dann einfach so, wie es ist. Jede Vergleichsmöglichkeit zu vorher wird euch einfach fehlen. Das Leben geht einfach weiter. Und doch wird sich dies auf einem Level höheren Gewahrseins abspielen. Es wird nur sehr wenige geben, die etwas davon merken werden. Das werden jene sein, die dann auch darüber berichten können – ja, sogar müssen. Dies werden vor allem jene sein, die die Aufgabe haben, in der Öffentlichkeit zu stehen. Es wird jene betreffen, die jetzt schon wissen, dass sie Überbringer und Lehrer sind oder sein werden."

„Also ich auch?"

Eiolo: „Natürlich."

„Steffi auch?“

Eiolo: „Ja. Für euch beide und für so manch andere wird es eben diese angesprochene Erinnerung sein. Ihr kennt das schon, was sich beim Durchgang durch den Energiestrahl und des Photonenringes abspielen wird. Ihr habt es schon einmal erlebt und somit ist es für euch eine Erinnerung. Ich sagte ja bereits, dass euch noch eine wesentlich größere Rolle zugedacht ist, als ihr derzeit glaubt.“

„Warum ausgerechnet wir? Ich, für mich, kann sagen, dass ich mir nicht sicher bin, dieser mir zugedachten Rolle gerecht zu werden oder gerecht werden zu können.“

Inarda: „Zweifle nicht immer an dir selbst. Ich weiß, du meinst, das ist dein Ego, das sich da meldet und dir sagt, dass du eine größere Rolle spielen wirst. Dem ist aber nicht so.“

„Das würde das Ego oder der Verstand auch sagen.“

Inarda: „Wie viele Bestätigungen brauchst du noch, um dir selbst zu glauben?“

„Ja. Ist ja in Ordnung. Du hast ja recht. Ich hatte gerade in letzter Zeit sehr viele Bestätigungen dessen, was ihr mir gesagt habt. Und somit bin ich mir auch sicher, dass es nicht aus meinem Ego heraus entstanden ist und sich der Verstand nicht eingemischt hat. Wenn es um meine Person geht, dann bin ich mir halt nicht immer so sicher, ob ich dem, was ich wahrnehme, wirklich vertrauen kann. Und irgendwie als größenwahnsinnig möchte ich auch nicht gerade dastehen, beziehungsweise wahrgenommen werden.“

Inarda: „Das verstehe ich. Das Ego wird auch bei dir immer mehr und mehr an Bedeutung verlieren, da ihr es immer mehr in eure Gesamtheit integriert. Darum sage ich es nochmals: Schiebt euren Verstand und euer Ego nicht beiseite, sondern nehmt es als gleichwertigen Teil von euch an.“

„Heute (27.2.2023) ist wieder so ein besch... Tag.“

Eiolo: „Warum schreibst du nicht, wie es dir wirklich geht. Wenn du das so fühlst, dann schreib es auch im ganzen Wort hin. Denn so wissen zwar die meisten, was damit gemeint ist. Aber wirklich authentisch ist es nicht."

„Ich kann doch nicht das Wort hier aussprechen!"

Eiolo: „Wie du meinst."

„Ja. Ich meine so."

Eiolo: „Nun gut. Ja. Es ist für viele Menschen wieder sehr heftig heute. Der Energielevel hat in den letzten rund 15 Stunden nochmals ziemlich zugelegt. Ich merke, dass bei vielen Menschen die Nerven sehr angespannt sind und dadurch oft Worte aus eurem Mund kommen, die ihr normalerweise so nie sagen würdet."

„Und auch nicht schreiben."

Eiolo: „Ich weiß, worauf du hinauswillst. Dabei willst die Unstimmigkeiten, die immer wieder zwischen dir und anderen Menschen auftreten, nicht und willst sie auch gar nicht verletzen. Beziehungsweise fühlst du dich bei deren Aussagen verletzt."

„Ja. Darauf will ich hinaus. Ich verstehe es einfach nicht. Warum ist das so? Kannst du mir eine Erklärung dafür geben?"

Eiolo: „Auch wenn es sich diese anderen Menschen nicht eingestehen, so sind sie in der gleichen Situation wie du. Du selbst gestehst es dir auch nicht ein, dass bei bestimmten Energieeinströmungen die Nerven blank liegen. Jede Kleinigkeit kann dann einen Konflikt auslösen. Du hast das Gefühl, dass manche Menschen in deinem Umfeld härter geworden sind. Hast du dir selbst schon mal angesehen, was mit dir in den letzten Monaten passiert ist? Du selbst bist weniger tolerant geworden. Und ja. Auch jene in deinem Umfeld haben sich verändert und kommen vielleicht etwas härter rüber. Sie sind zu sich selbst härter geworden. Erinnere dich, was wir über die Mauer gesagt haben, die viele von euch um sich als eine Art Selbstschutz aufgebaut haben. Ich rate euch dringend, diese wieder abzubauen. Doch es ist eure Entscheidung, ob ihr das tut oder nicht. Solange dies jedoch nicht getan wird, kann es immer wieder vorkommen, dass ihr darauf reagiert, wenn jemand sozusagen einen Ziegel aus eurer Mauer entfernt."

„Also wenn dieser Mensch versucht zu uns durchzudringen?"

Eiolo: „Richtig. Ich kann euch nur raten, nicht alles auf die Waagschale zu legen und nicht jedes Wort zu interpretieren und zu bewerten."

„Aber alles einfach hinunterschlucken, ist auch nicht gerade authentisch."

Eiolo: „Da hast du zwar recht, jedoch ist es auch etwas kurz gegriffen. Denn wenn ihr aus der Bewertung, und vor allem aus der Interpretation, herausgeht, dann braucht ihr auch nichts mehr hinunterschlucken, weil einfach nichts mehr da ist zum Schlucken. Verstehst du?"

„Ja. Ich denke, schön langsam verstehe ich es. Aber nun lass uns bitte nochmals zum Photonenring und dem Energiestrahl zurückkehren. Das hat zwar jetzt nichts mit dem vorherigen Thema zu tun, ist mir aber trotzdem wichtig."

Eiolo: „Das hat mehr damit zu tun, als du denkst. Denn es ist durchaus eine der Auswirkungen des Energiestrahls."

„Ok. Du hast mir gestern noch eine zusätzliche Information dazu gegeben, die ich nun auch gerne niederschreiben möchte. Ich hatte dich gefragt, wie viele Energiestrahlen, die du als Speichen bezeichnet hast, dieses Rad – also der Photonenring – beinhaltet."

Eiolo: „Sehr gerne wiederhole ich das jetzt nochmals, sodass du es aufschreiben kannst. Nun. Es sind fünf Strahlen. Diese fünf Strahlen bilden jene fünf Abschnitte, die ihr als Erdzeitalter betitelt – also die sogenannten ‚Yugas'. Ich weiß, dass bei euch immer wieder von vier solchen Zeitabschnitten die Rede ist. Doch es sind tatsächlich fünf. Das fünfte ist das ‚Zeitalter des Nichts'. Dieses wird selbst in den Schriften des Hinduismus nicht immer angeführt. Dieses Zeitalter ist jenes, an dem die anderen vier, die euch bekannt sind, entstanden. Es ist sozusagen jenes Zeitalter, in dem die Schöpfung zur Schöpfung wurde."

„Das ist ja spannend. Davon finde ich – außer einem Buch mit diesem Titel – im Internet nichts."

Eiolo: „Wie gesagt. Es ist auch nicht ‚offiziell' angeführt."

„Irgendwie klingt es für mich aber logisch, dass es ein solches Zeitalter auch geben müsste. Denn es braucht ja einige Zeit bis die Schöpfung – und damit auch die anderen vier Yugas – entstanden sind."

Eiolo: „Es ist das bei Weitem kürzeste Yuga. Denn die Schöpfung selbst hat nur einen Augenblick gedauert – und doch unendliche eurer Jahre. Aus göttlicher Sicht war es nur ein Moment. In der menschlichen Zeitrechnung Milliarden von Jahren. Nun. Wir waren bei den Strahlen, die – wie gesagt – fünf an der Zahl sind. Jeder Durchgang durch einen Energiestrahl bringt euch in ein neues Zeitalter. Ihr könnt euch das so vorstellen, dass sich das Rad mit den Speichen dreht und sich euer Sonnensystem diesen Speichen entgegen bewegt. Es sind sehr bewegte Zeiten, so ein Durchgang durch diesen Energiestrahl. Doch ist es ein natürlich-kosmischer Vorgang."

„Also, wenn ich das jetzt richtig verstehe, dann kommen wir irgendwann wieder in dieses ‚Zeitalter des Nichts'?"

Eiolo: „So ist es. Das wird dann sein, wenn das Universum die maximale Ausdehnung erreicht hat und wieder zum Ursprung zurückkehrt und schließlich alles von Neuem beginnt."

„Das bedeutet dann wohl, dass die Schöpfung nie endet."

Eiolo: „Auch das ist richtig. Sie endet erst dann, wenn Gott sich in allen Aspekten erfahren hat. Und das Sammeln dieser Erfahrungen endet nie."

„Spannende Ansichten, die du da mit uns teilst."

Eiolo: „Nun. Es sind im Grunde keine Ansichten, wie du sie bezeichnest. Es ist vielmehr unser Verständnis der Kosmologie, das ich hier weitergebe."

„Euer Verständnis von Kosmologie ist wohl etwas weiter gefasst, als unseres."

Eiolo: „Sagen wir so: Es ist etwas umfassender."

„So kann man es auch sagen."

Gestern, am 27.02.2023, sagte Eiolo, dass es nicht vier, sondern fünf Erdzeitalter, die sogenannten Yugas, gibt. Das fünfte ist das ‚Zeitalter des Nichts'. Ich hatte davon noch nie etwas gehört und konnte damit auch nicht wirklich viel anfangen. Am Abend hatten wir von „Cosmic Society" wieder den „Mystery-Abend" mit Thomas Ritter. Er ist ein ausgesprochener Kenner des Südasiatischen Raumes und Spezialist in Sachen Palmblätter, Hinduismus, Buddhismus und der Geschichte und Kultur dieser Gegend. Ich erwähnte ihm gegenüber dieses fünfte Erdzeitalter. Zu meinem großen Erstaunen kannte er es. Es wird zwar sehr selten darüber gesprochen, wie auch Eiolo erwähnte, doch wusste Thomas, dass auf Bali dieses Zeitalter durchaus bekannt ist. Es wird dort ‚Brahman' oder ‚Brahma' oder auch ‚Brachman' genannt. Brahma ist der Schöpfergott im Hinduismus. Dieses Zeitalter wird somit als jenes bezeichnet, in dem Brahma seine Schöpfung erschuf. Somit hat sich für mich wieder etwas bestätigt, was Eiolo mir sagte: Das ‚Zeitalter des Nichts' ist jenes, in dem das erschaffen wurde, das nicht Nichts ist.

Annehmen

Eiolo: „Hast du daran gezweifelt?“

„Gezweifelt nicht. Aber es tut schon immer gut, wenn man solche Bestätigungen erhält. Und für den einen oder anderen Leser ist es wohl auch wichtig zu sehen, dass eure Informationen tatsächlich stimmen.“

Inarda: „Euer Verstand verlangt immer wieder Bestätigungen, die im Grunde gar nicht sein müssten. Denn wenn ihr euch auf eure Intuition verlassen würdet, ihr euch somit selbst mehr vertrauen würdet, gäbe es nicht so viele Zweifel in eurer Welt. Zweifel sind reine Gedankengebilde. Somit sind sie auch die Vorstufe der Sorgen, die ihr euch macht. Und Sorgen sind die Vorstufe der Ängste, die euch quälen. Lasst euren Verstand ruhig mitreden. Das ist schon in Ordnung so. Doch entscheidet aus dem Bauch heraus. Entscheidet aus eurer Intuition heraus. Entscheidet nach dem, was euer Herz euch sagt.“

„Ja das Zweifeln... Ein Freund von mir hat mal gesagt: ‚Ehre deinen Zweifel, denn er macht dich hellfühlig, hellhörend und hellsehend.‘ Ich denke, er hat recht mit dieser Aussage.“

Inarda: „Ja, das hat er weitgehend. Vor allem ist es so, dass dieses Ehren des Zweifels bedeutet, dass sich der Zweifel angenommen fühlt. Das bedeutet, dass ihr ihn als Teil von euch anerkennt und er somit praktisch von selbst weniger wird. Je mehr ihr eure Hellsinne aktiviert, desto leichter wird auch das Annehmen und das Loslassen des Zweifels. Einfach deshalb, weil ihr dann auch immer weniger an etwas zweifelt.“

„Also ist es wieder eine Wechselwirkung?“

Inarda: „So ungefähr. Es ist jedoch mehr wie bei einem Dialog, indem das Gesagte so stehengelassen wird und die nächste Aussage dazugestellt wird, um die Gesamtaussage zu komplettieren. Im Falle des Zweifels und die weitere Verstärkung der Hellsinne ist das ähnlich zu sehen.“

„Wird dann nicht der Zweifel auch verstärkt?“

Inarda: „Nein. Es geht in erster Linie um das Annehmen. Und dieses Annehmen wird verstärkt."

„Verstehe. Aus eigener Erfahrung kann ich sagen, dass es sich durch das Annehmen auflöst. Darum ist die Annahme auch die Vorstufe zur Auflösung. Wobei das Auflösen dann oft automatisch geht, eben weil man es als Teil von sich angenommen hat."

Inarda: „Genau so. Du hast das sehr gut beschrieben."

„Danke."

Inarda: „Bitte. Ach, ihr lieben Menschen... Wenn ihr euch doch eurer Kraft wirklich bewusst wärt. Ihr seid so mächtige Wesen. Ihr könntet alles machen, was andere Zivilisationen auch können und ihr schon konntet. Es ist alles in euch verborgen und ihr braucht euch nur daran erinnern. Die aktuellen Energieeinströmungen helfen euch dabei. Sie bringen immer wieder Themen an das Tageslicht, die euch helfen, dass ihr euch an eure Macht wieder erinnert. Schiebt diese Energien nicht als schlecht oder böse oder schädlich beiseite. Seht sie als eure Helfer an. Denn das ist der eigentliche Sinn dieser Energien. Sie helfen euch bei der Wiedererweckung eurer tief im Innersten verborgenen Fähigkeiten."

Sichtbarkeit

Heute ist der 2.3.2023. In der letzten Nacht hatte ich ein Erlebnis, das ich euch unbedingt erzählen ‚muss', denn es hat mit Eiolo und Inarda zu tun. Ich bin relativ zeitig, so gegen Mitternacht, eingeschlafen. Kurze Zeit später wurde ich plötzlich wach. Ich öffnete die Augen und sah zwei Gestalten bei mir im Schlafzimmer stehen. Ganz sicher bin ich mir nicht, ob es wirklich zwei waren. Eine war es sicher, doch ich meine auch eine zweite gesehen zu haben. Das werde ich dann noch gleich mit den beiden abklären. Ich wusste sofort, dass es Inarda war, die sich mir hier ziemlich deutlich zeigte. Ich konnte nicht nur die äußeren Umrisse, sondern auch das Gesicht und die Bekleidung wahrnehmen. Wir haben nichts gesprochen. Wir haben uns nur angesehen und ich bin bald wieder in einen tiefen Schlaf gefallen. Es war kein Traum. Absolut nicht. Ich kann euch gar nicht sagen, wie dankbar ich dafür bin, dass sie sich erstmals gezeigt hat, beziehungsweise sie sich gezeigt haben.

„Liebe Inarda. Ich bin so dankbar, dass du dich gezeigt hast – so deutlich gezeigt hast. Wart ihr beide da oder du alleine?"

Inarda: „Wir waren beide bei dir. Eiolo tut sich etwas schwerer in eine physische Form zu schlüpfen als ich. Deshalb konntest du ihn nur sehr undeutlich sehen. Wir haben uns dir aus mehreren Gründen gezeigt. Zum einen um dir zu zeigen, dass es uns wirklich gibt und wir somit deine Gedanken ausräumen können, dass dies alles, was du hier aufgeschrieben hast, rein aus deinem Verstand entstanden ist. Denn das ist es tatsächlich nicht. Es war und ist ein Dialog, den wir telepathisch führten und nach wie vor führen. Ein weiterer Grund uns zu zeigen war, dass wir dir selbst auch zeigen wollten, dass wir wirklich existent sind und euch allen, die ihr dies lest, zu zeigen, welche Fähigkeiten auch in euch stecken. Ihr könnt das auch und macht es auch immer wieder, dass ihr euch dematerialisiert und wieder materialisiert. Doch meistens bekommt ihr davon nichts mit, da es in eurem Tiefschlaf geschieht. Wir haben uns schon darüber unterhalten, dass sich die Seele immer wieder auf eine Reise begibt. Manchmal macht das auch euer Körper. Ihr glaubt, dass es dann Träume sind. Doch es sind tatsächliche Reisen, die euer Körper unternimmt und sich am Beginn einer solchen Reise dematerialisiert und bei der Rückkehr wieder materialisiert.

Ein Beobachter würde nichts davon bemerken, was euer Körper gerade macht. Denn es bleibt sozusagen eine Kopie von euch zurück in eurem Bett. Ihr habt die Macht und die Fähigkeit dazu. Was wir letzte Nacht gemacht haben war, euch genau diese eure Fähigkeit euch selbst – oder dir selbst – wieder vor Augen zu führen."

„Jetzt bin ich echt platt! Was soll ich sagen? Ich bin sprachlos."

Eiolo: „Das passiert dir nicht oft."

„Scherzbold. Du machst mir echt Spaß."

Eiolo: „Es sollte auch ein Scherz sein."

„Der ist dir echt gelungen."

Eiolo: „Ergänzend zu dem, was Inarda gesagt hat, möchte ich noch anfügen, dass ihr jederzeit wieder in euren eigentlichen Körper schlüpfen könnt. Wenn dieser auf Reisen ist, dann habt ihr immer sofort die Möglichkeit euch zu materialisieren. Dies geht in einem Augenblick. Und so bekommt weder ihr selbst, noch irgendjemand im Raum etwas davon mit."

„Ihr seid wunderbar. Wisst ihr das?"

Schlussworte

Eiolo: „Du bist wunderbar. Weißt DU das? Wisst ihr, wie wunderbar ihr Menschen seid? Ist euch das überhaupt bewusst? Ihr werdet von allen Sternenzivilisationen bewundert und geachtet für euren Mut euch in die Materie begeben zu haben und innerhalb der Materie zu leben, um hier Erfahrungen zu machen, die anderorts gar nicht möglich wären. Es gibt sogar Sternenvölker, die euch regelrecht verehren. Sie sagen, dass es im Universum einen Planeten gibt, der ‚Erde' genannt wird und sie bezeichnen eure Erde als ‚Planet der Götter'. Sie sehen euch als Götter an. Der gesamte Planet ist – mit allen Wesen, die sich darauf befinden – einer der angesehensten Gestirne überhaupt. Dies soll jetzt nicht euer Ego streicheln. Ich sage euch das, damit ihr seht, wie andere Sternenvölker euch wahrnehmen und wie großartig ihr seid. Also bitte hört damit auf euch kleinzumachen. Zeigt eure Größe durch euer Sein, durch euer Bewusstsein, durch euer bewusstes Sein. Darum bitten wir euch von ganzem Herzen. Ihr habt euch für diesen Weg entschieden und ihr geht diesen Weg. Geht ihn weiter in Dankbarkeit und Demut, aber auch in Größe und Macht. Ich sage es noch einmal: Seid euch eurer Macht bewusst. Lebt diese Macht nicht als Kontrollfunktion oder um jemanden zu unterdrücken. Lebt sie nicht in einer Haltung des ‚Wofür', sondern in einer des ‚Wozu' sie euch dienlich ist – euch und allen Wesen um euch herum. Die gesamte Menschheit und alle Wesen eures Planeten Erde gehen durch einen Prozess, den es schon mehrfach für euch gab. Mehrmals habt ihr diese Chance nicht genutzt. Doch diesmal ist es anders. Diesmal nutzt ihr sie. Darum wird auch der Prozess weiterhin erfolgreich weitergehen. Dazu beglückwünsche ich jeden Einzelnen von euch. Denn ihr alle tragt so viel am Gelingen bei. Auch dessen dürft ihr euch bewusst sein. Wir, die von euch so bezeichnete ‚Geistige Welt', sind immer für euch da. Ruft uns, wenn ihr euch danach ist. Wir werden euch helfen, wo immer wir können. Doch wir werden niemals in euren freien Willen eingreifen. Wenn ich vorhin gesagt habe ‚die von euch so bezeichnete Geistige Welt', so meine ich damit, dass wir nicht in dem Sinne in eurem Geist existieren. Wir sind genauso real, wie ihr. Und auch dies wollten wir, dir lieber Gerhard, letzte Nacht zeigen. Wir sind menschliche Wesen. Genauso wie ihr es selbst seid.

Wir sind nicht ‚die Anderen', sondern wir sind von Euresgleichen. Wir sind ihr und ihr seid wir. Alles ist eine Einheit. Die Einheit von ‚Alles-Was-Ist'."

„Ich habe gerade Tränen in den Augen und es fällt mir schwer zu schreiben. Ich fühle und spüre, dass dies deine Schlussworte für diesen Dialog waren. Somit geht dieser zu Ende und ich bin dir und Inarda sehr, sehr dankbar, dass ihr euch bei mir gemeldet habt und dieses Gespräch mit mir geführt habt – ich dieses Gespräch mit euch führen durfte. Nun frage ich dich, liebe Inarda, ob du auch noch Schlussworte an die geschätzte Leserschaft und/oder an mich richten möchtest."

Inarda: „Das möchte ich sehr gerne tun. Wir danken dir, lieber Gerhard, dass du uns wahrgenommen hast, dass du diese vielen Seiten geschrieben hast und wir dir und den Lesern diese Informationen geben durften. Es ist uns eine Freude immer wieder mit den Menschen der Erde, mit unseren Brüdern und Schwestern, zu kommunizieren. Wir haben große Freude daran, eure Entwicklung zu beobachten. Denn wir sehen, dass euer Bewusstsein immer ausgeprägter wird und ihr über das Erwachen schon hinaus seid. Viele von euch sind schon sehr wach – putzmunter, wie ihr zu sagen pflegt. Ihr könnt euch kaum vorstellen, wie groß unsere Freude darüber ist. Viele von euch hatten die letzte oder eine der letzten Inkarnationen hier auf unseren Heimatgestirnen, die ihr Plejaden nennt. Ihr seid wahrlich unsere Brüder und Schwestern. Deshalb beobachten wir eure Entwicklung auch so genau. Ihr liegt uns sozusagen am Herzen. Wir lieben es eure Fortschritte zu beobachten und freuen uns auch darüber, dass wir euch immer wieder bestärken dürfen. Bestärken darin, nicht aufzugeben, nicht den Mut zu verlieren, sondern den Weg immer weiter zu gehen. Wenn wir euch mit diesen Informationen helfen können oder konnten, dann ist uns dies ebenfalls eine große Freude und wir danken euch, dass ihr dies alles gelesen habt, was Gerhard in wunderbarer Weise hier niedergeschrieben hat. Es war nicht immer leicht für ihn. Das wissen wir. Und wir wissen es sehr zu schätzen. Und damit verabschiede auch ich mich von euch und bedanke mich bei euch allen für euer Hier-Sein und für euer So-Sein. Danke und auf Wiedersehen."

Eiolo: „Eines möchte ich noch kurz einbringen: Du hattest vor einiger Zeit gefragt, ob du wieder bei Ratssitzungen der ‚Galaktischen Föderation' dabei sein darfst. Es ist mir eine große Freude, dir sagen zu dürfen, dass deinem Wunsch entsprochen wird. Ich habe die Mitteilung bekommen, dass du sowohl in beobachtender Rolle, als auch als Vertreter eures Planeten, an allen Sitzungen anwesend sein kannst, zu denen du dich hingezogen fühlst. Die Föderationsmitglieder freuen sich sehr, dass du wieder dabei sein möchtest und haben in einer diesbezüglichen Abstimmung einstimmig diesen Vorschlag angenommen. Ich gratuliere dir dazu und wünsche dir alles Gute und eine wunderbare Zeit mit den Mitgliedern der Föderation."

„Danke! Danke! Danke! Sowohl dir, lieber Eiolo, wie auch allen Mitgliedern der Föderation! Ich bin überwältigt und glücklich. So glücklich, dass ich es kaum in Worte fassen kann. Ich nehme an, dass ich die entsprechende Agenda noch übermittelt bekomme."

Eiolo: „Das wird so ablaufen, wie bei deiner letzten Mitgliedschaft im Föderationsrat."

„Danke. Dann weiß ich ja, wie das ablaufen wird. Herzlichen Dank für alles an euch beide."

Nachwort

Somit liegt es nun noch an mir, entsprechende Schlussworte zu sprechen und diese niederzuschreiben. Einerseits macht es mich traurig, dass dieser Dialog nun zu Ende ist. Aber auf der anderen Seite bin ich sehr, sehr dankbar, dass ich diesen mit euch führen durfte. Auch wenn ich mich nun wiederhole, so möchte ich damit meinen tiefsten Dank zum Ausdruck bringen. So vieles, was ihr, liebe Inarda und lieber Eiolo, mir in diesem Dialog gesagt habt, hat sich bereits bestätigt oder wurde von anderer Seite bestätigt. Vieles, das ihr gesagt habt, ist aber auch so wichtig, dass wir dies wieder gehört, beziehungsweise gelesen, haben. Denn gerade die Bewusstseinsthemen sind für uns alle ein so wertvoller Schatz, an den wir gar nicht oft genug erinnert werden können. Wir Menschen vergessen sehr schnell wieder, was wir gehört oder gelesen haben. Deshalb sind solche Erinnerungen so wertvoll. Es war jedoch auch vieles dabei, das mir neu war. So wird es wohl auch vielen Lesern gehen. Dieser Dialog hat mir aber auch wieder gezeigt, dass alles von unserem Bewusstsein abhängt und unser bewusstes Sein wirklich gefragt ist, um uns selbst weiterzuentwickeln und unser Selbst zu expandieren. Liebe Inarda, lieber Eiolo. Ich bin euch aber auch noch – und das ganz persönlich – zutiefst dankbar. Ihr habt mich durch eine für mich sehr schwierige Zeit begleitet und dies ist es auch jetzt noch. Ihr habt mir die Kraft gegeben, dies alles zu schreiben, dies alles zuerst einmal wahrzunehmen. Ihr habt mich – so war oft mein Gefühl – getragen, wenn ich nicht mehr gehen konnte. Ihr habt mich gehalten, wenn ich am Fallen war. Ihr habt mir Worte gegeben, wenn sie mir gefehlt haben. Ihr habt mir die Ohren so eingestellt, dass ich euch hören konnte. Und ihr habt mir für viele Dinge und Themen die Augen geöffnet, wenn ich sie davor verschlossen hatte. Ihr habt mich wieder zu fühlen gelehrt, wenn ich meinte, meine Emotionen verloren zu haben.

Ich könnte noch viel mehr aufzählen, wofür ich euch beiden dankbar bin. Doch meine Dankbarkeit richtet sich nicht nur an euch, sondern auch an meine Familie. Sie hat mich immer unterstützt und war an meiner Seite. Da ist sie auch jetzt und ich hoffe, noch sehr, sehr lange. Roswitha, Anna, Theresa und Sandra. Ihr seid jene Menschen, die ich als meine besten und wichtigsten Lehrer bezeichnen möchte. Was ihr mich gelehrt habt, hätte niemand anderer vollbringen können. Eure Verschiedenheit, eure unterschiedlichen Ansätze bei vielen Themen, haben mir ein breites Feld an Aspekten eröffnet, das ich sonst nie gehabt hätte. Und ich danke euch auch für euer Verständnis und eure Unterstützung auf meinem Weg, den ich gewählt habe. Es ist für mich jener Weg, der für mich gangbar ist und es ist der einzige Weg, der für mich infrage kommt. Es ist dies der einzige Weg, den ich gehen kann.

Ein ganz besonderer Dank geht an dich, liebe Steffi. Du bist mein Engerl – wie ich dich immer wieder nenne – das mich immer wieder auf diesen Weg zurückführt, wenn ich wieder auf den alten Weg abgleite. Die Gespräche mit dir, die Zusammenarbeit bei und mit ‚Cosmic Society', all die Aktivitäten, die wir gemeinsam machen – sie alle sind mit dir mindestens doppelt so schön, als wenn ich diese alleine machen würde. Ich weiß, dass die Zeit auch für dich nicht gerade leicht war. Umso mehr schätze ich dich und alles, was du für mich, für meine Familie, für dich und für den ganzen Prozess tust und bisher schon getan hast. Ich hoffe sehr, dass unsere Verbindung, die schon seit den Zeiten von Lemurien existiert, noch lange aufrecht bleibt. Ich danke dir auch dafür, dass du mich immer wieder inspirierst und für deine immer wieder neuen Ideen, die auch bei mir oft neue Ideen hervorbringen.

Weiters möchte ich mich auf diesem Wege auch bei dir, liebe Ulrike, bedanken. Du hast das gesamt Manuskript in so wunderbarer Art und Weise lektoriert, dass mir echt die Worte fehlen.

Und ich danke dir, liebe Leserin und lieber Leser, dass du diesen Dialog gelesen hast, dich darauf eingelassen hast. Es ist nicht selbstverständlich, dass sich jemand auf einen Dialog mit der ‚Geistigen Welt' einlässt. Überhaupt nicht. Es braucht auch dafür viel Mut und die Entscheidung aus dem Herzen heraus, dies zu tun. Manche Ausschnitte aus diesem Dialog habe ich ja bereits in unterschiedlicher Form zum Lesen zur Verfügung gestellt. Die Rückmeldungen, die ich jeweils bekommen habe, waren überwältigend. Ja. Sie haben mich tatsächlich immer wieder überwältigt und zu Tränen gerührt. Aber auch die Bestätigungen von verschiedenen Seiten, aus profundem Munde, die ich bei vielen Aussagen erhalten habe, waren für mich unglaublich wichtig. Ich bin oft ein unfassbarer Zweifler und zweifle oft alles an. Da kann es auch schon vorkommen, dass ich den Zweifel selbst auch bezweifle. Da tun solche Bestätigungen oft richtig gut.

Ich hoffe sehr, dass dieses Buch alle jene findet, die es finden soll. Nein. Ich hoffe es nicht nur. Ich weiß, dass es so sein wird. Denn nicht der Leser findet ein Buch, sondern das Buch findet seinen Leser. Dies habe ich selbst oft erfahren dürfen und bin überzeugt davon, dass dies auch bei diesem Material der Fall ist.

Der Kontakt mit meinen plejadischen Freunden, mit meiner plejadischen Familie, ist damit nicht beendet. In welcher Form dieser ab nun stattfinden wird, kann ich noch nicht sagen. Ich weiß nicht, ob es wieder einen Dialog wie diesen geben wird. Also einen, den ich wieder niederschreibe. Doch haben sie mir zugesagt, dass sie weiterhin Fragen beantworten werden. Ihr könnt sie gerne selbst an sie stellen oder mich kontaktieren.

Mit größtem Respekt und in herzlicher Dankbarkeit

Gerhard Praher – Erdling
Eiolo und Inarda – Plejader

Waizenkirchen, Österreich, März 2023

Die Plejaden:

Entfernung von der Erde: rund 400 Lichtjahre
weitere Bezeichnungen: Siebengestirn, Die Sieben Schwestern, Atlantiden, Atlantiaden
Messier-Katalog: M45

Symbol: 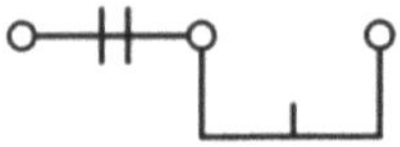

Sie sind ein offener Sternenhaufen, der aus über 400 Planeten und Sonnen besteht. Die hellsten davon sind: Alcyone, Atlas, Elektra, Maia, Merope, Pleione und Taygeta. Diese sieben sind mit freiem Auge im Sternbild ‚Stier' zu sehen.

Inarda:

Alter: rund 27.000 Jahre
Herkunftsstern: Elektra
Gestalt: weiblich
Geschlecht: androgyn
Aufgabengebiet: Erforschung der biologischen Systeme anderer Zivilisationen

Eiolo:

Alter: rund 47.300 Jahre
Herkunftsstern: Alcyone
Gestalt: männlich
Geschlecht: androgyn
Aufgabengebiet: interplanetare, intergalaktische und interdimensionale Kommunikation

Das Netzwerk ‚Cosmic Society' (www.cosmic-society.net)

Der kosmische Raum ist voll von Aspekten des Lebens und das Leben ist gefüllt mit den unterschiedlichsten Themen. So findest du hier viele interessante Beiträge, die alle eines gemeinsam haben: **Bewusstsein und Selbstermächtigung**

Unsere Themen

Unsere Themen spannen einen weiten Bogen – von **A** wie **Außerirdische** und **Archäologie** bis **Z** wie **Zeitenwende** und **Zusammenleben**. Sie alle bilden zusammen ein Ganzes in dem auch du eine wichtige Rolle spielst. Denn auch du bist Teil dieser **kosmischen Gemeinschaft**.

Immer wieder verlieren wir genau dies aus unserem Blickfeld. Doch nichts und niemand ist voneinander getrennt, nichts steht für sich alleine und kann alleine existieren. Alles lebt und gedeiht in Zusammenhängen, die wir erst nach und nach erkennen.

Das Zur-Verfügung-Stellen des Wissens von und über diese Zusammenhänge, diese Informationen mit dir zu teilen, haben wir als unsere Aufgabe gewählt.

Das Internet spielt dabei eine wesentliche Rolle. Doch noch wichtiger ist es, dass die Menschen zusammenkommen, sich persönlich begegnen und ihr Wissen austauschen, so dass eine große **wedische–wissende Gemeinschaft** entsteht.

Unsere Veranstaltungen

Um diesen Austausch zu fördern organisieren wir Stammtische, Vorträge, Seminare und Workshops. Aktuelle Veranstaltungen findest du unter www.cosmic-events.net.

Was auch immer deine Beweggründe sind unsere Website zu besuchen – den für dich wichtigsten Schritt hast du schon getan: Du bist ‚**Mensch**' – ein kosmisches Wesen. Dies zu erkennen ist die eine Sache. Danach zu leben die andere. Denn dies bedeutet, dass du dein Schöpfer-Dasein anerkennst – **der Schöpfer deiner Realität bist**.

Wie sagte bereits der US-amerikanische Architekt, Konstrukteur und Schriftsteller Richard Buckminster Fuller:

‚Man schafft niemals Veränderung, indem man das Bestehende bekämpft. Um etwas zu verändern, baut man Modelle, die das Alte überflüssig machen.'

In diesem Sinne: **Herzlich Willkommen, kosmischer Mensch**

Dein ‚Cosmic Society'-Team
Steffi Steinecker + Gerhard Praher